LES

GLADIATEURS

DE LA

RÉPUBLIQUE DES LETTRES

AUX

XVᵉ, XVIᵉ ET XVIIᵉ SIÈCLES

Ville de Paris

Mairie du 16ème Arrondt

Bibliothèque Municipale fondée en 1867.

Offert par Monsieur Léon Gatayes.

le Maire
Bon B. de Bonnemains.

N°. _____

Corbeil., typographie et stéréotypie de Crété.

LES
GLADIATEURS

DE LA

RÉPUBLIQUE DES LETTRES

AUX

XVe, XVIe ET XVIIe SIÈCLES

PAR

CHARLES NISARD

TOME SECOND

PARIS

MICHEL LÉVY FRÈRES, LIBRAIRES-ÉDITEURS

RUE VIVIENNE, 2 BIS

—

1860

Tous droits réservés.

LES GLADIATEURS

DE LA

RÉPUBLIQUE DES LETTRES

AUX XVe, XVIe ET XVIIe SIÈCLES

GASPARD SCIOPPIUS

CHAPITRE PREMIER.

Naissance de Scioppius; sa famille. — Il veut faire croire qu'il est gentilhomme. — Il est élevé aux frais de l'Électeur palatin. — Son ingratitude.

J'ai eu l'occasion, dans un écrit publié il y a quelques années (1), de parler en passant de Scioppius. J'eus alors le regret de ne pouvoir m'étendre sur ce personnage aussi singulier que peu connu, et d'être réduit à ne raconter qu'un des nombreux épisodes de sa vie si longue et si agitée. Mais je n'avais pas perdu l'espoir de le retrouver. Sa place était naturellement marquée dans ce nouveau livre. Je dirais presque qu'il l'y a prise comme de lui-même. Toutefois, il serait possible, s'il vivait encore, qu'il

(1) *Le Triumvirat littéraire au* XVIe *siècle.*

ne la trouvât pas digne de son mérite. C'est donc à moi de lui rendre telle justice qu'il soit forcé de convenir que, s'il vient le cinquième dans cette galerie, c'est en même temps parce qu'il résume les quatre autres, et parce qu'il les éclipse.

Gaspard Schopp, en latin Schoppius, puis Scioppius, comme il se fit appeler bientôt à l'italienne, naquit de parents luthériens le 27 mai 1576 ou 1577, à Neagora, petite ville du Palatinat supérieur. Il dit, il est vrai, qu'il vint au monde à Ingolstadt, mais ou il ment, ou il n'était pas plus sûr du lieu que de l'année de sa naissance. En vingt endroits de ses écrits, il cite son âge, et toujours avec des variantes qui font soupçonner, ou qu'il ne le savait pas bien lui-même, ou qu'il avait intérêt à le dissimuler. Cette circonstance n'est pas propre à nous persuader qu'il fût, comme il le prétendait, d'origine noble. La science des dates est la première de tout homme qui affiche des prétentions à la noblesse. L'incertitude de Scioppius à cet égard donna lieu à bien des histoires fâcheuses sur lui et sur sa famille.

Quelques-uns de ses parents paternels étaient, disait-on, pasteurs ou ministres protestants dans le Palatinat, d'autres brasseurs, d'autres receveurs des deniers publics, un dernier homme de lettres vivant des libéralités de l'électeur (1), et que tous ces bourgeois étaient cousins germains ou oncles de Scioppius. Il pouvait se faire honneur de cette parenté, mais non s'en faire un titre de noblesse. Quant à son père, il avait pratiqué bien des métiers, et

(1) Je suppose qu'il s'agit ici de Conrad Schoppius, professeur à l'université de Heidelberg, dont on lit une lettre à Daniel Toussain dans les *Monumenta pietatis et litteraria*, Ire partie, p. 349. Il était sans doute recteur de cette université, car il dit, parlant de soi : *Academia, me principe, caput erigit*.

ses états de services prouvent, selon moi, que s'il n'était pas noble, il était homme du moins à commencer sa noblesse. Celle qui se fait gloire d'être fille de la féodalité n'a pas toujours une origine plus pure ni surtout plus honnête. On disait donc qu'il avait d'abord été fossoyeur dans un village. Ayant un jour creusé une fosse trop petite, vu la dureté du sol qui était gelé, et ne voulant pas se donner la peine de piocher de nouveau, il avait coupé les pieds du mort pour le raccourcir, et l'avait jeté dans ce trou plutôt qu'inhumé. On ne s'enrichit guère à ce métier ; il y fit cependant quelques économies, après quoi, il alla en Pologne où il servit un imprimeur qu'il abandonna bientôt. Il se fit colporteur et vendit de menues merceries de village en village. Las un jour de porter la balle, l'idée lui prit de s'enrôler. Il se dégoûta de la guerre et revint au Palatinat, après la mort de Frédéric III. Il y obtint un petit emploi de scribe ou de commis à Burcktreswick. Il se mit alors à faire l'usure et le commerce de blé ; ce sont deux moyens assez sûrs de gagner de l'argent. Aussi, en gagna-t-il un peu, ce qui lui procura assez de considération pour être trouvé digne d'exercer un emploi de judicature à Neagora. Mais il paraît que ce n'était pas encore là sa vocation, car il quitta bientôt la robe pour reprendre, comme on dit, le harnais. Il fit partie d'une expédition envoyée contre Gebhard, archevêque de Cologne (1), remplissant dans la troupe les fonctions d'*Archilictor* ou de prévôt. On ajoutait qu'après la mort de l'électeur Louis, il était retourné à Burcktreswick, qu'il y avait acheté un moulin et s'était fait meunier, qu'on

---

(1) Cet électeur avait embrassé la réforme et épousé Agnès de Mansfeld, tout en conservant son épiscopat. Il fut chassé par les Bavarois.

l'avait tiré de là pour l'envoyer à Neagora contre les habitants qui s'étaient mutinés, et qu'il y avait commandé la troupe ; que cédant à ses instincts de trafic, il s'était fait brasseur et avait vendu de la bière aux soldats ; qu'il avait avec lui sa femme et sa fille, mais ne leur permettait de voir personne. Cette femme, disait-on, était Hessoise, et avait suivi en Hongrie un soldat qui était son mari ou son amant. Cet homme ayant été tué, elle avait, dès le lendemain, cédé tous les droits qu'il avait sur elle au père de Scioppius, lequel avait fini par la mépriser, jusque-là qu'il la forçait à travailler comme une servante, sans lui parler ni la voir, pendant qu'il recevait sa servante à sa table et dans son lit. La fille avait suivi la destinée de sa mère dont elle partageait la proscription. Elle avait épousé un malheureux qui eût perdu la vie par la corde ou par le feu, pour crime de bestialité, s'il n'eût pris la fuite. Elle lui avait donné un successeur qui l'avait rendue grosse. Mise en prison comme adultère, elle avait rompu ses chaînes (1), si nous en croyons l'historien, et s'était sauvée en Autriche. On assurait enfin, et l'on invoquait le témoignage de plusieurs personnes qui l'avaient entendu, que notre Gaspard se vantait d'être le fruit des amours de sa mère avec un gentilhomme de l'illustre maison de Munster, qu'il signait lui-même de ce nom, en le faisant suivre de la devise des deux Scaliger, *Fuimus Troes*, mais qu'une dame de cette maison l'ayant convaincu d'imposture, lui avait défendu avec menaces d'usurper cette qualité.

Tous ces détails sont tirés d'une satire (2) ; le lecteur en

(1) Vinculis præfractis.
(2) *Vita et parentes G. Scioppii*, dans le livre qui a pour titre : *Satiræ duæ*, par D. Heinsius, et qui contient aussi la *Confutatio fabulæ Burdonum*, par J. Scaliger. Lugd. Batav., 1609, in-12, p. 137-143.

croira donc ce qu'il voudra. J'ajoute que celui qui les a procurés, Conrad Rittershusius, les avait recueillis sur les lieux mêmes, qu'il avait été le compagnon d'études et l'ami intime de Scioppius, qu'il avait reçu les premières confidences de sa vanité, et qu'il fut trahi par lui après en avoir été dupe.

Scioppius a écrit les *Amphotides*, en réponse à ces révélations malveillantes pour sa famille, et à beaucoup d'autres où sa vie, ses mœurs, son savoir ne sont pas plus épargnés (1). Mais s'il s'agissait de décider quel a été son but dans cet ouvrage, si c'est de se défendre ou de se louer, on serait fort embarrassé. Il est sûr du moins que jamais homme plein de soi, et malade, si j'ose le dire, de l'excès d'amour qu'il se porte, n'a plus fatigué les gens des détails de sa maladie, et ne s'est plus soulagé de la peine qu'il prenait à se louer, en se louant toujours, à peu près comme ces affligés qui trouvent plus de douceur à pleurer à mesure qu'ils pleurent davantage. Aussi bien, à se louer ainsi, n'y avait-il que Scioppius qui pût surpasser Scioppius. C'est ce qu'il a fait dans un second écrit (2), postérieur de vingt-cinq ans aux *Amphotides*. Là, les louanges qu'il avait délayées en un volume, il les a resserrées en quelques pages, pareilles à ces essences dont l'odeur est d'autant plus insupportable qu'elle est plus concentrée. Ce qui ajoute à l'insolence de la récidive, c'est que Scioppius a signé de son nom cet écrit, tandis que la première fois, il avait au moins eu la pudeur de se cacher

---

(1) OPORINI GRUBINII *Amphotides Scioppianæ*, etc. Parisiis, 1611, in-8.

(2) G. SCIOPPII, *comitis a Clara Valle de pædia hum. ac divin. litterarum*. Patavii, 1636, in-12.

sous un pseudonyme. Pendant l'intervalle, la vanité s'était accrue en raison des années, de sorte que, s'il eût vécu plus longtemps, il aurait fini par dire de lui, comme les oiseaux le disaient de Psaphon : *Scioppius est un dieu.*

Je reviens aux *Amphotides*. Il y glisse le plus légèrement qu'il peut sur ce qui regarde son père. On voit que c'est un terrain peu sûr où il craint de s'aventurer. Sans chercher à discuter les accusations dont ce père est l'objet, il se contente de renvoyer à la dédicace de sa thèse *de Injuriis*, où il lui donne force compliments, et où il ne parle de ses ancêtres que pour rappeler que son bisaïeul vécut cent dix ans, et sa bisaïeule cent cinq. Il est encore plus réservé sur sa mère et sur sa sœur ; il n'en dit absolument rien. On peut donc, sans être téméraire, croire que celui qui a fait l'histoire de ces trois personnages avait eu de bons mémoires, et que, s'il a un peu brodé, le fond, du moins, reste vrai.

En revanche, Scioppius ne tarit pas sur lui-même. Parlant de sa noblesse, il prend un ton de philosophe étranger aux vanités mondaines qui ne s'accorde pas avec le soin qu'il met à justifier ses prétentions. A la faveur du crédit dont il jouissait alors à Rome, en sa qualité de nouveau converti, et se fiant aussi bien au besoin qu'on avait de sa plume, pour combattre les protestants, qu'à la crainte qu'on pouvait avoir, en l'attaquant lui-même, de se faire un ennemi d'un homme déjà si redoutable aux siens, il obtint de trois notaires apostoliques un certificat constatant que, sur la déposition de témoins dignes de foi et dûment interrogés, Scioppius appartenait à une famille noble privée de son éclat par suite de l'indigence (1). Mais cette sorte de pièces, en général, ne signifient rien. Il suffit d'un peu d'argent pour les obtenir, et il n'est guère d'intrigants et de chevaliers d'industrie qui, en fait de noblesse de ce genre, n'aient tous les titres voulus pour le disputer à Scioppius.

Ici elle signifiait moins que rien par l'abus qu'il avait déjà fait de cette ressource, et qu'il fit du reste toute sa vie. Les certificats étaient son fort, et, comme on dirait, son épée de chevet. Inculpait-on sa naissance, il produisait un certificat; sa probité, deux certificats; ses mœurs, trois certificats; sa science, dix, vingt, cent certificats. Il en avait les poches pleines (2). Jamais marchand d'orviétan, inventeur de remèdes secrets, dentiste honoré de la confiance de tous les souverains, n'ont possédé, étalé plus de témoignages authentiques des merveilles de leur savoir-faire, du nombre et de l'imbécillité de leurs dupes. Ce n'était pas, disait-il, qu'il tînt beaucoup à ces titres, non plus qu'à cette noblesse qu'on lui contestait et dont ils étaient cependant une preuve incontestable; on avait pu voir, disait-il, ce qu'il en pensait dès l'an 1598, dans la préface de ses notes sur Phèdre (3), y ayant confessé qu'il estimait sa noblesse perdue et éteinte, et qu'il fallait se résigner de bonne grâce à ce malheur. On lui a reproché, dit-il encore, d'avoir avancé faussement que ses ancêtres ont porté le nom de Munster; soit. Mais à qui cette affirma-

---

(1) *Amphotides*, p. 31, 32.
(2) Il en publia une grande partie sous le titre de : *Elogia Scioppiana, hoc est, pontificis maximi, cardinalium, electorum, archiducum*, etc., *G. Scioppii virtute ac fide..... testimonia*. Papiæ, 1617, in-4.
(3) *Spicilegium in Phædri fabulas*, dans l'édition de Phèdre donnée par Rittershusius. Leyde, 1599, in-8.

tion fait-elle tort? Parmi beaucoup de gens qui portent ce nom, patriciens ou plébéiens, il n'en est pas un qui ne fût très-glorieux d'être le parent ou l'allié de Scioppius. En effet, si Scioppius n'est à vos yeux ni aussi noble, ni aussi honnête, ni aussi docte qu'il prétend l'être avec raison, cela empêche-t-il les plus grands princes et les plus grands monarques d'être convaincus qu'il n'est au monde personne plus noble, plus vertueux et plus savant que lui? D'ailleurs, ajoute-t-il, on se tromperait beaucoup si l'on pensait que c'est par vanité qu'il a pris pour devise *Fuimus Troes*; il n'a voulu se moquer que des deux Scaliger qui l'avaient prise avant lui (1). Ici, Scioppius se moque aussi de nous. Dans le temps où on le raillait de s'être appliqué cette devise, il était étudiant et admirateur outré de Joseph Scaliger. Aussi le loua-t-il moins dans ses premiers écrits qu'il ne l'étouffa, si l'on peut dire, de son encens. Il brûlait du désir d'en être connu, estimé, aimé. Le bon moyen d'y parvenir n'eût pas été d'usurper sa devise, et par dérision encore. Voyez d'ailleurs comment Rittershusius, leur ami commun, le recommande à Scaliger et à Lipse en même temps. C'est en se fondant sur l'enthousiasme que l'un et l'autre inspirent à Scioppius qu'il leur demande leur amitié pour lui, et espère qu'ils ne la lui refuseront pas (2).

De 1593 à 1595, Scioppius étudia successivement à Amberg, à Heildelberg et à Altdorf, aux frais de l'électeur palatin. Il commença de très-bonne heure à être l'obligé des princes. Aussi, ne manqua-t-il pas de l'oublier vers la fin de sa vie, comme s'il s'était passé trop de

---

(1) *Amphotides*, p. 97, 98.
(2) *Epist. Sylloges*, de P. Burmann, t. I, p. 764; II, p. 327.

temps pour qu'il s'en souvînt encore. Il avait certainement perdu la mémoire des bienfaits, lorsqu'en 1636, il parlait ainsi de ses bienfaiteurs : « Les princes d'aujourd'hui n'ont aucun goût pour les lettres, ils ne sont généreux, et ils le sont à l'excès, que pour ceux qui servent à leurs plaisirs ou à leurs affaires. Il ne faut donc pas s'étonner si les flatteurs, les bouffons et les parasites, avec leurs bons mots et leur grosse gaieté, les débauchés surtout, les proxénètes, les pourvoyeurs d'adultère ou de tout ce qu'on voudra, forment aujourd'hui une portion si considérable de la cour des rois et des princes. Tout ce monde les amuse et leur ménage ces voluptés dans lesquelles, suivant la règle d'Épicure, ils font consister le souverain bien (1). »

Remarquez que Scioppius avait longtemps rempli cette sorte de fonction auprès des personnages qu'il censure si aigrement. Il avait été au moins leur flatteur, leur parasite, et un peu leur bouffon. Mais il voulut un jour, sans cesser d'être tout cela, avoir le franc parler d'un Caton. Sa franchise déplut. Il eut le mauvais goût de s'en fâcher et la maladresse de s'en plaindre : on le laissa dire. Toutefois il eût été possible qu'on lui payât le prix de son impertinence, s'il n'avait eu le soin de se tenir hors de portée, en publiant à Padoue, c'est-à-dire dans un État républicain et loin des personnes qu'il insultait, le passage que je viens de rapporter (2).

Il alla en 1595 continuer ses études à Ingolstadt, et

---

(1) G. Scioppii *Consultationes de scholar. et studior. ratione.* Patavii, 1636, in-12, p. 63.

(2) Padoue appartenait aux États vénitiens.

retourna, après un séjour de deux ans, à Altdorf. Il n'y demeura pas longtemps et partit pour l'Italie en 1597.

CHAPITRE II.

Premiers essais de Scioppius : *Versimilia; Suspectæ lectiones.* — Il est accusé de plagiat avec effraction ; plaisante manière dont il se justifie. — Commentaire sur les *Priapées.*

Avant de le suivre en Italie, arrêtons-nous un peu sur l'étudiant des universités d'Allemagne, et observons à ses débuts le champion de cinquante batailles littéraires ou religieuses, d'où, vainqueur ou vaincu, il sortit rarement sans se déshonorer.

Il était très-laborieux. Il n'avait que seize ou dix-sept ans, qu'outre ses devoirs d'écolier, il faisait des livres et les imprimait. Sa thèse *de Injuriis* date de cette époque (1). Dire, comme Ottavio Ferrari (2), que ses livres étaient déjà l'admiration des vieillards, c'est en exagérer un peu le mérite ; c'est peut-être aussi manquer de respect à la vieillesse, assez avare en général de son admiration. Tenons-nous-en à cet égard au propre jugement de Scioppius. Il avoue que ses vers publiés en 1593 et 1594 (3), bien qu'ils annoncent une érudition variée et une lecture intelligente des meilleurs modèles, ne sont que des pas-

(1) *De injuriis disputatio.* Noriberg., 1597, in-4.
(2) *Prolusiones.* Pataviæ, 165, in-8, p. 202.
(3) *Poemata varia.* Heidelberg et ailleurs, in-4.

tiches des anciens (1). Ils sont donc mauvais. Il déclare de plus qu'il ne se piqua jamais d'être poëte (2). Personne n'y contredit.

Il publia dans le même temps deux petits volumes de notes critiques sur quelques auteurs anciens, principalement sur Symmaque, Apulée, Pétrone, les *Priapées*, Properce, Lucrèce, Plaute et Térence (3). Ces notes sont loin d'être sans mérite, et ce serait les déprécier que de dire qu'elles n'étaient qu'ingénieuses. On y sent une maturité de jugement peu commune dans un si jeune homme. Aussi disait-on qu'elles n'étaient pas de lui. Mais ce qui lui appartient en propre dans ces notes, c'est le caractère et le ton; c'est ce perpétuel contentement de soi, cette fatuité qui n'est encore que naïve, mais qui tournera bientôt à l'impertinence ; ce sont ces cris de surprise, ces élans d'un homme qui se contemple lui-même avec admiration, chaque fois qu'il a restitué un mot, une lettre, changé la position d'un point, d'une virgule, comme s'il avait découvert la pierre philosophale ou la quadrature du cercle. Néanmoins, à part ces défauts qui sont de la jeunesse, les deux écrits de Scioppius sont très-agréables à lire et peuvent aller de pair avec ceux qui, ne charment pas seulement par leur utilité. Ils rappellent en beaucoup d'endroits les *Variæ lectiones* de Lipse, ainsi que le goût particulier de cet auteur pour les archaïsmes. Ils eurent du succès, et Scioppius en fut très-glorieux. » Il ne put, dit Bayle, voir sans orgueil sa grande jeunesse jointe à un

---

(1) *Amphotides*, p. 39.
(2) *Ibid.*, p. 179.
(3) G. Scioppii *Verisimilium libri IV*. Norib., 1596, in-8. — *Suspectarum lectionum libri V. Ibid.*, 1597, in-8.

mérite imprimé (1) », et, en cent endroits de ses nombreux écrits, il ne parle guère de ce coup d'essai que comme d'un coup de maître. Mais peut-être qu'on sera moins surpris de cet essai, quand on en connaîtra l'origine.

Quand Scioppius alla d'Altdorf à Ingolstadt, il pria Conrad Rittershusius de lui donner une lettre de recommandation pour Hubert Gifanius, professeur de droit dans cette seconde ville. Rittershusius la lui donna ; voici l'usage qu'en fit Scioppius. « Après avoir été reçu dans la maison, il s'introduisit peu à peu dans le cœur, puis enfin dans la bibliothèque de Gifanius. Là, pendant l'absence du maître, il prit un manuscrit de Symmaque, parcourut les *Observations* de Gifanius sur la langue latine, et en copia furtivement tout ce qu'il voulut. Or, c'est en partie de ces observations dérobées à Gifanius, en partie des corrections sur Plaute que Rittershusius avait tirées des manuscrits de Camérarius et transportées sur son exemplaire de ce poëte, en partie enfin de quelques brouillons laissés par Modius et que le même Rittershusius avait reçus de Marc Velserus, qu'il composa les deux volumes par lesquels il se fit connaître... Comme Gifanius protestait par ses paroles et par ses lettres contre ce plagiat, la vipère se dressa contre son maître, et vomit contre lui toutes les injures possibles (2). »

C'est donc à un triple plagiat qu'il faudrait attribuer les ouvrages de critique qui enflaient si fort l'orgueil de Scioppius. Mais, écoutons sa défense, et n'oublions pas que c'est lui qui parle sous le pseudonyme, ou plutôt par la bouche d'Oporinus Grubinius.

---

(1) *Dictionn. histor. et critiq.*, art. Scioppius.
(2) *Vita et parentes Gasp. Scioppii*, déjà cité, p. 145, 146.

Il commence par citer deux passages des ouvrages indiqués ci-dessus, où il avoue qu'il était obligé à Gifanius de la communication du manuscrit de Symmaque (1). « Sitôt, ajoute-t-il, s'adressant à Gifanius lui-même, sitôt que vous m'eûtes ouvert votre maison et donné une place en votre amitié, vous voulûtes que je fusse de moitié dans vos occupations, ou agréables, ou sérieuses; vous mîtes à ma disposition toute votre bibliothèque pour le besoin de mes études ; vous me communiquâtes ce manuscrit de Symmaque, monument de la vénérable antiquité, non moins cher à votre cœur que votre épouse même (2). » Là-dessus Grubinius, ou pour dire plus vrai, Scioppius interpelle ainsi Scaliger qu'il croit l'auteur de la calomnie : « Tu savais bien, Joseph, que Scioppius ne parlait pas ainsi sérieusement, mais par moquerie ; car Gifanius ne lui a jamais laissé voir *qu'une fois* ce manuscrit de Symmaque, où Scioppius a pris copie des lettres qui n'avaient pas encore été publiées (3). » Une autre fois, Scioppius ayant redemandé ce manuscrit, Gifanius lui fit cette réponse : « Me demander de prêter mon Symmaque, monsieur, c'est donc comme si l'on me demandait de prêter ma femme (4). »

(1) Ces passages sont dans la préface des *Verisimilia* et dans l'épître 15 du livre I des *Suspectæ lectiones*.

(2) Simul in ædes atque adeo amicitiam tuam me admisisti, jocorum et seriorum tuorum conscium esse voluisti ; omnem bibliothecam tuam quæ studiis meis commodaret, obtulisti; tu ecce manuscriptum tuum Symmachum, venerandæ antiquitatis librum, tibique in uxoris loco carum, mecum communicasti. *Amphotides*, p. 139.

(3) Sed sciebas nempe ista Scioppium non serio sed joco tantum scripsisse, siquidem semel tantum a Giphanio Symmachum inspiciendum accepit, ex eoque nondum editas epistolas exscripsit. *Ibid.*

(4) Domine, Symmachum a me petere perinde est atque uxorem meam utendam postulare *Ibid.*

Mais, continue Scioppius, Gifanius avait volé ce même manuscrit dans la bibliothèque du cardinal Bessarion, à Venise. Jamais, ni par présents, ni par prières, on ne put obtenir de lui, ou qu'il le publiât, ou qu'il permît de le publier. Voulant donc que les doctes ne fussent pas frustrés plus longtemps de ce trésor, Scioppius résolut de s'en emparer par un moyen quelconque. Gifanius aimait fort à dîner en ville, et, comme Ménélas, il lui arrivait la plupart du temps de s'inviter soi-même. Scioppius eut l'attention de le prévenir. Il le conviait souvent, et quand venait le moment où le plaisir de la réfection dispose à la confiance, il se hasardait à demander communication du Symmaque. Mais vainement il fit jouer en cette occasion tous les ressorts de sa diplomatie. C'est alors qu'assisté de trois de ses amis, Ignace Hannielus, Mathias Hybnerus et Henri Bochius, le maître étant absent, Scioppius enleva subtilement le manuscrit, passa toute une nuit à le comparer avec un exemplaire imprimé, et le lendemain le remit à sa place. « Outre, continue-t-il, que Scioppius devina où était caché ce manuscrit, avec une perspicacité qui surpasse toute celle des commentateurs mêmes de Symmaque, il ne le déroba point, comme tu le dis faussement, à son possesseur légitime, mais par le travail d'une seule nuit, il en procura le libre usage à tout le monde. Il regrette seulement de n'avoir pas tiré avec le même succès des griffes de Gifanius, un Chirius Fortunatianus inédit, pour le donner également au public (1). »

---

(1) Præterquam enim quod unica illa conjectura sua, quo loco Symmachi codex in Giphanii bibliotheca situs foret, omnium criticorum quotquot ei scriptori operam navarunt ingenium et acumen longe superavit,

Je ne sais si cette justification sera du goût des honnêtes gens ; pour un casuiste, il pourrait s'en accommoder. En tous cas, elle est plaisante dans la bouche d'un homme, qui un jour, sous divers prétextes, et principalement sous celui de leur morale, fera une guerre acharnée aux Jésuites.

Scioppius poursuit :

« Quant aux *Observations* de Gifanius, Scioppius était déjà convenu publiquement, dans la préface de sa thèse *de Injuriis*, de l'usage qu'il en avait fait. Il disait alors à Gifanius lui-même : J'ai appris de vous beaucoup de choses, malgré vous et à votre insu. Mais, à part cet aveu même, Scioppius est digne de louanges et a droit à toutes sortes de remerciements. Car, comme le copiste de Gifanius lui eut apporté le manuscrit des *Observations* de son maître, s'étant partagé la besogne avec les mêmes jurisconsultes, ses amis, Scioppius transcrivit tous les passages qu'il croyait n'être pas trop connus, puis, il en laissa tirer des copies à plusieurs personnes curieuses de la belle latinité, y compris ce coquin de Goldast. Dès que Gifanius en fut informé, il entra dans une telle fureur, qu'il se fit moquer de lui non-seulement par tous les savants, mais par ses amis mêmes (1). » On se mettrait en colère à

---

rem quoque malo furto acquisitam possessori suo nequaquam subduxit, velut tu mentiris, sed usum ejus unius noctis lucubratione cum aliis communicavit. Dolet autem quod non eadem felicitate in Chirio Fortunatiano ex ungulis Giphanianis reglutinando et publicæ utilitati redonando usus fuerit. *Amphotides*, p. 140, 141.

(1) De *Observationibus* grammaticis fateri puta Scioppium, cum præfatione disputationis *de Injuriis* ita Giphanium alloquitur : *Ego multa ex te quamvis inscio et invito didici*. Sed etiam eo ipso laudem se meritum, sibique gratias ab aliis deberi recte credit. Nam cum ei Giphanii amanuensis librum illum *Observationum* attulisset, cum iisdem amicis suis ju-

, moins. Aujourd'hui, un tour de ce genre mènerait droit en police correctionnelle. Il ne valut au coupable que le titre tout au plus de plagiaire avec effraction.

Cette affaire donna lieu à un échange de lettres entre Scioppius et Rittershusius. Comme ils n'étaient pas encore brouillés, Rittershusius parle avec beaucoup d'humeur du tapage que faisait Gifanius; il glisse même sur la supercherie qui le motivait, comme si elle ne valait pas la peine qu'on s'y arrêtât. A l'appui de ses propres excuses, Scioppius ne manque pas de produire la correspondance de Rittershusius (1). C'était de bonne guerre; outre que ces lettres, par leur caractère apologétique, sont un peu de la famille des certificats.

Tous les contemporains de Scioppius s'accordent à dire qu'il composa dans le même temps un *Commentaire sur les Priapées*. On le berna là-dessus dans l'*Hercules tuam fidem* (2). On releva surtout le passage où il raconte qu'un jour, au temps de la ponte, il fut témoin d'une conversation entre deux moineaux, qui lui fit regretter que la nature ait refusé à l'homme de se comporter, dans les mêmes circonstances, aussi vaillamment. Scioppius était catholique et habitait Rome, quand cette grave dénonciation l'atteignit. Il affectait les mœurs les plus rigides, et ne prétendait rien moins qu'à le disputer aux Jérôme, aux Antoine et aux Pacôme. Il nia le fait avec énergie, et sou-

---

risconsultis operas partitus, quidquid in eo minus pervulgatum esse videretur descripsit, et passim postea aliis linguæ latinæ studiosis, etiam sacrilego illi Guldinasto describendi copiam fecit. Hoc ut rescivit Giphanius, tantum non in furorem redactus est, omnibusque viris doctis etiam amicis suis deridiculo fuit. *Amphotides*, p. 141.

(1) *Ibid.*, p. 142, 143.
(2) L'une des deux satires d'Heinsius, citées plus haut, p. 4.

tint que le *Commentaire sur les Priapées* était de Goldast. Ce dernier était un peu sujet à caution. Il avait déjà publié en 1600, à Zurich, et non à Leyde, comme le titre le porte, une harangue intitulée *De duplici concordia litterarum et religionis*, sous le nom de Juste Lipse, et il disait que Lipse l'avait prononcée à Iéna, le 31 juillet 1574. Or, Lipse n'était pas même à Iéna, à cette époque. S'il faut en croire les *Amphotides*, Goldast avait aussi publié sous le nom de Scioppius, quelques pages d'observations sur la langue latine, tirées d'un écrit d'Ant. Schorus (1). Il y a plus, immédiatement après cette publication, et comme pour donner le change à Scioppius, Goldast lui avait écrit une lettre où il parlait des grandes obligations qu'il lui avait pour ses études ; protestant de sa reconnaissance envers lui, et jurant de l'aimer toujours et de tout son cœur (2). En un mot, le traître se dérobait sous le masque de l'hypocrite. Scioppius ne fut point sa dupe. Mais peut-être eût-il oublié cette trahison, si Goldast n'y eût mis le comble, en publiant le *Commentaire sur les Priapées :* « Car après ce premier trait, s'écrie Scioppius, et eu égard à ses habitudes, peut-on douter qu'il n'en soit l'auteur (3) ! » Scioppius avait fait des notes sur toutes les poésies de Virgile ; « celles qui étaient en marge des *Priapées* furent recueillies par cet exécrable bipède, lequel y ajouta les siennes propres, ainsi que d'autres ramassées dans des Mélanges sur la langue latine, que Scioppius lui avait communiqués. Il publia ces turpitudes sous le nom de Scioppius, pensant qu'il arriverait à le déshonorer (4). »

(1) *Amphotides*, II, p. 114.
(2) *Ibid.*, p. 112, 113.
(3) *Ibid.*, p. 115.
(4) *Ibid., ib.*

Ces explications ne sont pas à mépriser. Pourquoi donc a-t-on toujours dit que Scioppius était l'auteur de ces Commentaires, et pourquoi demeure-t-il irrévocablement chargé de ce méfait ? C'est d'abord parce qu'il s'était dénoncé lui-même, en s'étudiant à commenter, dans ses *Verisimilia* et ses *Suspectæ lectiones*, quantité de passages pleins d'ordures et malheureusement assez clairs sans cela ; c'est ensuite parce qu'il allongeait la glose en homme qui s'y délectait et jaloux de faire partager son plaisir au lecteur. Les lois qui gouvernaient alors l'érudition, étaient d'une tolérance extrême. Cependant, si l'on ne trouvait pas mauvais qu'un auteur commentât les *Priapées*, on ne souffrait pas qu'il se licenciât à ce point, de grossir sa critique d'observations et de détails inutiles à l'intelligence du texte, et propres seulement à témoigner des ressources de son imagination libertine. On voyait tout cela dans le Commentaire sur les *Priapées*; on y surprenait le même style ; on lui donna la même origine. Scioppius, comme je l'ai dit, en reçut la nouvelle à Rome, il apprit en même temps que le Commentaire se vendait à Francfort sous son nom, et qu'il était parlé dans le titre d'une première édition publiée en 1595, à Ingolstadt. Il prit aussitôt la plume, et écrivit à Saül Mercerus une longue lettre où l'on remarque ce passage :

« Je commençai par lire les poëtes latins, avec un soin extrême, à poser en quelque sorte les fondements de mon style... Je lus entre autres Catulle, Tibulle, Properce, Lucrèce, Virgile, Horace, Plaute et Térence... Je fis ce relevé avec tant de scrupule, qu'il n'y eut pas un mot dont je ne notasse à l'encre rouge, ou l'emploi, ou la signification, toutes les fois qu'il me semblait que ce mot n'était pas des plus communs. Cette espèce de superstition, comme je l'appellerais volontiers, m'aida non-seulement à saisir parfaitement la propriété des termes et leur élégance, mais encore à restituer plusieurs passages dont la corruption avait échappé à l'œil perçant des plus érudits. Ayant fait voir des échantillons de ce travail à mes trois amis Rittershusius, Hannielus, et Ladislas, ils me conseillèrent de le publier, déclarant que je pouvais le faire en toute sûreté. Je publiai donc mes *Verisimilia* (1). J'ajoute qu'entre moi et Hannielus, le confident intime de mes travaux, il ne fut jamais question, en 1596, d'un *Commentaire des Priapées*, comme de mon œuvre personnelle; conséquemment il est facile de voir que le monstre a menti, en voulant faire accroire que j'avais publié ce Commentaire à Ingolstadt, en 1595 (2). » Il raconte ensuite ce qu'il a redit tout à l'heure dans ses *Amphotides*, à savoir qu'il avait

---

(1) Cœpi ergo tum poetarum lectione accuratissima quædam latinæ elocutionis veluti fundamenta jacere.... Ex iis poetis fuerunt Catullus, Tibullus, Propertius, Lucretius, Virgilius, Horatius, Plautus et Terentius... In legendo porro tantam adhibui diligentiam, ut non temere verbulum prætermiserim, cujus sive usum, sive significationem, ubi aliquid nec protritum, nec vulgare mihi resipere visum fuit, miniatulis, ut plurimum, litteris adnotarim. Atque hæc mea, pene dixerim, superstitio non in hoc modo mihi fuit usui ut proprietatem et elegantiam verborum penitius perspicerem, sed etiam ut non pauca scriptorum loca a mendis quæ doctissimorum hominum industriam effugerant, opera mea vindicarem. Cujus rei cum specimina quædam.... Conrado Rittershusio, Ign. Hannielo et Joh. Ladislao, amicitiæ meæ triumviris exhibuissem, illi me bono suo periculo notas meas criticas in lucem emittere jusserunt. *Verisimilium* libellos publicavi. *Scaliger hypobolimæus,* p. 401, recto.

(2) Cumque itaque anno 1596, neque a me, neque ab Hannielo quem omnium meorum arcanorum conscium habebam, commentarii illius in *Priapeia* inter cæteras lucubrationes meas mentio fuerit facta, facile jam est de monstri istius mendacio judicare, qui *Priapeia* Ingolstadii anno 1595 edita a me fuisse persuasum aliis voluit. *Ibid.*, p. 401, verso.

communiqué ses notes sur les poëtes à Goldast, et que celui-ci en avait abusé, en les corrompant et en y mettant du sien. « Il n'est donc pas défendu de croire, dit-il (1), que cet homme qui respirait le crime, et qui avait un commerce habituel avec Bèze, ce Triphalle et ce Priape de Genève, ait tout ensemble conçu de la passion pour le culte de Priape, et de la haine contre moi, le défenseur, autant que me le permet ma faiblesse, de la religion catholique. Il a cru ainsi, et procurer beaucoup de lecteurs aux *Priapées*, et livrer mon nom à l'anathème, en le mettant en tête de ce damné livre. »

Scioppius ne me paraît nullement se dégager par cette déclaration ; tant s'en faut que le récit de ses travaux minutieux sur le style de la poésie érotique, est plutôt de nature à nous persuader qu'il n'a pas oublié les plus fameuses. S'il n'était pas l'auteur du Commentaire publié en 1595, il avait, de son propre aveu, fourni les matériaux de l'édition de 1606, et été l'occasion du péché, sinon le pécheur même. Il a beau répéter que Goldast y a mis la main, il ne peut le prouver ; il ne produit pas même à l'appui de son affirmation le plus petit certificat. Ainsi, en admettant que les raisons données à Scaliger eussent quelque valeur, on n'en saurait dire autant des arguments pour convaincre Mercerus. Là en effet, il cherche à se dérober, mais comme Galatée, *et cupit ante videri.*

Il ne lui manquait que d'être défendu par un ami mala-

---

(1) Nihil alienum est credere hominem qui scelus anhelaret, ut ex usu et consuetudine Triphalli illius et Priapi Genevensis Bezæ, cum amorem in Priapeia sacra, tum odium in me catholicæ fidei, quantum mediocritas mea patitur, propugnatorem concepisse..., sic se denique et multos *Priapeiis* lectores, et invidium mihi conciliaturum existimasse, si damnato operi nomen meum prætexeret. *Scaliger hypobolimæus*, p. 402, recto.

droit, pour qu'il ne restât plus de doutes sur sa culpabilité. Un jésuite (les jésuites et Scioppius vivaient alors en bonne intelligence), un jésuite, dis-je, nommé Matman, écrivit sous le titre de *Tres Capellæ* et sous le pseudonyme de Cornelius Denius Brugensis, un libelle contre les prétentions de Joseph Scaliger à la qualité de descendant des princes de Vérone : il y interpelle ainsi Scaliger : « Si Scioppius, parlant de ce Commentaire, te disait : J'ai écrit, je l'avoue, un Commentaire sur les *Priapées*; mais j'avais dix-sept ans ; j'étais élevé dans une école luthérienne, et ton propre exemple m'avait entraîné. Plût à Dieu que je fusse innocent ! Pourtant, s'il m'est permis de le dire (et qui m'en empêcherait ?), quand je l'écrivis,

Optarem nullas tunc habuisse manus.

Mais en quoi, Burdon, cela t'importe-t-il ? Nous persuaderas-tu que tu es Scaliger, parce que Scioppius, enfant alors, plutôt que jeune homme, a écrit, pour s'amuser, je ne sais quelles sottises que, plus mûr et mieux avisé, il a condamnées sincèrement ? En seras-tu moins le fils de Burdon, parce que Scioppius a depuis longtemps renoncé à ce genre d'amusement ? S'il te disait encore : — Tu blâmes mes fautes passées : la belle affaire ! Ne suis-je pas à cet égard plus sévère pour moi que tu ne l'es toi-même ? Et ce que tu ne fais que blâmer, ne l'ai-je pas maudit cent fois ? S'il te parlait ainsi, ne te rendrait-il pas tout à coup muet et mulet (1) ? Que serait-ce s'il ajoutait comme il l'a déjà fait si souvent : — Je ne suis point l'auteur de

---

(1) Non te elinguem protinus et burdonem efficiat ? — Jeu de mots sur le nom de *Burdon* ou *Burdo*, qui signifie mulet en latin.

ce Commentaire ; c'est un autre que je ne veux pas nommer (1), parce que tu le connais bien, c'est lui qui l'a écrit et qui l'a certainement publié (2). »

La défense est plus gaillarde qu'habile. Au fond, le jésuite nie ; mais il y a dans tout cela des obliquités et un abus de l'hypothèse qui équivalent à un aveu. Pour Scioppius, il se trouva bien défendu. Aussi, fit-il imprimer le libelle de Matman, à la suite de ses *Amphotides*, en manière de complément (3).

CHAPITRE III.

Conversion de Scioppius au catholicisme. — Il se convertit par intérêt. — Il proteste du contraire. — Est confondu par ses propres aveux. — Est joué par le dataire de Clément VIII. — Doutes sur la sincérité de sa conversion ; on lui demande des gages ; il en donne de faibles.

Il y avait déjà huit ans que Scioppius était converti, quand il traversa cette crise. Elle fut l'une des plus douloureuses de sa vie, et il ne s'en remit jamais bien. Mais laissons-le panser ses blessures, et revenons pour un moment à la grande affaire de sa conversion.

Il dit qu'il y songea longtemps avant de s'y résoudre, que jusque-là même, il n'avait jamais été sincèrement hérétique, qu'il s'était toujours défié des dogmes qu'on lui avait enseignés dans son enfance, et qu'alors même il était catho-

---

(1) Scioppius l'a nommé : c'est Goldast.
(2) *Tres Capellæ*, à la suite des *Amphotides*, p. 321.
(3) *Ibid.*, p. 305-327.

lique(1). C'était, si l'on veut, sans le savoir; mais la vérité est qu'il avait déjà des doutes et qu'ils étaient nombreux. D'un côté, Gifanius l'empêchait de les éclaircir (2) ; de l'autre, aucun catholique ne s'offrait pour lui en donner la solution (3). Sur ces entrefaites, le hasard ou le désœuvrement fit tomber sous sa main quelques écrits des premiers Pères de l'Église. L'honneur qu'ils rendent à la chaire de saint Pierre et à l'église romaine, le frappa vivement. Souvent, dans la conversation, il avait témoigné le dégoût que lui inspiraient les monstruosités (4) de Luther et de Calvin, principalement sur l'ubiquité, la prédestination, la cène ; la lecture des Pères ne lui fit pas changer d'avis. Loin de là, il eût bientôt rejeté la plupart des autres dogmes du protestantisme, si, de peur de paraître se décider trop à la légère, il n'eût combattu cette violente inclination par des études qui n'avaient aucun rapport avec la théologie (5). Quoi qu'il en soit, lorsqu'il arriva à Rome, il était, pour ainsi dire, prêt à abjurer. Mais il attendit un mois. Pendant ce temps, il se conduisit avec tant d'adresse (et toutefois, ajoute-t-il, il n'en était pas besoin), qu'il ne laissa rien percer des pensées qui l'obsédaient. Il ne fit rien que, non-seulement les luthériens, mais aussi la plupart des catholiques ne convinssent qu'on pouvait faire en toute sûreté de conscience. Ainsi, jamais il ne prenait d'eau bénite, jamais il ne se découvrait la tête devant les images des

---

(1) *Holofernis Krigsoederi.... Responsio ad Epist. Is. Cazoboni*, etc., p. 39. Ingolstad., 1615, in-8.

(2) *Amphotides*, p. 126.

(3) *Syntagma de cultu et honore.* 1606, in-8, dans l'épître dédicatoire.

(4) *Monstra quædam.*

(5) *Epistola de sua ad orthodoxos migratione*, p. 3 et 4. Ingolst., 1600, in-8.

saints, quelque danger qu'il y eût à ne pas le faire. Enfin, il avait tant à cœur qu'on le louât de ne s'être converti qu'à bon escient, qu'il avait bien soin de ne suivre aucune des pratiques de l'église romaine, quoique très-convaincu déjà qu'elles fussent d'institution apostolique. D'où il résulte que ceux mêmes qui le connaissent le moins, peuvent dire s'il marchait à son but sans motif et sans réflexion (1).

Il passa ainsi un mois à Rome. Il se rend le témoignage de n'y avoir jamais porté de masque. Bien plus, quelques luthériens paraissant s'être entendus pour espionner sa conduite, il les défie d'avoir à lui reprocher la moindre dissimulation. Il alla ensuite à Prague, à la cour de l'empereur, où il passa l'hiver. Il partit au printemps pour la Pologne ; après quoi il vint à Leyde. Là, bien que le trouble, ou, pour parler comme lui, le flux et le reflux de ses pensées ne le fissent pas broncher un moment sur l'acte qu'il avait résolu, cédant à la prière d'un ami, il se déchaîna avec une violence outrée contre quelques catholiques dont il attaquait les mœurs plus que la doctrine, et les déchira dans une satire en vers pleine de fiel et d'emportement. Ce fut la faute, dit-il, non pas tant de la rudesse et de l'âpreté de son caractère, que de sa mauvaise éducation ; et c'en était fait de lui, si Dieu, ayant pitié de la brebis qui s'égarait, ne l'eût ramenée au bercail (2).

J'insiste sur ces détails. On jugera mieux plus tard des effets de cette conversion si artistement et toutefois si laborieusement préparée.

(1) *Epistola de sua ad orthodoxos migratione*, p. 4. 5
(2) *Ibid.*, p. 5, 6.

A Prague Scioppius fit connaissance avec Jean Matthieu Wackerius, conseiller de l'empereur, qui avait pris goût à ses travaux philologiques. Un jour qu'il parcourait sa bibliothèque, il ouvrit un volume des *Annales ecclésiastiques* du cardinal Baronius ; il en lut quelque chose, et y trouva, dit-il, son salut. Il y vit toute l'histoire de la primitive Église, qu'il dévora, et y reconnut la tradition des apôtres, dans les principaux dogmes de la religion catholique. Alors l'Esprit-Saint toucha son cœur. Ce qu'il avait lu autrefois dans les Pères avec trop de négligence, il se le rappela tout à coup et demeura convaincu de la fausseté de sa religion. Il sentit plus que jamais la misère des preuves du luthéranisme ; il en avait toujours soupçonné la faiblesse ; aujourd'hui il en était persuadé. Ses amis déploraient qu'il ait changé si promptement sur la seule lecture des *Annales* de Baronius, et lui opposaient le livre de Mornay sur l'Église ; mais il ne trouvait dans ce livre que des billevesées. Enfin, après un autre mois passé dans une lutte intérieure qui lui ôtait le sommeil, il ne put se contenir davantage, et s'ouvrit à Wackerius. Celui-ci partait justement pour Rome, où il était ambassadeur de l'Empire ; Scioppius l'y accompagna. Il y fit aussitôt son abjuration, mais il ne dit pas quel jour, ni comment. Il dit seulement qu'il se sentit disposé à défendre sa nouvelle foi au péril de sa vie, que cette résolution le rendit odieux à une foule de gens, principalement à ses amis et à son prince, que son père enfin lui voua une haine plus que *vatinienne* (1).

On le blâmera sans doute, continue-t-il, de faire au public de pareilles confidences ; il s'y attend. Les uns

---

(1) *Epistola*, etc., p. 6 à 11.

diront que c'est un coup de tête de jeune homme et que, selon sa coutume, il n'a pas assez réfléchi avant d'agir ; les autres, que sa conversion est trop récente pour qu'on soit bien persuadé qu'elle est sincère ; les autres, qu'il aurait dû craindre au moins de s'aliéner ses amis et de s'attirer sur les bras toutes sortes d'ennemis. Mais il a pensé que, plus il était jeune, plus on lui saurait gré de ses efforts, sinon de son succès ; *in magnis voluisse sat est.* Ici d'ailleurs, il s'est bien gardé de faire parade d'esprit ou d'érudition. Il a voulu témoigner de sa ferveur chrétienne, et par la candeur, la simplicité, la négligence même de son style, toucher les gens, les déterminer à s'instruire et à l'imiter. Quant à ces ennemis dont on le menace, loin de les craindre, il s'en moque au contraire et les brave. On ne saura jamais jusqu'où va son mépris pour cette chose sans nom, qu'on appelle le vulgaire. Qu'on parle donc, qu'on écrive tant qu'on voudra sur sa conversion, il ne répondra point ; il suivra à l'égard des contradicteurs, ce précepte de l'Apôtre qui ordonne, après une première et une seconde admonition, d'abandonner à lui-même un hérétique. Et pour ses amis, il les prie de trouver bon qu'il préfère les Ignace, les Augustin, les Jérôme, les Chrysostôme et les Tertullien aux Luther, aux Zwingle et aux Schmindelin. Qu'ils ne croient pas cependant qu'en abjurant des erreurs qui leur ont été communes, il ait dépouillé l'humanité ; ceux-là lui seront aussi chers qu'auparavant, qui cultivent à la fois la vertu et la bonne littérature ; il sera toujours, à l'exemple du Christ, plein de bienveillance pour eux et plein de charité (1).

(1) *Epistola*, etc., dans la 2e épître dédicatoire.

Je puis me tromper, mais il me semble qu'un converti de bonne foi et qui rendrait compte au public de sa conversion, s'exprimerait différemment. Qui peut être touché du récit de Scioppius ? L'hypocrisie perce sous ces déclarations fastueuses, et, en même temps qu'elle craint d'être un jour démasquée, elle est presque aussi insolente que si elle l'était déjà. N'est-il pas triste de voir ce jeune homme user de tant de détours et de mauvais artifices, pour persuader aux gens que sa conversion n'est due qu'à une intelligence précoce des questions les plus ardues et les plus subtiles de la théologie ? N'est-ce pas le comble de l'invraisemblance que ce même jeune homme ait eu, à l'âge de douze à quinze ans, assez de lumières pour discerner le faux et le vrai de la religion qu'il pratiquait ? Et n'est-il pas singulier qu'on revendique à vingt ans le privilége qui n'appartient qu'à quelques esprits d'élite, celui d'établir sa foi d'après les seules lumières de sa raison ?

Il eût été bon d'apprendre de la bouche même de Scioppius si sa conversion était aussi désintéressée qu'elle était sincère ; mais il a oublié de s'expliquer sur ce point délicat. Il dit seulement qu'il voulait entrer dans les ordres. Ce n'était pas sans doute pour ne devenir qu'un simple curé de campagne. On le savait ambitieux ; on devait croire qu'il aspirait à quelque chose de plus. La cour de Rome, on le savait aussi, ne marchandait pas les faveurs aux convertis qui se distinguaient par leurs talents, comme Scioppius, ou par l'éclat de leur position sociale. C'est que dans le temps où Scioppius écrivait sa lettre, il n'y avait pas dans l'Église romaine de dignités auxquelles il ne visât, de grands emplois auxquels il ne se jugeât propre. N'ayant pas encore de motifs pour croire qu'on pût les lui refuser, il n'osait se parer tout à coup d'un désintéressement qu'on aurait pu prendre trop à la lettre. Il n'avait d'ailleurs l'habitude d'être modeste et de montrer du détachement que lorsqu'il n'avait pu obtenir ce qu'il convoitait. C'est la philosophie du renard de la Fontaine. Mais alors il n'en était pas là, et toute chance était ouverte à son ambition. Ses anciens amis, ses compatriotes et coreligionnaires ne s'y trompèrent pas. Ils connaissaient le masque, son amour du bruit, des distinctions, son goût pour l'autorité, et son indifférence sur les moyens d'en acquérir. Il avait beau farcir ses discours de maximes stoïciennes, « c'estoient, disaient-ils, un admirable courtisan, et sa langue un ressort d'horloge qui, estant une fois débandé, ne se peut arrester (1). » Ils lui reprochèrent, les uns de n'avoir, à peine converti, espéré et respiré (2) que canonicats, archidiaconats, et même épiscopats; les autres, d'avoir visé même au chapeau rouge. On ne lui fit grâce que de la thiare, non par oubli, mais à dessein, et comme si, en lui prêtant l'idée de la chose, on eût déjà craint qu'il n'obtînt la chose même.

Il repoussa ces imputations avec hauteur. Après trois ou quatre ans de séjour à Rome, il s'était aperçu que ses espérances de fortune du côté de l'Église s'évanouissaient de jour en jour; il avait alors renoncé à la cléricature qui seule eût pu l'y conduire, mais non pas à son ambition. Celle-ci avait changé d'objet, et était tournée maintenant du côté du siècle. Il était donc à l'aise pour s'indigner contre

---

(1) *Vita et parentes G. Scioppii*, etc., p. 156, dans une lettre citée par l'auteur et écrite en français.

(2) Sperare ac spirare. *Ibid.*, p. 149.

les vues qu'on lui avait prêtées, et il saisit cette occasion pour faire ressortir sa modération et son désintéressement. Il ne nie pas qu'en venant à Rome, il n'ait eu le projet d'embrasser la carrière ecclésiastique, et de solliciter un emploi dans le sacerdoce actif, ou un canonicat; mais il dit qu'ayant appris qu'on le soupçonnait, en Allemagne, de viser plus haut, il avait abandonné son projet. — Il n'ignorait pas, ajoute-t-il, que le chemin du cardinalat et de l'épiscopat est ouvert à quiconque se présente avec du savoir et de la vertu ; il savait aussi que s'il avait voulu arriver à ces honneurs, les recommandations des plus grands princes ne lui eussent pas manqué (1); mais il avait fait vœu de ne jamais convoiter ni accepter rien de ce genre ; il s'était même effacé à ce point que jamais l'idée de le lui offrir ne fût venue à l'esprit des papes ou des évêques. Il adjurait le Saint-Père, actuellement régnant, et les cardinaux, de témoigner s'ils lui avaient jamais entendu dire, soit en particulier, soit en public, un mot qui tendît à cela ; s'ils avaient jamais rien lu dans ses livres qui eût l'air d'une flatterie ayant pour but de s'assurer leur faveur. Ils pouvaient dire aussi s'il avait jamais reçu d'eux ni présents, ni pensions, ni gratifications quelconques; s'il n'avait pas refusé, au contraire, plusieurs milliers d'écus d'or, et de plusieurs mains. Il était en mesure de le prouver, soit par les lettres des princes eux-mêmes, soit par des certificats de particuliers opulents. Il s'était contenté uniquement du revenu qu'il tirait de ses livres; il n'en recherchait pas d'autres (2).

Cette confession est fière, et la calomnie déjouée est

---

(1) *Amphotides*, p. 169.
(2) *De pædia hum. et divin. litterarum*, p. 24-25.

sans doute confondue? Différez votre jugement, et connaissez mieux Scioppius. Soit qu'il se vante d'avoir fui les honneurs de l'Église, soit qu'il se glorifie d'avoir dédaigné les richesses du siècle, Scioppius ment également. Nous n'irons pas loin pour en trouver la preuve; elle est dans ses propres écrits.

A peine est-il devenu membre de la communauté catholique, qu'il reçoit du pape les titres de chevalier de Saint-Pierre et de chambellan ou comte du Sacré-Palais. Il prend pour la première fois ces qualités dans l'épître dédicatoire du livre où il rend compte de sa conversion (1). Ceux qui le défendent assurent après lui qu'il ne tenait pas plus à ces vains titres qu'à des honneurs réels et grassement rétribués : il y tenait beaucoup, et à de plus vains encore. Le cardinal Madrucci, évêque de Trente et prince de l'Empire, lui avait écrit une lettre avec cette suscription : « A l'illustre Scioppius; » Scioppius en fait part à Scaliger et lui dit (2) : « Les yeux te cuisent, quand tu me vois traiter d'*illustre* par un prince allemand. Selon toi peut-être, il n'est pas juste qu'ayant travaillé pendant tant d'années, et menti tant de fois pour obtenir que des écoliers et des pédagogues te donnassent ce titre, ce soit moi qui, sans l'avoir jamais recherché, le reçoive, non pas de quelque pauvre cuistre, mais d'un noble comte, d'un il-

---

(1) *Epistola de sua ad orthodoxos migratione*, déjà cité.

(2) Num tibi dolent oculi cum illustrem me a germano principe appellari vides?.... Iniquum tamen forsan putes in quo tu titulo ab adolescentulis et ludimagistellis consequendo tot annos laboraras, totque mendaciorum centuriis adnisus fueras...., eumdem nunc mihi titulum velut dormienti aut oscitanti ultro non a virgatore aliquo ludimagistro, sed a generoso comite eodemque cardinali amplissimo et illustrissimo romani imperii principe impertiri. *Scaliger hypobol.*, p. 116, verso.

lustre cardinal, d'un très-illustre prince du saint-empire. »
Il est vrai qu'ailleurs, Scioppius se montre un peu moins
fanfaron. Ainsi, le cardinal ne l'aurait traité d'*illustre*
que par respect pour le pape, qui l'avait fait chevalier et
comte, et par déférence pour les Romains qui l'avaient
élu citoyen et patrice de Rome. Mais Scioppius ne recule,
comme on dit, que pour mieux sauter; et dans les motifs
mêmes dont il se sert pour couvrir son insolence, il trouve
l'occasion d'en commettre une seconde : « Tu dis, Joseph,
que Metrodorus Scepsius fleurit au temps des Césars; moi,
sénateur et patrice de Rome, je puis alléguer deux consuls qui te diront en face que tu en as menti (1). »

Quand Scioppius le prenait de si haut avec les gens, il
y avait environ neuf ans qu'il était à Rome. Mais la tête
lui avait tourné dès le lendemain de son arrivée. Écoutez
plutôt. A peine a-t-il pris langue, qu'il constate que l'accueil dont il est l'objet excite aussitôt l'envie. S'en plain-
drait-il par hasard? Nullement. L'envie est la compagne
obligée de la gloire, et Scioppius était à l'aurore de la
sienne. Il avait à peine secoué la poussière du voyage, que
le cardinal Baronius obtenait pour lui du pape, « et sans
qu'il le demandât, » quinze écus d'or par mois, comme
honoraires de sa chevalerie. Plusieurs autres cardinaux, et
il nomme Cési, Borromeo, Camérino, Dietrichstein, etc.,
lui offrirent aussi leurs services. Il logeait, en attendant qu'il s'établît au Vatican, chez le cardinal Madrucci. Cette éminence, dit-il, goûtait infiniment son

---

(1) Ais Metrodorum Scepsium floruisse cæsarianis temporibus, sed ego patricius romanus et senatorii ordinis, duos romanos consules allegare possum qui tibi mentienti, ut Plautus ait, os oscillent probè. *Scaliger hypobol.*, p. 215, recto.

esprit, et s'en accommodait beaucoup mieux que des politesses cérémonieuses des courtisans de profession. Il se trouvait donc si bien chez lui, qu'il se serait engagé de bon cœur à y passer sa vie, tant il s'y promettait d'agréables loisirs. Son traitement fut bientôt porté à six cents florins. On y ajouta un logis, que dis-je? une maison entière dans l'intérieur du Vatican, afin, remarque-t-il avec une incroyable fatuité, qu'il pût avoir lui-même sa cour à la cour (1). On l'assurait enfin que les bontés du pape et de son dataire ne s'arrêteraient pas là. On pensait à le faire camérier, et chef de l'imprimerie du Vatican; que sais-je? Alors il ne se sent plus de joie, et, avec l'indiscrétion naïve de la cupidité qui va être satisfaite, il s'écrie : « Si ces projets aboutissent, j'ai en ma possession les montagnes des Pics; et ce sont des montagnes d'or (2) ! »

En attendant cette bonne aubaine, et afin de mieux la mériter, Scioppius écrit livres sur livres, soit pour certifier de son orthodoxie, soit pour assurer les papes de son dévouement au Saint-Siége, soit enfin pour dire des rois et des princes de l'Europe autant de bien qu'il en pourrait dire, s'il était né leur sujet, et que le devoir et l'affection lui commandassent d'en parler ainsi. Il publie donc successivement un traité sur les controverses en matière de foi, et sur l'autorité de l'Église pour en décider (3), un panégyrique de Clément VIII (4), une relation historique

---

(1) *Ut et ipse paulatim aulam in aula instituam.*

(2) *Quod si fiat, nimirum ego Picorum montes habeo, quos memorant esse aureos. Sylloges epistolarum,* curante P. Burmanno, t. II, p. 50 et 51; *epist.* 763, *G. Scioppius J. Lipsio.*

(3) *Pro auctoritate Ecclesiæ in decidendis fidei controversiis.* Romæ et Ingolstadii, 1598, in-8.

(4) *Panegyricus Clementis VIII,* etc. Ferrar., 1598, in-4.

du mariage de Philippe III avec Marguerite d'Autriche (1), une lettre sur la vérité de l'interprétation catholique des passages douteux et controversés de l'Écriture (2), une autre sur sa conversion (3), une troisième sur les différents dogmes de la foi catholique (4), un commentaire sur les indulgences à l'occasion du jubilé de 1600 (5), une apologie du cardinal Bellarmin contre Ægidius Hunnius (6), une lettre sur l'Ante-Christ, adressée à un prince protestant (7); enfin un traité sur le culte des saints (8).

Dans tous ces écrits on reconnaît, avec le zèle du néophyte, une aptitude déjà remarquable à se pénétrer des sujets, quels qu'ils soient, auxquels il touche, et une lecture prodigieuse des livres saints, attestée par l'abondance des citations. On voit la fécondité, dirai-je l'intempérance de sa plume; on n'en sent pas encore l'âcreté. S'il attaque les protestants, c'est avec décence, et presque timidement, comme un homme qui a de la charité pour ceux dont il a partagé les erreurs, ou qui attend leurs provocations. Étant sur le point de publier son Commentaire sur les indulgences, il écrivait à Lipse qu'il le revoyait, prêt à en ôter ou à y changer tout ce qui pourrait offenser les lu-

(1) *Narratio historica eorum quæ in nuptiis Philippi III*, etc. Ingolst., 1599, in-4.
(2) *Epistola de veritate interpretationis catholicæ in ambiguis*, etc. 1599, in-8.
(3) *Epistola de sua ad orthodoxos migratione*. Ingolst., 1600, in-8.
(4) *Epistola de variis fidei cathol. dogmatibus*, etc. Ingolst., 1599, in-4.
(5) *Erga anni jubilæi, sive de indulgentia commentarius*, etc. Monachii, 1601, in-4.
(6) *Apologeticus adversus Æg. Hunnium*, etc. Monachii, 1601, in-4.
(7) *De Antechristo epist. ad quemdam Germanum principem*, etc. Ingolst., 1605, in-4.
(8) *Syntagma de cultu et honore*. Romæ, 1606, in-8.

thériens (1). Il ne commence à s'échauffer que dans l'Apologie pour le livre de Bellarmin sur le mérite des indulgences; il y traite fort mal Hunnius, qui les avait qualifiées de marchandise rancie du pape (2); il élève le pape fort au-dessus des princes, à quelque titre qu'ils règnent, et établit son droit à les déposséder, s'ils causent quelque préjudice à l'Église, et surtout s'ils sont hérétiques (3).

Malgré tout le soin qu'avait mis Scioppius à ne pas froisser ses anciens coreligionnaires, il ne put conjurer le mépris et l'horreur que leur inspira ce dernier écrit. « Quel serpent nous avons réchauffé! écrivait Rittershusius à Joseph Scaliger; quelle honte d'avoir été dupes du plus ambitieux des hommes (4)! » Dans toutes les universités d'Allemagne, étudiants et professeurs ne l'appelaient pas autrement que sycophante, apostat, suppôt de l'Ante-Christ, contempteur de Dieu et des hommes (5). Il avait grand besoin que les catholiques, et Rome principalement, le dédommageassent. Cependant, soit qu'on s'aperçût qu'il défendait ses nouvelles croyances mieux qu'il ne combattait les anciennes, soit que dans tous ces ménagements envers les luthériens, on crût voir surnager le vieil homme, toutes les fois qu'il entamait le chapitre de ses services et d'une rémunération, on ne le payait guère que de compliments, ou, pour le dire en un mot, on l'endormait. C'est encore dans sa correspondance avec

---

(1) *Syllog. epist.*, curante P. Burm., t. II, p. 50.
(2) Voyez l'ouvrage d'Hunnius, sous le titre de : *De indulgentiis et jubilæo romano tractatus*, etc. Francf., 1601, in-4.
(3) *Apologeticus adversus Ægid. Hunnium*, etc., p. 26, recto.
(4) *Syllog. epist.*, cur. P. Burm., t. II, p. 331.
(5) *Idem., ib.*, p. 361.

Juste-Lipse qu'il faut en chercher la preuve. Il lui avait fait part de sa fortune naissante; il lui raconte ses désenchantements. Dans aucune autre de ses lettres, et il en a peu laissé, il ne s'exprime avec cet abandon (1). Son cœur eut avec Lipse, et avec Lipse seul, toute l'ouverture qu'il pouvait avoir. La conformité de leur situation, et non l'amitié, l'y encourageait (2). Car Scioppius paraît avoir ignoré ce que c'est qu'un ami, ou tremblé toute sa vie d'en avoir. C'est pourquoi Vossius disait de lui : « Un an avant sa mort, Scioppius cherchait encore des inimitiés, comme si ayant toujours fui, vivant, les amitiés, il eût craint, mourant, d'en laisser une seule après lui (3). »

Je reviens à sa lettre. Elle est datée du 18 mars 1606. C'est juste six mois après l'autre lettre où nous l'avons vu caresser et nourrir de si fastueuses espérances.

« Tout ce que Paulinus (4), dit-il à Lipse, a paru faire dans mon intérêt, a été moins, comme je l'ai su, l'effet d'une véritable et active obligeance qu'un calcul de son intérêt personnel. Il a si bien joué son jeu que, non-seulement il m'a trompé (il est vrai que j'y suis facile), mais tout le monde et même les plus fins courtisans. Apprenez donc les artifices des Florentins, *et crimine ab uno disce omnes.* Comme il se figurait déjà vêtu de la pourpre et coiffé du chapeau rouge, élevant, selon la coutume, ses espérances beaucoup plus haut encore, il commença par détourner à son profit une somme propre

---

(1) Burmann, dans le *Sylloge,* etc., t. II, p. 48 à 77, ne donne que quatre lettres de Scioppius à Lipse; mais elles permettent de supposer que Scioppius lui en écrivit davantage.

(2) Lipse, comme Scioppius, avait abjuré.

(3) *Syllog. epist.*, cur. P. de Burm., t. III, p. 574.

(4) Dataire de Clément VIII, dont le nom était Hippolyte Aldobrandini.

à lui frayer le chemin au trône pontifical. Et, parce qu'il savait qu'on y arrive plus aisément par le concours des souverains, il mit en œuvre tous les moyens possibles (et il en a beaucoup, les revenus de la daterie étant de quarante, cinquante, et même soixante mille écus d'or par mois, jamais moins de trente mille; de sorte que le dataire peut puiser à cette source autant qu'il lui convient), il mit en œuvre, dis-je, tous les moyens possibles pour se concilier les rois, les princes et leurs ambassadeurs, envoya des présents aux rois, donna des bénéfices et des prélatures aux parents et aux amis des ambassadeurs, et gagna même leurs femmes par toutes sortes de cadeaux. Il eut bientôt avancé ses affaires à ce point que c'était à qui des Espagnols et des Français aurait pour lui le plus d'amitié. Il s'adressa ensuite aux Polonais, aux Ecossais et aux Anglais. Plusieurs jeunes filles de la noblesse écossaise, qui avaient quitté la cour et le service de la reine d'Angleterre, après s'être faites catholiques, furent dotées par lui à Avignon, et il extorqua des lettres de la reine qui constataient ce bon office. Restaient les Allemands. Il pensa qu'il parviendrait à les gagner, s'il se servait de moi comme courtier de son ambition; car je ne sais ce qu'un Espagnol, nommé Lamatta, qui était son oracle, lui avait dit d'avantageux de mon esprit, à propos de la façon dont, moi, séculier et chevalier, je maniais les études théologiques. Il calcula donc que, si un jour on l'envoyait en Allemagne avec la dignité de légat, cette légation lui serait un titre à la papauté, surtout s'il convertissait à l'Eglise romaine quelque prince allemand. C'est dans ce dessein, je suppose, qu'il rechercha la connaissance des jeunes princes de Saxe, d'Holsace, de Hesse, de

Wurtemberg, de Poméranie, de Brandebourg, d'Anhalt, du Palatinat, de Nassau, de Solms, etc., qu'il leur donna l'hospitalité, et les congédia chargés de présents.

« Pendant ce temps-là, il ne souffrait pas que je lui demandasse rien en vain pour personne, estimant que cela était nécessaire à mon crédit et à mon autorité, desquels il me croyait très-jaloux. D'ailleurs, quoiqu'il eût commandement du pape de me traiter de manière, non-seulement à ce que je fusse content, mais encore à ce que mes camarades eussent de l'inclination à m'imiter, cependant, parce qu'il craignait que si j'avais une pension sûre et fixe, je ne dépendisse plus de lui, quelque jour, autant qu'il le voudrait, il ne me refusa jamais d'argent, toutes les fois que je lui en exposai le besoin; mais jamais je ne pus le résoudre à me constituer un traitement propre et irrévocable. Et comme il avait peur que le pape, venant à le savoir, n'en fût indigné, il eut soin de m'écarter de ses audiences. Une fois pourtant, vaincu par l'importunité de mes prières à ce sujet, il m'avertit de ne point parler au pape de ma pension, comme étant plus forte que Sa Sainteté ne l'avait prescrit. L'année du jubilé, on parla de moi un jour devant le pape. Pierre Aldobrandini dit à Paulinus qu'il me prendrait dans sa maison et me donnerait de quoi entretenir trois domestiques. Pour moi, ne voulant à aucun prix ajouter aux charges qui pesaient déjà sur Aldobrandini, je pensais bien le remercier de ses offres généreuses. Or, je m'y décidai d'autant plus vite que Paulinus ne manqua pas de m'en donner le conseil.

« Quand il sut que l'empereur avait fait écrire de sa part au roi d'Espagne, pour le prier de m'accorder la naturalisation, il m'engagea sérieusement à ne pas faire usage de cette lettre. A l'entendre, cette démarche déplairait au pape, que je semblerais par là mettre en demeure d'augmenter ma pension, ou à qui je donnerais lieu de croire qu'il n'avait ni le courage ni le moyen de venir à mon aide. Paulinus prévoyait que si j'obtenais cette naturalisation, il serait contraint de prendre sur les bénéfices d'Espagne pour pourvoir plus libéralement qu'il ne l'avait fait jusqu'alors à mes nécessités, et qu'en ce cas, il serait possible que j'attaquasse sa gestion (1).

« Dans la suite, je fus appelé à Prague par ordre de l'empereur. D'autre part, Pezzenius, son envoyé à Rome, voulut à toute force m'attacher à lui, et me proposa même, si j'y consentais, le superbe traitement de douze cents florins. Mais Paulinus fit si bien que je déclarai aimer mieux rester à Rome, et, par cette déclaration, je n'offensai pas médiocrement les Césariens. Il m'assurait qu'il avait montré au pape la lettre qui m'appelait à Prague. Le pape, disait-il, lui avait répondu que si je pensais véritablement à m'en aller, j'en étais bien le maître. « Pour moi, ajoutait-il, je vous conseille de ne pas quitter Rome; je vous promets que vous n'aurez pas lieu de vous en repentir. » Je jurerais aujourd'hui qu'il ne dit pas un mot de cette affaire au pape. Il fit de même quand je voulus aller en Espagne pour mes études théologiques, et quand je voulus me faire moine. Le rusé personnage me dissuada de l'un et de l'autre, ne voulant pas être privé de mes services, s'il s'offrait une occasion de les réclamer.

---

(1) Ceux que le roi d'Espagne gratifiait de lettres de naturalisation étaient aptes à toucher une pension annuelle de 500, 1,000, 1,200, 2,000 ou 3,000 écus d'or, prise sur les bénéfices d'Espagne à Rome; et il paraît que le dataire du pape en avait la gestion.

« Et encore qu'il ait été déçu dans son espoir d'être cardinal,... il ne laisse pas, comme je l'ai conjecturé dernièrement de ses paroles mêmes, de songer toujours à attraper le chapeau. Ainsi, me disait-il, il serait charmé que le pape l'adjoignît au légat qui devait se rendre à la diète. C'est pourquoi il régala magnifiquement l'électeur de Brandebourg et sa suite nombreuse; car il sait que l'empereur a coutume de recommander au pape le prélat qui accompagne le légat, et de demander pour lui le chapeau. Or, il suppose que Sa Majesté mettra d'autant plus d'empressement à faire cette demande, qu'elle y sera poussée par les princes dont Paulinus a acheté la protection, en les bourrant de cadeaux pendant leur séjour à Rome. Mais gare qu'il n'en soit pour ses frais, surtout si je parle.

« Quoi qu'il en soit, je ne cesse d'agir, afin de récupérer par ma diligence ce que j'ai perdu par les roueries de Paulinus. Son Excellence le comte Raymond de la Tour, qui a été douze ans ambassadeur de l'empereur en Italie, était à Rome dernièrement. Il avait tant de goût pour moi qu'il me donnait toujours la place d'honneur dans sa voiture et à sa table, et me faisait fête plus qu'à tous les autres nobles et barons. Je le priai de se charger de m'obtenir du roi d'Espagne la naturalisation; à quoi il a obtempéré avec la meilleure grâce du monde.... Mais, quel que soit son crédit auprès des archiducs, j'ai voulu l'appuyer de la recommandation des cardinaux San-Giorgiano, Baronius, Seraphinus, Giurio, du Perron, Sauli, et de celle du Vicomte. Ils attesteront à l'archiduc Ferdinand et à sa mère que, depuis quelques années, j'ai parfaitement bien mérité, tant de la religion catholique que de la maison d'Autriche. Si je retourne en Allemagne, cette déclaration me sera fort utile, et auprès des Autrichiens, et auprès du Saint-Siége; et alors, je l'espère, les vœux que je forme pour être largement entretenu par le pape, sans augmentation de charges ni incommodité pour lui, seront facilement réalisés [I]. »

Le caractère de Scioppius se dessine ici tout entier : sa présomption, par laquelle il se persuade qu'on n'est occupé que de lui, et que les politesses outrées d'un grand seigneur à son égard sont des marques de considération personnelle; sa cupidité, qui l'empêche d'accepter des avantages magnifiques et immédiats, dans l'espoir d'en obtenir de plus magnifiques, quoique éventuels; son hypocrisie, qui lui arrache cet aveu, qu'il est surtout catholique pour servir d'exemple et d'encouragement aux autres, comme s'il importait moins qu'il le fût pour lui-même et pour son salut; enfin, son ambition, qui ne le rassure pas assez sur la puissance de son seul mérite, et le fait recourir aux expédients, aux intrigues, aux apostilles pour en préparer le succès. Nous croyons qu'il convient d'examiner cette lettre de plus près.

Et d'abord, Paulinus avait-il cette haute opinion du crédit de Scioppius que Scioppius veut bien dire? Cela n'est pas impossible. Scioppius avait tout ce qu'il faut pour séduire un ambitieux comme il en est beaucoup, qui ont les vues les plus hautes avec des talents médiocres, qui ne peuvent ou qui n'osent se pousser d'eux-mêmes, ne dédaignent aucun appui, ne rejettent aucun instrument, et s'en exagèrent volontiers la valeur. Paulinus était de ces ambitieux. Il avait sous la main, et presque sous sa dépendance, un jeune homme ambitieux lui-même, savant, spirituel, à la langue dorée, comme les ennemis de Scioppius le disaient de lui, et très-capable, pourvu que cela ne nuisît pas à son propre succès, d'aider au succès d'autrui. Il eût été dommage que tant de belles qualités restassent improductives, et Paulinus cherchait à les cultiver à son profit. Mais que la faveur de Scioppius auprès des princes et des grands, que son crédit à Rome l'aient rendu si considérable que le chef de la daterie pontificale ait voulu le confisquer et faire de lui la cheville ouvrière de son ambition, c'est ce qu'il n'est pas aussi aisé de se persuader. Au reste, si Paulinus avait cette opinion-là de Scioppius, il en est ici bien mal récompensé. Non-seulement Scioppius l'accuse de s'être ingéré dans ses affaires, avec le dessein d'en contrarier le succès, il l'accuse d'avoir avancé les siennes par des actes de haute friponnerie. Il est d'autant plus indiscret que le dataire, après l'avoir soi-disant tenu sous le séquestre à Rome, continuait à viser au cardinalat, sans recourir à ses bons offices, faisait des cadeaux aux princes, leur donnait des dîners auxquels sans doute il ne l'invitait pas, comme s'il avait eu plus de confiance en ces pratiques, que dans la faconde et le crédit de Scioppius.

Je ne jurerais pas de la moralité du dataire, mais je soupçonne Scioppius de le calomnier. La calomnie ne lui était pas du tout étrangère. Il sut toujours fort bien en user, soit pour se défendre, soit pour se faire craindre et ménager. Il eût aimé, je pense, qu'on tremblât devant lui; aussi, dans la conversation spirituelle et enjouée de l'homme du monde, perçaient la vanité et l'humeur susceptible de l'homme de plume. Ce système ne lui réussit qu'à moitié. On ne sentit pas plutôt les agréments de son esprit qu'on fut blessé des épines de son caractère. On craignit sa reconnaissance presque à l'égal de sa vengeance. On en vint à douter qu'un courtisan si délié pût être un honnête homme, qu'un converti si exemplaire voulût ne gagner que le ciel, qu'un solliciteur si plein de ses droits fût facile à contenter. On lui accorda bien encore quelques grâces, mais on s'en tint là, persuadé que c'eût été les compromettre que de les égaler à ses prétentions.

Plus ces dispositions lui parurent évidentes, plus il dut aviser aux moyens de les surmonter. La vérité est que si sa conversion était sincère, on trouvait déjà que les gages n'en étaient pas assez éclatants, et on les attendait. On eût voulu, comme il est d'usage avec les transfuges, qu'il brûlât plus résolûment ses vaisseaux. Ce n'était pas assez (on lui a reproché cette bassesse) de dépister les hérétiques qui venaient à Rome en secret, de les catéchiser, et de faire dépendre son silence sur leur présence illicite, du plus ou moins de fruit qu'ils recueilleraient de son enseignement, on commençait à le presser pour qu'il procédât d'autre manière.

Scioppius entendit ce langage. C'est alors qu'il entama, en commençant par les hérétiques, cette longue série de libelles dont le terme devait être celui de sa vie même, et qui le recommandent surtout à notre curiosité. Les rois, les princes, les hommes d'État, les savants, les communions religieuses, les congrégations, les papes même et les saints, y sont tour à tour l'objet et les victimes de ses rancunes, de ses haines, de ses calomnies, de ses vengeances. Il ne fallait, pour y être exposé, qu'avoir du talent, de la réputation, des richesses, de la puissance, une notoriété quelconque. Tout cela lui portait ombrage et irritait son envie. Inutile de dire que l'intérêt de la religion, dont il couvre partout ses mensonges, n'est qu'un mensonge de plus. Cet intérêt, c'est le sien propre; il varie selon les temps où vit Scioppius, les lieux où il se trouve, et les personnes qui ont affaire à lui.

CHAPITRE IV.

Scioppius attaque Joseph Scaliger. — Le *Scaliger hypobolimæus*; examen de ce libelle qui est attaqué par D. Heinsius, Rutgersius, et réfuté par Jos. Scaliger. — Scioppius réplique par les *Amphotides*. — Magnifique éloge qu'il fait de son austérité, de sa probité, de son désintéressement, de sa piété. — Finesse et profondeur de son hypocrisie. — Il nie qu'il fût l'espion des protestants à Rome. — Il produit nombre de certificats à l'appui. — Ses relations avec les princes allemands.

Joseph Scaliger, fils de Jules, est le premier qu'il attaqua. Les mêmes motifs qui le poussèrent à cette agression avaient, soixante-quinze ans plus tôt, poussé Jules-César Scaliger à chercher querelle à Erasme : c'était l'envie d'abord, puis l'espoir de détourner sur soi-même une partie de l'éclat de la personne attaquée. Il y avait de plus, chez Scioppius, l'intérêt. Il serait triste qu'après avoir traîné dans la boue un hérétique illustre, et particulièrement désagréable aux catholiques, comme Joseph Scaliger, ceux-ci lui marchandassent encore les récompenses.

Dans une lettre écrite à Douza, en 1594 (1), Scaliger avait essayé de justifier les hautes prétentions de son père, en dressant la généalogie des princes della Scala, de Vé-

---

(1) Jos. Scaligeri *Epistolæ*. Lugd. Batav., 1627, in-8, epist. 1.

rone, et en établissant que Jules-César en descendait directement. Cette lettre a cinquante-huit pages. Scioppius y trouva matière à un libelle qui en a plus de huit cents! Ce fut là son début dans un genre où il n'eut pas son égal, et où il est à souhaiter qu'il ne le rencontre jamais. Après un tel début, un autre que Scioppius eût été épuisé; Scioppius n'avait fait qu'y tâter ses forces, y déclarer sa vocation.

Il a intitulé son libelle le *Faux Scaliger* (1). Le verso du titre porte pour épigraphes deux versets tirés, l'un du IVe livre des Rois, chapitre v, l'autre du Ier livre, chapitre xvII. La première épigraphe est ainsi conçue : *Obsecro, concede mihi servo tuo, ut tollam onus duorum burdonum de terra*. Le père Garasse qui reprochait avec colère aux hérétiques l'abus qu'ils font des paroles de l'Écriture sainte, estime que jamais on ne les appliqua plus à propos qu'en cette occasion. Citons sa remarque ; elle a de la gaieté :

« Je confesse que le plus bel exemple et l'accommodation la plus naïve que je vis jamais est celle de G. Scioppius, au commencement de son *Scaliger Hypobolimée*. L'histoire est mémorable, car il entreprend de renverser la généalogie prétendue de ces deux Burdons, Julius et Joseph, qui se sont fait nommer de l'Escale, étant néanmoins, à ce qu'il dit, issus de bas lieu, et descendus d'un broyeur d'ocre ou faiseur d'armoiries, qui se logea sous l'échelle de Saint-Marc de Venise, et pour cet effet fut appelé par la commune populace, *Messer Benedetto de la Scala*,

---

(1) *Scaliger hypobolimæus, hoc est elenchus epistolæ Josephi Burdonis Scaligeri, De vetustate et splendore gentis scaligeranæ*. Mogunt., 1607, in-4.

s'appelant de son nom paternel *Benedetto Burdone*; et de fait, Joseph l'Escale reconnoît ce nom comme celui de sa famille, quoiqu'il le biaise un peu et qu'il se qualifie *Comes à Burden*, c'est-à-dire, *comte de Bourdes*. Scioppius donc ayant entrepris de faire voir que ces deux Burdons père et fils, issus de ce *Messer Benedetto Burdone de la Scala*, étaient deux hommes supposés, entrés par surprise dans la principauté de Vérone, et qu'ils s'appeloient de leur nom Jules Burdon et Joseph Burdon, se sert fort à propos d'un passage de l'Écriture... dont les paroles, en leur sens naturel et historique, sont de Naaman, lorsqu'il demandoit à Élisée la faveur de prendre la charge de deux ânes des bénédictions et des fruits qu'il lui avoit portés : mais Scioppius les applique par le sens d'accommodation à la charge et l'importunité que ces deux hommes supposés et ces deux princes de théâtre, nommés Burdons, avaient jusqu'à présent causées à toute l'Europe par leurs jactances insupportables (1). »

Il y a deux dédicaces, l'une à l'archiduc Ferdinand d'Autriche, l'autre à ce comte Raymond de la Tour qui donnait à dîner à Scioppius et qui le promenait dans sa voiture. Dans la première, Scioppius déclare qu'il a voulu deux choses : venger la religion catholique des outrages d'un homme qui était parvenu à en imposer à l'opinion sur sa prétendue noblesse et sur son génie, et venger la maison d'Autriche dont il avait insulté les princes, en leur donnant pour ancêtre une empoisonneuse (2). « N'est-il pas insupportable, dit-il, que le plus impur bipède qui

---

(1) *Doctrine curieuse*, liv. V, section xxxiv, p. 671.
(2) La veuve d'Albert d'Autriche, laquelle, selon Scaliger, empoisonna Louis de Bavière, son second mari, en 947. Voyez la lettre à Douza, p. 7.

ait jamais pesé sur le globe, qu'un ver de terre, un scarabée né du crottin de mulet, souille de ses ordures la plus brillante lumière de tous les siècles, la famille impériale d'Autriche (1)? »

Arrivant à l'écrit qui fait l'objet de sa critique, il en donne le texte, non pas tout à la fois, mais par fragments plus ou moins longs, chacun suivi du commentaire. Quand il a fini, il se trouve qu'il y a relevé quatre cent quatre-vingt-dix-neuf mensonges. La lettre à Douza ayant cinquante-huit pages, c'est près de neuf mensonges par page; et, la page ayant trente-trois lignes, c'est presque un mensonge par quatre lignes. On conçoit qu'en faisant la généalogie d'une famille qui remontait jusqu'aux rois alains, qui s'était partagée en différentes branches, alliée à plusieurs maisons souveraines, Scaliger se soit trompé, et même très-souvent; il avait de son propre aveu, manqué de matériaux, par conséquent consulté son imagination plus que les autorités. Au contraire, Scioppius avait pu fouiller non-seulement dans les archives de la maison d'Autriche, mais encore dans celles de quelques familles d'Allemagne et d'Italie dont les ancêtres avaient eu des alliances avec les Scaligers. C'était à qui lui prêterait main-forte pour confondre l'audacieux qui entait sa roture sur une tige monarchique. Afin de ne point paraître ingrat, Scioppius fit usage de tous les documents qu'on lui envoya, sans en retrancher rien, et en y ajoutant beaucoup. Il est tels démentis qu'il

---

(1) Quis enim ferat hominem hominum quos terra sustinet impurissimum, qui velut lumbricus e terra modo erepserit, aut scarabæi instar ex burdonio fimo sese evoluerit, sordibus suis affricandis clarissimum omnium sæculorum lumen, gentem, inquam, austriacam turpissime contaminare ?

donne à Scaliger, qui n'ont pas moins de douze, quinze et vingt pages de développement, qui, réduits à quelques mots, n'eussent pas eu moins de valeur, et dont on ne découvre le motif que dans le dessein qu'avait Scioppius de ne pas quitter un seul dossier de ses nobles clients sans l'avoir épuisé. Aussi ne cite-t-il guère un nom qu'il ne fasse le dénombrement de ceux qui l'ont porté, communiqué ou reçu. On juge par là que sa qualité de comte du palais, ayant droit de vérifier les *armes* des maisons nobles et d'en conférer aux anoblis (1) n'était pas une sinécure. Il excelle à dresser des *arbres* généalogiques; il a fait ceux de quelques maisons souveraines de l'Europe (2); il a eu la prudence de ne pas faire le sien. Du reste, cet exercice lui était si familier qu'il en tira une méthode. On la trouve appliquée dans un grand nombre de ses écrits et à toutes sortes de sujets. Ce sont des tableaux synoptiques où les faits et leurs conséquences, les causes et leurs effets sont disposés de telle manière que les uns semblent à l'œil se détacher des autres comme les branches du tronc. Ici même, il y en a des exemples (3). Mais je me détourne un peu de mon sujet : je reviens.

Quelque valeur qu'on attache aux démentis de Scioppius (et peut-être n'en ont-ils guère plus que sa généalogie de la maison d'Autriche, méprisée, dit-on, de tous les généalogistes allemands), ils n'en ruinèrent pas moins l'édifice dont Jules Scaliger avait posé la base, et que Jo-

---

(1) *Scaliger hypobolimæus*, p. 72, verso.
(2) Entre autres, *Stemma domus austriacæ*, 1619, in-4; *Stemma Gonzagicum*, 1619, in-folio; *Doriarum genuensium genealogia*, 1631, in-4, etc.
(3) *Scaliger hypob.*, p. 2, verso. Voyez aussi *Anatomia soc. Jesu*, p. 7-22, et ailleurs.

seph avait cru achever. Le public en dédommagea celui-ci en lui décernant la principauté des lettres. Il va de soi que Scioppius ne la reconnut pas plus que l'autre ; il y songeait peut-être pour lui-même. Quoi qu'il en soit, il ne paraît nullement disposé à faire acte de sujétion à cet égard, lorsque, après avoir appelé dans son libelle quatre cent quatre-vingt-dix-neuf fois menteur le pauvre Scaliger, il le taxe de la plus grossière ignorance, l'accuse d'avoir des mœurs qui font frémir la nature, de ne pas croire en Dieu, et, ce qu'il y a de pis, d'être le plus obstiné des hérétiques. Car Scioppius faisait des distinctions avec les hérétiques comme Sganarelle avec les fagots. Il y avait, selon lui, les hérétiques prudents et sages qui, nés et élevés dans l'hérésie, cherchent la vérité avec sollicitude, prêts à l'embrasser, dès qu'ils la rencontrent. Il y avait les sots et les imprudents qui, nés et élevés de même, entraînés par l'erreur, et séduits par les beaux discours de ceux qui leur expliquent l'Écriture, en la corrompant, vivent sans soucis dans l'aveuglement et dans la luxure, et n'admettent pas la vérité des croyances catholiques. Il y avait enfin les moqueurs, les impies, les hommes de pestilence et de dur entendement, parmi lesquels était Joseph Scaliger. Salomon, dit Scioppius, qui nous défend de les instruire, de les reprendre et de les prêcher, qui les voue à l'opprobre, à l'ignominie, à la mort, nous indique assez quel traitement il faut leur infliger. Il faut les tuer, non-seulement pour qu'ils ne gâtent pas les autres, mais pour qu'ils n'aient pas l'occasion, en vivant plus longtemps, d'augmenter le nombre de leurs péchés (1).

---

(1) *Scalig. hypob.*, p. 320-323.

Quelle mansuétude! Scioppius donne un développement excessif à l'exposition de cette théorie, et c'est par là qu'il finit son libelle.

Il y avait un an qu'il l'avait publié, quand Scaliger mourut. Il prétendit que c'était de chagrin d'avoir été si maltraité. Il fit plus, il en eut du regret; il s'était flatté que Scaliger se pendrait, au lieu de mourir dans son lit (1). Scaliger ne se pendit pas et vécut encore assez pour avoir le temps de répondre. Mais il était vieux, malade. Si la tête y était encore pour commander, les forces pour se battre n'y étaient plus. Il lui aurait fallu une armée; ce n'était pas trop pour soutenir les assauts d'un Scioppius; il trouva à peine deux ou trois champions. Encore n'entrèrent-ils en lice que visière abattue. Daniel Heinsius écrivit des satires (2); Rutgersius le *Vita et Parentes G. Scioppii*, en collaboration avec Rittershusius; Scaliger la *Confutatio fabulæ Burdonum* (3). Pas un n'osa signer de son nom ces écrits, excepté Rutgersius, lequel même ne fit que prêter le sien à Scaliger, et qui est le moins violent des trois. Une prudence excessive, sinon la peur, leur dictait cette conduite. Rittershusius, en envoyant à Scaliger le canevas du *Vita et Parentes*, lui recommandait de prendre toutes les précautions possibles pour que le service qu'il lui rendait ne lui causât à lui-même aucun dommage, et non-seulement de ne pas dire de qui on tenait ces renseignements, mais de tout faire pour ne pas le laisser deviner; qu'on déguisât donc le style et

---

(1) *Amphotides*, p. 287.
(2) *Hercules tuam fidem*, et *Virgula divina*.
(3) Ces deux écrits et les satires d'Heinsius sont réunis dans un même volume. Leyde, in-12, 1609.

surtout qu'on ne parlât de lui nulle part en bien (1). Heinsius n'était pas plus rassuré et de plus il légua sa peur à son fils. Trente-sept ans après la publication des satires de son père, Nicolas Heinsius se trouvant à Padoue où Scioppius s'était retiré, gardait prudemment l'incognito, « à cause, écrit-il à Gronovius, de ce chancre du genre humain, je veux dire l'ex-intendant des cuisines du cardinal Baronius (2). » « Vous savez bien, ajoute-t-il, qu'il ne fait pas bon avoir des ennemis en Italie ; vous savez aussi que pour tuer son homme ou pour l'empoisonner, le coquin en apprendrait même aux Italiens (3). » La peur d'Heinsius lui grossissait les objets ; Scioppius n'assassinait les gens que dans ses livres.

Quoique ces écrits fussent anonymes, on en connut bientôt les auteurs. Il ne fallait rien moins que cela pour leur donner de la vogue. Car, outre qu'ils ne valent pas grand'chose, ils sont modérés, et l'on était dans un temps, Scaliger le savait mieux que personne, où l'homme de lettres attaqué qui se défendait avec modération, était réputé vaincu. Mais l'opinion, avertie sur leur origine, les soutint de sa faveur. Scioppius y était payé de la même monnaie dont il avait payé Scaliger, quoique moins libéralement. Il y était, en termes aussi modérés que possibles, traité de maraud, de traître, d'effronté, d'apostat, d'homme sans foi, sans honneur et sans mœurs, de vil parasite, d'espion de l'inquisition, de limier des protestants. On y eût mis moins de façons que Scioppius n'eût

---

(1) *Syllog. epistol.*, curante P. Burm., t. II, p. 338.
(2) Propter carcinoma illud generis humani, culinæ, inquam, baronianæ expræfectum.
(3) *Ibid.*, t. III, p. 165. N. Heinsius à J. Fr. Gronovius.

pu se taire. Il répliqua par les *Amphotides*. Mais une réplique si remplie de faits, de dénégations, de réfutations, de témoignages et de certificats, ne pouvant être prête assez tôt pour suivre et couvrir immédiatement la réponse, Scioppius les fit précéder, en attendant, d'une *Dénonciation* (1). Cependant, Scaliger meurt en 1609. Scioppius reste seul, en face de ses *Amphotides* inachevés. Il les poursuit néanmoins. Il ne voulait pas frustrer la postérité de ce certificat de bonne vie et mœurs qu'il se décerne avec tant d'impudence. Tout à coup Daniel Eremita publie une lettre (2) où il prend, lui aussi, la défense de Scaliger contre Scioppius. Alors, comme un sanglier qui se détourne contre le chasseur, Scioppius se lance contre Eremita, et dans un appendice à la *Dénonciation* (3), il traite l'avocat avec la même brutalité que le client. Enfin, il publie ses *Amphotides*. Mais, je le répète, il n'adressait plus son billet qu'à la postérité.

Ce qui le toucha le plus dans les réponses de Scaliger et de ses amis, et ce qu'il paraît avoir le plus à cœur de détruire, ce sont les accusations d'homme sans mœurs, de parasite et d'espion. Il voulait bien être craint, mais non pas méprisé. Non-seulement il nie ce qu'on lui impute à cet égard, mais il fait de sa manière de vivre, depuis environ vingt ans, une histoire si édifiante, que l'Église n'aurait pas besoin d'autre procès-verbal pour

---

(1) Oporini Grubinii, *medici et philosophi denuntiatio Amphotidum Scioppianarum*. Ingolst., 1608, in-4.

(2) *Epistola nobilissimi et litteratissimi viri ad G. Scioppium*, Romæ scripta anno 1610.

(3) Oporini Grubinii *Mantissa Amphotidum Scioppianarum*. Ingolst., 1611, in-4.

procéder canoniquement à sa béatification. Comme cette histoire, dans les *Amphotides*, n'est que la reproduction abrégée et affaiblie de celle qu'il a déjà racontée dans le *Scaliger Hypobolimœus*, j'emprunterai mon extrait à ce dernier écrit.

« Ayant, dit-il, dès ma première adolescence, le désir de lire les anciens, et par-dessus tout les poëtes ; ayant ouï dire de plus à de savants personnages qu'il fallait surtout se défendre de lire les vers obscènes, à cause du danger qu'offraient à mon âge ces aiguillons de la volupté, j'imaginai un moyen de goûter, sans dommage pour mes mœurs, les fruits que je pourrais tirer de cette lecture. Et parce que je savais qu'on aime à comparer les poëtes avec les sirènes, je crus devoir user de la précaution qu'Homère prête à Ulysse. Car, comme Ulysse, après avoir bouché les oreilles de ses compagnons avec de la cire, de peur qu'attirés par le chant des sirènes, ils n'allassent échouer sur des écueils, se fit lier les pieds et les mains, pour s'empêcher soi-même, s'il en eût eu le désir, d'approcher de ces dangereuses séductrices, de même, résolu d'entendre impunément les chants lubriques des poëtes, je me liai par la tempérance et la diète. Pendant deux ans, je vécus en Allemagne de telle sorte que j'étudiais des jours entiers, sans manger ni boire, sans même savoir qu'on fît l'un et l'autre. J'allai ensuite en Italie, où, après avoir lu diligemment presque tous les auteurs grecs et latins, et en avoir recueilli ce qui pouvait servir à corriger les mœurs, à dompter les passions et à se préparer une vie sans orages, j'observai que l'habitude de manger, non-seulement une fois, mais deux fois en un jour, sans pouvoir se passer de vin, n'était pas digne d'un homme qui s'estimerait d'ailleurs assez récompensé par la lecture de ces maîtres de la science. Afin donc d'en mieux profiter encore, en vrai stoïcien dont l'avis est qu'il vaut mieux employer ce qu'on a appris, à régler sa vie qu'à disputer, j'échangeai mon vin contre de l'eau du Tibre, ne voulant pas, comme dit Platon, jeter du feu sur du feu. En même temps, je proscrivis la viande de ma table, non-seulement, au témoignage de Clément d'Alexandrie, à cause de l'hébétude qui résulte de l'usage de cet aliment, mais aussi de peur que la chair n'en fût trop chatouillée et trop esclave de Vénus. Je m'interdis même le poisson et les œufs. Je savais trop par expérience les propriétés astringentes et excitantes de ces aliments, et de plus j'aimais mieux l'un et l'autre que la viande. Je me contente donc de la moitié d'un chou, d'un peu de riz, avec une pomme ou une poire, et un morceau de fromage. Je passe ainsi vingt-quatre heures, déjeunant, dînant et soupant tout à la fois. De neuf à dix heures du soir, je me couche. Mon lit est en parfaite convenance avec ce régime. Je ne sache pas même que Sénèque ait eu le pareil, quoiqu'il se vante d'en avoir eu un d'une dureté rare. Ce sont des planches nues ou sans matelas, avec un oreiller et deux couvertures. Il est le même pour l'hiver et l'été. Je n'envie point à nos cardinaux leurs délices.

« Depuis nombre d'années, je suis tellement rompu à ce régime, que je suis extrêmement incommodé, quand j'y déroge. Mais cela m'arrive très-rarement, et si ce n'est lorsqu'il me faut être agréable à quelques amis. Enfin, quoi que j'apprenne et quoi que je fasse, je tâche toujours de ne pas m'écarter de ces habitudes du stoïcien que j'ai esquissées dans mes *Éléments* (1). Cependant, je n'aurais

___
(1) *Elementa philosophiæ stoicæ moralis*, etc. Mogunt., 1606, in-8.

peut-être pas eu la force de me maintenir toujours dans une situation acquise au prix de tant de victoires sur moi-même, si je n'eusse rencontré, par bonheur, les ouvrages de Fr. Costerus. Je suis obligé de convenir qu'il est, après Dieu, le second auteur de ma félicité. Grâce à la lecture de ses excellents petits livres, les mêmes actions que, suivant les préceptes de la sagesse humaine, je pratiquais comme étant conformes à la raison, sont aujourd'hui, je l'espère, dégagées de ces vices où nous sommes entraînés par suite de la fragilité de notre nature. Ces vices, le sacrement de pénitence les expie et les lave, en même temps que la réception fréquente du corps et du sang de Notre-Seigneur Jésus-Christ affaiblit et dompte les mauvais instincts. Jadis, je n'avais guère d'autre but que de mener une vie tranquille, en observant les lois de la droite raison; aujourd'hui, touché des avis, des exhortations et des saintes méditations de Costerus, j'apprends à reporter à Dieu, notre fin dernière et en qui seul l'esprit puisse trouver du repos, toutes les actions de ma vie. Je commence donc à être le vrai prêtre de Dieu (qualité que les stoïciens n'accordent qu'à leur sage), lui offrant avec moi-même mes bonnes pensées, mes bonnes paroles et mes bonnes actions, tant pour l'honorer et l'adorer, que pour le fléchir et expier mes péchés. On dira peut-être qu'il y a de l'ostentation à faire ainsi paraître ma piété : je n'ai pas cette crainte ; je ne cherche que l'approbation de Dieu qui seul sonde les reins et les cœurs, et au tribunal duquel je suis appelé à rendre compte un jour de moi-même, de mon plan de conduite et de la façon dont je l'observe. J'espère donc être récompensé par ce juge équitable, espérance qui serait vaine si j'avais en vue la moindre gloriole, et si je ressemblais à ces gens qui, lorsqu'ils jeûnent et qu'ils prient, le font en vue du monde : car c'est d'eux que le Christ a dit : *Je vous le dis en vérité, ils ont reçu leur récompense* [II]. »

La plume me tombe des mains. Le grand Arnauld avait-il lu ce passage (sans parler de beaucoup d'autres), quand il trouvait mauvais que le père Le Tellier taxât de zèle hypocrite et bizarre l'orthodoxie fastueuse de Scioppius (1) ? Connaissant aussi peu Scioppius que les jésuites le connaissaient bien, est-il fondé, sous l'unique prétexte que les jésuites ne sont pas scrutateurs des cœurs, à défendre le pharisien insigne, qui n'avait d'autre titre à son intérêt que d'être l'ennemi acharné des jésuites ? Qu'on s'adresse à tout homme sincèrement religieux, au premier venu même, pourvu qu'il ne soit pas engagé dans un parti, je les défie d'être dupes un moment de la confession de Scioppius. Les hommes qui se macèrent à ce point, c'est-à-dire les Saints, confessent leurs fautes et ne sont vraiment saints que par cette humilité ; celui-là confesse ses vertus, et tant s'en faut qu'il soit humble, qu'il ose préjuger des arrêts de Dieu à son égard et passe fièrement du côté des élus. Pour comble d'audace, dirai-je de blasphème, il cite une parole du Christ, qui est sa plus éclatante condamnation. Quel aveuglement ! Je le répète, Scioppius n'est qu'un pharisien. C'est lui qui, il y a tantôt dix-neuf cents ans, priant dans le temple, côte à côte avec un publicain, disait : « Mon Dieu, je vous rends grâce de ce que je ne suis pas injuste, ravisseur du bien d'autrui, adultère comme le reste des hommes, et nom-

---

(1) *Morale pratique*, t. III, p. 124, 125.

mément comme ce publicain. Je jeûne deux fois le jour du sabbat, et je donne aux pauvres la dîme de ce que je possède (1). »

Si cependant l'on tient pour vrai ce qu'il dit de sa piété, nous croyons qu'il ne faut accepter l'apologie de ses mœurs que sous bénéfice d'inventaire. N'est-ce pas lui qui a commenté les *Priapées* avec toute l'indécence imaginable ? Mais il était jeune alors, et avec l'âge, il s'est corrigé. Point du tout. Lisez son *Scaliger hypobolimœus ;* les obscénités les plus monstrueuses s'y étalent effrontément, et s'y marient en quelque sorte aux élans de la piété la plus austère et la plus pathétique. Voyez surtout ses écrits contre les jésuites. Respecte-t-il la pudeur, lorsque dans son *Actio perduellionis* (2), discutant le nouvel ordre des jésuitesses, il ouvre d'exécrables parenthèses, et donne aux apparences les plus innocentes des interprétations abominables écrites avec une plume de Gomorrhéen ? La respecte-t-il davantage lorsque, dans ses *Paradoxa litteraria* (3), il lance contre Scaliger d'impurs sarcasmes, et dans des termes si peu voilés, qu'on ne peut y penser seulement sans rougir ? Est-il aussi chaste en sa vie qu'en ses propos, lorsque, dans ses *Arcana societatis Jesu* (4), et dans l'*Ardinghelli paradoxa* (5), il farcit son texte de tant d'expressions obscènes, qu'il s'y montre plutôt le sale sectateur de Pétrone que le pieux disciple du

---

(1) Saint Luc, ch. xviii.
(2) *Actio perduellionis in jesuitas*, etc., auct. Philox. Melandro. (En allemand), 1632, in-4.
(3) Paschasii Grosippi *paradoxa litteraria*, etc. Mediol., 1628, in-8.
(4) *Arcana Soc. Jesu*, etc. 1635, in-8.
(5) Aug. Ardinghelli *Paradoxa jesuitica*, etc. C'est le 3e article du recueil précédent.

sage Costerus ? Parle-t-il enfin le langage des vierges, quand, dans son *Anatomia* (1), il qualifie les régents des colléges des jésuites, de *pygotribœ*, travestit, dans l'*Holofernis Krigsœderi Responsio* (2), le nom de Casaubon en celui de *Cazobon*, équivoque grossière tirée de l'italien, et fait de sa *Relatio Alph. de Vargas* (3), une sorte de vocabulaire à l'usage des plaisants de mauvaise société et des coureurs de mauvais lieux. J'en passe et des meilleurs. Mais enfin il se mortifiait le corps et le châtiait des corruptions de l'âme. Que n'avait-il une âme moins indisciplinée ? Mais nulle part ses ennemis ne lui reprochent un acte notoire de débauche : il est vrai, et ce silence est une forte présomption en sa faveur. Laissons-lui-en le bénéfice. Seulement, ne faisons plus un crime aux poëtes lubriques d'excuser le dévergondage de leur muse par cette belle maxime de Martial: *Lasciva est, fateor, pagina, vita proba est;* il est juste qu'elle serve à Scioppius.

Sa sobriété me paraît encore plus douteuse que sa chasteté. En tout cas, elle eut bien des occasions de succomber. Comme il était plus vain que prudent, il ne nous fait pas grâce d'un seul de ses dîners en ville. C'est toujours chez un prince, un cardinal, un évêque, très-rarement chez un ami. De ceux-ci, il ne parle que pour mémoire ; de ceux-là comme d'autant d'époques historiques sur lesquelles la postérité ne saurait être trop bien renseignée. Son attention à cet égard est si minutieuse qu'il revient à tout propos à ces glorieux dîners. Il fait penser à ces gens

---

(1) *Anatomia Soc. Jesu*, etc. S. L., 1633, in-4.

(2) HOLOFERNIS KRIGSOEDERI..... *Responsio ad epist. Is. Cazoboni*, etc. Ingolst., 1615, in-8.

(3) ALPHONSI DE VARGAS..... *Relatio ad reges et principes christianos*, etc. 1636, in-4.

que leur santé préoccupe, et qui ramènent sans cesse la conversation sur ce maussade sujet. Il va de soi qu'il arrivait au coup de cloche, avec la ferme résolution d'édifier les convives par la sévérité de son régime. Mais outre qu'à la table des grands, il eût cherché vainement son riz, ses choux et son eau du Tibre, il était obligé de souffrir que l'hôte le suppliât de faire en son honneur un petit excès ; et alors, par politesse et après des combats infinis, le pauvre homme se résignait à manger une aile de volaille et à boire d'un vin de Syracuse ou de Lacryma-Christi (1).

Un si saint personnage se serait-il avili jusqu'à se faire le limier de l'inquisition romaine, à lui dénoncer et livrer les protestants ? Voyons sa réponse à cette troisième accusation. Il s'était lié, dit-il, avec les princes luthériens que la curiosité amenait à Rome, si étroitement, que quelques-uns ne le quittaient ni le jour ni la nuit. Il déjeunait, dînait ou soupait avec eux, et, en considération de l'honneur qu'il recevait de cette auguste familiarité, il leur pardonnait ces repas qui le dérangeaient, et s'acquittait envers eux en les protégeant. Douterait-on de leur reconnaissance ? En voici les certificats. L'un écrit au bas d'un portrait gravé de Scioppius cette inscription : *A son trèscher petit noiraud, G. Scioppius, son ami jusqu'à la mort* (2) ; l'autre lui donne une médaille d'or à son effigie ; ceux-ci, des attestations publiques, officielles, de sa candeur, de sa complaisance, de son humanité ; ceux-là, de simples poignées de main (3). Le comte de Nassau, allant

---

(1) Voyez la façon hypocrite dont il parle de cette contrainte, dans la dédicace du *Scaliger hypobolimœus* au comte de R. de la Tour.
(2) *Nigello meo charissimo Gaspari Scioppio*, etc.
(3) *Amphotides*, etc., p. 49-53.

de Sienne à Naples, passe de nuit à Rome, de peur d'être éventé par Scioppius. Le lendemain, au petit jour, il décampe avec autant de mystère que de hâte. Informé d'un départ qui lui paraît suspect, l'ambassadeur d'Espagne écrit au vice-roi de Naples, qui fait arrêter le comte. Tremblant d'être livré au roi d'Espagne, le comte écrit à Scioppius ; il implore son assistance ; il le prie de faire en sorte que le pape le réclame comme calviniste et justiciable de l'inquisition. Scioppius s'adresse au pape ; il ne doute pas que Sa Sainteté ne se prête à cette pieuse supercherie, et ne renvoie le comte libre : ce qui eut lieu en effet (1).

Aurait-il été moins serviable envers les sujets protestants qu'envers les princes? Voici qui prouve suffisamment le contraire. Il a protégé J. Caselius, J. Wowerius, et surtout J. Libingus, ardent calviniste, qui disputait à Rome avec lui sur les matières religieuses, aussi librement qu'il l'eût fait en Allemagne. Il produit leurs remercîments ; il y en a en prose ; il y en a en vers ; ils font pendants à ceux du comte de Nassau, lesquels se terminent par cette déclaration, que le prince est et sera toujours le serviteur et bon ami de Scioppius (2). C'est à la prière de Scioppius que le pape permit à tous les luthériens allemands, de passage à Rome, d'y être malades à leur aise, c'est-à-dire de recevoir les secours d'un médecin sans être tenus de se confesser préalablement (3). La lettre qu'il lui écrivit, dit-il, à cette occasion, subjugua le saint-père. Il donne le texte de cette lettre ; il s'y évertue à démontrer, ainsi qu'il l'a déjà fait dans le *Scaliger Hypobolimœus*,

---

(1) *Amphotides*, p. 54-57.
(2) *Ibid.*, p. 57-76.
(3) *Ibid.*, p. 50, 51.

qu'il faut distinguer entre les hérésies : comme si, au regard de l'unité catholique, il y en avait qui fussent plus respectables que d'autres, et qui eussent droit à plus de tolérance. Il a pourtant le bon sens de faire observer au pape que, pour une âme qu'on gagnerait au catholicisme par la violence, on en perdrait à jamais des milliers par le même moyen (1). Il ne fut pas longtemps si raisonnable et si modéré.

On se tromperait peut-être, si l'on concluait de tout ceci que Scioppius n'agissait que sous l'influence d'un sentiment généreux. Outre que cette conduite lui était commandée pour qu'il méritât d'être lui-même protégé, il ne protégeait à son tour qu'en vue de quelque avantage personnel résultant de sa protection. Par exemple, il s'intéressait avant tout aux protestants d'Allemagne, non pas même à titre de compatriotes, mais de sujets des princes dont sa vanité ou ses besoins lui faisaient rechercher les bonnes grâces. En provoquant la persécution contre les uns, il se fût aliéné les autres, et il eût diminué à la fois son crédit et le prestige qu'il devait à la qualité de ses patrons. Quoiqu'ils continuassent à le bien traiter, il ne pouvait se méprendre sur l'intention qui les dirigeait. Leurs caresses étaient toujours pour l'homme d'esprit, mais leurs ménagements s'adressaient au transfuge, c'est-à-dire à celui qui, espérant tout de ses nouveaux coreligionnaires, ne laissait pas d'être toujours redoutable aux anciens. On connaissait des protestants que sa haine avait forcés de quitter Rome (2) ; d'autres qu'elle poursuivit jusqu'à la cour de l'empereur (3).

(1) *Amphotides*, p. 76-90.
(2) *Syllog. epist.*, cur. Burman., t. III, p. 165.
(3) *Ibid.*, t. II, p. 331.

CHAPITRE V.

Voyage de Scioppius à Venise. — Il a une entrevue avec Fra Paolo qu'il menace de la vengeance du pape. — Va ensuite à Ratisbonne, siége de la Diète germanique. — Prête aux catholiques le secours de sa plume contre les protestants. — L'*Ecclesiasticus*; le *Belli sacri Classicum*. — Extraits du *Classicum* publiés sous le titre de : *Flores Scioppiani*. — Réponses en latin et en allemand à ce libelle.

En 1607, dans le temps que la querelle de Paul V avec les Vénitiens, au sujet de l'interdit, venait d'être accommodée, Scioppius, allant en Allemagne, passa par Venise, où il s'arrêta. C'était bien hardi, s'il est vrai qu'il fût alors chargé par le pape de négocier en Allemagne avec quelques princes contre la sérénissime Seigneurie (1). A Venise, il n'eut rien de plus pressé que de rendre visite à Fra Paolo, théologien de cette république. Dans la conversation qu'il eut avec lui, il eut l'effronterie de l'avertir que le pape, gravement offensé de sa conduite dans l'affaire de l'interdit, pourrait bien, s'il n'obtenait satisfaction à cet égard, ou le faire tuer, ou enlever de Venise et conduire à Rome. Cette déclaration n'effraya pas le père, mais elle fit du bruit ; et, comme il n'y avait pas longtemps que Fra Paolo avait été l'objet d'une tentative d'assassinat, on crut devoir s'assurer de la personne de Scioppius, et on le mit en prison. Au bout de deux ou trois jours, on le relâcha. « Parti qu'il fut de Venise, dit frère Fulgence, il fit un discours satirique, auquel parlant de l'entrevue de lui et de

(1) *Amphotides*, p. 163.

ce père, il attesta l'avoir connu pour un homme ni indocte ni timide (1). » Le compliment était médiocre pour le patriote vénitien. Mais que penser du diplomate qui débute dans la carrière par des ouvertures du genre de celle qu'on vient de voir? C'est qu'il importait moins à Scioppius d'être prudent que de montrer qu'il était zélé et n'avait pas peur. Or, les casse-cou, dans toutes les professions, font rarement fortune, et leur fortune ne dure pas longtemps. Scioppius en est un exemple. Il mourra un jour à Padoue dans le mépris, et pauvre avec des biens dont ses ennemis ligués l'empêcheront de jouir.

Arrivé en Allemagne, il se rendit à Ratisbonne, où la Diète germanique était alors assemblée (1608). On peut croire qu'il se donna du mouvement pour attirer à soi les regards, sur un théâtre où il était déjà connu de quelques-uns des principaux acteurs, et où il brûlait du désir d'être connu des autres. Cependant on ne voit pas qu'il fît autre chose que de s'agiter beaucoup pour y parvenir, bien qu'il ne soit pas douteux qu'il ait eu mission secrète du pape d'*observer* les hommes et les choses, et de lui en rendre compte. La circonstance était intéressante : on n'avait pas vu depuis longtemps une diète aussi orageuse. Le parti catholique n'y comptait pas, à beaucoup près, autant de partisans que la réforme. Lingelshemius remarque avec satisfaction « que le nombre des princes qui étaient sortis de Babylone y était le plus considérable (2). » Le parti ca-

---

(1) *Vie du père Paul*, par frère FULGENCE, p. 191. Leyde, 1661. Il s'agit ici, selon toute apparence, du libelle intitulé : *Nicodemi Macri Romani cum Nicolao Crasso Veneto disceptatio*, etc. Venetiis, 1607, in-8, et imprimé en Allemagne.

(2) *Syllog. Epistol.*, cur. P. Burm., t. II, p. 361. Lingelshemius à Scaliger.

tholique avait besoin d'appui ; il en chercha au dehors, agréa les services de Scioppius, et ne les attendit pas longtemps. L'année était à peine écoulée, que Scioppius ouvrait sa campagne contre les protestants, campagne terrible, quoiqu'il n'y versât que de l'encre, mais parce que cette encre était empoisonnée, et qu'elle fut bientôt teinte du sang des premières victimes de la guerre de Trente ans (1618 à 1648).

Il ne paraît guère que les écrits de Scioppius contre les protestants aient été lus par les auteurs qui ont traité de l'histoire ecclésiastique pendant le dix-septième siècle. Cette omission est regrettable. Il est vrai que la passion qui anime Scioppius par-dessus toutes les autres, c'est-à-dire l'intérêt personnel, a fait un tort considérable à ses témoignages ; mais enfin il était l'instrument et l'organe non désavoué du parti catholique ; et comme ces royalistes, dont on dit qu'ils sont plus royalistes que le roi, il n'en révélait que mieux les desseins du parti, en les exagérant. On a donc eu tort de la négliger. Ces ouvrages sont au nombre de vingt-cinq ou environ, et la main qui les écrivit, de 1608 à 1621, ne se reposa pas un moment (1). Le quart ou à peu près est en allemand ; huit en cette langue furent publiés dans la seule année 1608 : le reste est en latin. Les uns sont anonymes, les autres pseudonymes ; quelques-uns portent fièrement le nom de l'auteur. La plupart des titres sont ou bizarres ou violents : la bouffonnerie s'y mêle à la haine, à la vengeance, aux cris de sang. L'esprit est celui des Poltrot, des Boucher, des Châtel et des Ravaillac. Une chose ajoute encore à l'horreur de cette polé-

(1) On peut consulter Nicéron, t. XXXV, de la page 191 à la page 206.

mique, c'est la manière dont l'auteur y présente ses objections. Elles prennent, la plupart du temps, la forme de maximes, et, bien qu'elles ne soient pas toutes sans réplique, elles ressemblent à ces vérités absolues qui n'en souffrent point, et qui commandent le respect qu'elles ne sauraient obtenir du libre acquiescement de la raison. L'Ancien Testament est invoqué presque à chaque ligne, cité avec une scandaleuse profusion, et, si j'ose le dire, mis au pillage. Mais Scioppius est surtout épris des passages où l'on prêche la vengeance; son érudition dédaigne ceux où il est parlé de miséricorde. Oubliant que Jésus-Christ est venu sur la terre, non pas seulement pour compléter l'ancienne loi, mais pour la réformer et l'adoucir, il semble qu'à ses yeux le triomphe de l'Évangile dépende avant tout des moyens qu'employa Josué pour vaincre les Amalécites, et que le règne de l'Église romaine ne puisse s'affermir que par les moyens dont se servit David pour consolider le sien. Un juif fanatique ne parlerait pas autrement que ce catholique d'une orthodoxie si ardente, et il est à remarquer que les puritains du parlement et de l'armée de Cromwell n'avaient pas un autre langage.

Les livres de Scioppius contre les protestants fourmillent d'innombrables témoignages de ce que j'avance, et l'on n'y a, comme on dit, que l'embarras du choix. Mais, comme ces témoignages se répètent souvent et qu'au fond ils se résument en ces deux termes : brûler et tuer, je n'en rapporterai que quelques-uns ; ils donneront la mesure exacte de tous les autres.

On les remarque pour la première fois dans le *Scaliger hypobolimœus*. Scioppius ne fait que préluder, et il est déjà dans le ton. Il faut, dit-il, caresser le dos des hérétiques à coups de verge (1) ; il faut, comme parle Salomon, leur faire *cent blessures*, c'est-à-dire les tourmenter, les vexer, afin de les frapper de terreur, et de les contraindre à avoir souci de leur salut (2). L'ignominie, l'opprobre, les accusations, la mort, il n'y faut rien épargner (3) ; car il n'importe à personne plus qu'aux hérétiques eux-mêmes d'être abattus dès qu'ils s'élèvent, de peur qu'ils n'augmentent les chances et n'aggravent les causes de leur damnation, et ne continuent à scandaliser les autres (4). Interrogez les Pères : tous ont ordonné de haïr et de fuir les hérétiques (5). Saint Augustin est d'avis qu'on leur rend service en les violentant (6). Il y a un titre du code, *de Hæreticis*, qui est tout plein d'ordonnances et de lois rendues contre eux (7). Les Pères en font un grand éloge. Le pape saint Léon approuva publiquement le supplice de Priscillien. Le même pape affirme nettement et avec éloquence que les lois qui punissent de châtiments corporels et de l'épée, non-seulement les auteurs d'hérésies, mais aussi leurs disciples obstinés, sont des lois utiles et l'appui de l'Église (8).

Deux ans s'écoulaient à peine qu'il reprenait ce thème, le développant en dix traités spéciaux. L'un des plus fameux est l'*Ecclesiasticus* (9), où il attaque directement

---

(1) Virga dorsum dedolando.
(2) *Scaliger hypobolimæus*, p. 321, recto.
(3) *Ibid.*, p. 323, verso.
(4) *Ibid.*, p. 322, recto.
(5) *Ibid.*, p. 327, recto.
(6) *Ibid.*, p. 331, verso.
(7) *Ibid.*, p. 330, recto.
(8) *Ibid.*, p. 331, recto.
(9) Gasp. Scioppii *Ecclesiasticus auctoritati serenissimi D. Jacobi, Magnæ Britanniæ regis oppositus.* 1611, in-4.

Jacques Ier, et indirectement tous les souverains qui n'étaient pas entièrement nets des conditions fulminées par la bulle *In cœna Domini.* Comme il craignait de n'avoir pas suffisamment persuadé les hérétiques, en ne leur opposant que l'autorité des Pères de l'Église et des papes (1), il annonce que dorénavant il en appellera à la Bible seule. Moïse, dit-il, l'homme le plus doux qu'il y eut sur la terre, en vint à ce degré de haine et d'emportement contre les apostats, qu'il dit aux fils de Lévi : « Que chacun de vous ceigne son épée, et tue son frère, son ami et son voisin. » Et après qu'ils eurent tué ce jour-là environ trois mille hommes, Moïse leur en fit ce compliment (2) : « Chacun de vous a consacré ses mains au Seigneur, en tuant son fils et son frère, afin que le Seigneur vous donne sa bénédiction (3). » Il n'est pas croyable, poursuit Scioppius, combien Élie lui-même était plein de mansuétude et de charité ; cependant il passa au fil de l'épée huit cent cinquante prêtres de Baal. David, la clémence même, tant qu'il n'eut affaire qu'à des conspirateurs, et qui avait, comme l'atteste l'Écriture, la plus grande répugnance à répandre leur sang, a fait voir plus d'une fois de quelle haine il était pénétré contre ceux qui désertaient la véritable religion. « Seigneur, s'écrie-t-il, j'ai aimé la beauté de ta maison et le lieu où ta gloire habite ; j'ai haï l'assemblée des méchants, et je ne m'assiérai point parmi les impies. J'ai haï ceux qui ont prévariqué, et je les ai tués aussitôt (4). » Dieu punit Josaphat, parce que ce prince ne

---

(1) *Ecclesiasticus,* p. 374.
(2) Sic rem gestam gratularetur.
(3) *Ibid., ib.*
(4) *Ibid., ib.*

haïssait pas assez les hérétiques (1) ; au contraire il établit Phinées sacrificateur perpétuel, parce que Phinées poignarda Zimri, chef de la tribu des Siméonites, et que par ce meurtre il consacra ses mains au Seigneur (2).

Dans les chapitres cviii-cxvi du même livre, il invective contre le royal auteur de l'édit de Nantes, Henri IV, et contre de Thou qui en avait rédigé les articles. Il voit dans le vingt-deuxième chapitre du douzième livre des *Rois,* les huguenots de France, les protestants d'Allemagne, les jésuites et Henri IV, protecteur des uns, allié des autres, bienfaiteur des derniers ; il voit la conduite politique de ce prince marquée du sceau de la réprobation divine, et dans les dernières alliances de la France avec les hérétiques et les infidèles, la source des malheurs dont elle a été accablée depuis François Ier. « Plaise à Dieu, ajoute-t-il (3), que le royal enfant qui, par sa mère très-chrétienne et très-pieuse, a du sang de la maison d'Autriche dans les veines, y puise l'ardeur nécessaire pour défendre contre les infidèles et les hérétiques pires que les infidèles, l'obéissance au Saint-Siége, et à la religion catholique ; qu'il y emploie les armes en même temps que les lois, et rejette les conseils contraires des de Thou et autres apostats et hérétiques relaps de la même espèce (4) ! » Ba-

(1) *Ecclesiasticus*, p, 377.
(2) *Ibid.*, p. 376.
(3) *Ibid.*, p. 378. Faxit Deus ut hodierno regi pupillo sanguis ille quem per matrem reginam christianissimam et religiosissimam, a vobis Austriacis traxit, vestram Apostolicæ sedis observantiam, et catholicæ fidei adversus infideles et infidelibus longe exsecrabiliores hæreticos, armis et legibus defendendæ ardorem excitet, neque quid Thuanus eique similes apostatæ et relapsi hæretici aliter consulant in aures admittere libeat.
(4) On lit dans les *Insignium virorum epistolæ, ex bibliotheca Guill. Meelii,* Amsterd., 1701, in-8, une lettre (c'est la seconde) de Michel Lin-

lançant les effets de la tolérance politique et de l'intolérance religieuse, il adresse la parole en ces termes au roi d'Espagne : « Quant à ce que dit de Thou, à savoir qu'il ne vous a point du tout réussi de refuser l'autonomie aux hérétiques, et que cette imprudence vous a coûté quelques provinces ; qu'au contraire le roi Henri, naguère immolé d'une main si ferme par François Ravaillac, a vu plus loin, a été mieux inspiré et a mieux fait, en laissant aux calvinistes la liberté de leur culte ; ou je me trompe fort, ou jamais de Thou n'a dit une plus grosse sottise. Car si l'on doit accuser d'avoir été imprudent et sourd à tous les conseils le *divin* Philippe, votre père, parce qu'il a perdu la Hollande et la Zélande, plutôt que d'accorder aux hérétiques la liberté de leur culte faux et impie, qui n'admirera l'imprudence et la stupidité d'Henri de Bourbon, à qui la protection dont il couvrit les hérétiques a coûté, non pas une, ni deux provinces, non pas un royaume, non pas un empire, mais la vie même. Et plaise à Dieu qu'il n'ait pas aussi perdu l'espérance de la vie éternelle ! Qui donc, étonné de la catastrophe si imprévue de ce puissant et belliqueux monarque, ne s'écrie aussitôt avec le Psalmiste :

gelshemius, où l'on dit que Scioppius avait écrit un livre contre de Thou, mais que le cardinal Duperron le lui avait fait supprimer. D'autre part, Pierre Dupuy, écrivant à Scaliger (livre II des *Épistres françoises à M. de la Scala*, recueillies par Jacques de Rèves), lui dit : « M. le cardinal Duperron, avec lequel mon frère est maintenant, a montré combien il estoit ami de M. de Thou, qu'il l'affectionnoit grandement, ayant commandé à Scioppius de se taire, voulant au livret qu'il a fait contre vous, écrire contre ledit seigneur président sur ce qu'il loüe dans son Histoire plusieurs grands personnages, comme Melanchthon, M. Casaubon et autres, mesme y mettre l'épigramme que vous lui aviez dressé, vous excusant de ne vouloir donner au public vos notes *In Novum Testamentum*. » C'est apparemment le même fait. Scioppius n'a jamais fait *ex professo* un livre contre de Thou. Lingelshemius aura regardé comme exécuté ce dont Dupuy ne parle que comme d'un projet.

Voilà l'homme qui n'a pas cherché en Dieu son appui, mais qui a eu confiance en l'immensité de ses richesses, et qui triomphait dans son orgueil..... Ses yeux ont vu le meurtre dont il a été victime; il a bu de la fureur du Tout-Puissant [II bis]. »

C'est environ deux ans après l'assassinat d'Henri IV que Scioppius écrivait ceci. En outre, soit comme avis, soit comme menace, il adressait l'*Ecclesiasticus* au petit-fils (1) du prince qui avait signé la paix de Passau et reconnu la liberté de conscience aux protestants.

De l'Ancien Testament il passe au Nouveau, et rappelle ces paroles de Jésus-Christ : « Si quelqu'un vient à moi et ne hait pas son père, sa mère, sa femme, ses enfants, ses frères et ses sœurs, il ne peut être mon disciple; » et ces autres : « Je suis venu séparer le fils d'avec le père, la fille d'avec la mère. L'homme aura pour ennemis ses propres domestiques. Je suis venu apporter non la paix, mais le glaive (2). » Tous ces passages sont appliqués avec beaucoup d'art aux vues, aux intérêts qui, de 1590 à 1610, armèrent tant de fanatiques italiens, espagnols, flamands et allemands contre le dernier des Valois et le premier des Bourbons, contre la dernière des Tudors et le premier des Stuarts.

On parle, dit Scioppius, de convertir les hérétiques par le raisonnement : pure chimère! Les raisonnements des théologiens ne convertissent nullement les hérétiques, à moins que le magistrat séculier, par des lois spéciales et par la terreur des châtiments, ne maintienne l'obéissance due aux évêques, et, après avoir puni un homme gâté,

---

(1) Philippe III.
(2) *Ecclesiasticus*, p. 372.

c'est-à-dire un hérétique, ne rende plus circonspects leurs sectateurs imbéciles (1). Dieu d'ailleurs ordonne de les détruire par le fer et le feu sans merci ni miséricorde (2). Il a promis à son Église de la débarrasser des loups : ces loups sont les hérétiques, et c'est avec le fer et le feu et non avec la main qu'on les fera disparaître (3). Le Saint-Esprit défend qu'on dispute avec eux; il ne veut pas qu'à des porcs, à des chiens de cette sorte on jette des perles; il ne permet pas même qu'on les salue; il veut qu'on les évite, qu'on les chasse comme des pestiférés, dont les paroles rongent comme le chancre, et qui d'ailleurs n'entendent rien à la saine doctrine (4). Quant aux évêques, dès que sous ces peaux de brebis, c'est-à-dire sous ces belles professions de foi chrétienne et sous cet étalage de paroles tirées de l'Écriture, ils ont reconnu des loups, j'entends des hérétiques, ils les retranchent de la communion des fidèles, et les envoient non-seulement au feu de l'enfer, mais au feu d'ici-bas, selon la dernière prophétie de David (Samuel, II, 23) : « Tous les prévaricateurs seront arrachés comme des épines, et l'on n'arrache point les épines avec les mains. Mais celui qui les veut manier, s'arme pour cela d'un fer ou d'un bois de hallebarde et les brûle jusqu'à ce qu'il n'en reste absolument rien. » Or, les hérétiques sont un bois maudit; ce sont des arbres stériles, deux fois morts et déracinés que le feu réclame (5); leur destruction est d'utilité publique (6). Il est du devoir

---

(1) *Ecclesiasticus*, p. 365.
(2) *Classicum belli sacri*, p. 73.
(3) *Ecclesiasticus*, p. 379.
(4) *Ibid.*, p. 371.
(5) *Ibid.*, p. 495.
(6) *Ibid.*, p. 370.

des princes catholiques d'y employer le fer, le feu, la corde et la roue. Les enfants mêmes ne méritent pas de grâce ; autrement, il serait à craindre que, devenus grands, ils ne partageassent les erreurs de leurs pères et ne fussent damnés comme eux (1). Ces avertissements, ces sommations sauvages ne seront que trop entendus. Cependant, les Jésuites qui se piquaient de convertir les âmes par d'autres procédés, furent indignés de celui-là, et jugèrent le livre qui en prescrivait l'application digne des ténèbres éternelles (2).

Ce livre a pour titre *Classicum belli sacri*. Il n'y en avait pas de plus propre à faire prendre en horreur et la religion catholique, et sa discipline, et son clergé, et Dieu lui-même. C'est à la fois un corps de doctrines à l'usage des convertisseurs par la voie du *compelle intrare,* et une apologie en forme de l'intolérance religieuse. Mais le titre indique qu'il s'agit ici d'un livre de circonstance (3) : c'est le tocsin de la guerre sainte, la trompette d'alarme embouchée par un sectaire pour appeler les princes catholiques de l'Europe à des scènes de carnage et de destruction. Entrons dans quelques détails.

Le traité de Passau (1552) suivi de la *paix religieuse* signée trois ans après par Charles-Quint, garantissait aux protestants d'Allemagne la liberté de conscience et plusieurs autres priviléges. Ces priviléges, les successeurs immédiats de Charles-Quint à l'empire, Ferdinand Ier, son

---

(1) *Clasiscum belli sacri*, p. 12, en haut.
(2) *Grammaticus palephatius, sive nugivendus*, auctore EUGENIO LAVANDA (Melch. Inchofer), p. 43, 1639, in-12.
(3) Voici ce titre : *Classicum belli sacri, sive Heldus redivivus, hoc est, ad Carolum quintum suasoria de christiani Cæsaris erga principes Ecclesiæ rebelles officio, deque veris compescendorum hæreticorum, Ecclesiæque in pace collocandæ, rationibus.* Ticini, 1619, in-4.

frère, Maximilien II et Rodolphe II, les avaient respectés. L'empereur Mathias, qui était en même temps roi de Bohême, n'eut pas les mêmes scrupules, il viola les conventions de Passau et força les Bohémiens à se révolter. Vaincu par eux, il fut contraint à son tour de confirmer leurs priviléges, et eut la douleur de voir s'augmenter de jour en jour le nombre de ceux qui revendiquaient le droit d'y participer. C'est alors que la maison d'Autriche et ses alliés résolurent de prendre des mesures pour s'opposer à l'accroissement des protestants, à les perdre même, s'il était possible. L'empereur Mathias mort, Ferdinand, son cousin, et le même qui fut empereur d'Allemagne après lui, sous le nom de Ferdinand II, lui succéda, comme premier prince du sang, au trône de Bohême. Il avait été reçu, sacré et couronné en cette qualité, du vivant même de Mathias. C'était un fort zélé catholique, et ce fut lui qui se chargea d'exécuter, en partie du moins, les conseils sanguinaires de Scioppius. Il disait hautement qu'il aimerait mieux perdre la vie que de tolérer la religion protestante. Il ne laissa pas cependant de promettre d'abord solennellement de ne point toucher aux priviléges accordés par ses prédécesseurs aux Bohémiens. Mais, à peine couronné, il oublie sa promesse, et ne se souvient que de ceux qui ont protesté contre son avénement. Ses officiers, les États et les magistrats qui favorisaient le catholicisme, pour gagner les bonnes grâces du nouveau roi, font une enquête exacte des églises évangéliques nouvellement bâties à Prague, et les font démolir ou fermer sous le moindre prétexte. Le clergé romain, dans ses chaires, tonne contre les ministres évangéliques; il déploie d'autant plus de violence que les protestants avaient eu l'audace de construire quelques-uns de leurs temples sur le domaine ecclésiastique, arborant ainsi le drapeau de l'hérésie sur le sol cultivé par ses ouailles qui étaient en même temps ses vassaux (1). » Les Bohémiens protestants envoient des députés aux magistrats du royaume pour se plaindre de ces violences et en demander réparation. On les reçoit fort mal. Les députés furieux saisissent trois des magistrats et les jettent par les fenêtres (2). Toute la Bohême prend les armes. Ferdinand est déclaré déchu du trône, et Frédéric, électeur palatin, est élu à sa place (1619). A cette déclaration et à ce défi, Ferdinand répond par la guerre. C'est le commencement de celle de Trente ans, de la période dite *palatine*.

Le livre de Scioppius était fait et publié avant que cette révolution ne fût consommée. Mais il était aisé d'en prévoir le dénoûment, et c'était, sinon pour le prévenir, du moins pour empêcher les protestants d'en tirer tous les avantages qu'ils se promettaient, que Scioppius avait pris la plume. Il s'adresse aux princes catholiques du Saint-Empire; il leur présage pour l'année prochaine (1620) une diète orageuse et pleine de difficultés. Tout annonce, selon lui, que les calvinistes auront recours aux moyens extrêmes pour s'approprier les priviléges assurés aux luthériens par la paix religieuse, pour les consolider et les étendre, que chaque secte à son tour usera des mêmes moyens et fera valoir les mêmes prétentions; que, non contents de combattre pour leur autonomie et la li-

(1) Extrait des causes de l'abdication du roi Ferdinand, archiduc d'Autriche, etc. De l'élection du roi Frédéric, électeur palatin du Rhin, etc. S. L., 1619, in-4, brochure en allemand.
(2) *Première et seconde apologie de messieurs les Estats de Bohême*, etc., translaté de l'original allemand, p. 19. Genève, 1619, in-8.

berté de croire ce qu'ils voudront, les hérétiques de toutes les communions réclameront une part égale à celle du clergé romain dans la propriété des églises, des colléges, des abbayes et des bénéfices, la suppression du célibat ecclésiastique, la déclaration que leurs mariages, unions sacriléges, dit-il, incestueuses et opérées à la façon des chiens (1), sont authentiques et légaux, enfin le droit de professer publiquement leurs hérésies. C'en est donc fait, d'ici à peu d'années et même à peu de mois, de la religion catholique en Allemagne, si les princes ne se préparent à combattre pour elle, pour leur salut et celui de leur postérité, contre des monstres pleins de vigilance, d'astuce et de perfidie (2). Leur zèle, il est vrai, n'est pas douteux; mais il n'est pas mauvais de le stimuler (3). C'est le dessein de Scioppius.

Mais, comme il se défie apparemment de son autorité, et que d'ailleurs les conseils qu'il donne aux princes ont tour à tour le ton du commandement, de la menace et même de l'insolence, il les mettra dans la bouche de Matthias Heldus ou de Helde, vice-chancelier de l'Empire sous Charles-Quint. Ce qui recommandait de Helde à Scioppius, c'est qu'il n'avait pas tenu qu'à lui que Charles-Quint ne fît une guerre à mort aux protestants, et que jamais les protestants n'eussent obtenu la paix, si les sentiments modérés du chancelier Granvelle n'eussent prévalu sur les incitations violentes du vice-chancelier. Scioppius suppose que de Helde revient à la vie et que Charles-Quint lui ordonne d'exprimer librement ce qu'il faut faire contre les princes de l'Empire rebelles à l'Église

(1) Sacrilegis, incestuosis et caninis, vereque innuptis nuptiis.
(2) Monstris vigilantissimis, perfidia, fraude, doloque coopertis.
(3) *Classicum belli sacri*, p. 7 et 8.

romaine (1). De Helde obéit. Son séjour durant plusieurs années parmi les morts n'a point adouci son caractère. Ce n'est pas en conseiller de l'empereur qu'il parle, mais en ministre de Satan. Ce n'est pas une négociation qu'il entame avec Charles-Quint, c'est un ultimatum sanglant qu'il lui dicte. Il le partage en trois parties. Dans la première, il dit quel est le devoir de l'empereur contre ceux qui sont rebelles à son autorité et à celle de l'Église; dans la seconde, quels sont les moyens les plus propres pour les réduire à la soumission; dans la troisième, quels châtiments menacent la tête de Charles et de ses descendants, si (ce qu'à Dieu ne plaise!), trop docile à la voix de conseillers charnels et imbus de la sagesse du siècle, il méprise encore une fois ses fidèles avis (2).

J'ai dit quels étaient la cause, le but et le plan de ce livre : on ne le connaîtrait pas assez si je n'en donnais quelques extraits. Ils me sont heureusement fournis par une brochure imprimée à Genève en 1619, sous un titre aussi pittoresque que juste (3). Quoique le style de cette brochure soit suranné et fortement marqué de la touche genevoise, il y a là une image si vive et si exacte du temps et des événements auxquels elle nous reporte, qu'aucune traduction moderne ne saurait lui être préférée.

« C'est de ta charge, César, de fournir l'entretien et

---

(1) *Classicum*, p. 9.
(2) *Ibid.*, *ib.*
(3) Voici ce titre : *Les Fleurs scioppiennes*, extraites d'un livre mis en lumière ceste mesme année 1619, intitulé *Le Tocsin*, de Gaspar Scioppius, conseiller de Sa Majesté impériale, pour la guerre sainte; ou bien, *Lettre d'avis à l'Empereur*, touchant son devoir contre les princes rebelles à l'Église, et des vrais moyens pour dompter les hérétiques. A Genève, par Jude L'Abbé, MDCXIX, in-8.

nourriture aux chefs de l'Église et à l'ordre ecclésiastique. Que si quelqu'un leur ravit ou détient l'un ou l'autre, c'est-à-dire ou la nourriture ou l'entretien, ou en quelque sorte que ce soit leur fasse tort ou injure, en tel cas *vous portez non sans cause l'espée, mais pour faire vengeance et pour mettre leurs rois et princes aux ceps et à leur noblesse les manottes.* Mais à quelle fin? Sera-ce seulement pour les mettre en liberté peu d'années après, comme a esté fait jusques ici (1)? Nullement; car Dieu vous les a mis entre mains; et ce n'est point vostre force qu'ils ont esté réduits sous vostre puissance, mais *c'est pour exercer sur eux le jugement escrit, jusques à ce qu'ils se viennent prosterner tous courbez devant vous, et adorent les traces de vos pieds, et, pour l'airain qu'ils vous ont osté, ils vous apportent l'or, et pour le fer l'argent;* jusques à ce que d'hérétiques ils deviennent catholiques et se submettent au pape, et qu'ils rendent avec grande usure ce qu'ils ont ravi par sacrilége. » Et un peu après, indiquant « que c'est ce qu'il faudra faire à l'endroit des villes qui changent de religion : « *Si une ville*, dit-il, *est désobeyssante* et a secoué le joug de son evesque, afin de suivre une nouvelle religion, n'acquiesçant pas aux choses que luy enseignent ses prestres, *tout à l'instant tu frapperas par l'espée ses habitans, et les destruiras du tout,* mesmes les jeunes et les petits enfants, soit comme nous lisons, I, Rois, chap. xv: *Le petit et celuy qui est à la mamelle;* qui par ce moyen sont conservez (2), et pour que, venans en plus grand aage, ils ne

---

(1) Allusion à la mise en liberté de Philippe, landgrave de Hesse, vaincu et fait prisonnier par Charles-Quint à la bataille de Mühlberg, en 1547.

(2) C'est-à-dire *sauvés*.

se trouvent impliqués au péché de leurs pères, et périssent éternellement. » Là mesme en la marge : « Ce que Dieu commande de faire à l'endroit des princes qui changent de religion. » Et au texte : « Quand les principaux du peuple d'Israël eurent conversé et mangé familièrement avec les Moabites et adoré leurs dieux, et par leur exemple eurent induit le peuple à faire le semblable, Dieu, de ce irrité, dit à Moyse : *Oste tous les principaux d'entre le peuple, et les fay pendre en des gibets, au soleil, afin que ma fureur se détourne de dessus le peuple d'Israël. Jos., x.* » Et peu après : « A ceste sorte de gens iniques, lesquels *moissonnent non leurs champs*, mais ceux des églises et des monastères, vous devez, César, enlever leur proye, c'est-à-dire rendre aux ecclésiastiques ce qui leur a esté ravi ; leur casser et rompre les mâchoires, leur oster toute domination, puissance et principauté par laquelle ils exercent violence [III]. »

« Ainsi avez-vous, ô magnanime empereur ! le décret du juge, lequel porte d'exterminer tout homme qui ne rend obéissance à son prince temporel, *mesme de ne prester l'oreille en façon quelconque* aux arguments par lesquels il veut prouver son dire, et *que votre œil ne l'espargne point*. Et en ceci vous devez imiter le roy David, lequel, au psaume c, dit : *En un matin, j'exterminerai tous les méchants de dessus la terre.* » Et après : « Combien que ne fussiez empereur et seigneur des princes hérétiques..., la seule conservation et propagation de la foi catholique... sont raisons très-preignantes à vous inciter à leur faire la guerre, et à occuper et à vindiquer à vous et à vostre famille leurs pays et provinces ; car c'est vrayment à vous seul d'en recueillir le fruict. Et n'y a moyen plus juste à un prince que celuy de la propagation de la religion, pour augmenter et dilater les bornes de son domaine. » Et plus bas : « Ce qui est encor plus inique, que les luthériens viennent et occupent les terres des catholiques; et à bon droict, César, ferez-vous retentir le frémissement du combat, lorsque vous aurez réduit Wittemberg en un monceau de poudre et en cendre, que les catholiques auront réduit sous leur puissance ceux qui vous ont possédé si avant (1), que le luthéranisme estant extirpé et banni de l'Allemagne, ensemble leurs prescheurs et leurs princes [IV]. »

« Tous ceux qui, par flatteries et conseils emmiellez, nourrissent et favorisent les succès des hérétiques, et qui taschent à vous destourner de votre devoir, César, par un vain et faux object de douceur et de clémence, il ne leur faut aucunement prester l'oreille, les tenir pour gens malhabiles et incapables de manier les affaires, ou bien les chasser au loin comme gens perfides et desloyaux, voire les fuyr et éviter plus qu'on ne ferait un serpent ou un chien enragé [V]. »

« Avec ceux qui sont fort esloignez de nous, la religion desquels est fort dissemblable et par lesquels il n'y a aucun danger de tomber en erreur, comme avec les mahométans, payens et juifs, il vous est permis de faire paix et alliance, non pas avec les hérétiques qui sont nos voisins, lesquels ont beaucoup de choses communes avec

---

(1) Il y a dans le texte de Scioppius, *qui* SE *possiderunt prius*; ce qui fait un sens fort différent. Car *se* se rapporte aux catholiques que les protestants *ont possédés* auparavant, c'est-à-dire, dont les protestants ont possédé les biens après les leur avoir ravis. Mais la traduction française a été faite sur l'extrait du *Classicum* qui a pour titre *Flores Scioppiani*, in-ł, sans lieu ni date, et qui porte *qui* TE *possiderunt*.

nous, qui tant plus facilement peuvent nous obliger à quitter la religion de nos ancestres pour embrasser et suivre leurs nouveautez applaudissantes à la chair. Desquels il est prédit *qu'ils doivent être arrachés comme d'espines, lesquelles, si quelqu'un entreprend de les extirper, il prendra la lance en ses mains estant armées de fer, et y ayant mis le feu, les consumera du tout.* II, Rois, xxiii. Doncques quand Dieu vous les aura livrez entre vos mains, *vous les ferez mourir sans les espargner, ni ne ferez aucune alliance avec eux, ni n'aurez aucune miséricorde d'eux.* » Et plus bas : « Ce qui a été allégué ci-dessus du prophète David parlant de soy, cela vous doit esguillonner à les exterminer de dessus la terre *en un matin. Prenez ces renardeaux* (c'est à vous, rois et princes, que cela s'adresse, qui estes *les veneurs* du grand Dieu) *qui gastent les vignes*, c'est-à-dire les églises et les monastères. Cant., ii. Voilà pourquoy, pendant qu'elles sont petites, il faut mettre peine à les prendre... Car, premièrement, leurs forces s'accroissent, ce qui est coutumier d'arriver, attirans les autres par le masque de la vérité, les impliquent et les enveloppent à leurs erreurs et hérésies... Et après, ceux qui seront sortis de tels périls, ne vous garderont le serment de fidélité, avec lesquels, à l'instigation et persuasion de Granvelle, vous voulez traicter alliance. Bien qu'ils ne soient pas sortis hors de l'Église, comme leurs pères, pour le gain et profit, ce néanmoins ils ont sucé l'erreur, non le lait de leurs mères, et à présent ils ne sont renardeaux, ains de vrais béliers farouches, donnans des cornes [VI]. »

Si Charles-Quint eût consulté le grand prévôt de ses armées sur la conduite à tenir à l'égard des hérétiques, si même, descendant plus bas, il eût demandé à son exécuteur des hautes-œuvres ce qu'il était expédient de faire en pareil cas, l'un et l'autre, ne supposant pas qu'ils fussent appelés à un conseil de clémence, et ne s'inspirant que des devoirs de leur profession, eussent répondu à leur maître comme le vice-chancelier. Il est à croire seulement que leur réponse eût été plus simple, c'est-à-dire dégagée de cette sanglante rhétorique et de ces sommations furieuses dont le vice-chancelier embellit la sienne. Car de Helde ne se contente pas de conseiller, il tient tout prêt, et si l'on peut dire dans sa main, le châtiment réservé au mépris de ses conseils. Ce châtiment, c'est la perte de l'empire pour Charles et sa postérité. De Helde a si peur que Charles ne l'oublie, qu'il le lui rappelle à chaque instant avec une affectation pleine d'insolence et de cruauté. Offrons-en des exemples.

« Que si vous suivez, ô César, les conseils politiques emmiellez de Granvelle et de ses semblables, et que ne portiez une juste haine aux ennemis de Dieu et de son Église, en pensant acquérir un échantillon d'un vain object de gloire, d'être réputé clément et débonnaire, vous deffiant du secours de Dieu et de vous-mesme, en vous monstrant trop lent à rabattre l'ambition des vostres, et craintif à dégaisner le glaive contre les hérétiques, etc., il est à craindre que l'empire qui a esté acquis à vostre maison par la piété, vertu et zèle à la foy catholique, ne soit transporté à un autre par vostre trop grande indulgence, etc. Afin doncques d'affermir tant plus l'empire en vostre famille, il faut que n'usiez d'aucune miséricorde envers les premiers hérétiques. » Il cite l'exemple de Saül, *que l'Éternel rejeta, afin qu'il ne fût plus roi,* pour avoir, contre l'ordre de l'Éternel, et dans le fol espoir d'acquérir le renom de clément parmi les hommes, épargné le roi des Amalécites et sauvé de la destruction quelque partie du butin. « Estant, continue-t-il, suffisamment averti par ce mémorable exemple, vous prendrez garde que si ces perfides et desloyaux à Dieu et à vous, condamnez à mort par le droict divin et humain, viennent à tomber entre vos mains, de ne les espargner aucunement; n'ayant aucun égard à acquérir le nom de clément et débonnaire, moins de craindre les inimitiez de leurs amis et confédérez, de ne porter le glaive en la gaisne, lequel Dieu vous a mis en main pour exterminer et faire la vengeance des ennemis de son Église [VII]. »

Mais, dans la pensée de de Helde, ou plutôt du démon qui l'inspire, Scioppius, tolérer l'hérésie ou la pratiquer, étant une seule et même chose, le fanatique conseiller poursuit :

« Il est arrivé souvent aux princes qui embrassent l'hérésie, que leurs subjects, voire d'autres, lesquels n'avoyent aucune occasion de haine et rancune contre eux, que par un instinct de Dieu, ils les ont déposez de leurs dignitez et se sont mis en leur place..... Que le roy, lequel aura méprisé la parole de Dieu annoncée par un pasteur, ou qui sentira autrement que les prestres ne lui enseignent de la loy ou de l'Escriture nécessaire à son salut, ne sera-t-il pas à l'arbitre du pasteur de le séparer et séquestrer d'avec les autres, et despouiller de son royaume, et le contraindre de vivre en homme privé? Et pourquoy non?.... Quoy donc? Si Josué n'eust voulu conduire le peuple des Juifs, selon les paroles d'Éléazar, le peuple n'eust-il pas fait son devoir, voyant ses affaires aller en cette façon, de le contraindre à céder la place à un autre meilleur que lui [VIII]? » « Benhadad, le roy de Syrie, ayant esté desfait par les Israélites, par le secours de Dieu, s'enfuyant en sa ville, ses serviteurs luy dirent : Voicy, nous avons oüy que les rois de la maison d'Israël sont benins (comme si on vouloit dire, pour la clémence et débonnaireté ordinaires à la maison d'Autriche, difficilement leur peut-on persuader à faire mourir leurs ennemis....), mettons donc des sacs sur nos reins, et mettons des cordes sur nos testes, et nous présentons au roy d'Israël, peut-estre qu'il nous donnera la vie sauve. Et comme ils eurent fait cela, Achab estimant luy tourner à louange et honneur d'espargner ce roy, ne luy donna pas seulement la vie (ce qu'il avoyt tant seulement requis), mais luy démonstrant toute bienveillance fraternelle, d'abondance faict alliance avec luy et le laissa aller en paix avec ceux qui estoyent avec luy. Voicy donc le salaire et récompense de ceste débonnaireté imaginaire, compris par ces paroles du prophète : Ainsi, a dit l'Éternel, pour ce que tu as laissé aller l'homme d'entre tes mains, que j'avoys mis en l'interdit, ta vie respondra pour la sienne, et ton peuple pour le peuple d'iceluy [IX]. »

Ce coup de tocsin retentit dans toute l'Allemagne, et sema l'épouvante dans les autres États de l'Europe où les sectateurs de la religion réformée avaient quelque chose à craindre ou à espérer. En France surtout, on n'avait pas, depuis la Ligue, entendu de ces prédications sauvages; on n'avait pas encore vu profaner ainsi l'Écriture, ni en torturer plus odieusement les passages, pour en faire sortir la justification de la violence, et l'excuse du fanatisme. Quoiqu'il ne fût nullement démontré que le vice-chancelier ait eu les sentiments que lui prêtait Scioppius, qu'au contraire, Sleidan assure que cet homme d'État en avait de tout opposés, on s'étonnait que Scioppius osât évoquer son ombre sous cet aspect sinistre, et lui fît proférer des menaces qui tombaient sur la tête de Ferdinand II, en passant par-dessus celle de Charles-Quint. Mais Scioppius était bien sûr qu'il ne blesserait ni la conscience du petit-neveu de Charles, ni son orgueil. Ce prince n'était pas éloigné de croire qu'il n'avait perdu la Bohême que pour avoir montré trop de tolérance; il devait craindre que la même faute ne lui coûtât l'empire, et trouver bon qu'on l'avertît d'y prendre garde. S'il n'osa suivre à la lettre le conseil d'exterminer les hérétiques, il s'appliqua du moins à en détruire le plus grand nombre possible, à les vaincre surtout, et à en purger ses États. Sa persévérance fut couronnée de succès. Le livre de Scioppius était à peine publié que la défaite de Frédéric V, chef de la ligue protestante, à la bataille de Prague (1), remettait Ferdinand en possession de la Bohême, et le rassurait sur celle de l'Empire. Ainsi, ce ne serait pas tout à fait sans fondement que Scioppius aurait dit qu'il était l'auteur de la ligue catholique en Allemagne, et qu'il y avait joué son rôle (2).

Le livre de Scioppius fut vivement attaqué. Mathias Bernegger, professeur d'histoire à Strasbourg (3), et Juste Meyer, professeur de droit dans la même ville (4), com-

---

(1) 4 novembre 1619.
(2) *Pædia human. et divin. litterar.*, p. 26, 27.
(3) *Tuba pacis occenta Scioppiano belli sacri Classico, Salpiste Theodosio Berenico, Norico, historiarum et patriæ studioso.* Augustæ Trebocorum, 1621, in-4.
(4) *Juris publici quæstio capitalis : sint-ne Protestantes jure cæsareo hæretici et ultimo supplicio afficiendi? Contra sanguinarium G. Scioppii Classicum, tractata a Justo Meiero, J. C. Academiæ Argentoratensis antecessore.* Argentorati, 1621, in-4.

battirent les doctrines de l'auteur : le premier par une application et une interprétation toutes différentes des passages de l'Écriture ; l'autre par des arguments tirés du droit public et du droit impérial. Mais ils s'étaient levés trop tard ; la cause qu'ils avaient entreprise d'affaiblir et de déconsidérer était victorieuse : ses ennemis enterraient leurs morts. Un autre attaqua Scioppius dès la fin même de l'année où son livre parut. C'est un auteur allemand qui a gardé l'anonyme, et son livre est en allemand (1).

Il suppose qu'aussitôt après la publication du *Classicum belli sacri*, Apollon ordonna à ses chanceliers de Thou et Sleidan de lui en faire un rapport ; mais comme l'un et l'autre, pendant leur vie terrestre, s'étaient occupés de sujets presque analogues, et avaient écrit des histoires très-importantes, tant religieuses que profanes, le dieu craignit qu'on ne leur appliquât ce proverbe : *Figulus figulum odit, faber fabrum*. De peur donc que la jalousie ne troublât le bon accord qui devait exister entre eux, et persuadé d'ailleurs que *six yeux valent mieux que quatre*, le dieu leur adjoignit Érasme, et leur donna à tous trois les pouvoirs nécessaires pour tenir leur conférence. Après une petite difficulté soulevée par de Thou, reconnue par Sleidan qui y avait donné lieu, et tranchée par Érasme, les rapporteurs

---

(1) En voici le titre en français : Considérations approfondies et impartiales sur ce qu'on doit penser du livre sanguinaire de l'apostat Jean-Gaspard Scioppius, intitulé : *Classicum belli sacri*, c'est-à-dire, tocsin pour appeler à la guerre sainte, qu'il a fait imprimer vers la fin de 1619, à Pavie, en Lombardie, et particulièrement sur la préface que Scioppius a mise en tête de son libelle : le tout en guise d'avant-garde pour cette fois. Fin de 1619. Avec cette épigraphe : Bienheureux les pacifiques, car ils seront appelés les enfants de Dieu (S. Matthieu, v, 9). Nicéron ne fait pas mention de cette brochure. Elle est in-8, sans nom de lieu, et a 14 pages, non compris le titre.

donnent leur conclusion : C'est que n'a Scioppius eu d'autre objet que d'irriter les puissances catholiques, et notamment l'illustre maison d'Autriche, contre tous ceux qui pratiquent la religion réformée et ont secoué le joug de l'Église romaine ; qu'il les représente comme des êtres pervers, plus indignes de tolérance que des Turcs ou des païens, et qu'il faut exterminer, sans balancer un moment; qu'il n'y a point de paix à conclure ni à observer avec eux ; qu'il ne faut donc pas reconnaître celle que leur a donnée Charles-Quint, que Ferdinand Ier, son frère, a confirmée, et qu'ils se sont crus obligés tous deux de respecter. Ils ajoutent que, comme il eût été malhonnête et indécent de faire un crime de cette paix à Leurs Majestés elles-mêmes (1), Scioppius a imaginé de prendre à partie leur conseiller le plus éminent, Nicolas Perrenot de Granvelle, et de l'accuser d'avoir soufflé la tolérance au cœur des deux empereurs ; qu'il repousse de toutes ses forces les conseils de Granvelle, et leur oppose ceux du vice-chancelier de Helde, lequel ne voulait ni paix ni trêve, et ne prêchait que la guerre et le carnage ; que cependant il ne s'agit pas tant pour Scioppius de défendre l'opinion de Mathias de Helde que de traiter injustement et avec mépris la belle conduite de Granvelle et des deux empereurs, et de les envelopper tous trois dans la même proscription ; qu'enfin on ne s'est pas arrêté aux injures grossières dont le livre de Scioppius est lardé, les juges s'étant crus trop au-dessus d'une besogne aussi vaine qu'abjecte.

Ces conclusions donnèrent lieu à quelques débats. Ensuite Apollon prend la parole et prononce l'arrêt suivant.

---

(1) Scioppius ne s'en est pourtant pas géné.

« Que Scioppius est condamné à faire réimprimer son libelle, absolument dans la même forme, sans y ajouter, sans en retrancher rien, le tout à ses frais ; qu'il en fera répandre des exemplaires partout où ont été distribués les premiers ; mais que sur les nouveaux on lira non-seulement ses nom et prénoms, mais ceux de ses parents, son origine, comment il s'est fait catholique, et où il en est de ses affaires ; qu'il confessera publiquement, en face de tout le monde, que, sur l'inspiration du démon et des ennemis de la paix, il a faussement attaqué, non-seulement le vieux et honnête conseiller Granvelle, mais aussi Sa Majesté Impériale Charles-Quint, et même le docteur Mathias de Helde ; qu'il ravalera les calomnies issues de ses entrailles puantes ; qu'il vivra et mourra sous le poids des infamies dont il a chargé des innocents ; qu'il traînera partout sa honte comme un voleur sa corde, et servira ainsi et à toujours d'exemple et de leçon.

« Ensuite Sa Majesté Apollon ordonne à son premier architecte d'élever une table en pierre dans l'endroit où sont relégués à perpétuité ceux qu'Elle a bannis du Parnasse ; Elle veut qu'il y fasse graver le nom de Gaspard Scioppius, en laissant assez d'espace pour ajouter d'autres noms, vu qu'il se présente chaque jour des gens atteints des mêmes vices, et qu'avant qu'il soit peu, le nombre en sera considérable. Sa Majesté se réserve le plaisir de récompenser ces gens selon leur mérite, quand la table sera complétement garnie. Elle remercie les délégués de leur zèle et de leurs sages efforts, et la séance est close par les éloges de la sagesse inappréciable de Sa Majesté. »

Ce n'est pas comme un objet de curiosité que j'ai donné cette froide allégorie, mais comme formant le plus parfait contraste avec le libelle incendiaire, qu'on a voulu y rendre à la fois odieux et ridicule. L'auteur n'a pas même su avoir de l'esprit, c'est-à-dire aller jusque-là où la pensée s'émancipe et, comme a dit, je crois, madame Necker, n'a pas le sens commun. Car c'est là, si je ne me trompe, un des attributs de l'esprit satirique. Je ne vois donc pas quel a pu être l'effet de cet opuscule sur les doctrines de Scioppius, si ce n'est celui d'un verre d'eau sur un incendie.

CHAPITRE VI.

Libelles de Scioppius contre Jacques Ier, roi d'Angleterre. —L'*Ecclesiasticus* est une réponse à l'Apologie du serment de fidélité, écrite par ce prince. — Outrages adressés à la mémoire d'Henri IV dans ce livre qui, par arrêt du parlement de Paris, est brûlé par la main du bourreau. — Le *Collyrium regium*. — Analyse de ce libelle. — L'*Alexipharmacum regium*. — Analyse de cet écrit dirigé tant contre Duplessis-Mornai que contre le roi Jacques. — Voyage de Scioppius à Madrid. — Il est attiré dans un guet-à-pens par l'ambassadeur d'Angleterre, et presque assommé par ses gens. — Relation qu'il fait de cette aventure, sous le titre d'*Oporini Grubinii Legatus latro*. — Il va à Ingolstadt, où il publie un infâme libelle contre Casaubon et contre Jacques. — Analyse de ce libelle. — Il est joué sur un théâtre à la cour de Jacques et en présence de ce prince. — La *Corona regia*, nouveau libelle contre Jacques. — Analyse de ce libelle.

Je viens aux autres écrits de Scioppius : ce sont ceux où, sans abandonner sa thèse principale, à savoir, l'extermination de l'hérésie et des hérétiques, il concentre ses attaques sur quelques personnages que leur rang élevé, leur influence ou leur réputation, désigne plus particulièrement à ses coups.

Le plus considérable est Jacques Ier, roi d'Angleterre. Scioppius l'a catéchisé, moqué, bafoué, déchiré dans une demi-douzaine de libelles, les plus satiriques, les plus venimeux, sans comparaison, qui existent dans aucune langue. Le premier en date est l'*Ecclesiasticus*. C'est une compilation du livre de Campanella, qui a pour titre : *De monarchia Messiæ*, et d'un traité du même auteur sur le différend de Paul V avec la république de Venise. Scioppius y a mêlé bon nombre de vues politiques, qui ne sont pas plus à lui que le reste : Machiavel en est le père légitime ; mais l'adoption ne leur a rien fait perdre de leur violence et de leur immoralité originelles. Dans l'épître dédicatoire, il nous apprend qu'il fit ce livre à Rome, où l'archiduc Ferdinand l'avait chargé d'une mission auprès du Saint-Siége. Il semble craindre toujours qu'on ne fasse pas assez de cas de ses livres, s'il ne rattache, soit à leur composition, soit à leur publication, une particularité qui commande d'honorer l'homme avant de lire et de juger l'écrivain. Il discute, dans l'*Ecclesiasticus*, de l'étendue de l'autorité ecclésiastique, au temporel comme au spirituel, des devoirs des princes envers l'Église et ses ministres, et des moyens de ramener les rebelles, c'est-à-dire les hérétiques, à l'obéissance. Au fond, c'est une réponse à l'Apologie du serment, écrite par le roi Jacques (1), apologie qui est elle-même une réponse à deux brefs de Paul V et à une lettre de Bellarmin à Blackwell, archiprêtre d'Angleterre. Scioppius y prend toutes sortes de familiarités impertinentes avec le roi ; il le raille, il le persifle, mais ne l'injurie pas encore. Plus surpris qu'indigné,

---

(1) *Triplici nodo triplex cuneus.* Leyde, 1608, in-12.

Jacques appela Scioppius butor, envoya son livre mesurer la terre, et se promit bien de ne plus prostituer ses regards à lire aucun écrit de « ce cloaque de mensonges (1). » Le parlement de Paris ne s'en tint pas à de simples marques de mépris. J'ai dit plus haut que Scioppius avait insulté, dans son livre, à la mémoire d'Henri IV, et tiré des conséquences abominables de la façon dont Ravaillac l'avait tué (2). Le parlement condamna au feu l'*Ecclesiasticus*, le 24 novembre 1612. L'arrêt fut exécuté le même jour (3). Le feu qui avait consumé l'*Ecclesiasticus* n'était pas encore éteint, que Scioppius publiait son *Collyrium regium* (4). C'est une lettre à Jacques, suivie du traité sur le culte des saints, qu'il avait déjà publié seul en 1606, et dont il recommande au roi la lecture. Voici un extrait de cette lettre :

« Sérénissime roi, Votre Majesté s'est chargée naguère d'un emploi difficile, lorsque, dans sa *Monitoria præfatio*, elle s'est imaginé de venir en aide, et s'est engagée à montrer leur chemin aux rois, aux princes et aux ordres catholiques, sous prétexte qu'ils avaient la berlue, et qu'ils croupissaient dans les plus épaisses ténèbres, dans la plus profonde ignorance de la vérité. Elle a voulu, disiez-vous, porter devant eux un des flambeaux allumés à l'une des lampes qui, en l'Apocalypse, « brûlent devant le trône de Dieu. » On sait que d'affaires se prépare celui qui s'offre pour guider tant d'aveugles, surtout s'il n'a pas assez de quoi s'occuper chez soi, et comme on dit, tuer le temps.

(1) Matth. Berneggeri *Observationes historico-politicæ*, p. 160.
(2) *Ecclesiasticus*, ch. III, p. 382.
(3) *Mercure de France*, ann. 1612, p. 395-397.
(4) G. Scioppii *Collyrium regium*, etc. 1611, in-8. Apud Holofernem Krigsœderum. Joint au *Syntagma de cultu et honore* du même Scioppius.

Et d'abord, on se rappelle que saint Jean, lorsqu'il vit ces lampes brûler devant le trône de Dieu, « avait entendu une voix éclatante comme une trompette, qui lui disait : *Monte ici,* et qu'une porte lui avait été ouverte dans le ciel. » Or, on monte un peu plus difficilement au ciel, *qu'on ne chemine à travers ces campagnes fleuries et sillonnées de ruisseaux d'eau vive, où Votre Majesté nous fait entendre qu'elle se divertit à chasser le faucon.* Tous les chemins sont faciles pour arriver là et pour en revenir à l'heure qui convient. Mais peut-être que les îles ont cela de particulier, qu'elles nous rapprochent du ciel davantage. N'est-ce pas de l'île de Patmos que saint Jean prit son vol pour y arriver?... Quoi qu'il en soit, que l'ange du Seigneur ait saisi Votre Majesté par les cheveux, comme le prophète Habacuc, ou que Talthybius, le messager des dieux, l'ait prise par l'oreille, et approchée du char du soleil pour y allumer le flambeau destiné à éclairer les catholiques, Elle s'est imposé, je le répète, une tâche difficile, et si nous ne lui confessons notre reconnaissance, nous sommes à jamais indignes de recevoir de qui que ce soit un bienfait...

« D'autre part, comme je remarque que ce n'est pas tout à fait sans dommage pour Elle-même que Votre Majesté nous a rapporté le feu du ciel ; que, comme le Prométhée d'Eschyle, Elle peut dire : *Je suis puni des bienfaits que j'ai procurés aux mortels ;* qu'enfin l'éclat des lampes qui brûlent devant le trône de Dieu a sans doute ébloui, si ce n'est crevé les yeux de Votre Majesté, j'ai inventé un merveilleux collyre, dont je Lui fais hommage, tant en mon nom personnel qu'au nom de tous les catholiques. Non que je veuille Lui rendre la valeur de ce qu'Elle nous a donné ; je veux seulement reconnaître et publier combien nous Lui avons d'obligation pour nous l'avoir donné. Votre Majesté recevra donc ce collyre avec bonté. J'en ai pour garant sa bienveillance dont l'éloge est dans toutes les bouches, la nécessité urgente plus que l'utilité de mon collyre, et l'extrême besoin qu'Elle en a.

« Comme en outre Votre Majesté, dans sa *Monitoria præfatio*, désire que tout le monde soit bien persuadé qu'Elle a beaucoup lu les Pères et les docteurs de l'Église, comme Elle prétend n'avoir vu traité nulle part, dans les écrits des docteurs qui vivaient au cinquième siècle de Jésus-Christ, l'article de l'intercession des saints, que ce dogme, dit-Elle, « est récent, établi d'hier et forgé dans la boutique de l'Église romaine par des théologiens novateurs et corrupteurs de la théologie ; » comme d'ailleurs les centuriateurs de Magdebourg, participants et codéfenseurs de la foi de Votre Majesté, et à ce titre l'obligeant à confesser Elle-même qu'ils savent se servir de leurs yeux, ont vu cet article dans les Pères du quatrième, du troisième et même du deuxième siècle, qu'ils le font voir aux autres clairement et sous tous ses aspects,... il suit de là que Votre Majesté ou a été tout à fait aveugle ou qu'Elle n'est pas médiocrement myope...

« Il importe donc essentiellement à Votre Majesté que, par la vertu de ce collyre, Elle recouvre une vue plus perçante, non-seulement parce qu'il est souverainement ridicule et impertinent « que celui qui ne sait pas le chemin, comme dit le poëte, ait la prétention de l'indiquer aux autres, » mais parce que, « lorsqu'un aveugle se mêle de conduire un autre aveugle, ils tombent tous deux dans le fossé. » Courage donc : que la lumière « qui éclaire tout homme venant au monde, » éclaire Votre Majesté. Prenez, sérénissime roi, le collyre que je vous ai préparé. Que si vos yeux n'en sont pas bientôt guéris, je n'y vois d'autre remède que de les toucher de ce linge dont Dieu essuya les larmes de votre très-sainte mère Marie Stuart, et des autres martyrs écossais et anglais qui, grâce à vous, ont cessé d'être vos sujets, pour devenir rois de la terre (1). « Dieu a essuyé toutes larmes, » afin que les yeux de l'esprit de Votre Majesté en soient touchés. Nous aimons mieux, nous autres catholiques, qu'il en arrive ainsi à Votre Majesté, que d'entendre cet immense cri des âmes de ceux qui ont été immolés pour la parole de Dieu et le témoignage qu'ils en ont porté : « Jusques à quand, Seigneur, différerez-vous de juger le roi Jacques, et de venger sur lui notre sang ? » Ephphethah, sire, et je vous salue [X]. »

Luther s'est également piqué de déclarer la guerre aux rois. Il appela sur le pré Henri VIII, dans un langage qui tenait à la fois du spadassin, du crocheteur et du bouffon, mais il n'eut pas, comme Scioppius, cette amertume dans la raillerie, ni cette cruauté dans l'insolence. C'était un moine orgueilleux et grossier; Scioppius était un homme du monde. Il avait appris dans le commerce des princes et des grands à polir son langage et à raffiner l'injure sans la dénaturer. Ici, il ne blesse pas seulement l'orgueil du roi, la vanité du théologien, il insulte aux sentiments du fils. On ne sait pas l'effet que cette admonition produisit sur le prince (car on ne peut croire qu'il ne l'ait pas lue, malgré ses engagements), mais elle inspira à ses amis et à ses ser-

---

(1) C'est-à-dire saints.

viteurs une violente indignation avec la pensée d'en tirer vengeance. Un nouveau libelle (1), lancé par Scioppius, l'année suivante, accrut cette disposition.

Quoique du Plessis-Mornai fût l'objet principal de ce libelle, Jacques y était également insulté, comme aussi Casaubon que Scioppius commençait d'honorer d'une haine dont les suites furent épouvantables. Mornai venait de publier son *Mystère d'iniquité*. Dans la dédicace adressée au roi Jacques, l'auteur invitait ce prince à faire la guerre au pape et à saccager Rome. A l'entendre, rien n'était plus facile, et Jacques n'aurait qu'à se montrer pour réaliser le mot fameux de César, *veni, vidi, vici*. Personne malheureusement n'était moins propre à faire la guerre, même au pape, que le très-pacifique Jacques. S'il se fût agi de disputer, à la bonne heure, et alors il eût tenu tête à une armée de théologiens. Mais tirer l'épée, c'est à quoi il ne sentait pas moins de répugnance qu'il n'y eût trouvé d'impossibilité, la sienne tenant trop à son fourreau. Scioppius appuie sur toutes ces circonstances avec une impitoyable malignité. D'ailleurs, la vieillesse de Mornai, sa retraite à Saumur, d'où il s'excusait de ne pouvoir venir à la cour, sous le prétexte de son âge et de ses infirmités, ses dispositions gaillardes au contraire à batailler contre l'Antechrist, la promesse qu'il fait au roi de retrouver la vigueur de ses jeunes années pour l'exécution d'une si sainte entreprise, enfin la certitude où il paraît être que les Alpes s'abaisseront d'elles-mêmes, que les remparts de Rome tomberont, que le fort Saint-Ange s'écroulera, livrant à Sa Majesté le pape et les cardinaux, « qu'elle hachera menus comme chair à

(1) *Alexipharmacum regnum*, etc., sereniss. dom. Jacobo munere missum. Mogunt., 1612, in-4.

pâté avec sa grande épée (1), » tout cela excite la gaieté de Scioppius, et il n'a pas achevé son livre qu'il a couvert d'un ridicule ineffaçable le roi, son général impotent et son armée imaginaire. Parlerai-je du compte rendu qu'il fait encore de la fameuse conférence de Fontainebleau (1600), où du Plessis fut battu par du Perron, et où, pour parler comme Henri IV, « le diocèse d'Évreux gagna celuy de Saumur. » On sait combien l'échec du vieux soldat fut humiliant pour lui-même et décisif contre les calvinistes; on sait les moqueries dont il fut l'objet, pour avoir appuyé son argumentation sur des textes falsifiés, s'en étant trop rapporté, à l'égard de ces textes, à de jeunes proposants dont la fidélité n'était pas aussi scrupuleuse que le zèle était vif. Scioppius a donc beau jeu pour le railler, l'insulter sur ce chef, et il y est sans pitié et sans pudeur (2). Casaubon a aussi sa bonne part des sarcasmes qui tombent sur son collègue. Avec sa candeur, sa loyauté habituelles, il avait reconnu la faiblesse et ressenti la honte de du Plessis; il s'en était ouvert honnêtement, quoique douloureusement, dans une lettre à Joseph Scaliger (3). Scioppius, je ne sais comment, s'était procuré cette lettre, et il la donne tout entière, entremêlée de commentaires facétieux, et suivie de réflexions malveillantes, dans l'espoir qu'il brouillerait Casaubon avec Scaliger, et tous les deux avec du Plessis.

Quelque temps après la publication de l'*Alexipharmacum*, Scioppius fit un voyage en Espagne. Le ressentiment des Anglais l'y poursuivit. Il en avait déjà senti les

---

(1) *Alexipharmacum*, p. 35.
(2) *Ibid.*, p. 6 et suiv.
(3) *Ibid.*, p. 16 et suiv.

effets à Augsbourg. Un secrétaire de l'ambassadeur d'Angleterre à Venise s'était informé de lui dans le dessein avoué de lui faire un mauvais parti. Scioppius vint se réfugier à Milan ; son ennemi l'y dépista. Un jour que Scioppius lisait près de sa fenêtre ouverte, on lui tira un coup de mousquet d'une échoppe située en face de sa maison. La balle vint toucher le mur, un peu au-dessous de la fenêtre. Peu s'en fallut que Scioppius ne fût atteint (1). On ne sut pas qui avait fait le coup ; mais Scioppius dénonça Henri Woton, l'ambassadeur anglais à Venise, et son secrétaire. Or, comme Henri Woton avait coutume de dire, par manière d'axiome diplomatique, « qu'un ambassadeur est un homme de bien envoyé à l'étranger pour mentir dans l'intérêt de son pays, » Scioppius dit qu'il fallait ainsi corriger cet axiome : « Un ambassadeur *calviniste* est un homme de bien envoyé à l'étranger pour mentir et *assassiner* dans l'intérêt de son pays (2). » La manière dont lord Digby, ambassadeur d'Angleterre à Madrid, se conduisit envers Scioppius, justifia pleinement la variante.

Scioppius se trouvait par hasard en cette ville en même temps que Digby. Il y était venu, selon toute apparence, à la poursuite de ces fameuses lettres de naturalisation qu'il sollicitait depuis quinze ans, et pour lesquelles il avait reçu des promesses. L'honneur d'être sujet du roi d'Espagne le touchait beaucoup, mais pas encore autant que celui d'être son pensionnaire. Or, il faut se rappeler que de grosses pensions étaient l'accompagnement de cet honneur ; c'en était aussi le plus solide, et Scioppius vi-

(1) Oporini Grubinii *Legatus latro*, etc., p. 28-32. Ingolst., 1615, in-12.
(2) *Ibid.*, p. 2 et 30.

vait depuis trop longtemps de fumée pour ne pas être affamé d'un aliment plus substantiel. Mais autant les ministres du Roi Catholique étaient lents à remplir les promesses de leur maître, autant lord Digby fut prompt à acquitter les dettes du sien. Scioppius a raconté quelles furent la forme et la nature de ce remboursement dans un livret de soixante-neuf pages. C'est le *Legatus latro*, un des plus curieux et aussi des plus rares de sa collection.

Depuis plusieurs jours, il lui était revenu de toutes parts qu'il se tramait à l'ambassade anglaise quelque complot contre sa personne, et qu'on en voulait même à sa vie. Le 21 mars 1614, il s'était fait accompagner, en retournant chez lui, de deux domestiques pour lui prêter main-forte en cas d'événement. On l'avait souvent engagé à porter une cuirasse par-dessous ses habits; mais il était vraiment brave, et il avait toujours dédaigné cet avis. D'ailleurs, il s'était mis sous la protection de la sainte Vierge, et il lui avait adressé ce jour-là même une prière plus fervente que de coutume. Vers les six heures du soir, approchant de son logis, il entendit une voix qui disait : Le voilà! Un coup de sifflet partit aussitôt. En même temps débouchèrent d'une rue voisine plusieurs individus, parmi lesquels Scioppius dit avoir reconnu George Digby, cousin germain de l'ambassadeur. Cet homme, ajoute-t-il, avait la taille et la vigueur d'un portefaix. Il assaillit Scioppius et lui porta dans le flanc droit un coup de poignard si violent, que Scioppius tomba sur le coup et mordit la poussière. Croyant leur maître mort, les serviteurs s'enfuirent. Scioppius essaye de se relever ; mais dix coquins tombent sur lui tous à la fois. L'un le frappe à la gorge, les autres à la tête; car ils avaient ouï dire qu'il portait une cuirasse. Quand ils crurent l'avoir tué, ils se retirèrent, brandissant leurs épées et s'écriant : « Nous l'avons enfin dépêché, ce fameux papiste, qui a tant fait de chagrin à notre roi par ses mensonges. » Dès qu'ils eurent disparu, Scioppius se releva et se traîna jusqu'à la boutique d'un carrossier. Là, il ne put assez s'étonner qu'ayant reçu tant de coups de poignard et d'épée, il ne fût blessé nulle part. Des gens qui étaient accourus n'en voulaient rien croire et l'engageaient à se bien tâter. Mais, toute vérification faite, il se trouva qu'il n'y avait de blessé dans sa personne que sa soutanelle. Alors il ne douta pas que la sainte Vierge ne l'eût miraculeusement préservé, et les assistants partagèrent cette pieuse croyance (1).

Cependant Scioppius et la voix publique accusaient hautement lord Digby d'avoir comploté et payé ce guet-apens; mais le lord déclara, par-devant notaire et dans un écrit rédigé à cet effet, que ses gens n'avaient jamais eu la pensée de tuer Scioppius : on s'était borné à lui administrer, sous forme de coups de poing et de coups de pied, la récompense due à ses outrages au roi d'Angleterre. « C'était bien, dit ingénument Nicéron (2), la moindre chose qu'il méritât, car il ne paraît pas qu'il en ait été sérieusement incommodé. » Les plus honnêtes gens de Madrid attestèrent la déclaration de Digby et la signèrent (3). J'en eusse fait tout autant ; non que j'excuse la brutalité de l'ambassadeur, mais je conclus du récit

---

(1) *Legatus latro*, p. 51-61.
(2) A l'article Scioppius, t. XXXV, p. 199.
(3) *Legatus latro*, p. 66.

même de Scioppius, que le coup de poignard dont le frappa si violemment George Digby, ne fut qu'un bon coup de poing appliqué par un robuste boxeur, et que les coups d'épée qui lui fouillaient la gorge et la tête n'étaient que dans son imagination. Melchior Inchofer dit plus : il prétend que les *assassins* étaient des gens soudoyés par Scioppius même pour faire semblant de le tuer, et pour le rendre intéressant au roi d'Espagne (1). Mais je ne vais pas jusque-là.

La perspective du châtiment qu'on infligea à Scioppius et qu'il se vanta bien haut d'avoir prévu, ne l'empêchait pas, même à Madrid, de travailler à s'en rendre digne. Il raconte, en effet, qu'alors même que le danger était le plus menaçant, il composait un nouvel écrit contre Casaubon et le roi d'Angleterre. Digby s'en procura le manuscrit au moyen d'un Grec qui avait connu Scioppius à Rome et qui le lui déroba (2). Après cette découverte, il n'y avait plus à hésiter. Le châtiment de Scioppius fut résolu, appliqué, et son manuscrit envoyé au roi d'Angleterre. Casaubon mourut bientôt après. Scioppius dit, dans la préface de son libelle, que ce fut la douleur qu'en eut Casaubon qui le tua. On se rappelle qu'il a dit la même chose de Scaliger. Mais Méric Casaubon et les médecins qui avaient soigné son père ont prouvé qu'il mourut d'un calcul dans la vessie (3). Cependant s'il n'y avait pas de quoi tuer un homme dans cet infâme libelle, au moins y avait-il de quoi le rendre malade.

---

(1) *Grammaticus pœdic.*, p. 55. Voyez aussi *Lydius lapis...*, *ab Alberto de Albertis*, p. 410.
(2) *Legatus latro*, p. 42-55.
(3) Mer. Casauboni *Pietas*, pars I, p. 75.

De retour d'Espagne, Scioppius vint à Ingolstadt, où il passa les années 1615 et 1616. Il y publia, sous le pseudonyme d'*Holofernes Krigsœderus* (1), le libelle écrit à Madrid contre Casaubon. C'était, soi-disant, pour répondre aux injures que Casaubon s'était permises contre lui, dans une lettre écrite à Lingelsheim. On lit dans la préface que, si l'on prend la défense de Scioppius, ce n'est pas que les témoignages rendus par les plus grands princes à son mérite et à sa vertu n'aient suffi pour l'en dispenser ; mais on a voulu faire savoir à ce chien du roi d'Angleterre (2) qu'on était las de l'entendre aboyer contre les gens, en vue de complaire à son maître, et qu'on se faisait fort de lui briser les dents (3).

Puis Scioppius entre en matière. Il commence par louer ironiquement Casaubon d'avoir fait agréer ses services au roi d'Angleterre ; il remarque pourtant que Casaubon eût été mieux inspiré s'il se fût rappelé la maxime du poëte Diphile, en son Athénée : « Suivre les cours est d'un vagabond, d'un gueux ou d'un goinfre (4), » et s'il eût réglé sa conduite sur cette maxime. Cependant Scioppius avait passé près des trois quarts de sa vie à hanter les cours, du moins à frapper à leur porte, à forcer les antichambres, et à infecter les rois et les princes du plus fade encens. Il ajoute que les mœurs des cours ont fait perdre à Casaubon cette modestie qu'on était convenu de lui reconnaître, si bien qu'après avoir osé attaquer tour à tour les jésuites, la

---

(1) Hol. Krigsoederi.... *Responsio ad epistol. Is. Cazobauni, regii in Anglia archipædagogi, pro viro clarissimo G. Scioppio, patricio romano, cæsario, regio et archiducali consiliario.* Ingolst., 1615, in-8.
(2) C'est-à-dire Casaubon.
(3) *Ibid.*, p. 9.
(4) *Ibid.*, p. 21.

reine de France, les princes du sang et les cardinaux Bellarmin et du Perron, « il en était venu à ce degré d'impudence, de calomnier à la face du ciel le très-illustre Gaspard Scioppius (1). » Il faut voir comme Scioppius le raille de son canonicat, comme il le plaisante sur sa bonne mine, comme il peint l'heureux prébendier de Westminster et de Canterbury se prélassant, sous la robe de lin, dans sa basilique, ni plus ni moins qu'un prêtre papiste. Jouant sur les mots de *canonicus* et de *canis,* il estime que ce second titre pourrait bien être la justification du premier (2). Selon lui encore, Casaubon est Aristippe, et Jacques Denys de Syracuse ; mais Aristippe a déposé la barbe et le manteau de philosophe pour revêtir la pourpre de Milet, et danser devant le tyran (3). Puis il donne la liste de toutes les injures adressées tant à lui qu'à son père, dans la lettre de Casaubon à Lingelsheim, et poursuit en ces termes :

« Réponds-moi, Casaubon ; sais-tu que ton père, cet excellent homme, eut un commerce adultère avec la femme de Claude Dumont, de Lausanne, pendant que ce capitaine de milice était absent ; qu'il allait chez elle la nuit en habits de femme, qu'il fut vu des voisins, accusé par eux, mis au cachot, fouetté jusqu'à mourir sous les verges, et qu'il eût certainement payé son crime de sa tête, si les magistrats n'eussent pensé qu'il fallait avoir égard au ministère et à la prédication ? Te souviens-tu que lorsque ton père, prêt à partir, te recommanda à votre cher Bèze, tu

---

(1) *Responsio*, etc., p. 28. Eo processisti audaciæ ut tandem Scioppium, virum clarissimum apertisssimis mendaciis incesseres.

(2) *Ibid.*; p. 25, 26. Quare suspicari non possumus quæ tua istæc sit ratio, nisi forte non fuit cur CANONICUM te fore sperares, nisi CANIS operam simul regi navares.

(3) *Ibid., ib.*

héritas des priviléges du jeune Audebert (1), et méritas, par tes sales complaisances, que Bèze te donnât des leçons de grec? Car il disait qu'un si bon jardin (2) ne devait pas être négligé et qu'il fallait y planter des thyrses. Te souviens-tu que, dans la maison de Denis Godefroy, lisant un jour Homère au coin du feu de la cuisine, tu tombas sur le passage où Vénus apparut à Anchise sous la figure d'une jeune fille qui se donna bientôt à lui? Cette lecture t'ayant échauffé, tu sautas au cou d'Olympia, servante de Godefroy, et fis si bien qu'elle ne voulut plus désormais qu'on t'appelât *Hortibonus*, mais *Cazobonus*..... Te souviens-tu que, chez ce même Denis Godefroy, tu forças la chambre et l'armoire d'un certain baron autrichien ou morave, pour lui dérober quarante écus d'or, afin d'acheter un Eustathe; que surpris par l'intendant du baron, tu reçus une volée de coups de pied et de poing, et que c'est par égard pour ta misère et pour les études grecques alors si dispendieuses, par égard aussi pour ton père et toute la troupe des ministres, qu'on ne t'envoya pas en prison, et de là peut-être à la potence? Te souviens-tu d'avoir emprunté à Jacques d'Esprinchard, cent cinquante écus d'or dont sa confiance et sa probité l'empêchèrent de tirer un reçu, que tu nias cette dette, et qu'encore que ton parjure fût évident, néanmoins, par la faveur du consul Lectius (3) à qui tu avais dédié ton Strabon, tu fus absous? Te

---

(1) Voir, dans THEOD. BEZÆ VEZELII *Poemata*, la pièce intitulée : *De sua in Candidum et Audebertum benevolentia*.

(2) Casaubon a publié son premier ouvrage, c'est-à-dire, ses *Commentaires sur Théocrite*, sous le nom d'*Hortibonus*.

(3) Jacques de Lect, célèbre jurisconsulte genevois, né en 1560, mort en 1611. Il prit une grande part à la défense de Genève assiégée par le duc de Savoie, en 1602.

souviens-tu enfin, car j'abrége, qu'ayant chez toi des pensionnaires, et parmi eux, je pense, cet Henri Woton, ex-ambassadeur de ton roi à Venise, afin de leur rendre le séjour de ta maison plus agréable, les y retenir plus longtemps, et par ce moyen tirer d'eux plus de profit, tu leur amenas une jolie servante, et, ce qui était digne du fils de ton père, tu fis le métier de proxénète dans ta propre maison [XI] ? »

N'avais-je pas raison, parlant de la haine de Scioppius contre Casaubon, de dire que les suites en seraient épouvantables ? Voilà comme il vengeait sur le plus doux, le plus honnête et le plus modéré de ses nombreux ennemis, son père, sa sœur et sa mère flétris par leurs médisances.

Cependant Casaubon qui, ainsi qu'on a pu le remarquer précédemment, n'avait lu le libelle de Scioppius que dans le manuscrit dérobé par l'ambassadeur anglais, se contenta d'écrire dans le journal où il consignait tous les événements de sa vie, « qu'il se faisait gloire de souffrir avec sa famille tous ces opprobres au nom de Jésus-Christ. » Quant à Jacques, il traita ce libelle comme il avait déjà fait de deux ou trois autres ; il le brûla. Par bonheur Scioppius avait gardé copie de ce chef-d'œuvre. Les méchants sont gens de précaution. Scioppius imprima et publia son livre. C'était en 1625. Casaubon était mort l'année précédente ; mais Jacques était plein de vie, et en se vengeant soi-même, il songea aussi à venger son ami. Brûler un livre était chose si commune qu'un auteur eût été bien délicat, qui eût cru pour cela être déshonoré. Pour flétrir Scioppius, il fallait un autre moyen. Jacques pensa l'avoir trouvé.

Le 2 mai 1616, une pièce fut jouée sur le théâtre de la

cour, en présence du roi de la Grande-Bretagne, et de plusieurs seigneurs allemands. Parmi eux, Scioppius nomme deux membres de la famille Fugger. Cette circonstance lui tenait au cœur, d'abord parce qu'il était Allemand, ensuite parce qu'il se croyait des droits à l'estime de la noblesse allemande, en raison de la faveur où il pensait être auprès des princes de ce pays. Jacques le savait bien ; il avait donc choisi son auditoire en conséquence. Dans cette pièce, un acteur représentait Scioppius. Le rôle des autres consistait à discuter avec lui et à lui pousser des arguments ridicules. Scioppius se défendait par des citations tirées de l'Écriture, comme des flèches d'un carquois (1). Il venait d'en produire une mal à propos, quand un certain docteur *Ignoramus* qui jouait dans la pièce le rôle de Momus, l'arrêta tout à coup en prononçant cet arrêt : « Que Scioppius serait étranglé jusqu'à ce que son âme sortît par son derrière (2). » Cet arrêt, dit Scioppius, plut tellement au prince, que Jacques en perdit presque le souvenir de sa majesté. Il se leva tout à coup, rit aux éclats, se frappa le genou en signe d'applaudissement, et se serra le ventre pour combattre la douleur que lui causait ce rire immodéré. Il parut enfin hors de son bon sens, et, pour tout dire, fou à lier (3).

Scioppius se glorifia de cette flétrissure (4), mais il ne la pardonna point à Jacques. Son ressentiment fut terrible, et l'effet en fut immédiat : il se produisit selon l'u-

---

(1) Sacrarum litterarum verbis tanquam ex pharetra depromptis.
(2) Ab *Ignoramus* fuit sententia quæ illi gulam laqueo frangere juberet, ut animæ per inferiorem gutturem exitus daretur.
(3) G. Scioppii *Hæreticus Elenchomenos*, in præfatione, p. 8 et 9.
(4) *Pædia humanar. ac divinar. litterarum*, p. 25.

sage, sous la forme d'un nouveau libelle, ayant pour titre *Corona regia*.

Dans ce libelle, Scioppius suppose qu'Euphormion a trouvé parmi les papiers de Casaubon, après sa mort, les fragments d'un panégyrique que ce dernier composait en l'honneur du roi Jacques (1). Tout le sel de cette pièce consiste dans l'art de transformer en autant de vertus séraphiques les vices les plus abjects imputés au roi Jacques, et dans le mode impudent d'argumenter que l'auteur prête au panégyriste pour arriver à cette conclusion. L'invention et la mise en œuvre d'un procédé si vulgaire ne demandent pas infiniment d'esprit : mais il y est besoin de beaucoup de méchanceté, et d'une connaissance particulière, théorique ou pratique, de toutes les infamies qui dégradent l'homme et le ravalent au-dessous de la brute. A cet égard, Scioppius en eût remontré aux plus savants. Ici donc, Casaubon est un vil courtisan, qui met son maître au-dessus de Dieu, adore les ordures de l'âme de cette idole, et comme les sectateurs du Dalaï-Lama, adorerait volontiers quelque chose de pis. Jacques est un fourbe, un lâche, un tyran, un monstre couvert d'opprobre et d'infamie, un voluptueux dont les plaisirs révoltent la nature, un ivrogne et un goinfre : Casaubon le lui dit tout net. Mais combien est grand l'art avec lequel il corrige ces aveux, et en excuse la brutalité ! La fourbe de Jacques est quelque chose comme le raffinement de la prudence et de la sagesse humaine ; sa pusillanimité, une sainte horreur du sang ; sa tyrannie, le droit de légitime défense contre d'incorrigibles conspirateurs ; ses voluptés, des délassements proportionnés à des

---

(1) Is. Casauboni *Corona regia, id est panegyrici cujusdam vere aurei quem Jacobo I..., delinearat, fragmenta*, etc. Londini, 1615, in-12.

fatigues de géant; son ivrognerie, un aimable oubli de soi-même; sa goinfrerie, l'appétit d'un demi-dieu. Un tel homme n'a pu être le fils de Marie Stuart; il est né d'un ministre de la parole du saint Évangile, non pas humainement, mais divinement, et peut-être même qu'il existait antérieurement à sa naissance. Substitué, dans le berceau royal, au véritable enfant de Marie, il eût pu négliger, haïr, tuer même celle à qui il n'était attaché par aucun lien naturel; il eut seulement l'admirable courage de châtier ceux qui l'avaient servie, et la prodigieuse clémence de récompenser ses assassins. Mais si, par l'effet de cette substitution, il a hérité du sceptre royal, c'est qu'il était dans les desseins de Dieu qu'il héritât surtout de la dignité pontificale en l'église d'Angleterre. Or, cette église avait pour fondateur Henri VIII. « Nous admirons que celle qui a été la cause du salut des hommes ait été mère et vierge; admirons aussi que celle d'où est sorti le pape de la nouvelle Église, ait été tout ensemble la fille et l'épouse d'Henri VIII (1). Le Fils de Dieu est né contre les lois de la nature; ainsi est née l'Église d'Angleterre. Marie fut mère, et ne connut point de mari; Anne fut mère, et conçut de son père. Voilà l'origine, voilà le droit de la papauté anglicane : ils procèdent l'un et l'autre d'Henri VIII. Ayant connu celle qui était à la fois son épouse et sa fille, Henri a fondé son Église, non sur la pierre (ce qui eût été trop dur), mais sur l'édredon (ce qui est royal). C'est pourquoi si Anne n'eût pas été, la papauté anglaise ne fût pas née; et si le père n'eût connu sa fille, dont il fit en même temps son épouse, l'Église aussi n'était pas. Que

---

(1) Anne de Bolein.

ceux-là se moquent de ces mystères, qui jugent tout selon leur sens grossier, et pèsent dans la balance du vulgaire les conseils de Dieu et la conduite des rois; qu'ils attaquent ces noces incestueuses, cette monstrueuse débauche, un roi écumant de luxure, une reine affamée de voluptés; l'un le Priape, l'autre la Vénus de l'Angleterre; qu'ils crèvent de dépit à force d'invoquer la pudeur, la chasteté, la tempérance et la sainteté; qu'ils murmurent enfin tant qu'ils voudront, ce pontificat dont la pureté est sans égale, cette Église, la plus vraie de toutes les églises, cet évangile, le plus épuré de tous les évangiles, n'en sont pas moins en pleine vigueur et portent des fruits dignes de leur origine.... Et certes, c'est une chose belle et sainte que le mariage d'Anne de Bolein. Il est seulement dommage qu'elle soit amoindrie par cette appellation profane. Elle est belle, dis-je, parce qu'elle est royale; elle est sainte, parce qu'elle est pontificale. Recommandée à ce titre aux ministres de la parole divine, elle est reçue dans l'Église comme le type de la chasteté même. C'est pourquoi ce que les sots et les fanatiques appellent un mal dans l'union de ce règne et de ce pontificat, nous l'appelons une chose tout à fait admirable; nous honorons d'un culte ce qu'ils déclarent honteux; nous nommons mystères ce qu'ils appellent des monstres, et œuvres de Dieu ce qu'ils qualifient d'œuvres du démon.

« Mais, direz-vous, Henri n'a pu épouser Anne sans changer la religion. Fut-il impie pour cela? Tant s'en faut qu'il introduisît dans le monde un nouveau genre de piété. Il n'a pu sévir contre tant de moines et de prêtres sans faire couler le sang dans tout son royaume; il fut donc cruel? Nullement; il ne fit que détruire la tyrannie de Rome. Il ne put épouser Anne sans répudier Catherine, sa femme légitime ; il fut donc adultère ? Pas le moins du monde ; il voulut seulement déguiser la honte des voluptés sensuelles sous le voile du mariage, afin que les pontifes de Rome apprissent un jour à ne plus envier leurs plaisirs aux rois mariés... De son côté, Anne, persuadée que les embrassements de son père, par la raison qu'ils étaient trop pieux, étaient moins agréables, eut la bonté de faire part aux galants qui lui plurent des mêmes faveurs auxquelles la papauté anglaise était déjà redevable de son origine. En quoi elle voulut tout ensemble, et se montrer reine de la même façon que le roi était pontife avec elle, et revêtir d'une grâce invisible la majesté de cet époux et père, c'est-à-dire la tête de l'Église, et couronner à son tour ce mari qui avait partagé avec elle son sceptre et son lit. Elle lui donna non pas de l'or, mais des cornes qui, considérées jadis comme les insignes de la Divinité, effaçaient même l'éclat du diadème. Il fit beau voir alors marcher le roi Henri, non-seulement couronné, mais cornu. Qui ensuite eût douté de son pontificat ? Alexandre n'ayant pu obtenir des hommes d'être cru le fils de Jupiter, n'y trouva pas d'autre remède que de ceindre les cornes d'Hammon et par là de se transfigurer. Les mêmes rayons brillent autour de la tête sacrée de l'Église anglicane. De là, ils ont dérivé sur tous les ministres. On arrêta même depuis que, comme autant de petits pontifes, ceux-ci porteraient sur leurs fronts les mêmes insignes, et de leur charge au ministère, et de leur mariage. Il devient donc aussi nécessaire de se marier que d'être ministre, personne, sans le mariage, ne pouvant aspirer à cette couronne ecclésiastique. Et quoi de plus beau qu'un attribut qui, après avoir été celui des dieux, a passé aux rois, puis au pontife de la Grande-Bretagne? Les cornes donc sont la couronne de l'Église; les cornes sont l'ornement des chaires sacrées; les cornes animent les temples et gouvernent les consistoires; les cornes inspirent l'éloquence qui vient du ciel, confirment la grâce du Saint-Esprit, et donnent l'autorité à qui parle devant le peuple [XII]. »

Montrant ensuite qu'Édouard VI, quoique enfant, et Élisabeth, quoique femme, avaient exercé le pontificat aux mêmes titres qu'Henri VIII, Scioppius arrive à Jacques, et lui dit :

« Enfin, personne ne vous blâmera, Sire, d'avoir méprisé la religion de votre mère, et fermement adhéré aux opinions nouvelles. Vous étiez si bien né; les plus saints personnages, entre autres Buchanan, vous avaient si bien élevé et pénétré de leur doctrine, que, grâce à l'influence de la nature et de l'éducation, vous comprîtes ce qu'il y avait de meilleur et de plus utile dans le culte qu'on rend à Dieu, ce qui vous conserverait votre royaume et vous en promettrait d'autres. Toutes vos pensées se sont donc tournées du côté d'Henri, d'Édouard et d'Élisabeth; vous avez marché sur leurs traces, et suivi leurs exemples. Bref, la fortune vous fut si favorable que vous parûtes digne de monter aussi haut que ceux dont vous vous rappeliez la vie, les mœurs et les vertus. Arrivé au trône de la Grande-Bretagne, il vous fut loisible de faire tout ce qui a causé le désespoir et la ruine des partisans de l'Église romaine, servi l'Église anglicane, établi votre pontificat. Votre élévation eut ce résultat inévitable, que si vous n'eussiez été cruel, vous n'eussiez pas été bon; et si vous n'eussiez traité le pape de Rome en ennemi, vous eussiez été contraint d'abdiquer le souverain sacerdoce. Et bien que cette dignité ait été déshonorée par vos prédécesseurs, qu'on rappelle avec dégoût que votre premier pontife fut un adultère, le second un enfant, et le troisième une femme; cependant, ô le plus respectable des rois, par votre admirable doctrine et votre génie presque divin, vous fûtes assez habile pour couvrir et dérober à notre vue des hontes qui nous eussent forcés à rougir; vous eûtes l'art de pécher (si c'est pécher que d'offrir l'image exacte d'Henri, d'Édouard et d'Élisabeth, de glorieuse mémoire), et de passer pour honnête homme; d'être cruel (si c'est l'être que de livrer au supplice des sujets superstitieux), et de vous arroger le titre et le renom de clément... Henri, Édouard, Élisabeth, vous êtes tout cela tout ensemble; celle-ci surtout, que vous ne quittez pas un moment du regard. Tous les sexes, tous les âges, il faut louer tout en vous [XIII]. »

Et, pour montrer que cette obligation de louer tout dans le monarque n'est pas un vain compliment, le panégyriste poursuit :

« Votre corps est fait de telle sorte qu'il semble digne de rassembler en lui toutes les délices et toutes les voluptés; et telles sont les heureuses dispositions de tous vos membres, que, si l'on en excepte les jambes, vous paraissez avoir été créé plutôt à dessein que par hasard, plutôt savamment que royalement. Car ceux qui vous voient debout remarquent que vos jambes n'ont pas assez de ce que vos cuisses, votre croupe, votre ventre, votre poitrine, votre cou et votre tête ont de trop; et de même qu'un édifice massif ne peut se soutenir sur des colonnes trop longues, de même toute la majesté du corps est éclipsée par la grandeur démesurée de ses appuis. Ce que j'en dis est pour apprendre aux Écossais, accoutumés jadis, en passant des contrats, à jurer par les mains, les pieds ou le nom de leur chef, que vos jambes sont dignes de cet honneur ; c'est aussi pour apprendre aux peintres ce qu'ils doivent surtout faire ressortir dans l'ensemble de votre personne, et afin de leur arracher cet aveu, que, pour être bâti en dehors des règles ordinaires de la nature, votre corps n'en est pas moins un modèle... Que d'autres se servent d'échasses : l'avantage qu'ils en retirent, vous le trouvez dans vos jambes ; et, comme si vous méprisiez la terre, vous cheminez dans les hauteurs. Ce phénomène n'est pas nouveau ; d'autres rois en offrent l'exemple. Au rapport d'Hector Boëthius, Édouard Ier fut surnommé Langscanzius, à cause de ses longues jambes. Mais c'est m'arrêter trop longtemps à contempler vos jambes et vos pieds. Si vous étiez beau et que vous ressemblassiez au paon, je commencerais par votre queue ; mais parce que ce point-là mérite d'être traité à part, je commencerai plutôt par votre figure. Ceux qui y remarquent je ne sais quel air étranger et barbare, comme le génie défiguré de la beauté, sont trop délicats ; ils ignorent certainement que dans l'homme, et principalement dans le roi, la beauté consiste à être affreusement laid, ou à peu près (1). Il ne faut pas entendre autrement cette maxime d'Euripide : *La beauté est digne de l'empire.* Contractez-vous la face, tordez-en les lignes, montrez votre âme sous cette violente altération des traits ; qu'importe ? Vous avez le pouvoir d'être beau quand il le faut être.

---

(1) On ne savait pas que cette doctrine du romantisme excessif remontât si haut.

Toutes les fois que vous cueillez des fruits ailleurs que dans votre jardin, vous êtes la beauté même au gré des jeunes libertins qui... (1), et qui trouvent beau tout ce qu'un roi fait autrement que les autres, saints tous les actes d'un pontife.

« Je suis peut-être indiscret; peut-être aimez-vous mieux avoir la confiance du mérite de toutes ces choses que d'en faire juge le public. Il suffisait en effet de lui raconter ces goûts, ces aimables espiègleries par où se révèlent toutes les grâces de votre personne, et que vous n'avez ni le pouvoir ni le soin de dérober aux yeux de tout le monde : par exemple, jouir à table du spectacle de la volupté attisée par l'ivresse, exciter les désirs par la licence des propos, pincer les joues, y appliquer un baiser, faire naître, pour ainsi dire, la flamme de la fumée, et l'éteindre ensuite à l'écart. Il fallait, je le répète, s'en tenir à cela. Ces agréments sont cause que jamais on ne vous trouve triste, sévère ni farouche, mais qu'on s'extasie sur votre douceur, votre gaieté, votre désinvolture. Vous êtes l'image exacte du sage sans humeur, du savant sans pâleur et du prince sans souci. Vous êtes roi débonnaire et pontife aimable. Quoi encore? Par votre sagesse admirable et une sainteté jusqu'alors inconnue, vous faites voir qu'il est possible de marier Vénus à Minerve, la volupté à la religion [XIV]..... Vous êtes gai, et traitez des affaires de la foi; c'est royal : vous menez joyeuse vie et décidez des mystères du salut; c'est royal : vous ne mangez pas, mais dévorez; c'est royal : vous ne buvez pas, mais avalez le vin avec bruit, et comme si vous le

---

(1) Réticence de l'auteur.

humiez; c'est toujours royal. Manger plusieurs fois par jour et donner à peine du relâche à ses mâchoires, est chose naturelle, et tous les animaux le font; se décharger l'estomac chaque fois qu'il est trop plein, voilà qui est surnaturel. Galien prescrivait cette opération tous les mois; la puissance de votre estomac vous permet de la renouveler à tous moments et d'en faire une habitude. Il n'est pas même nécessaire de vous coucher, et vous vomissez aussi facilement du haut de votre cheval que vous vous emplissez à table. Autre particularité qu'on n'a encore observée chez personne. Quand vous êtes seul et que vous marchez, vos pas ne sont ni réglés, ni en ligne droite, mais circulaires. Vous tournez, soit sous l'impulsion de Bacchus, votre divinité tutélaire, soit en vertu des lois de votre seule nature. On dirait que votre démarche est l'emblème de l'éternité, et que par ces mouvements que le ciel dirige, vous attestez où est le siége de l'âme. Ou je me trompe, ou, en marchant ainsi, vous philosophez; vous prouvez que tout ce que nous voyons dans l'univers est soumis à la loi de rotation et change incessamment d'aspect. A moins pourtant que vous ne vouliez nous apprendre qu'entre tous les rois, vous êtes le seul dont la doctrine et le divin génie ont le pouvoir de mettre l'Europe sens dessus dessous, de confondre le sacré avec le profane, d'élever ce qui est abaissé et d'abaisser ce qui est élevé [XV].

Tels sont les discours que Scioppius fait tenir à Casaubon : un parallèle sacrilége entre la Vierge Marie et Anne de Bolein, entre la naissance de Jésus-Christ et l'origine du pontificat anglican; une fiction monstrueuse qui fait d'Anne la fille d'Henri VIII, et aboutit à rendre ce roi coupable en même temps d'un adultère et d'un inceste;

un tableau obscène et révoltant des mœurs de cette malheureuse princesse et de celles de son mari; des plaisanteries grossières sur la profession de ministre de l'Église anglicane et sur les infortunes domestiques auxquelles elle est nécessairement exposée; une sorte de généalogie pontificale dont la source est dans le crime et l'ordure, et le dernier terme Jacques I*er*; enfin une apologie des vices de ce prince, qui n'en est que la dégoûtante satire, et un éloge de sa personne, qui n'en est que la caricature : tout le reste du livre est dans ce goût. Scioppius y a déployé toutes les richesses du style auquel il s'était essayé dans le commentaire sur les *Priapées :* il a même été plus loin. Il n'est donc pas possible de poursuivre les citations. Mais si le lecteur veut savoir jusqu'à quel point un fanfaron de chasteté peut oublier son rôle, qu'il lise la *Corona regia;* je m'assure qu'il aura lieu d'être édifié.

CHAPITRE VII.

Part que Scioppius s'attribue dans la première guerre de Trente ans. — Sa tête mise à prix par les princes protestants. — Il revient en Italie, où il publie les témoignages qu'il a reçus des princes catholiques, des cardinaux, etc., de son zèle pour la religion catholique. — Chimère de ses espérances. — Il publie ses ouvrages de grammaire. — Édite la *Minerva de Sanctius.* — Ses *Consultationes de scholarum ratione,* ou *Plan d'études.* — Jalousies qu'elles excitent parmi les corps enseignants. — Attaques dont elles sont l'objet. — Application infructueuse de son *Plan d'études* en Italie; les magistrats le suppriment. — Les Jésuites le déclarent absurde. — Plaisante sortie du Père

Alberti contre ses grammaires.— Compliments qui dédommagent Scioppius de l'âpreté de ces attaques.

D'un seul coup, Scioppius avait déshonoré Jacques et Casaubon : sa vengeance était satisfaite. En était-il de même de sa conscience ? Avait-il encore cette tranquillité d'âme qu'il se vantait de goûter, depuis le jour où il s'était fait catholique ? Mais comment l'avait-il obtenue, ayant passé toute sa vie à troubler celle d'autrui ? Il était toujours en horreur aux gens de lettres. Catholiques et réformés, quoique par des motifs très-différents, le méprisaient également. Personne ne prenait ses exagérations pour celles d'un honnête homme, et tous le jugeaient plus hypocrite encore que ses livres. Cependant ces livres faisaient presque autant de bruit en Allemagne et en Italie que la guerre de Trente ans. J'ai déjà dit la part que Scioppius s'attribuait dans cette guerre, les princes catholiques se liguant à sa voix, et la défaite des protestants à la bataille de Prague. Scioppius était l'auteur de tout cela ; il en avait des certificats de la main de tout le monde, surtout de celle de l'empereur (1). Les jésuites se sont fort égayés de ces prétentions superbes ; cependant elles n'étaient pas tout à fait imaginaires. Seulement Scioppius a outré les choses. Si, au lieu de dire qu'il avait été auteur et instigateur (2) de la ligue catholique allemande, il eût seulement réclamé, comme ses écrits l'y autorisaient, l'honneur d'y avoir été soldat, il eût été plus vrai. Dans ces limites mêmes, ses services eussent mérité la reconnaissance et les remerciements de Ferdinand II. Mais l'in-

---

(1) *Pædia hum. ac divin. litterarum*, p. 26, 27.
(2) *Ibid., ib.*

térêt, le salut même de ce prince et de ses alliés, tels furent les vrais motifs qui les forcèrent à tirer l'épée, la vraie cause de leur union. Quoi qu'il en soit, l'opinion que Scioppius avait eue sur les événements, sans exercer une aussi grande influence qu'il le disait, eut assez de crédit pour qu'un des généraux de l'empereur, le comte de Tilly, lui fit don d'une coupe d'or avec cette inscription sans équivoque : *A Gaspard Scoippius, premier auteur de la ligue catholique allemande* (1).

Scioppius insinue que le sentiment exprimé par cette inscription était aussi celui des protestants. Quand cela serait, il n'y aurait rien que de très-naturel. J'en doute cependant, et voici pourquoi. Il ne lui suffit pas de dire que les protestants et les catholiques pensaient de même à cet égard, il affirme que les princes de la ligue protestante, dans une assemblée tenue à Rotenbourg, avaient décidé qu'il était d'intérêt public que Scioppius pérît. Un parti qui a de pareils desseins contre un homme dont il croit avoir tout à craindre, y met plus de mystère. Il ne le menace pas d'un assassinat, en lui laissant le temps et les moyens de s'y dérober. Ce serait se déshonorer trop gratuitement. Ce qui me persuade surtout que Scioppius calomnie les princes protestants, c'est que les écrivains de ce parti ne se sentirent pas tellement blessés de ses attaques, qu'ils montrassent beaucoup d'ardeur à les repousser. Soit qu'ils eussent mal auguré de l'autorité d'un homme qui faisait tant de bruit, ou mesuré son influence sur le triste salaire dont on payait ses services, soit qu'ils eussent prévu que le silence des protestants, joint à la gé-

(1) *Pædia*, p. 27.

nérosité plus que médiocre des catholiques à son égard, le forcerait un jour à mettre bas les armes, ils le laissèrent s'escrimer tant qu'il voulut. Une seule fois ils sortirent de leur indifférence. Ce fut à l'occasion du *Classicum belli sacri*, libelle écrit, comme les lois de Dracon, avec du sang. J'ai dit ailleurs qui l'avait réfuté (1).

On ne revit Scioppius en Italie qu'en 1617. Il y fit savoir son retour en publiant un recueil de tous les témoignages que les papes, les cardinaux, les électeurs, les archiducs avaient rendus de son zèle pour le Saint-Siége et la religion catholique (2). Cette publication ne pouvait avoir qu'un objet, celui d'attirer sur le personnage dont le mérite était si unanimement reconnu d'autres récompenses que des compliments. Il se trouva qu'il avait mal calculé. En 1623, il n'était pas plus avancé qu'au lendemain de sa conversion, et la victoire du comte de Tilly (3) sur Christian IV, chef de la ligue protestante en Allemagne, ne profita qu'aux catholiques, sans lui procurer à lui-même aucun avantage. Ce résultat, si disproportionné à ses espérances, lui ouvrit les yeux, et, si l'on peut dire, le dégrisa. Il s'était retiré, en 1618, à Milan ; il y avait publié son *Classicum*, dernier effort d'une ardeur qui s'éteint, mais qui en s'éteignant jette un éclat sinistre. Il était au ban de l'humanité, et le parti qu'il servait ne s'en troublait pas autrement. Un zèle plus vif et surtout plus sincère que le sien y eût succombé. Le zèle de Scioppius tint ferme, mais il changea d'objet. Une foule d'ouvrages

---

(1) *Tuba pacis occenta*, etc. Augustæ Trebucorum, 1621, in-4, et *Juris publici quæstio capitalis*, etc. Argentorati, 1621, in-4.
(2) *Elogia Scioppiana*, etc. Papiæ, 1617, in-4.
(3) En 1626.

de grammaire qu'il publia de 1623 à 1630, portent la marque sensible et graduée de cette révolution.

Ces ouvrages de Scioppius sont aussi nombreux que ses libelles, et ne sont souvent pas autre chose. Ce caractère est surtout celui des préfaces, également curieuses par le pédantisme de l'érudition et par les vanteries insupportables dont il les assaisonne. Son but était de réformer les méthodes d'enseignement alors en usage, et principalement de ruiner celle des jésuites. Il n'en fait pas mystère et s'estime assez fort pour en venir à bout.

Pendant un voyage qu'il fit à Rome, en 1625, le duc d'Alcala y vint aussi en qualité d'ambassadeur de Philippe IV, roi d'Espagne. Ce seigneur attirait chez lui les gens de lettres et aimait à discourir avec eux. Une dispute s'éleva un jour sur une question de grammaire. Le duc appuyait son avis de l'autorité de Sanctius; les autres la combattaient. Déjà l'on commençait à ne plus s'entendre, lorsque le duc, prenant Scioppius pour arbitre, le somme de s'expliquer. Scioppius ne savait pas quel était l'avis du duc; néanmoins, dit-il, il opina juste comme Son Excellence, et finit ainsi la dispute. Le duc en fut si content qu'il donna sur l'heure à Scioppius des marques solides de sa munificence. En outre, il obtint pour lui de Philippe IV le titre si vivement désiré et si longtemps attendu de citoyen espagnol, avec une pension annuelle de mille écus d'or. Le brevet portait : *Pour services rendus à la patrie.* Il en est, on le voit, des brevets comme des épitaphes, il ne faut pas s'y fier. Celui-là surtout fut aussi menteur dans sa cause que dans ses effets. Scioppius se plaint en plusieurs endroits de ses écrits que sa pension ne lui soit pas payée. Il est même douteux qu'il en ait touché seulement un quartier.

Quoi qu'il en soit, il partit pour Madrid, afin d'y recevoir ce brevet. Là, étant un jour tombé sur la grammaire de Sanctius, il y aperçut plusieurs milliers de fautes que ce dernier avait relevées dans tous les autres grammairiens. Cette découverte lui donna l'envie de lire ceux-ci, les anciens, en remontant au delà de mille ans, et les modernes. Il n'en trouva qu'un, Emmanuel Alvarez, parmi les modernes, digne d'être remarqué. Il lui sembla qu'Alvarez avait un style et une méthode meilleurs non-seulement que les anciens grammairiens, mais aussi que les modernes, quoiqu'il n'eût pas évité non plus les fautes que Sanctius avait signalées. Il voulut savoir alors la cause des vices qui avaient infecté l'art grammatical, et ce qui néanmoins l'avait soutenu pendant quinze cents ans.

Il commença par lire dans Suétone ce passage, tiré du chapitre II des *Grammairiens illustres* :

« Le premier, autant qu'on peut le conjecturer, qui introduisit à Rome l'étude de la grammaire, fut Cratès de Malles (1), contemporain d'Aristarque. Envoyé au sénat par le roi Attale, entre la seconde et la troisième guerre punique, vers le temps de la mort d'Ennius, il tomba près du mont Palatin dans un égout et se cassa la jambe. Pendant tout le temps que durèrent son ambassade et sa maladie, il donna des leçons publiques, disserta sur un grand nombre de sujets, et nous laissa son exemple à imiter. »

Après avoir lu ce passage, Scioppius dit qu'il n'est

---

(1) Ville de Cilicie.

plus étonné que tant d'ordures souillent l'ancienne grammaire, puisqu'elle est sortie d'un égout avec son maître boiteux; il ne l'est pas davantage que cette grammaire, échappée d'un cloaque, soit restée marquée du sceau de son origine pendant dix-sept cent quatre-vingt-seize ans, et ait mis à la torture non-seulement l'esprit des écoliers, mais celui des princes de l'éloquence eux-mêmes.

Ce n'est donc pas cette dégoûtante grammaire(1) offerte aux Romains par l'ambassadeur du roi Attale, qu'il s'est proposé de réhabiliter, c'est celle de Sanctius. Tirée non d'un égout, mais de la plus célèbre université de l'Europe (2), elle fut apportée à Rome, non-seulement par l'ambassadeur d'un roi, mais par un prince du sang royal, versé comme pas un dans la connaissance de la grammaire, et sachant en perfection la théologie et la philosophie. Or, le personnage qui apportait cet antidote aux Romains, contre le poison que leur avait inoculé un grammairien de Cilicie, n'était rien moins que Ferdinand Henri, duc d'Alcala, descendant en droite ligne de vingt-neuf empereurs et de cent trente-neuf rois (3)! On a vu comment il récompensa Scioppius de s'être trouvé d'accord avec lui sur une difficulté grammaticale. Il lui rendit encore ce service, de l'engager tout à fait dans une carrière inaugurée sous des auspices si favorables, et de lui inspirer le désir de cultiver sérieusement un art dont les plus grands seigneurs ne dédaignaient pas de s'occuper. Scioppius commença donc par modifier et surtout abréger la *Mi-*

(1) Cloacina illa.
(2) Salamanque.
(3) Voyez, dans la *Grammatica philosophica* de Scioppius, la dissertation qui a pour titre : *De veteris ac novæ grammaticæ latinæ origine, dignitate et usu*, passim.

nerve de Sanctius, afin de la mettre plus à la portée des écoliers (1). S'il faut l'en croire, il la leur rendit si facile à apprendre, que ce fut un prodige (2). L'écolier qui avait le moins d'esprit, pour peu qu'il s'en donnât la peine, la savait en trois mois. Cet essai de grammaire fut le point d'où partit Scioppius pour établir sa méthode d'enseignement.

Le cours des études classiques, au temps de Scioppius, était de sept ans. Scioppius le réduisit à quatre, et de plus il avait la prétention d'en apprendre plus aux élèves en un an que les jésuites et les évêques, alors chargés de la direction des études, ne leur en apprenaient en sept. Il reprochait même aux évêques comme un crime dont ils auraient à répondre devant Dieu, de suivre et de protéger l'ancienne méthode, de combattre et de dénigrer la sienne (3). Et il n'avait pas tort, s'il est vrai qu'au bout de quatre ans non-seulement ses élèves entendaient le latin et l'écrivaient avec correction et éloquence, mais savaient aussi la rhétorique, la logique, la physique, la métaphysique, et les éléments de la morale et de la politique (4). Celui-là donc eût été bien modeste, qui, sortant des mains de Scioppius avec un si gros bagage, eût dit : Je ne sais qu'une chose, c'est que je ne sais rien. Le maître y avait mis bon ordre. Exposons en peu de mots sa méthode.

L'élève, avant de venir en classe pour y apprendre le latin, devait commencer par le savoir lire. Je n'invente

(1) C'est la *Grammatica philosophica*. La *Minerva sanctiana*, avec ses commentaires, ne fut publiée qu'après sa mort, à Amsterdam, 1663.
(2) Eam facilitatem habet quam prodigii similem videri necesse sit. *Ibid.*
(3) *Consultationes de scholarum et studiorum ratione*, p. 101-107.
(4) *Ibid.*, p. 93.

rien ; je cite (1). La première année, il apprenait les déclinaisons et les conjugaisons, selon les moyens prescrits dans le *Mercurius bilinguis* de Scioppius. C'était l'affaire d'un mois, deux au plus. Les huit ou neuf mois suivants, il se préparait à l'intelligence du latin, en apprenant par cœur douze cents sentences comprises dans la même grammaire, ainsi que les primitifs, les dérivés, les simples et les composés des mots que renfermaient ces sentences. Les deux derniers mois, il apprenait les règles de l'étymologie et de la syntaxe, selon les préceptes de la *Grammatica philosophica* de Scioppius. Ces préceptes étaient imprimés en cent quarante vers hexamètres contenant les règles et les exceptions relatives aux genres et aux cas, et quinze autres règles sur toute la syntaxe régulière, et sur l'irrégulière ou figurée. Cela fait, il en savait déjà plus non-seulement que les écoliers des jésuites, mais aussi que leurs maîtres et que tout autre ayant passé trente ans dans l'étude et l'exercice de la langue latine (2).

Nourri de ces aliments substantiels, l'élève commençait sa seconde année. Il s'exerçait sur ce qu'il avait déjà appris, soit selon les règles de l'art, soit selon les exemples des auteurs qu'on lui avait déjà fait connaître. A cet effet, le maître lui lisait et lui expliquait les Lettres de Cicéron les plus faciles, les Vies de Cornélius Népos, les Comédies de Térence, les Fables de Phèdre, les Tristes et les Pontiques d'Ovide. De son côté, l'élève traduisait de la langue vulgaire en latin des morceaux que le maître corrigeait, en y notant ce qui était contraire aux règles de l'étymologie

---

(1) Qui jam legere latine didicerunt et ad scholas accedunt. *Consultationes*. p. 93.
(2) *Consultationes*, etc., p. 103, 104.

et de la syntaxe, à savoir les barbarismes et les solécismes, ou les expressions non employées par Cicéron, César, Cornélius Népos, Tite-Live, Plaute et Térence, à savoir les archaïsmes, les néotérismes, et les idiotismes ou mots ayant un air étranger. La *Propædia rhetorica* de Scioppius donnait de nombreux exemples de ces fautes diverses.

La troisième année, l'élève apprenait dans la *Propædia logica* du même Scioppius les différents genres d'arguments, les catégories, les définitions et divisions des propositions, les différentes espèces d'argumentations, le syllogisme, l'enthymème, l'induction, le sorite, le dilemme, avec les formes, les modes et le but du syllogisme. Trois mois suffisaient à cette besogne. Les six mois suivants, il apprenait par cœur, dans la *Propædia rhetorica*, les règles de l'invention, de la disposition et de l'élocution. Le maître pouvait en même temps lui expliquer les vers d'Alvarez sur la quantité des syllabes, avec les annotations de Mariangelo à Fano (1), ainsi que quelques livres de l'Énéide ou les Épîtres d'Horace. C'était assez, selon Scioppius, pour apprendre à faire des vers, si l'on en avait le goût, ou du moins pour juger de ceux d'autrui. Car Scioppius ne voyait pas la nécessité qu'on se donnât la peine d'en composer soi-même. Il avait pour maxime que, faire de mauvais vers est ridicule, qu'il n'y a pas de mérite à en faire de médiocres, et qu'il est à peine permis d'en faire de bons (2).

Les six premières semaines des trois derniers mois, l'élève étudiait le *Pervigilium bonæ mentis*, ou introduction à la philosophie morale de Scioppius, afin de savoir ce que

---

(1) C'est Scioppius lui-même. Il a pris ce nom dans ses *Rudiments de la grammaire philosophique*.

(2) *Consultationes*, etc., p. 114.

sont les passions et leurs genres, les vertus et les vices qui leur sont opposés. Les six autres semaines étaient consacrées à l'étude de l'*Introductio in physicam* de Jean Nunez.

La quatrième année enfin, et durant tout le premier semestre, l'élève s'exerçait, tantôt à la composition selon l'art de la rhétorique et de la grammaire, en écrivant des lettres, des discours et des vers, pourvu que les vers ne fussent point trop absurdes, ni trop en désaccord avec la poétique (1); tantôt à l'analyse, en décomposant les Oraisons et les Lettres de Cicéron, les Discours de Tite-Live, les Odes d'Horace, les Élégies de Tibulle, de Properce et d'Ovide. L'élève s'assurait ainsi de la manière dont ces grands artisans de style avaient observé les règles de l'invention, de la disposition, et de l'élocution oratoires et poétiques, et se proposait de les imiter à la première occasion. Cette occasion, il la rencontrait dans le second semestre, époque marquée pour les exercices de style. Alors, il composait de nouveau des lettres, discours et narrations; des élégies, des épopées (le mot y est), des satires, des odes ou des épigrammes. Le maître les corrigeait, avertissant l'élève non-seulement des fautes commises contre la grammaire, comme les barbarismes, les solécismes, les archaïsmes, les néotérismes et les idiotismes, mais encore des fautes de style, telles que la trivialité et la bassesse, la bigarrure et l'inégalité, les mots mal assortis, incolores, faibles et arides, le décousu, l'uniformité, la stérilité. Pourvu qu'il évitât ces défauts, en s'exerçant continuellement à écrire, l'élève de Scioppius était en état de s'élever

---

(1) *Consultationes*, etc., p. 13.

jusqu'à la perfection de l'éloquence (1). Cette même année, il devait avoir lu l'abrégé historique de Tursellin, connaître le système physique avec l'usage des sphères céleste et terrestre, et la métaphysique. Enfin, il devait savoir également les éléments de la politique et ses auxiliaires, la chronologie et la géographie (2).

N'oublions pas l'instruction religieuse. Elle était donnée à l'élève tous les samedis, mais les deux premières années seulement. Il fallait qu'alors il possédât assez à fond la somme des vérités capitales de la religion chrétienne, et les fondements de l'autorité du pape, pour disputer avec les hérétiques et leur fermer la bouche (3).

On s'étonne que dans tout cela, il ne soit pas dit un mot de l'étude du grec et des mathématiques. Celles-ci, Scioppius en faisait l'objet d'un cours spécial, et les réservait à cet âge où l'esprit, plus exercé et plus mûr, s'ouvre davantage à la perception des idées abstraites. Mais voici comment il explique son silence sur le grec :

« Parce que, en Italie, il se trouve à peine des maîtres qui sachent bien le grec, ou que, s'il y en a, ils professent en présence des banquettes vides de leurs classes, il m'a paru tout à fait oiseux et inutile de parler des moyens d'apprendre cette langue. Si cependant il convenait à certaines personnes de puiser à cette source la sagesse et la prudence, sans le secours honteux des traductions, je suis d'avis que lorsque les sentences du *Mercurius bilinguis* auront été traduites en grec (et je suis assuré qu'elles seront bientôt imprimées et en grec et en hébreu), on ob-

---

(1) *Consultationes,* etc., p. 14.
(2) *Ibid.*, p. 96.
(3) *Ibid.*, p. 94.

serve, pour les apprendre, les mêmes règles que j'ai prescrites dans le *Mercurius* à ceux qui apprennent le latin (1). »

Il est peu de systèmes d'enseignement qui soient tout à fait vicieux. Tous offrent plus ou moins d'avantages; celui de Scioppius en avait beaucoup. Mais les avantages d'un système quelconque dépendent surtout des objets et des personnes auxquels on l'applique. Or, Scioppius a beau dire et répéter qu'il suffisait d'avoir un esprit médiocre pour retirer de son système tous les fruits qu'il s'en promettait (2), il est évident qu'il se faisait illusion. Dans la milice scolastique qu'il armait contre la routine, les traînards étaient les plus nombreux; soldats médiocres, ils étaient trop chargés de bagage pour suivre les hommes d'élite. Aussi bien n'y avait-il que ceux-ci à qui le système de Scioppius dût profiter, étant seuls capables d'apprendre à la fois tant de choses et en si peu de temps. Excellent peut-être pour une éducation particulière, et avec un élève, objet unique de la sollicitudo de son maître, ce système ne pouvait convenir à l'éducation publique ou en commun. En effet, le professeur honnête et zélé s'efforce de régler son enseignement de telle sorte que les plus faibles y puissent participer sans avoir lieu de se plaindre d'être sacrifiés aux plus forts. C'est pour cette raison qu'il faut faire au temps une si grande part dans toutes les méthodes d'enseignement public. Plus on en peut prendre, plus on offre de chances aux esprits trop lents de rattraper les esprits trop prompts, plus on leur permet du moins d'abréger la distance qui les en sépare. Cela est si vrai que les

---

(1) *Consultationes*, etc., p. 100.
(2) *Ibid.*, p. 10 et 12.

esprits lents sont ceux qui savent faire le meilleur emploi du temps. Non-seulement ils en ont beaucoup, mais ils doublent encore et triplent celui qu'on leur accorde. La méthode de Scioppius ne promettait rien de pareil ; il n'est donc pas étonnant qu'elle n'ait rien produit. Cependant elle excita une jalousie universelle. Tous ceux qui se mêlaient d'enseigner à un titre quelconque, les jésuites, les évêques, des professeurs qui avaient tout à craindre de sa concurrence, et jusqu'à des particuliers honteux d'en avoir été dupes, en prirent de l'ombrage et lui déclarèrent ouvertement la guerre.

Hortensius Portius, qui professait la grammaire à Naples, appela du haut de sa chaire toutes les malédictions du ciel sur la tête de Scioppius : « Plût à Dieu, s'écriait-il un jour, après avoir lâché contre lui une bordée d'injures, plût à Dieu que ce littérateur, la peste des lettres, fût ici ! Moi, moi, dis-je, j'arracherais la ceinture de la tunique rapiécée de ce gueux (1). » Quelqu'un de l'assemblée, un champion peut-être du grammairien novateur, ayant observé qu'il s'agissait de Grosippus (2) et non de Scioppius : « Vous vous trompez, interrompit Portius avec colère (3), ce n'est pas Grosippus, mais bien Scioppius qui est l'auteur de cette grammaire. *Scoppius, Scorpius ;* n'importe : je le... *sed motos præstat componere fluctus* (4). » Quelle modération et quel atticisme ! Pomponius

---

(1) Utinam litterator iste, litterarum pestis adesset! Ego, ego semicinctium homini male sarto deriperem.

(2) Paschasius Grosippus est le pseudonyme que Scioppius a pris dans la plupart de ses ouvrages de grammaire.

(3) Falleris ; non Grosippus, sed Scioppius istius grammaticæ auctor est..... Hunc ipsum Scorpium seu Scoppium aio ; hunc ego..... sed motos, etc.

(4) ALB. DE ALBERTIS, *Lydius lapis ingenii, spiritus ac morum G. Sciop-*

Lætus avait, à la prière de Scioppius, retiré du collége des jésuites son fils, âgé de douze ans, pour le confier à un maître, partisan de la nouvelle méthode. Au bout de trois ans, loin d'avoir profité, l'enfant avait désappris ce qu'on lui avait montré au collége, et était sorti des mains de son dernier maître, bon tout au plus à faire un commis greffier (1). Déçu et humilié, le père traita Scioppius de charlatan, et grossit le nombre des proscripteurs de sa méthode (2). Un ou deux évêques permirent pourtant qu'on en fît l'essai dans leurs diocèses ; mais, soit vice radical de cette méthode, soit mauvaise volonté ou impuissance des maîtres chargés de l'appliquer, il fallut bientôt revenir à l'ancienne (3). A Lucques, à Pise, à Urbin et ailleurs, on se donna une peine infinie pour propager les recettes pédagogiques de Grosippus, et les introduire dans les écoles : on ne fit qu'accroître le dégoût qu'elles inspiraient, et constater leur irréparable impopularité. Les magistrats en prononcèrent la condamnation. « C'étaient, disaient-ils des grammaires de Scioppius, de vieilles défroques, et le rebut d'un littérateur famélique (4). » « C'étaient, disaient à leur tour les directeurs de colléges, des vêtements saturés de miasmes pestilentiels, qu'un Scioppius, un vagabond d'au delà du Tibre avait rapetassés à la manière des savetiers, et vendus pour neufs (5). » D'autres étaient

---

pii, etc., p. 531; Monachii, 1649, in-12. Alberti cite ici *Lavanda*, c'est-à-dire le jésuite Melchior Inchofer, dans son *Grammaticus Pædicus*, p. 16.

(1) Vix forensi actuario dignus amanuensis.
(2) Alb. de Albertis, *Lydius lapis*, p. 531, 532.
(3) *Ibid.*, p. 533.
(4) Scruta esse, et litteratoris famelici rejectanea. *Ibid.*, p. 532.
(5) Exuvias infectas quas Scioppius transtiberinus obambulator ex arte veteramentaria consuisset, ac pro novis venditaret. *Ibid., ib.*

d'avis qu'il importait à la république catholique que ces colporteurs de nouveautés fussent chassés de toutes les villes, comme on en chassa autrefois les mathématiciens (1).

Les jésuites mêlèrent leur voix à ce sinistre concert, d'abord timidement, Scioppius ne s'étant pas encore déclaré leur ennemi, mais assez pour l'encourager à le devenir. Dès qu'il le fut, ils ne gardèrent plus de mesure : les grammaires de Scioppius sortirent de leurs mains en lambeaux. « N'as-tu pas, lui cria un des plus fougueux (2), supprimé totalement les modes des verbes? Certes, la témérité est grande. N'as-tu pas condamné à un bannissement perpétuel le mode désigné sous les noms de *potentiel* et *permissif* (3)? Quelle folie ! N'as-tu pas, insigne pendard, envoyé pendre tous les gérondifs? N'as-tu pas immolé tous les supins, supin (4) toi-même, et tête sans cervelle? Quoi de plus? Tu supprimes les genres de tous les adjectifs : quoi de plus contraire à l'usage? Tu ôtes à tous les noms les personnes : quoi de plus inconsidéré? Tu rejettes tous les verbes neutres : quoi de plus insensé? Tu abroges tous les verbes impersonnels : quoi de plus inepte? Que dirai-je encore? Tu nies qu'aucun adjectif régisse le génitif : rien n'est plus absurde. Tu nies qu'on mette au datif les noms exprimant similitude, utilité, faculté, ou le contraire : rien n'est plus sot. Tu nies que les noms exprimant la dimension ou la partie reçoivent l'ac-

---

(1) Alb. de Albertis, *Lydius lapis*, p. 532.
(2) Le père Alberti.
(3) C'est le conditionnel.
(4) Je hasarde cette expression pour faire, autant qu'il se peut, passer en français ce jeu de mots : *At supiná vade incogitantiá*, autrement intraduisible.

cusatif : rien n'est plus extravagant. Tu nies que les adjectifs exprimant un degré de comparaison, un instrument, une cause, un mode, ou ayant des significations analogues, régissent l'ablatif : rien n'est plus stupide. Va toujours. Tu retranches du nom substantif le génitif et l'ablatif : c'est honteux. Tu nies que les verbes actifs régissent jamais un accusatif double : tu n'y as pas songé. Tu refuses aux verbes l'accusatif d'espace ou de temps : Voyez l'impudence ! Tu nies que l'ablatif avec la préposition *a* ou *ab*, exprimant la personne par qui une chose est faite, soit une loi du passif : c'est n'y entendre rien. Citerai-je d'autres marques de ton effronterie ? Voyons donc les prodiges de cette ignorance renforcée, de cette imagination en délire. Tu nies que l'accusatif régi par les verbes de mouvement dépende des supins; que les participes en *dus* gouvernent le génitif ; qu'aucun nom soit du genre commun ou de tous genres ; tu ne veux pas d'adverbes suivis du génitif et de tous autres cas ; tu changes des noms substantifs en adjectifs ; la plupart, selon toi, ne sont même que des adjectifs. Tu dis enfin mille autres blasphèmes. Je les égorge tous dans mon *Dentiscalpium;* je prouve que tes *Paradoxes* (1) sont d'un homme ivre ; je réfute victorieusement ta sotte *Minerve* (2) ; je dévoile le fanatisme de ton *Mystagogue de la latinité* (3). Je coupe la langue à ton *Mercure bilingue* (4) dans ma *Strigilis*, et je racle à fond,

---

(1) *Paradoxa litteraria.* Mediol., 1628.
(2) *Minerva sanctiana.* Amstel., 1663. Elle n'était pas encore imprimée au moment où le jésuite écrivait ceci. Il ne la connaissait donc qu'en manuscrit, à moins qu'il n'entende par ces paroles la *Grammatica philosophica*, qui est une modification et un abrégé de la *Minerva*.
(3) *Pædia grammaticæ, seu Mystagogus latinitatis.* Inédit.
(4) *Mercurius bilinguis.* Mediol., 1628.

dans mon *Novacula* (1), toutes tes autres ordures grammaticales [XVI]. »

Cette burlesque sortie (2) n'empêche pas que Scioppius n'occupe un rang distingué parmi les grammairiens. C'est même à cause de ses travaux comme grammairien, je dirais presque de ces travaux seuls, que les lettres lui sont véritablement obligées. Il est à croire que Scioppius était de cet avis. Combien d'auteurs ont la faiblesse d'avoir moins de goût pour les œuvres où ils ont le mieux réussi! Scioppius n'a pas voulu qu'on lui fît ce reproche. Il ne parle jamais de ses livres de grammaire qu'avec la partialité et l'admiration qu'on a pour un enfant mieux doué que ses frères, et avec le sentiment que s'il se survit, ce sera surtout dans ces livres. Il s'en faut pour-

---

(1) *Novacula, Dentiscalpium et Strigilis adversus Scioppium.* Padapopoli (*Hist. gymnas. Patav.*, t. III) donne cet ouvrage du père Alberti comme imprimé. Le père Sotwel le cite comme manuscrit, et Mazzuchelli n'a jamais trouvé l'édition.

(2) ALB. DE ALBERTIS, *Lydius Lapis*, p. 534, 535. La critique du jésuite n'est pourtant pas sans fondement. Il est bien vrai que Scioppius avait introduit dans la grammaire une foule d'innovations violentes, et renchéri à cet égard sur Sanctius, qui avait déjà passablement révolutionné l'ancienne méthode. Mais ce qui excusait moins Scioppius, c'est que, supposant aux écoliers plus d'intelligence qu'ils n'en ont réellement, il s'était flatté d'en être compris, et il avait travaillé pour eux comme d'autres l'eussent fait pour des esprits plus développés. Je crois, par exemple, qu'ils saisissaient difficilement ses subtilités sur les noms, les adjectifs, les supins et les gérondifs, et que, s'ils comprenaient mieux son système des sous-entendus, ils devaient s'en amuser. Par ce système, Scioppius supprimait tous les régimes, ou plutôt il déclarait qu'ils ne résultaient jamais d'un mot exprimé, mais d'un mot sous-entendu, préposition ou autre. Ainsi, dans *nunc est bibendum aquam*, ce n'est pas *bibendum* qui régit *aquam*, mais *bibere* qui est sous-entendu, comme si l'on disait : *Nunc est bibendum bibere aquam. Tempus est legendi poetas*, c'est-à-dire *legendi legere poetas*, par la même règle. Tel est le rôle auquel il réduisait les participes et les gérondifs. Il n'était pas plus humain à l'égard des autres espèces de mots.

tant qu'ils soient parfaits; la métaphysique y étouffe ce qu'il y a de pratique, et l'on ne traiterait pas autrement de la science des idées universelles qu'il parle de la fonction d'un mot. Mais enfin, il déploie dans cet exercice un esprit plein de vigueur, et tellement épris des difficultés qu'il s'en crée à plaisir et se joue avec elles. Il est telles notes de son commentaire sur Sanctius que les grammairiens de profession appelleraient des chefs-d'œuvre, tant il y est vrai, savant, éloquent, pénétré enfin de cette conviction qui est un effet de la raison triomphante et qui subjugue les esprits auxquels elle se communique. Il est donc tout simple qu'à côté d'adversaires intéressés et systématiques, la grammaire de Scioppius ait trouvé des partisans enthousiastes. Il est vrai que ce ne fut point parmi les écoliers. Scipion Paschasius, évêque de Casal, helléniste, hébraïsant, mais, surtout latiniste distingué, enfin, comme l'appelle Scioppius, l'une des plus brillantes lumières de l'Italie, ne cessa, tant qu'il vécut, de lui rendre grâce de sa grammaire; car elle l'avait guéri, disait ce prélat, de la crainte qui avait fait trembler sa main jusqu'alors, toutes les fois qu'il avait pris la plume pour écrire en latin. Virginius Cæsarinus, à qui Scioppius avait appris le secret de son art, en était si jaloux, qu'il ne voulait pas que le public y fût initié, parce que croyant l'emporter lui-même de beaucoup sur le commun des lettrés par sa science des *Causes* de la langue latine, il craignait d'avoir à rabattre beaucoup de cette bonne opinion, et que la gloire de Scioppius n'éclipsât la sienne. Guillaume Seton, noble Écossais, savant en grec, en latin, en philosophie, en droit civil et canonique, estimait que Scioppius lui avait fait présent d'un trésor du plus grand prix, en lui permettant de prendre copie de sa grammaire, dans un temps où l'art qui en était l'objet, ne faisait que de naître et était à peine à son aurore. Urbain VIII enfin, un jour que, n'étant encore que cardinal, il lisait le traité de Scioppius, *De Stylo historico* (1), s'écria qu'il n'était pas seulement heureux de l'amitié que l'auteur avait pour lui et les siens, mais qu'il félicitait aussi les lettres latines de la grande lumière que Scioppius avait répandue sur elles. Devenu pape, il complimenta de nouveau Scioppius sur le mérite de ses travaux de critique et de grammaire, et l'exhorta vivement à achever ses *Commentaires sur la langue latine* (2), « comme une œuvre qui importait singulièrement à l'Église et à la République chrétiennes (3). » « Et, poursuit Scioppius, afin que les fripons, toujours affamés de gains illicites, ne me ravissent pas le fruit dû à mes labeurs et nécessaire au payement des frais d'une œuvre aussi considérable, le pape lança l'anathème sur quiconque s'aviserait d'imprimer et de vendre ce livre sans ma permission. Sa Sainteté fit plus, elle demanda pour moi à l'empereur, et aux autres rois et princes, un privilége qui garantît ma propriété (4). » Ces précautions étaient bonnes, mais elles furent inutiles : Scioppius n'était pas assez populaire pour qu'on le contrefît.

---

(1) *Infamia Famiani, cui adjunctum est ejusdem Scioppii de styli historici virtutibus*, etc. 1658, in-12.

(2) F. Sanctii *Minerva, sive de causis linguæ latinæ commentarius, cui accedunt animadversiones G. Scioppii.* 1663, 1664.

(3) Ecclesiæ ac reipublicæ christianæ plurimum in omnem partem interesse judicabat.

(4) *Grammatica philosophica*, loc. cit., à la fin.

CHAPITRE VIII.

Motifs et commencement de la guerre de Scioppius contre les Jésuites. — Ses innombrables libelles contre cet ordre, arsenal où l'on a puisé depuis toutes les armes avec lesquelles on l'a combattu. — Scioppius publie le premier les *Monita secreta* des Jésuites ; comment cette pièce fut découverte. — Le Père Laurent Forer réfute dans un seul écrit une douzaine des libelles de Scioppius. — Défense des ordres monastiques contre les Jésuites, par Scioppius. — L'*Astrologia ecclesiastica*. — Brouillé avec toutes les puissances et toutes les religions, Scioppius ne ménage plus personne. — Il a des retours vers le protestantisme. — Il attaque le culte des saints, traite la sainte Vierge avec irrévérence, et s'élève contre l'ambition des papes. — Enfin, il recommande la tolérance envers les protestants. — On suppose qu'il a voulu rentrer dans leur communion.

Cependant, ses tentatives pour réformer l'enseignement, et ses grammaires où, non content d'attaquer celui des Jésuites, il les insulte eux-mêmes grossièrement, l'avaient tout à fait brouillé avec eux. Il avait toujours eu de la jalousie contre cet ordre. Ce sentiment est au fond de tous les éloges qu'il leur donne dans quelques écrits antérieurs à la brouille ; il est rare que ces éloges ne soient pas accompagnés de réticences plus ou moins désobligeantes (1). Aussi, prévoyant que la haine qui déjà couvait dans son cœur, finirait par éclater un jour, il amassait, dès l'année 1616 (2), des matériaux contre les Jésuites, en Allemagne, en Italie, en Espagne, afin d'être muni de

---

(1) Par exemple, dès l'année 1601, dans l'épitre dédicatoire de son *Apologeticus adversus Ægidium Hunnium, pro indulgentiis*.
(2) *Grammaticus Proteus, a Laurentio Forero S. J. dedolatus*, etc. Préf., p. 7.

toutes pièces, pour le temps où il engagerait le combat. Il s'y essayait, en attendant, par des railleries et des médisances dont il poursuivait les Jésuites dans ses conversations et dans ses lettres, ne dissimulant pas qu'il y avait bien des choses dans la Société qui lui déplaisaient fort, et qu'il ne saluait les Pères que de haut et de loin (1). Quelques-uns de ses amis assuraient d'ailleurs que les Jésuites l'avaient offensé les premiers; ils disaient entre autres que le père Castorius, directeur du collége allemand, à Rome, lui avait autrefois refusé un logement dans ce collége; que Ribadeneira, dans son *Princeps Christianus*, et Adam Contzen, dans sa *Respublica,* avaient dirigé contre les principes politiques de Machiavel des attaques qui étaient retombées sur Scioppius, puisqu'il avait fait l'apologie de ces principes dans sa *Pædia politices* (2). Toutefois, jusqu'en 1630, sauf des critiques assez mesurées contre l'enseignement des Pères, sauf des conseils superbes pour les engager à le réformer, il a toujours pour eux quelques égards ; il n'en est pas encore à l'insulte et à la diffamation ; il est possible qu'il ait besoin de leurs services.

En 1630, il présenta à la diète de Ratisbonne une supplique où il demandait qu'en considération de ses hauts services envers le Saint-Empire, on lui payât chaque année, à titre d'honoraires ou autrement, une somme assez considérable pour lui assurer une existence à l'abri du besoin. Il eut le front de recommander cette supplique aux Pères les mieux placés pour la faire valoir, c'est-à-dire aux confesseurs de l'Empereur et des électeurs. La

---

(1) *Grammaticus Proteus*, p. 8.
(2) *Ibid.*, p. 10.

diète touchait à son terme, et Scioppius, n'entendant parler de rien, comprit ce silence. La honte d'avoir subi un échec, et l'idée qu'il en avait sans doute l'obligation aux Jésuites le transporta de fureur. C'est alors qu'il écrivit contre les Pères cette énorme quantité de libelles diffamatoires qui formeraient presque à eux seuls une bibliothèque, et où il n'attaque plus seulement leur enseignement, mais leur institut, leurs doctrines, leur science et leurs mœurs (1).

On n'attend pas de moi que j'entre dans un examen détaillé de ces libelles (2). Je crois avoir fait assez connaître Scioppius, au moins comme libelliste, sans qu'il soit nécessaire d'en apporter de nouveaux témoignages. En outre, tous ses libelles contre les Jésuites sont plus connus du lecteur qu'il ne le semble et que le lecteur même ne pourrait le penser. C'est dans ce formidable arsenal qu'on a puisé toutes les armes dont on s'est servi, depuis deux cents ans et plus, pour combattre les Jésuites, dans toutes les langues et dans tous les pays. Il n'y a rien de plus, rien de moins. Je me trompe : il y a de plus la haine personnelle, tenace et implacable, aggravée par la jalousie de métier. Scioppius est, je crois, le premier qui ait rendu publiques, par l'impression, les *Instructions secrètes* attribuées aux Jésuites ; il est sûrement le premier qui ait fait connaître à quelle occasion elles furent découvertes. Contrairement à cette maxime, que c'est rendre service aux gens que de publier contre eux des calomnies qui se réfutent d'elles-mêmes, cette pièce fit un tort irréparable à la Société, en donnant, pour ainsi dire, le texte officiel de cette morale relâchée qu'on lui reprochait, sans avoir en-

---

(1) *Grammaticus Proteus*, p. 11, 12.
(2) La liste en est dans Nicéron, t. XXXV, p. 211, 221, 225.

core pu le prouver. En 1622, Christian, duc de Brunswick, qui se disait, selon l'expression de Scioppius, évêque d'Alberstadt, ayant mis à sac le collége des Jésuites, à Paderborn, donna leur bibliothèque et leurs portefeuilles, remplis de manuscrits, aux pères Capucins. On en usa de même envers les Jésuites du collége de Prague. Les Capucins trouvèrent les *Instructions secrètes* ou *Monita secreta* dans le portefeuille du recteur de Paderborn (1). Soit malice, soit négligence, ils ne refermèrent pas si bien ce portefeuille qu'elles ne s'en échappassent, et qu'il n'en circulât enfin des copies. Mais ce fut tout. Les Jésuites étaient alors trop puissants pour qu'on imprimât immédiatement cette pièce. Quand elle fut imprimée, on dut voir, à la tolérance dont elle fut l'objet, que leur puissance s'était encore accrue, puisque les papes eux-mêmes, qu'elle incommodait, ne réclamèrent pas.

Depuis vingt-cinq ans environ que la haine avait pris possession du cœur de Scioppius, elle y régnait en maîtresse jalouse et en dirigeait tous les mouvements. La guerre que, pendant tout ce temps-là, il avait faite aux hérétiques et aux gens de lettres ; sa mauvaise humeur contre les rois et contre les princes, parce qu'au lieu d'avoir été, comme dit l'Écriture, *chauds ou froids* pour lui, ils n'avaient été que *tièdes*, étaient à la fois l'expression violente de cette haine et son inépuisable aliment. Il y devenait plus ingénieux à mesure qu'il y devenait plus féroce. Ce qu'il imagina de noms (2), de qualités, pour en décorer

---

(1) *Anatomia Societatis Jesu*, etc. par Scioppius, p. 49. 1633, in-4.

(2) A ne parler que des noms, voici ceux qu'il s'est donnés, principalement dans ses libelles : Nicodemus Macer, Oporinus Grubinius, Aspasius Grosippus ou Paschasius Grosippus, Holofernes Krigsoederus, Isaac Casaubon, Mariangelus a fano Benedicti, Philoxenus Melander, Sanctius Ga-

les frontispices de ses libelles contre les Jésuites et pour se mieux déguiser ; ce qu'il inventa de formes et de titres pour échapper aux répétitions et réveiller la curiosité, est aussi singulier qu'incroyable. Quel que soit l'habit qu'il porte, il en prend la couleur, et il n'en change pas seulement à chaque rôle, il en change dix fois en un seul. Dans un écrit qui a pour titre *Grammaticus Proteus*, le jésuite Laurent Forer a réfuté une douzaine de ses libelles ; il ne pouvait donner à cet écrit un titre plus simple et en même temps plus vrai. Ne cherchez pas non plus dans la plupart de ces libelles, les lieux et le temps où ils furent imprimés ; ou Scioppius en donne de faux, ou il les supprime. Il considère le décret du concile de Trente sur l'impression des livres comme lettre morte, et imprime et publie sans l'*approbation des supérieurs*. C'est en partie sans doute à ces procédés qu'il dut la faveur de troubler impunément la paix publique. Car si cette impunité pouvait s'expliquer, lorsqu'il ne s'agissait que de sonner le tocsin contre les protestants, elle est au moins très-extraordinaire, quand la rage de destruction qui l'emporte se tourne contre les Jésuites. Pour moi, j'avoue que l'indifférence plus que stoïque de la cour de la cour de Rome à cet égard, et la liberté qu'elle laissait à un énergumène de tirer sur ses troupes les plus intrépides et les plus dévouées, est un problème dont je serais fort embarrassé de donner la solution.

Pour assouvir sa haine et colorer en même temps d'un prétexte honnête sa cupidité déçue, il prit la défense

---

lindus, Juniperus de Ancona, Fortunius Galindus, Augustinus Ardinghellus, Bernardinus Giraldus, Daniel Hospitalius, Alphonsus de Vargas, Renatus Verdæus.

contre les Jésuites des anciens ordres monastiques dont ils minaient l'influence, et voulaient, disait-on, s'approprier les biens. Selon Scioppius, et selon l'auteur de la *Morale pratique des Jésuites* (1), qui n'a guère fait que le copier, la Société s'emparait des maisons dont les Bénédictins, les Cisterciens et autres ordres avaient été dépossédés, pendant la première période de la guerre de Trente ans (1619-1623). En vain, après la bataille de Prague (1620), et les victoires successives des généraux de l'empereur sur les protestants (1625-1629), ils essayèrent de rentrer en possession de ces biens ; en vain ils invoquèrent un édit de Ferdinand II (28 avril 1629), qui ordonnait la restitution des biens enlevés aux églises depuis Charles-Quint par les princes protestants, les Jésuites eurent l'adresse de paralyser leurs efforts. Déjà même ils allaient triompher et des moines et de l'édit, lorsque l'irruption de Gustave-Adolphe en Allemagne suspendit ces différends, en remettant les choses en l'état où elles se trouvaient avant la victoire de Prague.

Les Jésuites expliquaient le fait autrement. Le père Paul Layman, leur avocat, soutenait que les Ordres dont les monastères avaient été détruits, ne devaient pas participer à la restitution prescrite par l'édit, parce que les biens de chaque couvent lui appartenaient en propre, et qu'ainsi il fallait convertir ces fonds en établissements de colléges ou en séminaires. Il ajoutait que les biens enlevés aux Jésuites n'étaient pas dans le même cas, attendu que toutes leurs maisons ne formaient ensemble que les parties intégrantes d'un seul tout (2). Malheureusement,

---

(1) P. 101-170.
(2) Voyez *Justa defensio sanctissimi romani Pontificis, augustissimi*

ces colléges et ces séminaires devaient être livrés aux Jésuites ; ce qui donnait à la mesure invoquée par eux les apparences d'une spoliation.

Scioppius attaqua vivement ce principe, quoiqu'il eût commencé par le trouver excellent. Il avait écrit le 13 juillet 1630, à un personnage qui n'est pas nommé (1), une lettre où il s'étendait sur les avantages que le pape devait se promettre, en donnant aux Jésuites les abbayes de la Souabe que l'Empereur venait de reprendre sur les protestants. « Telle de ces abbayes, disait-il, celle par exemple de Wittemberg, dont les revenus sont de vingt mille florins, pourrait servir à l'établissement de quatre colléges de Jésuites qui y enseigneraient les belles-lettres et y feraient des recrues pour le sacerdoce. » Deux ans plus tard, il changea d'avis. Le mauvais succès de sa demande de pension à la diète, qu'il attribuait aux Jésuites, avait opéré cette métamorphose. Il se fit le champion des anciens moines, et levant cette fois-ci le masque, il publia sous son nom une réfutation serrée et compacte du plaidoyer du père Layman. Cette réfutation a pour titre *Astrologia ecclesiastica* (2), c'est-à-dire que Scioppius y compare l'Église au firmament dont les astres sont la lumière, comme les anciens ordres monastiques sont celle de l'Église. Il faut quelque courage pour lire jusqu'au bout cet écrit, imprimé très-menu et ayant environ trois cents pages in-4° ; mais si l'on ne s'y amuse pas, on y acquiert la preuve de la connaissance profonde que Scioppius avait

---

Cæsaris...., demum minimæ *Societatis Jesu*, in causa monasteriorum, etc. 1631, in-4.

(1) Voyez cette lettre dans le *Grammaticus Proteus* de L. Forer, p. 368 et suiv.

(2) 1634, in-4.

de la matière ; on y voit avec quel soin il a étudié les constitutions, les priviléges des ordres dont il entreprend la défense ; on admire le parti qu'il en a su tirer (1).

Mais là, comme dans tous les autres libelles de Scioppius contre les Jésuites, on est confondu de la quantité de méchancetés noires, de turpitudes et d'horreurs dont il les a remplis. On ne s'explique pas tant de perversité, de corruption, de fiel, dans le cœur d'un homme, quand d'ailleurs cet homme n'est point un assassin qui, avant d'être pendu, aurait eu la fantaisie de transmettre à la postérité son portrait peint par lui-même. On en a pendu beaucoup qui n'ont pas fait un autre usage du fer et du poison que Scioppius de la plume. Peut-être même ne pèseront-ils pas plus que lui dans la balance du souverain Juge. Car, si Scioppius n'a pas tué les gens avec sa plume, comme il s'en est vanté à l'égard de Scaliger et de Casaubon, ils ont vécu si peu, après en avoir senti la pointe, qu'il ne serait pas impossible qu'elle y eût aidé. Les hérétiques et les Jésuites étant, si j'ose le dire, d'un tempérament plus vigoureux, ont résisté davantage, et même à l'heure qu'il est, se portent assez bien. Mais qui sait où ils en seraient maintenant, si le traitement prescrit à leur égard par le tendre Scioppius, leur eût été appliqué? Néanmoins, ils souffrirent beaucoup de ces libelles. Pour leur part, les Jésuites n'avaient pas encore été attaqués avec cette violence et cette opiniâtreté. Aussi ne guérirent-ils jamais de leurs blessures. Le temps même ne fit que les envenimer ; enfin, ils en moururent, dès que Clément XIV en

---

(1) Cette question fit naître beaucoup d'écrits pour et contre. Voyez-en la liste dans la *Bibliothèque des écrivains de la Compagnie de Jésus*, par les PP. de Backer. Liége, 1853, gr. in-8, première série, p. 450 et suiv.

eut enlevé le dernier appareil. Cependant, ils n'étaient pas restés sans se défendre : Forer, Alberti et Inchofer, entre autres, l'avaient fait avec vigueur et avec esprit. Ils dépouillèrent Scioppius de ses fausses apparences; ils mirent à nu ce visage où il ne se reconnut point, tant l'habitude d'être toujours sous le masque lui avait fait oublier ses propres traits; ils parvinrent enfin à détacher de lui tous ceux qui le protégeaient encore, et ils le réduisirent à passer le reste de sa vie dans une retraite, où il n'était guère plus sûr pour lui de demeurer qu'il ne l'eût été d'en sortir. Ainsi, ils purent se flatter au moins, d'avoir triomphé de lui vivant; mais une fois mort, ceux à qui il avait légué sa haine et ses libelles et qui les firent fructifier, le vengèrent bien.

N'attendant plus rien de l'Empereur dont il avait été le conseiller vaniteux et peu consulté; brouillé avec le pape aux mains duquel il n'était plus qu'un instrument usé ; abandonné de ses patrons de tous les pays et de toutes les conditions, et dès longtemps déjà l'objet de leurs mépris, Scioppius brûla ses vaisseaux et résolut de ne plus ménager personne. Comme un arc tendu depuis trop longtemps, il allait, si l'on peut dire, partir de soi-même, et ses coups frapper à l'aventure. Vainement fera-t-il toujours le bon catholique, ce ne sera plus que par respect humain, et parce qu'il aurait peu de chance, si par hasard il en avait le désir, de rentrer en grâce auprès des luthériens. Cependant, il leur fera de telles politesses qu'ils pourront bien les prendre pour des avances. Son catholicisme même a déjà je ne sais quel air d'indépendance et de fantaisie qui ne leur déplairait nullement. Il fronde aussi librement qu'eux certains dogmes de l'Église romaine; il en critique très-impertinemment l'autorité et la discipline. Il dit, en parlant de la Vierge Marie, qu'un homme qui a du bon sens n'appellera jamais *une créature*, son espérance (1). Ne l'appelait-il pas ainsi, quand il invoquait sa protection contre les attentats de lord Digby ? Il déclare suspects bon nombre de saints canonisés par l'Église, et très-sujette à caution son infaillibilité à cet égard. Il doute fort de la *sainteté* d'Ignace (2); celle de beaucoup d'autres membres de la Société de Jésus, il s'en moque ouvertement (3). Il n'est pas très-persuadé que les informations des papes soient aussi exactes qu'elles devraient l'être, quand ils canonisent les gens, et ceux-là sont de cet avis qui voient dans le calendrier, des saints dont la vie rappelle plutôt celle des plus noirs démons que des anges (4). Un de ses amis lui prête un jour un *Traité de la canonisation des saints* par Félix Cantelorius ; Scioppius le lui rend, après y avoir écrit de sa main ce vers de Catulle : *Annales Volusî, cacata carta* (5). Cela est assez leste pour un catholique dont le premier témoignage avait été un écrit très-orthodoxe sur le culte de l'invocation des saints (6).

Si Scioppius traite ainsi la Vierge et les saints, il y met encore moins de façons avec les papes et les cardinaux. On dirait que c'est un autre que lui qui a défendu la suprématie des papes, contre le roi Jacques, qui a été l'avocat de Baronius contre Casaubon, et celui des indulgences contre Hunnius. Il blâme amèrement la *sotte manie*

---

(1) Ren. Verdæi *Statera*, etc., cap. iii, p. 19. 1637, in-18.
(2) Alberti de Albertis, *Lapis Lydius*, etc., p. 216.
(3) Ren. Verdæi *Statera*, cap. i, p. 12.
(4) *Ibid.*, cap. iv, p. 40.
(5) Alb. de Albertis, *Lapis Lydius*, p. 217.
(6) *Syntagma de cultu et honore*. Romæ, 1606, in-8.

des évêques de Rome d'étendre à tort et à droit leurs limites (1); il qualifie de très-absurdes et très-orgueilleuses les propositions avancées à cet égard dans un Synode par le pape Grégoire VII (2); il persifle Boniface VIII, sa conduite extravagante, son insolence, sa hauteur, et, comme l'appelait Philippe le Beau, sa *fatuité;* il donne une nouvelle édition de ce mot du prince : que Boniface était arrivé au pontificat comme un renard, avait régné comme un lion, et était mort comme un chien (3). Il ne faut pas croire, remarque-t-il, qu'il veuille se moquer de l'autorité du siége apostolique; et là-dessus, il ouvre une parenthèse, et dit : *Si toutefois il y a un siége apostolique.* Ce dont il se moque, et ce qu'il a en horreur, ce sont ces Pharisiens assis dans la chaire de Moïse, qui corrompent le monde par le levain de leur fausse doctrine (4). Il nie que les papes aient le droit de disposer des monastères en faveur d'un ordre autre que celui qui les possède ; c'est là, dit-il, un sacrilége. C'est aussi un sacrilége, et de plus c'est se mettre en révolte contre le Saint-Esprit, que de donner à des cardinaux des monastères en commende ; car c'est livrer à des loups les biens consacrés à Dieu (5). Bellarmin, selon lui, est un fou, qui affirme que les rois ne sont pas les supérieurs légitimes ni les juges des clercs, et qu'un prince laïque doit être, quant au spirituel, soumis à l'évêque, et non pas

---

(1) Ren. Verdæi *Statera,* cap. xi, p. 136. Insanam episcoporum romanorum libidinem.
(2) *Ibid.,* cap. x, p. 119.
(3) *Ibid.,* cap. vii, p. 74.
(4) *Ibid.,* cap. i, p. 13, 14.
(5) *Anatomia Soc. Jesu,* etc., p. 15. 1633, in-4. — Francisci Juniperi de Ancona *Consultatio,* etc., p. 35, 36. 1634, in-4.

l'évêque au prince (1). L'évêque de Coïmbre avait approuvé le livre de la *Défense de la foi* contre les hérétiques d'Angleterre, par Suarez : cela, dit Scioppius, n'empêche pas que Suarez ne soit lui-même un hérétique, car si un larron et un assassin ont des approbateurs, seront-ils pour cela jugés innocents (2) ? Il y a du vrai en tout ceci, mais il est inouï que ce soit de la bouche de Scioppius que nous l'apprenions. On pourrait multiplier les citations ; je m'en tiens à celles qui me sont tombées sous la main et qui ne sont pas, il s'en faut, les plus décisives (3) ; c'en est assez pour montrer comment Scioppius dépouillait la croûte de son catholicisme et faisait, pour ainsi dire, peau neuve. Remarquons encore, dans sa polémique contre les Jésuites, l'usage qu'il fait de la phraséologie familière aux protestants, dans leurs controverses avec les catholiques. Ainsi l'église romaine y est appelée *regnum pontificium*, les catholiques *pontificii*, la messe *sacrificium mysticum*, et un peu après, *sacrificium quod jesuitæ existimant esse corporis Christi* (4); comme s'il pensait à cet égard autrement qu'eux. Les calvinistes auraient signé des deux mains cette proposition que le père Alberti appelle grossièrement mais justement un *renvoi* de calviniste (5).

Il résultait de ce retour à des idées contraires aux traditions, aux dogmes de l'Eglise romaine, la condamna-

(1) Ren. Verdæi *Statera*, cap. vii, p. 71, 82.
(2) *Ibid.*, cap. viii, p. 85.
(3) Voyez encore, *ibid.*, cap. xi, p. 240, ce qu'il dit de la confession; et, dans les *Observationes sacræ* de Colomiès, p. 6 et suiv., sa lettre au père Fulgence sur l'autorité des papes.
(4) *Ibid.*, cap. v, p. 61.
(5) Ructum. *Lapis Lydius*, p. 380.

tion des rigueurs que Scioppius avait invoquées naguère contre les hérétiques. Il se condamna en effet lui-même, en se montrant aussi tendre à leur égard qu'il avait été implacable. Je n'en citerai que quelques traits. Il s'emporte avec fureur contre les Jésuites, parce qu'à chaque page de leurs écrits ils vomissent, dit-il, des injures contre Calvin, Bèze et Luther (1). En cela, pourtant, les Jésuites ne faisaient que suivre Scioppius, et de très-loin encore. Il ne voit qu'une espèce de contrainte envers les hérétiques, digne de l'homme qui veut imiter le Christ, c'est la violence dont celui-là use envers soi-même, et par laquelle il excite les autres à entrer dans l'Église (2). Les princes, dit-il, qui préfèrent en appeler à l'épée pour forcer les hérétiques à se convertir, sont sans contredit les ministres de Satan ; ils ne rassemblent point les brebis, à l'exemple du Christ ; ils s'unissent aux loups pour les enlever (3). Ce sont de faux apôtres, des ouvriers pleins d'artifices qui mettent le glaive sous la gorge à des innocents (4). Le paganisme et l'hérésie, dit-il encore, ont été abolis et tués par l'esprit des lèvres, c'est-à-dire par la prédication des hommes qui avaient l'esprit de douceur (5) ; car il est écrit des vrais évangélistes : *Quam speciosi pedes evangelizantium pacem, etc.* (Rom., x) ; et des évangélistes de Satan : *Verba impiorum insidiantur sanguini* (Prov. xii); *Vir impius fodit malum* (*ibid.*, xvi) ; *Vir iniquus lactat amicum suum et ducit eum per viam non bonam,* c'est-à-dire que l'homme injuste pousse son

---

(1) Ren. Verdæi *Statera,* cap. vii, p. 79.
(2) *Astrologia ecclesiastica,* etc., cap. xvi, p. 59. 1634, in-4.
(3) *Ibid., ib.*
(4) *Ibid.,* cap. x, p. 38.
(5) *Ibid.,* cap. x, p. 37.

ami à prendre les armes et à user de violence, quand la persuasion et les autres moyens que la charité suggère, sont impuissants à convertir les hérétiques. Nous voilà bien loin du temps où Scioppius envoyait de son chef à la mort les conseillers des princes, parce qu'ils mettaient quelque retardement à comprimer les hérétiques, et qu'ils sollicitaient même leurs maîtres à la clémence (1).

On comprend qu'à l'occasion de cette nouvelle profession de foi, on ait prêté à Scioppius le dessein de rentrer dans la communion protestante. Il n'est pas même prouvé qu'il n'en ait pas écrit quelque chose à Leyde, encore qu'on tienne pour suspecte la bonne foi de celui qui l'assure (2). Bayle rapporte qu'il avait ouï dire à un savant luthérien que les lettres de Scioppius sur ce sujet avaient été entre les mains de Boéclérus (3). On ne s'expose pas beaucoup à le croire, et on ne calomnie pas trop Scioppius en le croyant. Il s'était fait tant d'ennemis en Allemagne et en Italie, qu'il a pu songer à se retirer en Hollande où il en avait le moins. Là-dessus, Arnauld dit que si Scioppius avait été assez misérable pour avoir la pensée de retourner à l'hérésie, il n'aurait trouvé que trop de princes protestants qui l'auraient reçu à bras ouverts (4). J'en doute. Aux yeux des protestants, Scioppius était couvert de toutes les tares possibles, et quand il n'aurait pas insulté en mille occasions et de mille manières aux princes de cette communion, il était si notoirement déconsidéré dans le parti catholique, qu'il eût été

---

(1) Dans l'épître au lecteur du *Classicum belli sacri*, à la fin.
(2) G. Hornius, dans son *Histoire ecclésiastique*, n° 6 du 3ᵉ article de la 3ᵉ période.
(3) *Dict. hist. et critiq.*, art. Scioppius. Rem. M.
(4) *Morale pratique*, t. III, ch. vi.

entre leurs mains une arme ébréchée, dont les coups eussent à peine entamé l'épiderme de leur ennemi. Arnauld a un faible pour Scioppius; il eût suffi que Scioppius ne lui fût pas indifférent. C'était assez d'honneur pour un écrivain qui n'avait de commun avec lui que sa haine contre les Jésuites, et qui avait déposé toute honte là où Arnauld garde quelque dignité.

CHAPITRE IX.

Scioppius ne se trouve plus en sûreté nulle part. — Il se retire à Padoue. — On l'y inquiète. — Il s'enferme chez lui et se livre avec ardeur à l'étude. — Son embarras pour faire imprimer ses écrits. — Il pense à se sauver en Suisse, près de Daniel Toussain, son ami. — Il veut vendre ses biens pour payer l'impression de son livre, et ne trouve pas d'acquéreurs.— Ce que sont les écrits qu'il composait alors. — La *Pœdia politica*, les *Machiavellica* et autres écrits politiques, théologiques et contre les Jésuites.

Ne sachant plus où abriter sa tête, ne pouvant du moins aller nulle part sans y rencontrer des visages ennemis, Scioppius n'eut d'autre ressource que de demander asile au peuple dont il supposait la rancune assoupie, parce qu'il y avait plus longtemps qu'il l'avait offensé. En 1636, il se retira à Padoue, dans les États vénitiens, chargé, comme le bouc émissaire, de toutes les iniquités d'Israël. Mais les autres puissances ne l'y laissèrent pas en repos. Ayant su qu'il se proposait de publier des ouvrages politiques où il attaquait ouvertement ou par allusions les principaux souverains de l'Europe, les ministres de l'empereur et les Espagnols remuèrent ciel et terre pour l'en mpêcher. Cependant, l'un de ces ouvrages (1) avait reçu l'approbation du père Fulgence, théologien de la république, et de l'inquisiteur de Venise lui-même (2). Il semblait que cette garantie dût suffire à l'auteur de l'écrit comme à ceux qui s'y croyaient intéressés. Il n'en fut pas ainsi. L'ambassadeur d'Espagne accourut un jour au sénat, et demanda avec instance que le livre fût supprimé. Les censeurs eurent ordre de l'examiner de nouveau. Ils attestèrent pour la seconde fois qu'il n'y avait pas un mot offensant pour l'empereur, ni pour aucun des princes actuellement régnants. Là-dessus, Scioppius envoie son manuscrit à un libraire de Cologne. Celui-ci en prit une copie qu'il vendit cinquante thalers à un secrétaire de l'empereur, promettant de différer l'impression jusqu'à ce qu'il eût reçu une réponse de la cour de Vienne. Ce n'était rien moins qu'une trahison. A peine Scioppius en fut-il informé qu'il retira son manuscrit des mains du traître, et le confia à un autre libraire (3). Mais l'éveil était donné, et dans tous les États de l'Empire, les lettres et paquets adressés à Scioppius ou envoyés par lui, étaient arrêtés ou soumis à une inquisition sévère. Les Vénitiens l'engagèrent plusieurs fois à se tenir sur ses gardes. Le doge lui faisait passer des avis à ce sujet, et les procurateurs de Saint-Marc l'exhortèrent à ne pas même regarder dans la rue par sa

(1) *Carolus Crassus imperator, sive Speculum inertis et otiosæ regum et principum innocentiæ.*

(2) *Monumenta pietatis et litteraria, virorum in republica et litteraria illustrium selecta*, etc. Francof., 1701, in-4, p. 411.

(3) *Ibid.*, p. 413. Ce livre, intitulé *Machiavellica*, ne fut pas publié.

fenêtre. Il se tenait donc soigneusement enfermé chez lui, d'autant que sa maison, dit-il, était spacieuse, et qu'il avait un très-grand et très-agréable jardin (1). Il n'y avait que la pensée d'être un personnage redoutable et l'orgueil que cette pensée inspire, qui pussent rendre supportable une pareille contrainte. Mais Scioppius n'avait pas le choix ; il dut subir les inconvénients de la position qu'il s'était faite.

Il n'en fut que plus ardent à l'étude. La politique, les Jésuites et l'Écriture sainte en étaient les principaux objets. Ses écrits sur ces différentes matières sont innombrables ; mais il ne savait où les faire imprimer. Il ne fallait pas songer à l'Italie. Il n'y a pas là, dit-il, de place pour la vérité, « par la faute de ceux qui la détiennent dans l'injustice, qui ont répudié le calice du Christ pour boire le calice des démons, qui salissent toutes les tables de leurs vomissements, et qui, bien qu'ils soient des vases d'or et d'argent, sont des vases immondes (2). » Il faut donc chercher ailleurs. Il choisirait volontiers Genève, à la condition toutefois d'indiquer sur ses livres Cologne ou Augsbourg. Portant l'étiquette de Genève, ils ne pourraient être envoyés en Italie et en Espagne, les deux pays où il s'en débiterait le plus (3). Il fait part de ses perplexités à Daniel Toussain, son ami, théologien protestant, alors retiré à Bâle ; il le prie d'être son intermédiaire ; il lui recommande surtout de ne pas livrer son nom ; car

---

(1) *Monumenta*, p. 435.

(2) Culpa eorum qui veritatem in injustitia detinent, qui repudiato Christi calice bibunt calicem dæmoniorum...., omnesque mensas vomitu ac sordibus replent, suntque vasa, quamvis aurea et argentea, tamen immunda. *Ibid.*, p. 415.

(3) *Ibid.*, p. 411.

bien qu'on le reconnaisse aisément à son style, pour peu qu'on ait lu quelques-uns de ses écrits, il importe beaucoup qu'on ne sache point à Rome qu'il se prépare à en imprimer d'autres, afin qu'ils ne soient pas mis à l'index, avant d'avoir volé de main en main, et d'être devenus l'entretien de tous les hommes (1). Il est persuadé d'ailleurs, que celui qui consentirait à être son éditeur, y trouverait un bénéfice considérable. Pour lui, c'est seulement quand l'éditeur se sera remboursé sur le prix de la vente, des frais de papiers et d'impression, qu'il demande à être désintéressé ; il s'en remet à cet égard à la décision d'arbitres, pourvu que ce soient d'honnêtes gens (2).

Il est assez surprenant que, malgré la modération de ces conditions, il ne se soit pas trouvé un éditeur qui les ait acceptées. Ou l'on craignait de s'exposer, en imprimant les livres de Scioppius, ou l'on craignait de n'en avoir pas le débit. En effet, les livres qu'il se proposait alors de publier n'étaient que des libelles ou des rêveries, les uns qui se vendent sans doute, mais qui compromettent ou déconsidèrent un éditeur, les autres qui demeurent en magasin. Désespéré de ces obstacles et voulant les surmonter à tout prix, il parlait de vendre ses biens (car il en avait et d'assez beaux, comme on va le voir), de réaliser sa fortune, et de partir avec armes et bagages, c'est-à-dire, son argent et ses manuscrits. Il voulait aller rejoindre à Bâle son ami Toussain, et conférer avec lui sur les moyens d'attendrir les éditeurs. L'embarras était que ses biens ne trouvaient pas d'acheteurs. Ne pouvant ni les visiter, ni les faire valoir, il était réduit à les laisser incultes ou tomber en

---

(1) Antequam... jam per hominum manus volitarint. *Monumenta*, p. 416.
(2) *Ibid.*, p. 412.

ruines : « Je brûle, s'écriait-il, de m'envoler au delà des Alpes ; je ne puis vivre ici en sûreté. C'est l'avis du Doge qui m'invite à redoubler de précautions et à ne pas donner l'occasion de me nuire, à des ennemis qu'il sait être nombreux et puissants. Aussi, je n'ose aller à ma terre de Goïto, dans le Mantouan, *terre très-bonne et très-grande,* ainsi que les jurisconsultes le disent d'une terre exempte de toute espèce de servitude. Elle rapportait jadis à ses anciens propriétaires, les marquis de Pescaire, de quoi entretenir aisément cent domestiques. Elle est en friche depuis plusieurs années, après avoir été longtemps les délices des ducs de Mantoue. Aujourd'hui, je cherche à la vendre, même à perte, comme le marquisat de Cavatorre, dans le Montferrat. Ce fief m'a été cédé avec faculté de le revendre, par le duc de Mantoue, et cela, moyennant dix-huit mille écus tirés de ma poche, et que le duc a mis dans la sienne. La guerre qui sévit maintenant dans le Piémont et dans le Milanais éloigne tous les acheteurs. J'ai pourtant l'espoir de trouver quelqu'un qui consente à prendre pour six mille ducats le domaine de Goïto qui m'en a coûté huit mille. Si cet espoir se réalise, je vole vers vous aussitôt, et je prendrai votre avis sur le lieu où je puis éditer mes innombrables livres et sur la manière dont il faut les éditer..... Mais comme, semblable à Jérémie, je suis sur le seuil de la prison, si par hasard Satan m'empêchait, comme saint Paul, de vendre ma terre et d'en recueillir l'argent nécessaire pour quitter ces lieux au mois d'avril prochain, il est juste, ô mon excellent ami, que vous et vos frères en Dieu, preniez la peine de rompre les chaînes dont le diable et ses fils m'ont accablé. Et vous y parviendrez, selon moi, sans dommage pour personne, s'il en est parmi vous qui, ne voulant pas garder leur argent improductif dans leurs coffres-forts, aient le désir de le faire valoir à un honnête intérêt. Je leur offre un moyen de n'être pas médiocrement utiles à la gloire de Dieu et à la république chrétienne. Qu'à votre instigation ils envoient ici un homme, ou si, ici même ou à Venise, ils ont quelqu'un des leurs, qu'ils le chargent de me compter trois cents écus. Je donnerai pour gage et par un écrit signé de ma main tous mes manuscrits, ou bien je ferai un acte en vertu duquel ma terre répondra de ma dette. Cet homme repartira ensuite, soit avec moi, soit avec un de mes amis, porteur de ma procuration, et retournera à Bâle. Alors, on pourra commencer l'impression de mes livres, de ceux du moins qui ont un A en marge (1), et qui ne contiennent rien dont les princes aient sujet de se plaindre et se dire offensés. Les livres imprimés, mes créanciers prélèveront sur les produits de la vente la somme qu'ils m'auront prêtée, et de plus tous les frais de l'impression. Le reste m'appartiendra, sauf pourtant que je leur abandonnerai encore une partie des bénéfices, un huitième, par exemple, un dixième ou un douzième, selon l'estimation de gens honnêtes et qui connaissent le métier. Je m'en rapporte entièrement à eux. Sachant combien vous avez de bonté et d'amitié pour moi, j'ai confiance que vous prendrez à cœur cette affaire, et que vous ne négligerez rien de ce qu'il sera possible pour me tirer d'ici, et me mettre en état d'aller vous rejoindre avec toutes mes paperasses..... Padoue, la veille des calendes de janvier de l'année qui s'ouvre [1664 XVII]. »

(1) Cette lettre à Toussain était accompagnée d'un catalogue de cent six écrits que Scioppius voulait faire imprimer.

Malgré la vivacité de ses prières, malgré la modération de ses désirs, et quelle que fût la valeur des garanties qu'il offrait pour vaincre la résistance des éditeurs, il ne rencontra d'une part que de la bonne volonté sans effets, de l'autre que de la défiance. Les libraires genevois se montrèrent aussi prudents à son égard que s'ils eussent vécu en pays d'inquisition. C'est que les derniers écrits de Scioppius, même à une époque où les imprimeurs osaient beaucoup, étaient de nature à faire hésiter les plus entreprenants. Politiques ou religieux, ces écrits, je le répète, étaient presque tous des libelles. Tous les gouvernements, tous les cultes chrétiens y étaient attaqués ; ceux qui ont pour objet l'interprétation de l'Écriture et qui sont d'un rêveur ou d'un fou, eussent principalement scandalisé, et catholiques et protestants se fussent trouvés d'accord pour les proscrire. Je ne vois que les libelles contre les Jésuites qui eussent pu allécher un libraire ; mais on les savait si grossiers, si violents et si obscènes (1), à n'en juger que par les titres, et de plus, l'auteur en avait déjà tant écrit, tant publié, qu'on eût craint, en en publiant de nouveaux, de dégoûter à la fois le public et de l'indigner. On jugera mieux de la vérité de cette conclusion par un aperçu de ces différents écrits. Je suis l'*Indiculus* que Scioppius en a donné lui-même à Toussain (2). Il est vrai qu'il n'y a que des titres, mais ils sont éloquents ; d'ailleurs il faut s'en contenter.

Parmi les ouvrages sur l'Écriture sainte, on remarque *la Clavicule de saint Pierre, pour l'interprétation des mystères qui sont à la veille de s'accomplir, ou pour l'intelli-*

---

(1) Voyez-en un échantillon dans la lettre de Scioppius à J. Henri Waserus, dans les *Monumenta pietatis et litteraria*, p. 417 et suiv.

(2) *Ibid.*, p. 424-430.

gence des oracles des prophètes et des apôtres, touchant l'avenir de l'Église et des États chrétiens; le Docteur ecclésiastique, ses devoirs, sa mission, et comment il peut se procurer le don de prophétie et l'intelligence des visions; la Panacée du monde, ou consultation sur les corruptions de l'Église chrétienne, leurs causes et leurs remèdes ; le Système de l'art de prêcher, évangéliser ou prophétiser, expliquant le but de la science prophétique, ses devoirs, les sujets auxquels elle s'applique et ses instruments; l'Explication du psaume xc, *pour faire voir l'utilité de l'Écriture contre les lacs des chasseurs, les fléaux pestilentiels, les terreurs de nuit, les flèches volantes de jour, les complots tramés dans les ténèbres, les attaques du démon du midi, la pierre d'achoppement, l'aspic et le basilic, le lion et le dragon ; le Royaume de Juda, figure de l'Église, par laquelle on peut juger quels sont les devoirs de tous les chrétiens, et quel est le sort qui leur est réservé.*

En 1644, il y avait huit ans que Scioppius creusait sa tête jour et nuit pour en tirer ces rapsodies hagiographiques, et il n'eût pas, dit-il, échangé son bonheur contre celui du plus fortuné des hommes (1). Il pensait qu'il avait été dit de lui comme de saint Jean : « Ce que tu vois, fais-en un livre et envoie-le aux Églises (2); » que Dieu lui avait révélé des choses que Daniel lui-même n'avait pas comprises, qu'aucun œil n'avait jamais vues, qu'aucune oreille n'avait entendues (3). Une seule chose eût comblé ses vœux, « c'eût été d'avoir les ailes d'un aigle,

---

(1) *Monumenta*, p. 446.
(2) *Ibid.*, p. 450.
(3) *Ibid.*, p. 452.

afin de voler à travers les cieux avec l'Évangile éternel, et prêcher à toute la terre qu'elle touchait à sa dernière heure (1). » Je ne sais comment il rêva que le cardinal Mazarin goûterait ses visions ; il lui écrivit sur ce sujet plusieurs lettres que Naudé dit avoir lues. Il prétendait « qu'il n'y a jamais eu Père ni docteur de l'Église qui ait mieux entendu la sainte Escriture, ni plus asseurément conneu par icelle la fin du monde et les secrets de l'Apocalypse que luy (2). » Mazarin fut sans doute de cet avis, car il ne répondit point à Scioppius. Le silence, dit-on, est un acquiescement.

Ses écrits politiques sont nombreux. Trois sont relatifs à Machiavel (3). C'est une apologie de cet écrivain contre la bulle de Clément VII, qui l'avait censuré, et contre les ennemis du nom italien et les « sycophantes », qui avaient conseillé cette mesure ; c'est ensuite un examen des doctrines de Machiavel et la preuve de leur utilité dans le gouvernement des États ; c'est enfin un exposé de la méthode dont il faut se servir pour bien juger des écrivains politiques, et en particulier de l'illustre Florentin. Ce court résumé fait assez connaître le goût qu'avait Scioppius pour les thèses extraordinaires ou bizarres, outre que,

---

(1) *Monumenta*, p. 446.
(2) Mascurat, p. 456.
(3) En voici les titres tels qu'il les donne dans sa *Pædia humanarum ac divin. litterarum*, p. 17 :

1° *Machiavellica, sive apologia duplex, quarum priore Ecclesiæ decreta de Machiavelli libris defenduntur; posteriore innocentia ejusdem adversus italici nominis hostes, aliosque sycophantas propugnatur.*

2° *Machiavellicorum operæ pretium, sive demonstratio utilitatum quas reip. apportat doctrinæ machiavellicæ examen, et ad evangelicæ veritatis normam directio.*

3° *Methodus de scriptoribus politicis ac proprie de Machiavelli libris judicandis, cum synopsi libri de Principe.*

dans sa bouche, l'éloge des doctrines machiavéliques s'accordait assez avec la violence qu'il recommandait aux princes contre les hérétiques victimes des abus de leur autorité. Ces trois écrits n'ont jamais été publiés. Ils étaient composés dès 1619 (1). Mais craignant sans doute de s'attirer des affaires, s'il essayait de réhabiliter Machiavel à la face des pontifes qui l'avaient proscrit tour à tour, il prit un biais, tira la quintessence de ces écrits et en composa un quatrième où, sans nommer une seule fois Machiavel, il en défend les doctrines avec beaucoup d'énergie et de subtilité. C'est le traité qu'il publia à Rome même, au commencement du pontificat de Grégoire XV, sous le titre de *Pœdia politices* (2).

En 1616, Scioppius, se trouvant à Ingolstadt, vit les étudiants jouer Machiavel sur le théâtre, et tourner en ridicule les maximes de cet écrivain. Indigné de cette audace, il osa s'en plaindre et protesta contre ce qu'il appelait une insulte au plus innocent des hommes. Un jésuite qui assistait à ces exercices dramatiques, le père Henri Wangnereck, entendit ces plaintes et en fut choqué. Il ne les oublia pas sans doute. Aussi ne fut-il pas étonné, sept ans après, c'est-à-dire en 1623, de les trouver reproduites et considérablement augmentées dans la *Pœdia politices*. Seulement il ne s'expliquait pas comment on en avait permis l'impression à Rome. Il conclut donc que Scioppius avait surpris la bonne foi du maître du sacré palais et des

---

(1) C'est la date que porte le manuscrit du dernier des trois.

(2) G. Scioppii, *Cæsarii et regii consiliarii, Pœdia politices, sive Suppetiæ logicæ scriptoribus politicis latæ, adversus ἀπαιδευσίαν et acerbitatem plebeiorum quorumdam judiciorum*. Romæ, 1623, in-4.

censeurs (1), tandis qu'il eût mieux valu conclure qu'ils avaient approuvé son livre sans le lire.

J'ai dit que Scioppius n'y a pas nommé une seule fois celui qu'il y défend presque à chaque page, et souvent en lui empruntant ses propres termes. Je ne comprends pas, je l'avoue, cette réserve. Outre que, dès les premières pages de ce livre, le nom de Machiavel, comme les images de Brutus et de Cassius aux funérailles de Junie, apparaît d'autant plus qu'on ne le lit nulle part, Scioppius, dans la dédicace de l'édition faite à Rome, se vantait au cardinal Ludovisio, neveu de Grégoire XV, d'avoir prouvé à ce pape, en conversant avec lui, que les adversaires de Machiavel avaient eu pour but de rendre odieux le Saint-Siége, en disant que les maximes détestables de quelques politiques, publiées à Rome avec le consentement d'un pape (2), et tolérées ensuite par plusieurs autres, avaient attiré de grands malheurs sur le monde chrétied (3). Scioppius avait-il adressé cette dédicace au cardinal, sans y être autorisé, ou le cardinal, curieux de voir jusqu'à quel point on pourrait défendre Machiavel, n'avait-il accepté la dédicace de cette défense qu'à condition que Machiavel n'y serait pas nommé? Quoi qu'il en soit, le livre fut à peine publié que toute l'Allemagne en fut inondée (4).

Il est divisé en dix-huit chapitres. L'apologie des principes politiques de Machiavel y étant établie, « suivant les

---

(1) Dans la préface des *Vindiciæ politicæ adversus pseudopoliticos*, etc., du père H. Wangnereck.

(2) *Le Prince* fut publié à Rome, pour la première fois, le 4 janvier 1522, avec un privilége de Clément VII, en date du 23 août 1531.

(3) *Vindiciæ politicæ*, etc., loc. cit.

(4) *Ibid., ib.*

règles de la logique la plus rigoureuse, » un des chapitres, le cinquième, est rempli tout entier par une définition de la logique. Scioppius croyait, erreur impardonnable même dans un écolier, qu'il n'y a qu'une seule méthode pour un seul sujet, et que la sienne était la seule applicable à celui qu'il traitait. Les chapitres vIII, IX, x et xI sont une dissertation prolixe de la nature de l'éthique ou de la morale, et de ses différentes espèces. Elle n'est pas si étrangère au sujet que Coringius, dans ses remarques sur cet écrit, veut bien le dire, puisque le principal souci de Scioppius est d'y démontrer qu'un écrivain politique n'est pas ni ne doit être un moraliste. Dans les autres chapitres, Scioppius, comme l'indique son titre, fournit des arguments aux écrivains politiques contre l'ignorance et la méchanceté de ceux qui se mêlent de les censurer.

Il ne nomme aucun de ces censeurs ; mais on les devine. Ce sont Ambroise Catharinus (1), Jean Molanus et Jean Boterus (2), Pierre de Ribadeneira (3), Scipion Ammirato (4), Jérôme Osorius (5), Antoine Possevin (6), Juste Lipse (7), Bodin (8), Philippe de Mornai (9) et François de la Noue (10), lesquels, invoquant les principes de

---

(1) *Disputatio de libris a christiano detestandis.*
(2) *Commentarii de ratione Status.*
(3) *Tratado de la religion y virtudes que deve tener el principe cristiano.... contra lo que Nic. Machiavello y los politicos d'este tiempo enseñan*, etc.
(4) *Dissertationes politicæ ad Tacitum.*
(5) *In libro III de Nobilitate christiana.*
(6) *In Bibliotheca selecta.*
(7) *In civili Doctrina.*
(8) *In Republica.*
(9) *La Vérité de la religion chrétienne.*
(10) *Discours politiques et militaires.*

la morale éternelle et de la religion, avaient, avec plus ou moins de force, plus ou moins d'étendue, attaqué les maximes de Machiavel. Mais, selon Scioppius, cette croyance d'une solidarité nécessaire entre la politique, la morale et la religion, était précisément leur erreur ; les princes ne devaient y avoir aucun égard. De là cette conséquence forcée que, dans le gouvernement des États, c'est l'utile qui est la règle et non pas le juste. Scioppius pousse cette conséquence jusqu'à ses dernières limites ; il ne voit pas qu'un prince, quel que soit son pouvoir, légitime, usurpé ou électif, ait de meilleur moyen de le maintenir et de le perpétuer. Le principal vice de cette thèse est qu'elle est absolue et que les principes n'y souffrent pas d'exceptions. S'il est difficile d'admettre qu'un prince en possession de l'autorité par droit d'héritage, ne puisse la conserver qu'en violant la morale et la religion, il n'est pourtant pas impossible que le salut de l'État impose quelquefois à un gouvernement nouveau, république ou monarchie, certaines pratiques qui ne s'accorderaient pas avec l'une et l'autre, puisqu'il est évident que cet accord aurait pour effet la ruine du souverain et des particuliers. Il y a mille exemples dans l'histoire qui confirment cette vérité ; et s'il est vrai aussi que l'histoire condamne les gouvernements qui ne se sont maintenus qu'en abusant de ces pratiques, il n'est pas moins vrai qu'elle n'a que des éloges pour ceux qui en ont usé avec prudence et modération. C'est ainsi qu'Aristote, dans ses *Politiques*, et saint Thomas d'Aquin dans ses *Commentaires* sur cet ouvrage, l'ont entendu l'un et l'autre : personne ne pourrait s'y tromper.

Mais parce que Scioppius avait besoin de l'autorité de ces deux grands hommes pour donner de la force et du crédit à son argumentation, il ne craint pas de les invoquer comme s'il ne faisait que répéter ce qu'ils ont dit avant lui, et il leur prête des sentiments qu'ils n'ont jamais eus (1). Ainsi, il les calomnie tous deux en les citant, comme il calomnie Machiavel en le défendant. Car si Machiavel, aux chapitres VIII, XV, XVI, XVIII, XIX et XXI de son *Prince,* semble enseigner des maximes impies, par la loi de sa méthode, il traite là d'un tyran nouveau qui, s'il veut se maintenir, est obligé, pour sa propre conservation, de pratiquer ces maximes. Scioppius au contraire en fait la règle ordinaire de conduite de tout prince, quelle que soit sa condition. D'ailleurs, Machiavel estime plus heureux et plus digne d'éloge le prince qui aimerait mieux abdiquer que de se maintenir à ce prix. Il fait plus; oubliant les difficultés et les misères de sa propre existence, et se dégageant des préjugés d'un siècle où la violence et la ruse étaient la loi presque unique des princes et des hommes d'État, il décrit avec éloquence le malheur d'un tyran dans ses *Discours* sur Tite-Live (2), et nous fait mieux connaître là que partout ailleurs quels étaient ses véritables sentiments.

Quant à Scioppius, il ne paraît pas qu'il ait de ces scrupules. Il n'est pas encore assez malheureux pour cela ; il n'a pas encore assez souffert de l'ingratitude et de l'injustice des princes qu'il a trop bien servis ; il faut, pour qu'il aperçoive des limites à leur toute-puissance, qu'elle s'exerce contrairement à ses vues et à ses intérêts. Jusque-là il ne leur permet pas de mettre en oubli ses maximes, comme il ne veut pas non plus qu'on reproche aux écri-

---

(1) Voir notamment, dans la *Pædia politices,* le chapitre VII.
(2) Livre I, ch. X, XXVI.

vains politiques de leur conseiller de pourvoir au salut de leur État, avant de songer au salut de leur âme. Il dit qu'on a tort d'accuser les écrivains politiques de décrire les turpitudes de la tyrannie dans un autre but que celui d'empêcher les hommes de l'exercer ou de la souffrir; que ce qu'on leur demande à cet égard n'a nul rapport avec la politique et ne regarde que la morale (1); qu'au regard des deux manières par lesquelles un tyran peut conserver son pouvoir, l'une que saint Thomas appelle *intensio*, c'est-à-dire quand la tyrannie est si excessive qu'il n'est pas de méchanceté et de sévices qu'elle ne se permette; l'autre qu'il appelle *remissio*, quand la tyrannie se détend, s'adoucit et s'humanise, ils rendent, lorsqu'ils les examinent, également service au public, puisque, d'une part, cet examen peut avoir pour effet d'empêcher la tyrannie; de l'autre, de l'amender et de la rendre supportable (2); que d'ailleurs ils ne doivent rien prescrire au prince touchant la piété et la religion, à moins que, contrairement à cette faculté que nous tenons de Dieu même, la raison, on ne veuille briser les barrières qui séparent les sciences, et livrer passage à l'ignorance, l'obscurité et la confusion (3); qu'ils s'occupent de choses étrangères à leur sujet, lorsqu'ils veulent par exemple que le prince, afin de se rendre Dieu propice et faire son salut, soit vraiment pieux, vraiment religieux, c'est-à-dire, lorsqu'ils lui ordonnent d'agir de telle sorte qu'il soit estimé aussi pieux, aussi religieux qu'il l'est en effet; que c'est affaire à la théologie de lui inculquer ces principes; que la politique se contente

---

(1) *Pædia politices*, ch. VII.
(2) *Ibid.*, ch. XIII.
(3) *Ibid.*, ch. XVII.

des apparences ; qu'il est donc d'un impertinent et d'un sot de reprendre les écrivains politiques, parce qu'ils prescrivent au prince dont le pouvoir risquerait autrement d'être anéanti, non la vraie piété, mais le semblant de la piété, non le respect du droit, du juste et de l'honnête, mais, si l'occasion le requiert, la violence, la ruse et la perfidie (1). Telle est une partie des conseils que, selon Scioppius, les écrivains politiques doivent donner, non pas même à un tyran, mais à un prince quelconque, pour peu que ce prince ou ce tyran soit en péril. On les voit ici dans toute leur simplicité ; mais les raisonnements qui leur servent d'appui sont curieux. En voici un exemple :

« La piété, dit Scioppius, étant une espèce de justice, et la justice étant soumise à la philosophie morale, il n'est pas douteux que la vraie piété ne doive être soigneusement inculquée au prince par ceux qui sont chargés de l'instruire et par ses parents. De plus, la piété étant un des instruments de notre salut, il appartient à la théologie d'en faire l'objet de ses leçons, et c'est pourquoi il est du devoir du théologien et du prédicateur d'y exhorter le prince. Le politique la lui prescrit de même, mais par ce seul motif qu'elle est utile à la conservation de l'État. Car la fin de toute science et de tout art est la mesure ou la règle des moyens ou des instruments propres à cette fin. Si donc ce qui est prescrit en politique n'a pas la force nécessaire pour atteindre cette fin, on ne doit pas le considérer comme le moyen propre, mais comme un moyen étranger. La piété ayant beaucoup de

---

(1) *Pædia politices*, ch. IV, XVII, XVIII, et *passim*.

force pour la conservation de l'État, le politique est tenu de la prescrire rigoureusement. Mais comme autre est son utilité selon la théologie et l'Écriture, autre selon la politique et la vie civile, la discipline veut que chacun des docteurs l'enseigne à son élève, selon que le requiert sa charge et sans que l'un usurpe sur l'autre. Ainsi le théologien exhortera le prince à la piété, afin de se rendre Dieu propice, attirer la prospérité sur ses États et sauver son âme. Le politique la lui prescrira de même avant tout, parce qu'elle lui conciliera les cœurs, qu'elle le fera aimer et respecter, et que la plus sûre garantie de la conservation des empires est le respect et l'amour. En effet, l'homme pieux rend à Dieu ce qui lui est dû ; il est juste, il est bon ; il est l'objet de l'affection universelle ; et comme Dieu est juste, il ne peut se faire qu'il n'aime pas un prince qui l'aime et le révère, et qu'il ne le défende contre ses ennemis. Ainsi, dis-je, le théologien et le politique ne doivent pas, en prescrivant la piété au prince, empiéter sur leurs attributions respectives, à moins qu'ils ne veuillent être soupçonnés de ne faire aucun cas de la raison qui est un don de Dieu, de mépriser le raisonnement, art divin qu'ont inventé et que nous ont transmis les philosophes, enfin, de prétendre enseigner tout ce qu'il leur plaira, en dépit de cet art, sans discernement et à tout propos. Qui doute que les péchés ne soient la cause des maladies physiques ? Cependant, un médecin sera justement taxé d'ignorance et de stupidité, si, parlant des causes de la fièvre, il fait mention du péché originel et du péché actuel, et s'il ordonne à celui qui veut n'être pas malade, de fuir le péché. Car encore que son ordonnance soit excellente et qu'elle puisse être en mille manières utile à ses clients, parce qu'elle n'est pas de son office, il ne doit pas y insister, ni envahir un domaine qui n'est pas le sien. De même le politique ne doit pas franchir les limites de son enseignement, et aucune des choses qui sont du ressort de l'enseignement d'autrui n'y doivent être admises, encore qu'elles soient très-utiles et très-vraies [XVIII]. »

De tout ceci il résulte que si, au sortir d'un sermon où le prince aura entendu les vérités quelquefois les plus dures sur l'exercice du pouvoir, sur les risques qu'y court le salut, sur les tentations de l'orgueil, de l'avarice et de la concupiscence, sur la nécessité du détachement, sur le respect de la justice, sur la fidélité à sa parole, sur le pardon des injures, dût-il en souffrir dans son bonheur temporel et, comme Jésus-Christ, dans sa personne, si, dis-je, au sortir d'un pareil sermon, le prince passe à sa leçon de politique, on lui dira que tout ceci est fort bien, tant que la conservation de son pouvoir n'en éprouve aucun dommage, mais que, dans le cas contraire, il doit l'oublier, et ne se souvenir plus que d'une chose, à savoir qu'il est prince et qu'il lui faut à tout prix rester prince. Ainsi, ce que le prédicateur aura fait le matin, le politique le défera le soir ; mais l'un n'aura point entrepris sur les droits de l'autre ; les commandements de Scioppius auront été observés ; il en adviendra du prince ce qu'il pourra.

Naudé trouvait plus de bon sens et de jugement dans cet écrit de Scioppius que dans tous les autres (1). Cela est relativement vrai, c'est-à-dire au point de vue où l'un et l'autre étaient placés, Scioppius en écrivant, Naudé en

---

(1) Cui uni plus inesse bonæ mentis ac judicii quam reliquis ejus operibus, etc. *Bibliotheca politica*, cap. viii.

louant. Naudé était le bibliothécaire et l'ami du cardinal Mazarin ; on peut croire que la politique d'expédients ne lui déplaisait pas. Quant à Scioppius, après avoir fait jouer tous les ressorts possibles pour se concilier les princes et leur extorquer des faveurs, il pensa les subjuguer, si, avec le respect de la logique la plus rigoureuse et à l'aide d'une nouvelle direction imprimée à la morale, il parvenait à leur apprendre l'art de conserver leur pouvoir, de le fortifier et de l'agrandir. C'était pour avoir trop négligé ces précautions que Machiavel s'était discrédité. Scioppius estimait, en outre, qu'il ne faisait que rendre justice aux princes, en leur supposant à tous le désir d'atteindre le but qu'il leur proposait ; mais il croyait aussi qu'ayant quelques scrupules à y employer indifféremment tous les moyens, ils lui seraient très-obligés s'il les dissipait, et qu'ils l'en récompenseraient dignement. A cet égard donc, son livre n'était ni un non-sens ni une maladresse. Il le sentait si bien que, sans tenir compte des modifications introduites dans les idées politiques depuis Machiavel, sans s'effrayer du péril qu'il pouvait y avoir à préconiser les maximes d'un écrivain frappé d'anathème dans les Etats du Saint-Siége, il ne put se résoudre à les voir souffrir plus longtemps une pareille injure, et rester stériles, faute d'assez de courage et d'intelligence pour les appliquer. Il en dessina, pour ainsi dire, un croquis, et, par un trait d'audace qui est presque un trait de génie, il le fit imprimer à Rome et le dédia au neveu du saint-père. Il s'était dit que si le pape, comme vicaire de Jésus-Christ, condamnait ces maximes, il ne les haïssait pas tellement comme souverain temporel, qu'il n'espérât en trouver quelques-unes au moins d'acceptables, à la faveur d'un rajeunissement. D'ailleurs, Scioppius n'écrivait pas seulement pour les princes d'Italie, il écrivait aussi et principalement pour ceux d'Allemagne. C'est ce qu'explique le soin qu'il eut de faire répandre son livre, aussitôt imprimé, dans ce pays.

L'Allemagne, ravagée par la guerre de Trente ans, était en proie à la plus triste anarchie. Elle voyait ses princes dépossédés et rétablis tour à tour, et, après les violences de la conquête, elle subissait les vengeances de la restauration. Elle ressemblait assez à l'Italie au temps où Machiavel écrivait, et ce temps n'était pas fort éloigné de celui où Scioppius était né. Il n'y avait de stabilité nulle part, ni pour les princes, ni pour les sujets. Comme les malades que les remèdes ordinaires sont impuissants à guérir, on réclamait des remèdes violents, et chacun était prêt à se livrer aux empiriques. Scioppius arrivait donc à propos. Aussi bien vécut-il assez pour voir que si les princes d'Allemagne, et en particulier l'empereur Ferdinand, oubliaient de lui payer ses ordonnances, la plupart, autant du moins que le leur permettaient la différence des temps et le progrès des idées, ne laissaient pas de s'y conformer. La France le vengea de leurs ingratitudes. Ce fut elle qui recueillit le fruit des conseils qu'il leur avait donnés, conseils que Richelieu ne craignit pas de suivre dans une certaine mesure, sans que la morale le trouvât trop mauvais, sans que le pape même s'en plaignît trop haut. Quoique ministre du fils aîné de l'Eglise catholique, Richelieu secourut les protestants d'Allemagne pour abaisser la maison d'Autriche, et les victoires de Bernard de Weymar, de Condé et de Turenne forcèrent l'empereur Ferdinand III à signer, en 1648, le traité de Westphalie, qui mit fin à la guerre de Trente ans.

Il était permis de croire que les autres défenses de Machiavel n'étaient que le développement de celle-là : il est vrai, et j'ai pu m'en assurer à la lecture des *Machiavellica*, dont le manuscrit se trouve à la bibliothèque publique d'Arras (1). Ce manuscrit est d'une grosse écriture et d'une autre main que celle de Scioppius. C'est ainsi qu'on écrivait déjà vers la fin du règne de Louis XIII, et qu'on écrivit ensuite, durant tout le règne de Louis XIV, et même au delà. J'appellerais volontiers cette écriture onciale, comparativement à celle qui était en usage au seizième et au commencement du dix-septième siècle. Le livre n'a pas plus de soixante-trois feuillets in-folio, et est divisé en vingt-quatre chapitres. L'auteur y traite, entre autres, de la méthode pour bien juger des écrivains politiques, et particulièrement de Machiavel ; il examine les différentes espèces de principat, leur origine, les moyens ordinaires et extraordinaires de conserver le principat héréditaire et le principat nouveau ou l'usurpation ; il analyse brièvement le livre du *Prince,* etc., etc. Enfin, il entre plus avant dans la question, et soit que, suivant Machiavel pas à pas, il se pénètre mieux de la pensée de cet écrivain, soit pour tout autre motif, il a des vues moins absolues que dans la *Pædia,* et subordonne davantage ses principes à la condition des princes et aux distinctions qu'il établit entre eux. Du

---

(1) En voici le texte, selon le manuscrit :

GASPARIS SCIOPPII, *Cæsarii et regii consiliarii Machiavellica, hoc est Apologia duplex, quarum priore sacræ Romanæ de Nicolai Machiavelli libris decreta defenduntur, posteriore ejusdem Machiavelli innocentia adversus calvinistas, præcipue italici nominis hostes propugnatur; in utraque vero pseudopoliticorum Machiavelli doctrina ad propriam utilitatem nullo honesti turpisque discrimine conficiendam abutentium improbitas, ipsius Machiavelli præceptis confutatur.* Anno MDCXIX.

reste, c'est la même subtilité de raisonnement, dans la même forme scolastique. Mais en démontrant l'un après l'autre chacun des termes de ses arguments, il les dispose en tableaux, comme il a fait dans ses libelles contre les Jésuites. Partout on voit le pédant et le rhéteur, nulle part le politique ou l'homme d'État.

En poursuivant la lecture du catalogue des écrits politiques de Scioppius, je trouve encore la *Chirurgie royale* ou *Manuel de l'art de gouverner*, ou *Rudiment politique à l'usage des princes et des rois*; *l'Art de sauver les âmes des princes et des rois, avec une lampe pour scruter leur conscience*; la *Discipline céleste des rois et des princes, c'est-à-dire Science politique comprise dans les commandements et les œuvres de Dieu*; l'*Art des arts et la Science des Sciences, ou Moyen offert au pape Urbain VIII de sauver son âme*; *Horoscope de la maison d'Autriche, ou Conseil prophétique à l'empereur Ferdinand II, touchant la vraie et la fausse médecine de l'empire romain*, etc. Scioppius entremêle tous ces écrits d'une quinzaine de traités de théologie pure : il y en a cinq qui roulent sur le dogme de l'Immaculée Conception, objet de vives controverses sous le pontificat d'Urbain VIII. Mais les titres de ces traités ne sont pas assez précis pour qu'on puisse affirmer que Scioppius ait été pour ou contre ce dogme. Les derniers numéros de l'*Indiculus*, c'est-à-dire les numéros 71 à 106, comprennent, sous le titre commun d'*Antipharisaica*, les libelles inédits de Scioppius contre les Jésuites : « Ce sont, dit-il, plus de trente ouvrages dont le but est de révéler, de purifier et de comprimer le levain des Pharisiens d'aujourd'hui. On pourrait en faire dix, douze ou quinze volumes, en les imprimant en caractères minuscules, dans le genre des historiens et des poëtes latins, comme aussi des histoires des États et des peuples, publiées à Amsterdam (1). »

Aucun de ces libelles n'est désigné dans le catalogue par son titre propre; mais Scioppius a réparé en partie cette omission dans une lettre à Toussain, postérieure à l'envoi de ce même catalogue (2). On y trouve indiqués : la *Voix du peuple, voix de Dieu*, ou *l'Infamie jésuitique attestée par les aveux des Jésuites eux-mêmes, par les décrets des papes, par les décisions des plus illustres académies de l'Europe, par les écrits de grands personnages*; la *Patrologie jésuitique et la série interminable de leurs exploits*, c'est-à-dire (je ne puis continuer qu'en latin) *De causis, generibus et effectibus paternitatis jesuiticæ, deque Patribus patratis et patrantibus, eorumque patrationibus seu venerationibus aut libidinibus secundùm et contrà naturam, physicis et metaphysicis, historicæ narrationes et philosophicæ, ac theologicæ meditationes*; le *Fidèle avis des rois et des princes touchant la théologie mystique des Jésuites et des Dominicains, l'autorité du pape dans l'Église, et son pouvoir temporel sur les souverains*; le *Jésuite énergumène*, ou *Nécessité d'un exorciste pour le père général et autres supérieurs de la Société de Jésus*; la *Très-mauvaise blessure et la fracture incurable de la Société*, ou *Énumération des maux affreux causés à la République chrétienne tout entière par l'avidité du père général des Jésuites*. Enfin il parle, dans sa lettre à Waser, d'un autre libelle intitulé *Examen de la discipline scolastique des Jésuites*. L'extrait qu'il en donne

---

(1) *Monumenta pietatis*, etc., p. 430.
(2) *Ibid.*, p. 455, 456.

est un tableau hideux des mœurs des Pères dans l'intérieur de leurs colléges; Scioppius n'a rien écrit de plus horrible et de plus dégoûtant (1). « Tous et chacun de ces *Antipharisaïques,* ajoute-t-il, seront précédés, en manière de prologue, d'un *Chant du Cygne,* afin qu'il soit bien entendu que je suis prêt à répondre d'eux et à les défendre au tribunal du Christ. Ainsi, tout homme de bon sens jugera qu'un vieillard presque septuagénaire, célèbre depuis tant d'années par l'ardeur de sa foi et son mépris du monde, n'a pas fait ce qu'il a fait pour rien et sans y avoir mûrement réfléchi (2). »

Tant d'assurance aurait lieu de confondre, si, par tout ce qui précède, on n'était amené à conclure qu'à force d'en imposer aux autres, Scioppius avait fini par s'en imposer à lui-même. Plus il s'éloignait des temps où il avait immolé à son ambition et à son orgueil les principes de la justice et de l'humanité, plus il perdait la mémoire des contradictions et des bassesses où le mépris de ces principes l'avait entraîné. De sorte que, à soixante-dix ans, il put se croire l'homme juste dont il n'avait eu toute sa vie que le faux semblant.

Pour en revenir à son *Chant du Cygne,* en voici seulement le début : « Ma vie est assez connue. Quantité de lettres, tant publiques que particulières, des papes, des empereurs, des rois, des princes, des cardinaux, des évêques, des prélats et des personnages les plus fameux par

(1) *Monumenta pietatis,* p. 417-423.
(2) *Ibid.,* p. 456. Omnibus et singulis Antipharisaicorum tomis præfigi volo cantionem cygnæam, ut omnes intelligant me de omnibus illis ad Christi tribunal causam dicere paratum esse, quod hominem quasi septuagenarium, cujus præsertim tot jam annis spectata sit fides mundique contemptus, haud de nihilo nec satis considerata ratione facere, omnes intelligentes judicaturi sunt.

leurs vertus, portent témoignage en sa faveur. Quiconque me connaît sait que je n'ai jamais recherché les bonnes grâces de personne, et que j'ai toujours gardé mon franc-parler ; que j'ai toujours été très-éloigné de la poursuite de mes avantages personnels, et très-ardent, au contraire, dans toutes les circonstances de ma vie, à servir, par mes travaux, les intérêts de la religion catholique et des lettres; qu'enfin, je n'ai jamais cessé d'étudier la vraie philosophie, c'est-à-dire de méditer sur la mort. J'ai eu grand soin, tous mes lecteurs le savent, de respecter la réputation et l'honneur des membres les plus vertueux de la Société de Jésus; je n'ai attaqué que les mœurs de ceux dont l'avarice et l'ambition avérées appellent la répression de l'Église et des gouvernements ; sans quoi, ils asserviront le monde entier à leur tyrannie, et enrôleront sous leurs drapeaux tous ceux qui soutiennent les tyrans, et dont le nombre n'est pas médiocre [XIX]. »

CHAPITRE X.

Doutes qu'il inspire à ses amis mêmes sur la nature de sa religion. — Sa gêne s'accroît de l'impossibilité de vendre ses livres. — Il invente un élixir. — Énumération de ses talents et de ses vertus faite par lui-même, et certificats à l'appui. — Mort de Scioppius. — Tout le monde s'en réjouit. — Scioppius ne se fia pas toujours à sa plume pour venger ses injures, il menaça des tribunaux. — Sa fécondité. — Son livre contre le Jésuite Strada, *De stylo historico.* — Sa latinité. — Il est tombé lui-même dans les défauts qu'il reprochait à autrui.

Dans le temps même où il se délivre ce certificat de

bonne vie et mœurs, Scioppius a déjà un pied dans la tombe. A mesure qu'il s'y enfonce davantage, il semble se fortifier dans son hypocrisie comme, à l'heure de la mort, certains athées se fortifient dans leur incrédulité. Le vrai Dieu de Scioppius, ce fut l'opinion. L'ayant trompée toute sa vie, il croyait de son honneur de la tromper encore, et il lui prodiguait les sacrifices pour prolonger son aveuglement. Il eut beau faire, l'opinion ne fut jamais dupe. Ceux qui le jugeaient avec le plus d'indulgence disaient, comme J.-J. Ulrich dans une lettre à Toussain, que toute religion « lui estoit quasi indifférente (2). » Quelle influence auraient donc ses écrits, et à quoi bon les faire imprimer ! Tel fut sans doute le raisonnement de Toussain, et très-sûrement celui des éditeurs. C'est donc au dépôt des manuscrits de la bibliothèque de Padoue, de Milan et de Venise, qu'il faut aller chercher ce que Scioppius appelait ses dernières *élucubrations*, si l'on veut en connaître autre chose que les titres. Les historiens de livres manuscrits trouveront là de quoi satisfaire leur curiosité, et grossir leurs catalogues ; mais le profit qu'y feraient les lettres n'est pas aussi certain.

L'impossibilité où fut Scioppius de publier ses livres eut pour effet immédiat d'aggraver sa gêne, en tarissant la source principale de ses revenus. Le pis est que ses terres, par suite de sa réclusion forcée, dépérissaient faute de culture, loin de l'œil du maître. Si grande fut un moment sa misère que ne sachant plus par quel moyen se procurer de l'argent, il inventa un antidote contre tous

---

(1) *Monumenta*, etc., p. 465.

les poisons. Ainsi, remarque le père Alberti, le chevalier de Franconie, le patrice de Rome, le comte de Saint-Pierre et de Clara Valle, le personnage naguère comblé d'honneurs par les papes, les empereurs et les princes, dérogea au point de devenir « un vil pharmacopole » (1). En effet, on vendait à Padoue l'antidote de Scioppius, avec cette étiquette : *Effets merveilleux du précieux électuaire du comte de Clara Valle, avec la manière de s'en servir* (2). Scioppius finissait comme il avait commencé, en charlatan. Il ne changeait que de tréteaux. Je ne me porterais pas garant de la vérité de cette anecdote, quoiqu'elle soit rapportée par trois jésuites, Inchofer, Alberti et Laurent Forer. Néanmoins, on n'invente pas une plaisanterie de cette sorte ; il y faut au moins un prétexte. Est-ce que par hasard un apothicaire de Padoue, assuré que sa drogue se débiterait mieux, étant patronée d'un nom fameux, n'aurait pas demandé et obtenu la permission de Scioppius d'y mettre le sien ? C'est un moyen sûr d'attirer la clientèle. On en usait alors comme on en use encore aujourd'hui ; outre que Scioppius avait peut-être une petite commission sur le produit de la vente.

Ni les embarras domestiques n'affaiblissaient la vigueur de son esprit, ni la crainte des vengeances et des guet-à-pens n'arrêtaient l'activité de sa plume. Il écrivit encore, dans ces temps malheureux, sa *Pædia humanarum ac divinarum litterarum*, espèce de programme de sa méthode d'enseignement, suivie d'une apologie effrontée

---

(1) Alb. de Albertis, *Lydius lapis*, p. 391.
(2) *Ibid.*, p. 392. Effetti maravigliosi del precioso elettuario del conte de Clara Valle, e modo d'adoperarlo.

de ses vertus, de ses mœurs, de ses talents et de sa piété. Le livre s'ouvre par une série de lettres de recommandation, de certificats, de priviléges émanés de tous les potentats de l'Europe, et se ferme de même. Il y a jusqu'à des passe-ports. Dans toutes ces pièces, Scioppius s'est généreusement payé de la monnaie qu'après les écus d'or il aimait le plus, c'est-à-dire les compliments. Elles remplissent vingt-neuf pages, et le livre n'en a que cinquante-huit. L'intervalle est occupé par une exposition du cours d'études dont j'ai donné plus haut l'analyse, et par un tableau unique en son genre des vertus que Jésus-Chrit a accordées à Scioppius. C'est un ragoût où Scioppius seul a mis la main ; il n'y a pas ménagé les épices.

Ces vertus que Scioppius désigne sous le nom de *talenta* ou talents, étaient nombreuses et n'étaient pas de petite qualité. Je les cite d'après lui, et j'abrége.

1° La continence ou chasteté, uniquement en vue du ciel, et non pas des richesses et des honneurs ecclésiastiques ; 2° l'humilité, non-seulement parce qu'il ne convoita et n'accepta jamais les unes ni les autres, mais parce qu'il fit tout pour qu'il ne vînt jamais à l'esprit des papes ou des évêques de les lui conférer ; 3° la pauvreté, en ne recevant jamais des princes ni des rois, aucuns présents, gratifications ou pensions, et en se contentant des profits qu'il tirait de la vente de ses livres ; 4° le mépris de l'infamie, en prenant la défense de la foi catholique contre les plus grands ennemis de cette foi, les Scaliger, les Casaubon, les Hunnius, les de Thou, les Mornai et les Lectius ; 5° le mépris de la pauvreté, en défendant de telle sorte les droits et les biens des chartreux d'Espagne contre les usurpations des ministres du roi catholique, qu'il perdit à cela plus de douze mille écus d'or sur la pension annuelle dont ce prince lui avait fait promesse ; 6° le mépris de la mort, en plaidant la cause du Saint-Siége et de l'Église contre les Français qui livrèrent son *Ecclesiasticus* au feu ; contre le roi d'Angleterre dont il attaqua le livre en quatre ouvrages différents, qui fit brûler ces ouvrages par la main du bourreau, et pendre l'auteur en effigie ; contre les princes protestants qui votèrent sa mort dans leur assemblée de Rottenbourg ; 7° la part qu'il prit à la formation de la ligue catholique allemande, et l'impulsion qu'il donna à une ligue de la même nature contre le Grand-Turc, ligue qui avorta malheureusement par des circonstances indépendantes de sa volonté. A cet égard et à tous les autres, il invoque le témoignage de ses ennemis comme de ses amis, et renvoie ceux qui en oseraient douter, à ses *Amphotides* et aux *Epistolæ clarorum virorum*, publiées à Cologne (1).

Ce n'est pas tout : le Christ ne donna pas seulement à Scioppius la *volonté* de pratiquer tant de vertus sanctionnées par de si belles œuvres, il lui en donna le *pouvoir*. Il lui souffla la science des choses divines, dont les causes sont : l'observation de la loi du Seigneur, les lectures pieuses qui préparent l'homme à la perfection et l'acheminent au salut, l'éloignement de toutes les affaires, l'horreur et l'abstinence de toutes les délicatesses du monde ; les effets : des discours improvisés sur des sujets

(1) *Pædia*, etc., p. 23 à 28.

de piété, et quantité de livres édifiants. Il y ajouta la science des choses humaines, comme on peut le voir par ses nombreux écrits sur la politique, la morale, la logique, la rhétorique, la critique, la grammaire, etc., et comme on le verra bien mieux encore par *cent cinquante* autres écrits publiés ou à publier. Enfin, le Christ le dota de la connaissance des hommes et des choses, ou de l'expérience, laquelle Scioppius acquit dans les cours des papes, des empereurs, des rois et des princes, où il reçut autant d'honneurs que les princes eux-mêmes et leurs ambassadeurs (1).

Aucun témoignage, quand il s'agit des talents de Scioppius, ne doit mériter plus de confiance que celui des Jésuites. On sait assez, observe-t-il avec malice, qu'ils ne manquent ni d'intelligence, ni de la faculté de juger, et qu'ils ne voudraient pas mentir pour lui être agréables. Ils virent sa *Philosophica stoïca*, où plusieurs de leurs Pères sont comparés aux sophistes décrits par Platon; ils virent son *Scaliger Hypobolimœus*, où il dit clairement qu'il n'approuve ni les conseils, ni les mœurs de plusieurs d'entre eux, ni la méthode d'enseignement de la société; ils virent ses *Amphotides* où il leur reproche de vivre fort peu selon leur règle, de ne pas observer les institutions de saint Ignace, et de se mêler des affaires des princes plus qu'il ne convient; ils virent ses *Paradoxa litteraria*, où ils sont taxés de sottise insigne pour apprendre aux enfants les règles de la grammaire latine, avant qu'ils ne comprennent la langue, et pour avoir introduit dans cette même grammaire des règles de leur façon, sachant qu'elles

---

(1) *Pædia*, etc., p. 28 à 30.

étaient fautives et menteuses; ils virent enfin ses *Rudimenta grammaticæ philosophicæ*, où l'application d'une pareille méthode est qualifiée de ridicule et de stupide : cependant, quoiqu'ils aient vu tout cela et n'aient pas dissimulé le chagrin qu'ils en ont ressenti, les principaux d'entre eux ne laissèrent pas, soit dans leurs livres, soit dans leur correspondance particulière, de vanter son esprit, sa doctrine, son élégance, son intégrité, sa piété, sa pudeur et sa sagesse, et de le déclarer par acclamations envoyé du ciel pour relever et fortifier la religion catholique en Allemagne. Il cite à ce sujet Bellarmin, Jacques Keller, les Jésuites d'Ingolstadt, Paul Bombino, Emmanuel Tesoro et Laurent Forer (1).

Ma version ne donne qu'une faible idée du texte; cependant on y voit assez avec quel aplomb Scioppius nous débite les confidences de son orgueil, avec quel soin il rappelle les motifs qui peuvent le justifier. C'est que, comme les délicats s'enivrent de vin, Scioppius s'enivre de ses éloges, en gardant son sang froid. Mais souvent aussi l'ivresse n'est pas tellement maîtresse d'elle-même qu'elle n'ait le vin causeur, et n'oublie la relation des choses entre elles aussi bien que leurs conséquences. Il en est de même de l'orgueil. Voyez plutôt : Scioppius ne se vante guère d'une qualité que la preuve qu'il en apporte ne l'affaiblisse ou ne la démente. C'est un palais magnifique sans doute qu'il élève en son honneur, mais ce palais a pour base des terres rapportées, d'espèces diverses et sans cohésion. Pour moi, je ne prendrais pas hypothèque sur un immeuble si mal étayé.

(1) *Pædia*, p. 30 à 37.

Scioppius mourut en 1649, âgé de 73 ans. Dieu ne permit pas que le travail excessif de ses études le fît mourir ou qu'il fût nuisible à sa santé. Mais il voulut le souffrir dans le monde pendant une vingtaine d'olympiades et peut-être plus, pour l'exécution de ses desseins et pour l'exercice des gens de bien (1). » Cette réflexion qui est de Baillet, amnistie Scioppius. Elle veut dire que Scioppius n'a été que l'instrument de la Providence et qu'il n'a pas été libre de choisir entre le bien et le mal. Scioppius était assez vain pour être de cet avis. Mais n'est-ce pas disposer un peu témérairement de la Providence et s'ingérer dans ses conseils? On se tromperait souvent si l'on prétendait justifier la mauvaise conduite des gens par une excuse si commode ; car bien que les moyens employés par la Providence pour arriver à ses fins soient les plus efficaces, et que la méchanceté de certains hommes semble quelquefois être un de ceux qu'elle préfère, il ne faut pas se hâter de conclure que la violence et l'emportement sont louables, sous prétexte que le monde a besoin d'être châtié. Qui ne voit l'abus que les plus odieuses passions pourraient faire d'un pareil principe? Quoi qu'il en soit, la mort de Scioppius fut la joie de ceux qu'il avait attaqués et le soulagement de ceux qu'il avait servis. Catholiques, hérétiques, déistes mêmes, tous avaient donné leurs suffrages pour sa proscription ; les uns l'avaient invoquée, les autres y avaient consenti. Il avait déchiré la réputation de tous, et s'était fait gloire de n'épargner ni le rang ni le mérite. Loin de là, il se vantait d'avoir enseigné l'art de médire des gens en possession de quelque célébrité dans les

---

(1) BAILLET, *Jugement des savants*, t. VI, p. 124, n° 69. Paris, 1722, in-4.

lettres, et d'y avoir fait beaucoup d'écoliers (1). Il est à remarquer toutefois, dit Bayle, que Scioppius ne se fia pas toujours à sa plume. « Un grand fanfaron dans la république des lettres (2) que Nicius Erythræus ne désigne que par les noms de *Zoïlus Ardelio* (3) se plaisait à le maltraiter et à le ranger au plus bas étage des gens d'étude. Il le menaça même d'un livre qui le convaincrait aux yeux de toute la terre de n'être qu'un franc ignorant. Scioppius lui envoya signifier qu'il eût à se taire, et que s'il continuait à le chagriner, il se ferait des affaires, non pas au tribunal du Parnasse, devant les Muses, mais devant les magistrats ; que Scioppius mettrait bas les armes de l'érudition, n'emploierait point d'autres écritures que celles que les greffes de Bologne lui pourraient fournir ; qu'il y ferait lever les informations et la sentence par laquelle ce personnage fût déclaré convaincu de plusieurs crimes. Voilà, dit-il, de quelles armes je me servirai, s'il continue de m'importuner. Quand cet homme eut ouï cette menace, il abandonna le dessein d'écrire contre Scioppius..... On peut, continue Bayle, regarder cela comme une disgrâce bien mortifiante pour Scioppius. A proprement parler, Zoïlus Ardelio triompha de lui ; car dès qu'un homme de lettres, dans une dispute d'érudition, a recours aux magistrats, aux sergents et aux procureurs, c'est une marque qu'il se défie de sa plume et de sa science. Il change l'état de la question ; il fuit le combat ; il n'ose aller sur le pré avec son antagoniste. »

Bayle va un peu loin. Tous les jours les plus braves

---

(1) Jos. Scalig. *Epist.*, p. 354, ep. 142.
(2) *Dict. hist. et crit.*, art. Scioppius, Rem. O.
(3) *Pinacotheca*, I, p. 241. Lipsiæ, 1712, in-8.

dédaignent d'aller sur le pré avec un homme flétri par la justice ou l'opinion publique, et demandent raison de ses insultes aux tribunaux ; pourquoi ne ferait-on pas de même d'un écrivain qui serait dans le cas de cet homme? Est-ce que, en déposant le stylet ou l'escopette pour prendre la plume, il se serait par hasard réhabilité ? On ne saurait dire non plus en faveur de Scioppius que s'il eut l'idée de s'adresser aux magistrats, ce fut par paresse, et pour s'éviter la peine de répondre; il travaillait quinze ou dix-huit heures par jour, et quand il n'avait pas quelques querelles à vider, il ne dormait pas qu'il n'en eût fait naître une. Ce besoin de querelles n'empêchait pas qu'il ne fût difficile sur le choix de ses antagonistes, et il en eut d'assez grands et d'assez puissants pour se croire dispensé de croiser le fer avec des repris de justice. Ottavio Ferrari nous le représente enfermé, durant les quatorze dernières années de sa vie, dans une chambre étroite d'où il ne sortait presque jamais, écrivant jour et nuit et n'ayant d'autres délassements que ses conversations avec les érudits qui venaient le voir quelquefois dans sa solitude (1). Il s'était un peu plus dérangé les années précédentes. Ses allées et venues, ses intrigues, sa poursuite des honneurs, des pensions, avaient absorbé une grande partie de son temps. Néanmoins il avait déjà écrit plus de livres qu'il ne vécut d'années. Sa fécondité à cet égard égala presque celle de tous ses ennemis ensemble. Les Jésuites étaient obligés de se relayer pour lui répondre; ils étaient sur les dents, quand il mourut. Mais alors même, il se préparait à les attaquer encore, n'y mettant pas moins d'acharnement

---

(1) *Prolusiones*, p. 227. Patavii, 1650, in-8.

que s'il eût été des leurs, et qu'il les eût abandonnés, ainsi qu'il abandonna les luthériens, sans leur pardonner sa défection. Cependant, il ne fut jamais jésuite, quoiqu'on l'ait assuré. Au contraire, il se plaisait à dire que Dieu lui avait fait la grâce de n'avoir pas été leur disciple un quart d'heure seulement (1). Mais il s'était promis d'être un jour leur rival, et, s'il se pouvait, leur maître. Il ne réussit ni à l'un ni à l'autre. Les Jésuites ne changèrent rien à leur méthode et s'en applaudirent. L'état de leurs écoles était florissant ; ils comptaient plus de deux cent mille écoliers (2). Scioppius avait beau critiquer leur latin avec la même injustice que celui des anciens, sans en excepter Varron et Cicéron (3), l'éclat et la solidité de leurs études, et l'incontestable talent avec lequel plusieurs membres de leur compagnie écrivaient cette langue, étaient une protestation vivante contre l'acharnement de ses critiques. Ils étaient d'ailleurs trop habiles pour ne pas convenir des défauts de leurs écrivains. Tout en décernant la palme de l'éloquence latine au Père Strada, ils ne niaient pas qu'on ne pût reprendre en son style une douceur outrée, une monotonie assoupissante, et l'abus du sésame et du pavot (4) ; ils disaient seulement qu'il y entrait moins de cet ingrédient que de nectar et d'ambroisie. Scioppius, dans un écrit dont le titre seul est une injure (5), dénonça

---

(1) Alb. de Albertis, *Lapis Lydius*, p. 216.

(2) *Consult. de scholar. et studior. ratione.* P. 108, Patavii, 1636, in-12. Cet écrit est de Scioppius.

(3) Voyez notamment son *Infamia Famiani cui adjunctum est De styli historici virtutibus ac vitiis judicium*. Soræ, 1658, in-8.

(4) Nihilque nisi verborum mellitos globulos, et omnia dicta sesamo ac papavere sparsa. — *Consultationes*, etc., p. 109.

(5) *Infamia Famiani*, etc. Voyez ci-dessus note 3.

les solécismes, les barbarismes, les italianismes et les impropriétés du style du Père Strada ; il ne montra pas plus de réserve à l'égard de Maffei. Mais Laurent Forer entreprit de lui prouver que ces fautes étaient, partie celles des copistes, partie celles des imprimeurs, et que la grammaire ne réclamait nullement contre le reste (1). Je n'aurais pas la foi ni surtout l'assurance de ce jésuite.

Quoi qu'il en soit, l'écrit de Scioppius contre Strada, et la dissertation qui vient après sous le titre de : *De styli historici virtutibus ac vitiis*, méritent également d'être lus. On y voit que personne mieux que lui ne connaissait les finesses de la langue latine, et qu'en général, ses critiques sont moins sujettes à caution que ne le croit et l'assure le Père Forer. Mais il a en effet le tort d'être plus pointilleux que ne l'eût été un puriste du siècle d'Auguste. « Il ne pouvoit souffrir, dit Arnauld (2), qu'on prît aucun mot dans une autre signification que celle dans laquelle on le prenoit à Rome dans les meilleurs temps, et qu'on lui donnât une autre construction. » L'histoire du Père Maffei (3), fut passée au crible comme celle de son confrère (4), et Scioppius trouva qu'elle fourmillait de fautes qui ne seraient même pas supportables dans un écolier (5).

Scioppius avait raison d'être aussi sévère ; mais il s'exposait beaucoup. Sa sévérité l'obligeait à prêcher d'exemple, et la violence de la polémique l'entraîne dans

(1) *Grammaticus Proteus*, p. 228 et suiv.
(2) *Morale pratique*, t. III, p. 125.
(3) *Historiarum indicarum* libri XVI.
(4) Dans un fragment de la *Propædia rhetoricæ* de Scioppius, qui a pour titre : *De exercitationibus rhetoricis*. Mediolani, 1629.
(5) *Consultationes de scholarum*, etc., p. 109.

des infractions à la règle, de l'espèce de celles qu'il reproche à Maffei. Il est tel moment où il se néglige à ce point, qu'il se sert d'expressions comme il en eût entendu, j'imagine, dans les cuisines des Jésuites, s'il eût eu la fantaisie d'y critiquer les marmitons. Son style même le plus soigné est loin d'être irréprochable. Il sent trop le thème et laisse trop voir l'allemand sous l'enveloppe latine. Ce vice se remarque surtout dans ses premiers libelles. Il semble que Scioppius s'y exerce au latin plus qu'il ne l'écrit. Quelques-unes de ses phrases sont d'une longueur démesurée. Le verbe rejeté à la fin, et le régime y sont séparés par des intervalles qui semblent leur ôter tout espoir de se rencontrer jamais. Les incidentes, les parenthèses se succèdent les unes aux autres et s'accumulent entre elles, comme pour s'opposer à ce rapprochement et semer l'obscurité autour du lecteur. Scioppius a peur évidemment de tomber dans le défaut de la plupart des écrivains de son temps, qui, à force d'être simples et afin d'être plus clairs, n'arrivent le plus souvent qu'à être plats. Aussi bien ressemble-t-il plus qu'eux à un ancien, car il demande plus d'efforts pour être compris. Mais quoi qu'il fasse, l'illusion ne se soutient pas longtemps, et le moderne, l'allemand surtout, se trahit à chaque instant par son labeur et sa prolixité.

Encore un mot pour finir. Baillet dit : « qu'une belle description de la vie de Scioppius seroit peut-être la peinture la plus bizarre que l'on pût faire d'un savant barbare que la science auroit rendu plus fin et plus farouche que la nature ne l'auroit produit en naissant (1). » J'ai essayé

(1) *Jugement des savants*, t. VI, p. 124, n° 69.

de faire cette description, qui n'est peut-être que bizarre. Je laisse à d'autres le soin de remplir entièrement le programme, en y mettant la qualité que demande Baillet. C'est assez pour moi si l'on m'accorde d'avoir fait preuve d'exactitude, et si l'intérêt dont le personnage est digne à tant d'égards, n'a pas trop souffert de la faiblesse de son biographe.

APPENDICE

I

Quæcumque Paulinus Clementis Octavi datarius, bene in me facere visus est, ea nunc didici non tam ulla ipsius in me prompta et sincera voluntate, quam propriæ utilitatis respectu ab ipso profecta esse. Sed iis rem totam simulationum involucris texit, ut non me solum hominem scilicet ἐναπάτητον, sed multos etiam alios τὰ τῶν βροτῶν εἰδότας recoctosque aulicos egregie fefellerit. Accipe nunc Florentinorum insidias et crimine ab uno disce omnes. Cum russum galerum et purpuram jam exploratam et domi conditam habere sibi videretur, majora, ut fit, animo jam concipiens, summam rationum quibus in cathedram pontificiam se collocare posset cœpit subducere. Ac quoniam nosset suffragatione regum atque principum facillime illuc perveniri posse, quacunque potuit ratione (potuit autem plurimis, quod incerta sit summa fructuum datariæ, modo 40, modo 50, nonnunquam etiam 60, nunquam autem minus 30 aureorum millibus menstruis ad Pontificem ex ea redeuntibus, ut ita datario facile sit partem inde quantam velit delibare), reges ac principes, eorumque oratores sibi devincire studuit, dum regibus munera mitteret, oratorum propinquos et amicos sacerdotiis et beneficiis ecclesiasticis afficeret, uxores etiam oratorum variis donis sibi conciliaret. Jamqueadeo rem illuc perduxerat, ut certamen Gallis et Hispanis esset, utri magis hominem diligerent. Exinde Polonos, Scotos et Anglos complexus est, ita ut nonnullis nobilibus virginibus Scotis, quæ catholicæ factæ ex aula et gyneceo reginæ discesserant, dotem Avenione numerari curaret, et litteras ab ipsa regina hoc suo officio extorqueret. Restabat ut Germanos quoque suos faceret, quod consecuturum se judicavit, si me ut ambitionis suæ parario uteretur; nam ei nescio quid magni Lamatta

Hispanus, qui unus ipsi erat omnia, de ingenio meo persuaserat, maxime si loco et habitu equestri theologiæ studia tractarem. Habuit autem rationem hanc, si aliquando legatus cardinalis in Germaniam iret, hanc sibi legationem prærogativæ loco ad Pontificatum futurum, si præsertim Germanorum principum aliquem Romanæ Ecclesiæ rursus adjungeret. Hoc itaque consilio, me interprete cum plerisque adolescentioribus principibus Saxoniæ, Holsatiæ, Hassiæ, Wirtembergiæ, Pomeraniæ, Brandenburgi, Anhaltinis, Palatinis, Nassoviis, Solmensibus aliisque notitiam et hospitium constituit, et muneribus delinitos dimisit. Me interim ita habuit ut nihil me aliis a se nequicquam petere pateretur, quod eam rem auctoritati et honori mihi fore judicaret, cujus cupiditate ipse me duci credebat: cæterum, quanquam ei a Pontifice mandatum fuerat ut ita me tractaret, ut non ipse solum æquo animo esse possem, sed alii etiam æquales mei ad imitandum exemplum meum incitarentur, tamen quia verebatur ne si firmos et fixos reditus haberem, non satis ei postea ex sententia neque dicto audiens essem, nunquam mihi pecuniam negavit, si ea mihi opus esse dicerem, sed proprios et perpetuos fructus ut mihi constitueret adduci non potuit. At quoniam metuebat ne si hoc sciret Pontifex, id indigne laturus esset, cavit sedulo ne ad Pontificem admitterer. Semel tamen cum mihi id importunius postulanti, refragari diutius non auderet, monuit ne Pontificem de stipendio docerem, tanquam scilicet plus jam habuissem quam Pontifex dari mihi imperaverat. Etiam sæculari anno, cum coram Pontifice mentio de me forte injecta fuisset, et Petrus Aldobrandinus ipsi Paulino dixisset, locum se mihi in familia sua daturum, sportulamque alendis tribus famulis, tametsi ipse meo consilio usus repudiare Aldobrandini liberalitatem cogitabam, quod inducere animum non possem ut homini ejusmodi operas addicerem, ipsius tamen Paulini quoque suasu id ipsum feci facilius. Sed et cum intellexit imperatorem jam jussisse litteras pro me ad regem catholicum scribi, quibus jus indigenatus sive *naturalitatis* (ut vocant) mihi dari a rege postularet, serio me monuit ne iis litteris uti vellem, quod ægre hoc pacto Pontifici facturus essem, quippe quem ad benefaciendum mihi cogere vellem, aut non satis ad me juvandum vel animi vel virium habere crederem. Providit nimirum si jus illud haberem, omnino sibi necessitatem fore liberalissime sibi ex beneficiis Hispanicis providendi, sicque me facile Coraci illi Petroniano similem, detracto-

rem videlicet ministerii futurum (1). Postea, cum imperatoris
jussu litteris Cæsarianorum Pragam vocarer, Pezzenius quoque
extraordinarius Cæsaris ad Pontificem orator omni vi secum hinc
abducere conaretur, stipendio liberalissimo 1200 florenorum
proposito, id egit Paulinus, ut Romæ me manere malle dicerem,
et Cæsarianos non mediocriter offenderem. Dicebat quippe Pontificem cui se litteras Cæsarianorum ad me scriptas ostendisse
aiebat, respondisse sibi : Si omnino discedere cogitem, nolle se
commoda mea impedire ; suadere se tamen ne hinc moveam,
pollicerique, si maneam, futurum ut minime mansionis me pœniteret. At ego nunc quovis sacramento contenderim, eum ne
verbulum de re mea cum Pontifice tunc fecisse. Fuit etiam cum
in Hispaniam studiorum sacrorum caussa discederem, fuit, cum
religiosum vitæ genus amplecti vellem. Ab utroque callida Paulini dissuasio me revocavit, quod sibi occasionem opera mea ad
rationes suas utendi nollet elabi. Ac quamvis spes eum purpuræ
frustrata fuerit..... etiamnum consilia expiscendi galeri agitat,
nuper ex ejus verbis conjeci. Aiebat enim gratissimum sibi futurum si se Pontifex cardinali qui ad comitia Germaniæ legatus
iturus esset, comitem, ut solet, adjungeret ; atque hæc reliqua
ipsius spes nuper eum impulit ut Electoris Brandeburgici filio et
numeroso ejus comitatui lautum pararet prandium. Scit nimirum solere imperatorem prælatum illum qui cardinali comes
est, litteris suis Pontifici laudare, et purpuram ei ambire : quod
ille se facturum hoc impensius putat, quod principes illos quos
muneribus et xeniis hic Romæ affecit, eam rem ab imperatore
postulaturos credit. Sed ego vereor ne frustra futurus sit, maxime
si ego aliis suspicionem hanc meam aperiam. Interim, non desino negotium meum agere, ut quod Paulini astu e manibus
amisi, nunc mea diligentia reprehendam ac recuperem. Fuit superiore æstate Romæ excellentissimus comes Raimundus Turrianus qui prius ipsos duodecim annos cæsareum in Italia oratorem egerat. Eum quod sic in me propensum intelligerem, ut ille
mihi omnia sua arcana crederet, majoremque mihi in mensa et
in curru, quam aliis nobilibus et baronibus honorem haberet,
rogavi negotium meum impetrandi a rege catholico juris illius
ad curam suam pertinere existimaret, quod ille se summa cum
fide et diligentia facturum recepit..... Ac quanquam summa est

---

(1) Voyez *Petronii Satyricon*, cap. CXVII, p. 73, de l'édition Dubochet. 1842.

Turrianus apud Archiduces auctoritate, nihilominus ut majori cum dignitate res geratur, visum est testimonio quoque cardinalium Sangeorgiani, Baronii, Seraphini, Giurii, Perronii, Saulii et Vicecomitis niti, qui litteris ad Archiducem et matrem datis eis fidem facient, me his aliquot annis de religione catholica deque domo Austriaca optime esse meritum, et si me redire in Germaniam contingat, non mediocri me usui tam Austriacis quam sedi apostolicæ futurum judicari. Ita spero me voto potiturum facilius, ut mihi Pontifex sine ullo suo onere aut incommodo liberalissime providere possit. — *Sylloges epistolarum*, curante P. Burmanno, t. II, p. 53-55. Leyde, 1727, in-4.

II

Cum igitur primis ineuntis adolescentiæ meæ annis, veteres scriptores, et in primis poetas legere cuperem, et viros autem doctos audirem qui *arma pruriginis,* hoc est, obscœna illa poetarum carmina isti præsertim ætati propter periculum etiam atque etiam cavenda dicerent, excogitavi rationem qua cum minimo damno meo aut periculo utilitates quæ ex illa lectione peti possunt, haurirem. Quoniam igitur poetas cum Sirenibus comparari animadvertebam, faciendum quiddam censui quod fecisse Ulyssem fons ingeniorum Homerus fabulatur. Sicut enim ille auribus sociorum, ne ad Sirenas cantus earum suavitate allecti, navem appellerent ac frangerent, cera obturatis, manusque pedesque sibi alligari præcipit, ut cum sonum earum auribus percepisset, ne volens quidem deflectere ad eas posset; ita ego quod lubricas illas cantilenas tuto..... percipere cuperem, temperantiæ et abstinentiæ ultro me colligandum præbui... Toto itaque biennio sic in Germania vixi, ut integros dies aridus, siccus ac jejunus in studendo consumerem, omninoque prandia ignorarem. Veni postea in Italiam, ubi, cum plerosque omnes scriptores veteres tam græcos quam latinos diligenti lectione contrivissem, excerpsissemque sedulo omnia quæ ad corrigendos ordinandosque mores et affectus, et ad vitam quam tranquillissime agendam usui fore visa essent,... non modo bis, sed etiam semel in die saturum fieri et vino carere nolle, non satis eo dignum esse deprehendi, qui sibi legendis sapientiæ magistris illis operæ pretium fuisse videretur... Quare, ne in legendis istis oleum et operam perdidissem, tanquam germanus stoicus quique ad vitam potius quæ didicisset quam ad disputationes referenda censeret, vinum aqua ex præfluente Tiberi hausta mutavi, quod ignem scilicet, ut ait Plato, igni addendum non putarem, tum carnes in perpetuum a mensa mea proscripsi, non solum διὰ τὴν νωθρίαν τὴν ἀπὸ τῆς κρεοφαγίας ἐγγινομένην, sed etiam ἀσκήσεως χάριν καὶ τοῦ μὴ σφριγᾶν περὶ τὰ ἀφροδίσια τὴν σάρκα, ut idem Clemens loquitur,.... sed etiam piscibus et ovis culina ac mensa mea interdixi, quod hæc quidem στυπτικὰ plus satis experimentis didicissem, piscium vero esu majorem etiam quam carnium voluptatem capere solerem; quare dimidiato caule et aliquantulo oryzæ cum pyro aut pomo et casei frustillo contentus, ipsas viginti quatuor horas durare soleo, eadem opera jentans, prandens, cœnans ac comissans. Noctu, hoc est, ut nunc est, ad nonam decimamve noctis horam ut condigne cubem curatum est. Cubitus scilicet est qualem non forte habuit Seneca, quamvis eo duro ac corpori resistente usum sese dicat; asseres scilicet sine ulla culcita, cervicali tantum duabusque lodicibus instructi. Hoc ego lecto juxta hieme atque æstate utor, neque quicquam purpuratis istis nostris delicias suas invideo. Atque adeo sic mihi nunc vitæ istius modus ex plurium annorum consuetudine in naturam convertit, ut in eo vel pauxillum migrare (quod rarissime, nonnunquam tamen dans aliquid amicis facio) non minima fere molestia exinde me afficiat. Id denique in omnibus meis studiis atque actionibus dare operam soleo, ut ne cui vita mea a stoico illo quem in Elementis meis stoicis informavi, multum dissidere videatur. Verumtamen multum a me vera animi tranquillitate tanto opere mihi quæsita etiamnum abesse oporteret, nisi genio meo propositio in Fr. Costeri libellos incidissem..... Omnis meæ beatitudinis quæ in hac vita obtineri potest, auctorem secundum Deum profiteri cogor.... Efficit enim in aureolis illis libellis ut eædem actiones illæ quas prius humanæ sapientiæ præceptis auscultans, tanquam rectæ rationi consentaneas, suscipere solebam, multo nunc, ut spero, puriores et integriores exeant, vitiis scilicet ac peccatis, in quæ propter humanæ naturæ fragilitatem incidere solemus, pœnitentiæ sacramento lustratis et expiatis, passionibus autem et affectibus frequenti communicatione corporis et sanguinis D. N. Jesu Christi magnam partem elisis et comminutis. Cum etiam prius haud fere aliud in agendo propositum haberem, quam ut omni vita ad rectæ rationis normam directa quam pacatissime possem et tranquillissime vivere, nunc sanctis Costeri monitis, exhortationibus et meditationibus commotus ad Deum tanquam ad ultimum finem in quo demum mens nostra possit conquiescere, omnes actiones meas referre disco, et vere sacerdotem (quod soli sapienti suo tribuunt stoici) agere jam incipio, me ipsum et omnia mea bene cum cogitata, tum dicta, tum facta, tam cultus et honoris, quam placandi et expiandi caussa peccati ei offerendo. — *Scaliger Hypobolimæus*, p. 250, 251.

Non vereor ne cui videar ad ostentandam pietatem hæc de me ipso prædicasse, cum uni nempe Deo qui corda ac renes scrutatur, ante cujus etiam tribunal me et consilium hoc meum scio manifestari oportere, quicquid hujus facio probare cupiam, et mercedem etiam a justo judice in die illa mihi repositum iri sperem; quod certe frustra facerem, si vel minimum gloriolæ ex re quærerem, cum de iis qui, gloriæ caussa, et ut videantur ab hominibus, sive orant, sive jejunant, pronuntiasse Christum sciam : Amen dico vobis, receperunt mercedem suam.— *Ibid.*, p. 264, verso.

II (*bis*).

Qui (Thuanus)..... ex eo quod tibi, rex catholice, negata hæreticis *Autonomia* mali verterit, et provincias aliquot a ditione alienarit, male et imprudenter a vobis factum, contra regem Galliæ nuper certa Francisci Ravaillaci manu cæsum, in permittenda calvinismi libertate multum vidisse, ex eoque feliciter et ex sententia rem gessisse cogit, haud sane scio num plus etiam quam in superioribus insaniat. Si enim *divus Philippus* tuus, rex catholice, parens, propterea imprudenter fecisse, nulloque consilio usus videri debet, quod ob negatam hæreticis impietatis ac perfidiæ suæ libertatem, Hollandiam ac Zelandiam amisit, quantam Henrici Burbonii imprudentiam vel stoliditatem fuisse oportebit, cui susceptum hæreticorum patrocinium non unam alteramque provinciam, non regnum, non imperium, sed ipsam vitam; atque utinam ne simul alterius vitæ spem omnem eripuit? Quis est qui tam inopinato tanti regis ac bellatoris casu non attonitus, statim psalmi verbis exclamandum putarit: *Ecce homo qui non posuit Deum adjutorem suum, sed speravit in multitudine divitiarum suarum, et prævaluit in vanitate sua..... Viderunt oculi ejus interfectionem suam, et de furore Omnipotentis bibit.*

III

Tuum est igitur, Cæsar, fungi manus officio, et hunc cibum capiti Ecclesiæ, sive ordini ecclesiastico præbere, atque hoc vestitu corpus amicire. Quod si quis alterutrum, hoc est sive escam, sive amictum Ecclesiæ debitum aut rapiat, aut possideat, vel quocumque modo ei faciat injuriam, tum tu brachium seu manus, *non sine causa gladium ancipitem portas, sed ad faciendam vindictam in nationibus, increpationes in populis, ad alligandos reges eorum*, sive principes, *in compedibus, et nobiles eorum in manicis ferreis*. Ad quem vero finem? utrum hactenus tantum ut eos paucis post annis a captivitate liberes, ac dimittas? Nequaquam; Dominus enim eos tradidit; non tu viribus tuis in potestatem tuam redegisti, sed *ut facias in eos judicium conscriptum*,.... *donec veniant ad te curvi et adorent vestigia pedum tuorum*,.... *proque ære* quod tibi prius abstulerunt *afferant aurum, et pro ferro afferant argentum*,... donec ex hæreticis fiant denuo catholici, seque Pontifici subjiciant et quæ sacrilege rapuerunt, cumulatissime et velut cum uberrimo fœnore restituant..... *Si audieris in una urbium egressos esse de medio tui filios Belial*, sive inobedientes et jugum episcoporum abjicientes,..... ut novam religionem sectentur, non acquiescentes iis quæ docent sacerdotes,..... *statim percuties habitatores illius urbis in ore gladii, et delebis eam, omniaque quæ in illa sunt, usque ad pecora*, etiam infantes et pueros, sive ut I Reg., xv, legimus, *parvulum et lactantem*, qui hoc modo servantur, ne adultiores facti, patrum scelere implicentur et in æternum pereant... Cum principes populi Israel familiariter cum Moabitis comedissent, et adorassent deos eorum, suoque exemplo populum ad eadem facienda perduxissent, iratus Dominus ait ad Moysen : *Tolle cunctos principes populi, et suspende eos contra solem in patibulis, ut avertatur furor meus ab Israel* (Josue, x)..... *Qui agrum non suum*, sed ecclesiarum et monasteriorum *demetit*,..... ab hujus ergo generis iniquo prædam auferre, Cæsar, debes, id est ecclesiasticis hominibus erepta restituere; tum etiam molas aut molares dentes ejusdem conterere, sive potestatem, imperium aut principatum ejus quo vim facit. — *Classicum belli sacri*, cap. I.

IV

Sic igitur habes, imperator, decretum judicis, exquo interdicere debes quemcumque summo sacerdoti non obedientem,..... *nec audias* quibus argumentis suam sententiam probet, *neque pareat ei oculus tuus*.... Atque hujus rei tibi David exemplo esse potest, qui de se gloriatur (psalm. c) : *In matutino interficiebam omnes peccatores terræ*..... Quare, si vel imperator et dominus hæreticorum principum non esses..... tamen sola etiam catholicæ fidei in provinciis eorum conservatio aut propagatio,..... ad bellum ipsis inferendum, et occupandas tibique et familiæ tuæ vindicandas provincias eorum exacuere te debebat, cum tantum ex ea re præmium percipere tibi liceat : nec enim religionis propagatione ullus esse potest justior ac probabilior rei suæ augendæ ac finium proferendorum titulus.... Eodem prorsus modo iniquissimum est, lutheranos catholicorum terras tenere, et jure tu, Cæsar, auditum facies fremitum prælii, ac Wittembergam in tumulum dissipabis, igneque succendes, possidebuntque catholici ac sub ditionem suam redigent eos qui se prius possederunt, et lutheranismus in transmigrationem ducetur, sive ex Germania exterminabitur, prædicantes ejus et principes ejus simul. — *Ibid.*, c. II.

V

Qui mollibus sententiis hæreticorum successus alere, teque objecta falsæ clementiæ specie ab officio detrahere conantur, tibi nequaquam audiendos, sed velut homines aut insigniter improbos, aut rerum gerendarum turpiter imperitos, procul habendos, imo cane pejus et angue vitandos esse. — *Ibid.*, c. III.

VI

Quapropter, cum iis quidem qui *valde procul a nobis sunt*, et a quibus, propter nimiam religionis dissimilitudinem, periculum non est, ne in errorem inducamur, tanquam cum Mahumedanis, Ethnicis et Helvæis, fœdus tibi facere, imperator, licet : non item cum hæreticis qui vicini sunt, qui quod pleraque nobiscum habeant communia, facile nos ab avita religione ad novitates suas, carni præsertim blandientes, possunt abducere. De his prædictum est fore, *ut velut spinæ evellantur universi, quas si quis tollere voluerit, manus suas armabit ferro et ligno lanceato, igneque succensas comburet usque ad nihilum.* (II Reg., xxiii.) Quare cum eos Deus in manus tuas tradiderit, *percuties eos usque ad internecionem; non inibis cum eis fœdus, nec misereberis eorum.....* Et quemadmodum Davidem de se profitentem modo audivimus, *in matutino eos disperdas,* tibi persuadere debet. *Capite vobis vulpes parvulas* (præcipitur vobis regibus, Dei venatoribus [Jerem., xvi, 16] *quæ demoliuntur vineas,* sive vastant ecclesias ac monasteria (Cantic., ii). Cur autem, dum adhuc parvulæ sunt, capi eas præstet..... Primum enim viribus augentur, cum, quod fieri solet, alios sive veri specie, sive spe prædæ objecta inescatos, in erroris et hæreseos suæ societatem pellexerint..... Postremo etiam, propterea fidem tibi datam non servabunt qui parentibus his nascentur, quibuscum tu fœdus facere Granvellani monitu suasuque voles, quia, cum haud ipsi primum quæstusque sui causa velut parentes ex Ecclesia exierint, sed errorem simul cum lacte nutricis hauserint, neque jam vulpeculæ, sed verveces sunt (quamvis cornupetæ et satis feroculi), etc. — *Ibid.,* c. xix.

VII

Quod si autem Granvellani ac similium carnis prudentia præditorum consilia secutus, Dei et Ecclesiæ inimicos parum oderis, ac dum inanem falsæ clementiæ gloriolam colligas, sive tibi ac Dei auxilio subdiffidens, aut etiam tuorum ambitioni nimium indulgens, in hæreticos ultorem gladium stringere dubites,... habes ergo, imperator, cur metuas ne imperium ob virtutem, imprimisque pietatem et catholicæ fidei zelum domui tuæ datum ab eadem transferatur,..... si præterea ut imperium in familia tua constabilias, plusquam par est hæreticorum principibus indulseris..... Hoc memorabili exemplo monitus, etiam atque etiam, imperator, cavebis, ne si quando tuos ac Dei perduelles, divino ac humano jure mori jussos, in potestatem tuam redegeris, sive clementiæ famam aucupabundus, sive inimicitias aliorum quibus illis amicis et confœderatis utuntur, pertimescens eis pareas, et gladium in vindictam malorum tibi ab Ecclesia datum, sic feriatum geras. — *Ibid.*, c. xviii.

VIII

Cum ejusmodi principibus, instinctu Dei, subditos ipsos, aut etiam alienos nullam inimicitiæ causam cum eis habentes, sæpissime imperium abrogasse, sibique vindicasse constet.... Quid autem si rex.... Dei vocem ex ore sacerdotis profectam contempserit, legemque seu Scripturam in iis quæ ad salutem omnino sunt necessaria, aliter quam sacerdotes docent, intellexerit, anne etiam ipsum ad sacerdotis arbitrium separatum, seorsim ab aliis habitare, adeoque regnum exutum ac privatum vivere oportebit? quidni? (*Ibid.*, c. iii.) Quid enim? si Josua noluisset ad verbum Eleazari ducere populum judaicum, nonne populus quod suum erat merito fecisset, et ducem ejusmodi suas sibi res habere, alioque se meliori locum cedere jussisset?— *Ibid.*, c. iv.

IX

Cum Benadad, rex Syriæ, prælio ab Israelitis Dei gratia victus, fugeret in civitatem, dixerunt ei servi sui : Ecce, audivimus quod reges domus Israel clementes sint (quasi dicant : Pro ingenita Austriacæ domui clementia non facile animum inducunt ut hostes suos debitis suppliciis afficiant....), *ponamus itaque saccos in lumbis nostris, et funiculos in capitibus nostris, et egrediamur ad regem Israel : forsitan salvabit animas nostras.* Quod cum ita fecissent, Achab cui pulchrum ac gloriosum videretur regi capto parcere, non modo vitam ei non ademit (quamvis id unum modo rogatus fuisset), sed etiam fraternam ultro benevolentiam detulit, ac fœderatum a se dimisit. Porro lucrum quod ex sinistra sua clementia facturus erat, his prophetæ verbis continetur: *Hæc dicit Dominus : Quia dimisisti virum dignum morte de manu tua, erit anima tua pro anima ejus, et populus tuus pro populo ejus.* — *Ibid.*, c. xviii.

X

Magnum, serenissime rex, Majestas tua laborem nuper cœpit, cum in *Monitaria sua Præfatione,* catholicis regibus, principibus atque ordinibus, tanquam iis quos vel oculis captos, vel in obscura caligine summaque veritatis ignoratione versari putat, manum auxiliariam humanissime præbere, seque viæ ducem promittere, partim etiam luculentam facem ex una *lampadum ante thronum* Dei in B. Johannis Apocalypsi ardentium accensam præferre animum induxit. Nec enim quemquam præterit quantam negotii vim sibi paret qui se tot cæcis ducem offerat, cui præsertim neque domi suæ non sit affatim quod agat, quoque tempus traducat. Et jam illud in mentem multis venit, S. Johannem, ut lampades illas ante thronum Dei ardentes videre posset, *audivisse vocem tanquam tubæ dicentem sibi :* Adscende huc, eique ostium in cœlo apertum fuisse. Atqui haud paulo difficilius in cœlum adscenditur, quam *in vividum illum amœnumque campum, florentibus spatiis extensum, et interfluente rivo distinctum devenitur, ubi se Majestas tua tempus et otium fallere velle* significat. Omnia ad campum illum tendentibus proclivia sunt; facile et momento temporis descenditur. Sed habent hoc fortassis insulæ, ut inde facilior quam aliis ex locis aditus et cursus in cœlum pateat, cum etiam ex Pathmo insula Johannes illuc subvolarit... Utut autem sit, sive Angelus Domini Majestatem tuam, ut quondam Habacuc prophetam, *in vertice prehensam et in capillo capitis sui portatam,* sive deorum Talthybius, τοῦ δεξιοῦ ὠτὸς ἀποκρεμασθεῖσαν dextra auricula suspensam... currui solis admoverit, ut ibi lumen nobis catholicis præferendum accenderet, ingentem certe nostra causa laborem cepit, quo nomine nisi plurimum ei debere nos fateamur, nullo cujusquam beneficio dehinc digni merito existimemur.... Et ego quidem cum Majestatem tuam facem de cœlo ad nos detulisse non omnino impune esse animadverteram, ita ut eam ab Æschyli Prometheo..... verba hæc mutuatam recte de se profiteri posse censeam :

Θνητοῖς ἀρήγων αὐτὸς εὑρόμην πόνους,

quippe quum oculos nimio lampadum illarum ante solium Dei ardentium splendore præstrictos et hebetatos, ac tantum non penitus effossos reportasse intelligam, *Collyrium* mirificum ex intima mea arte depromere cœpi, quod Majestati tuæ, meo aliorumque catholicorum nomine, non tam referendæ quam agnoscendæ profitendæque gratiæ causa offerrem. Id quin Majestas tua benigne acceptura sit, non modo summa illius omnium sermone celebrata humanitas, sed etiam perspicua muneris non tam utilitas quæ summa et multiplex ostenditur, quam extrema necessitas et indigentia me dubitare vetat. Cum enim in *Monitoria sua Præfatione*, et sanctorum Ecclesiæ Patrum et Doctorum scripta se legisse magnopere omnibus persuasum cupiat, et articulum de sanctorum suffragiis *nuperum ac novitium dogma in Romanæ Ecclesiæ officina a theologis qui nova disputandi ratione theologiam corruperint, recenter cusum*, cæterum in scriptis Doctorum qui ante quingentesimum Christi annum exstitere, INVISUM esse, seu nusquam videri contendat, Magdeburgenses autem Centuriatores quos Majestas tua velut fidei suæ participes, in eaque defendenda collegas, oculis uti neque cæcultare (1) fateri cogitur, eum articulum in scriptis Patrum anno Christi quadringesimo (2) trecentesimo atque adeo ducentesimo vetustiorum cum viderint ipsi, tum aliis etiam clare videndos exhibeant et sub omnium adspectu ponant,.. consequitur ut Majestas tua aut oculis omnino capta sit, aut non medioriter saltem cæcutiat... Itaque nullius magis quam tua interest, collyrii opera hebetatam oculorum tuorum aciem exacui, non modo quia haud consentaneum vereque ridiculum schema est, ut *qui ipse sibi* (quemadmodum est apud poetam) *viam non sapit, alteri monstret semitam*, sed etiam quia *cum cœcus cœco ducatum præstet, ambo cadunt in foveam*. Age ergo, quo bene vertat *lux vera quæ illuminat omnem hominem venientem in hunc mundum*; cape sis, serenissime rex, quod tibi paravi collyrium.... Quo quidem nisi oculi tui quamprimum restituantur ac sanentur, nullum aliud medicamentum reliquum esse video, nisi ut panniculo illo, sive linteolo, seu quidquid est, quo *ab oculis* sanctissimæ Mariæ Stuartæ, aliorumque Scoticorum et Anglicorum martyrum, qui partim etiam tuo beneficio pro subditis tuis reges terræ facti sunt; *omnem lacrymam Deus abtersit*, eo mentis tuæ oculi tangantur. Id quod omnes catholici evenire tibi malumus, quam ut *animarum interfectorum propter verbum Dei et propter*

---

(1) Affreux barbarisme, pour *cæcutire*.
(2) Autre barbarisme, pour *quadringentesimo*.

testimonium quod habebant, ingens illud convicium in cœlo audiatur : *Usquequo, Domine, sanctus et verus, non judicas et non vindicas sanguinem nostrum de Jacobo Britanniæ rege?* Ephphetah, rex, ac tum salvere jubebimus. — *Collyrium regium*, etc., *in epist. dedicator. passim.*

XI

Responde mihi, Cazobone. An scis patrem tuum, virum illum optimum, cum uxore nobilis viri Claudii de Monte Lausannensis, cum is domo diutius abesset, et centurionem seu capitaneum militiæ ageret, bene diu adulterii consuetudinem habuisse, habitu muliebri subinde ad eam noctu commeasse, a Claudii propinquis observatum et accusatum, in Tullianum propterea compactum, atque ibi pene usque ad mortem virgis opertum, et nisi ministerii seu prædicaturæ honori consulendum magistratus censuissent, capitis minorem certo futurum fuisse? An meministi cum te pater peregre profecturus Bezæ vestro commendasset, tibi partem ejus Audebertulo olim desponsam obtigisse, teque turpi obsequio, ut tibi in græcis litteris magistri operam navaret meruisse, quod... nequaquam hortum tam bonum negligendum, sed *thyrsos in eo pangendos* esse diceret? Meministine te domi Dionysii Gotofredi ubi famulabaris, in culina ante focum more tuo in Homero legentem, cum in hymnum illum incidisses quo Venus Anchisæ puellari habitu apparuisse, et mox concubuisse narratur, cumque jam carmina lumbum intrassent, et tremulo versu intima tua scalperentur, collum intervenientis repente Olympiæ (quod ancillæ Gotofredi, domo Italæ, nomen fuit), effusissimo amplexu invadere, osculo ejus inhærere, et quod libido distenta dictabat, ita probe efficere, ut te deinceps non *Hortobonum* sed *Cazobonum* appellari vellet?.... Meministi te in eadem Gotofredi domo Austriaci an Moravi illius baronis conclave et armarium perfringere, Eustathio Homeri interprete, aliisque græcis scriptoribus emendis a te destinatos quasi quadraginta aureos eximere, sed a baronis ejusdem œconomo deprehensum, pugnis et calcibus objurgari, ac nisi te partim extrema egestas, partim græcarum litterarum studium tam impensum, partim denique patris tui totiusque ministerii respectus servasset, in carcerem atque haud scio an etiam in furcam iturum esse? Meministine te a Jacobo Esprinchardo Normanno centum quinquaginta aureos mutuos accipere, sed postea quod ille fidei tuæ credidisset, neque chirographum a te exegisset, eosdem in jure abjurare, et quamvis de perjurio tuo satis constaret, tamen Lectii consulis favore, quoniam ei Strabonem tuum honoris causa inscripseras, absolvi? Meministi denique (ut breve faciam et alia quæ commemorari possent facinora tua præcidam) te domi tuæ convictores alere (in quibus Henricum Wotonium, regis tui apud Venetos exlegatum.....), utque libentius et diutius convictu tuo uterentur, et aliquanto plus lucelli tibi accederet, ancillam quam forma eis commendarat, conduxisse, et quod ejus patris filio dignum erat, lenocinium domi tuæ fecisse? — *Holofernis Krigsoederi Landspergensis Bavari... Responsio ad Epistolam Isaaci Cazoboni*, etc. p. 66-70.

XII

Miramur matrem fuisse et virginem quæ salutem humano generi peperit; miramur pariter filiam fuisse regis eamdemque uxorem, e qua pontificatus novæ Ecclesiæ productus est. Præter naturam natus est filius Dei, præter naturam Ecclesia quoque Anglicana cœpit. Maria fuit mater et virum non cognovit; Anna fuit mater et e patre concepit. Ergo tali origine pontificatum suum rex Henricus genuit, tali administravit jure. Conjugem simulque natam complexus, non in petra, quod nimis durum erat, sed in pulvino et lecto, id est βασιλικῶς, Ecclesiam fundavit. Quare, nisi Bolena fuisset, nasci pontificatus Angliæ non poterat; ac nisi filiæ pater misceretur, conjugemque eamdem haberet, Ecclesia non erat. Negligant aut etiam subsannent hæc mysteria, qui crasso sensu res omnes metiuntur, qui Dei consilia regumque mores humano et plebeio judicio perpendunt : incestas nuptias, prodigiosam libidinem, salacem regis caudam, deglubentem reginæ concham, denique Priapum et Venerem Angliæ exagitent; et rumpantur furore suo qui omnia casta, omnia pudica, omnia sobria, omnia sancta exigunt; ringantur quantum possint; tamen hic pontificatus tanquam integerrimus, hæc Ecclesia tanquam verissima, hoc evangelium tanquam defœcatissimum, sic hactenus viget, sic floret, sic originis suæ fructum profert... Ac sane, quod ad matrimonium Bolenæ attinet, res pulchra et sacra est, sed appellatione tantum profana imminuitur. Pulchra propterea quod regia ; sacra autem quod pontificia ; quo præcipue exemplo passim divini verbi ministris commendata, cum laude continentiæ in Ecclesia usurpatur. Ego quæ in hoc regno et pontificatu imperiti et fanatici hominis mala dicunt, nos magna ac prorsus θαυμάσια appellamus; quæ illi pudenda, nos colenda ; quæ illi portenta , nos mysteria ; quæ illi diaboli, nos Dei ἔργα. Quid enim ? Non potuit Bolenam suam rex Henricus uxorem habere, nisi religionem mutaret ; ergone impius fuit ? At novam pietatem induxit. Non potuit in tot monachos, magnates, antistites sævire, nisi ut sanguinem regni funderet ; ergone crudelis fuit ? At illam romanæ potestatis tyrannidem abolevit. Non potuit nuptiis Bolenæ frui, nisi ut conjugem repudiaret, ergone adulter fuit ? At libidinis turpitudinem matrimonio velare conatus est, ut discerent tandem Pontifices Romani maritalem voluptatem regibus invidere.... Præterea Bolena ipsa nimis pios parentis sui complexus et sic minus jucundos rata, humaniter corporis sui meditullium, illud pontificatus seminarium, suavissimis indulsit procis, partim ut ea se parte reginam ostenderet qua pontificem rex agebat, partim vero ut optimi patris-mariti majestatem, illud, inquam, Ecclesiæ caput, invisibili gratia et decore auctum, amplificatumque iret; partim etiam ut vicissim coronaret maritum suum, a quo in communionem tori et sceptri assumpta erat. Non aurum igitur sed cornua reddidit, quæ pro divinitatis insigni olim habitu, etiam diadematum præstantiam superabant. Pulchrum profecto erat non coronatum modo regem, sed, κερασφόρον sive cornutum incedere, qua ἀκηνοβολία (1) factum fuit, ut jam de pontificatu Henrici nem dubitaret. Nam et Alexander Magnus, cum difficulter impetrare ab hominibus posset, ut filius Jovis crederetur, non aptius invenit remedium quam si torta Hammonis cornua assumeret, faciemque transformaret. Ejusmodi quoque radiis postquam sacrum Ecclesiæ caput fulsit, ad omnes omnino ministros Ecclesiæ derivati sunt solemniterque receptum est ut hi, velut parvi pontifices, et muneris sive ministerii, et matrimonii simul insignia frontibus gererent. Nam sine conjugio ad ecclesiasticam hanc

---

(1) Je ne vois pas ce que Scioppius a voulu dire par ce mot qu'il me paraît avoir forgé, ou qui a été mal imprimé. Peut-être faut-il lire κεροθελαίαν, de κέρας corne, et ὀθελαία, suture longitudinale du crâne : ce qui aurait quelque rapport avec sa dissertation hérissée de cornes.

coronam nemo valebat pervenire. Et an pulchrius esse quid potuit quam quod olim numinibus, postea regibus et Britanniæ pontifici fuit attributum? Cornua Ecclesiæ coronam faciunt, cornua illustrant sacra pulpita, cornua animant templa, regunt consistoria, cornua cœlestem donant facundiam, confirmant spiritus gratiam, et facienti ad populum verba auctoritatem conciliant.— *Is. Cazauboni Corona regia*, etc., p. 48-56.

XIII

... Nemo denique in te, rex maxime, quod spernere matris Mariæ religionem ausus sis, et opinionibus novis constanter adhærere. Sic fortassis natus eras, sic a viris sanctissimis imbutus, et a Buchanano tuo edoctus, ut partim naturæ, partim institutionis beneficio intelligeres quid optimum in Dei cultu atque utilissimum esset, quid conservaret tibi regnum tuum, alienum promitteret. Ergo ad Henricum convertisti animum, ad Edoardum, ad Elizabetham; hæc vestigia placuerunt, hæc exempla secutus es; tandemque sic fortuna favit, ut quorum vitam, mores, virtutes exprimeres, eorum dignus fastigio videreris. Evectus tandem ad Angliæ regnum, facere potuisti quidquid homines Romanæ Ecclesiæ addictos affligeret perderetque; eaque ratione administrasti potentiam ut omnia Ecclesiæ causa faceres et pontificatum stabilires. Huic magnitudini ea jam necessitas conjuncta est ut nisi sævus habearis, bonus esse non possis, ac nisi hostem Romanum pontificem habeas, pontificis nomen ipse cogaris deponere. Esto, et jam culpæ infamiæque aliorum hactenus primatus obnoxius fuerit atque reprehensus, fuerit, inquam, primus Angliæ pontifex mœchus, secundus puer, tertius mulier, tu jam admirabili doctrina tua, reverendissime rex, et ingenio prope divino consecutus es, ut tegere et abscondere possis quidquid erubescendum videtur; peccare (si hoc peccare est Henricum, Edoardum, Elizabetham gloriosæ memoriæ repræsentare), et tamen bonus haberi; sævire (si tamen hoc sævire est de superstitiosis subditis supplicium sumere), et nihilominus clementiæ laudem tibi arrogare..... Tu jam Henricus es, tu Edoardus, tu Elizabetha quam semper in oculis habes; quasi omnem in te sexum, omnemque ætatem laudem. — *Ibid.*, p. 59-63.

XIV

Ac sane ejusmodi corporis tui constitutio est, ut omnino digna deliciis atque voluptate videatur : ejusmodi membrorum omnium εὐφυία, ut si una crura excipiantur, videaris studio potius quam casu, docte potius quam regie procreatus esse. Ergo qui te erectum vident, plus in tibiis esse animadvertunt quam supplere femora, clunes, venter, pectus, collum, caput possit; et tanquam longioribus columnis non magna edificii moles sustentatur, præcipua in fulcris corporis majestas consumitur. Hoc propterea dico ut videant Scoti tui, qui per manum, pedem, nomenve ducis antiqua consuetudine in contractibus jurare consueverunt, crura tua tam solemni religione digna esse. Imo vero ut hinc discant pictores omnes quid præcipue in imagine tua exprimendum sit; ut fateantur a naturæ regulis corpus quidem abire, sed laudem non amittere. Utantur alii grallis; tu idem cruribus facies, et tanquam terram spernas, sublimis ambulabis. Id vero novum non esse aut a natura regum non alienum, Edoardus I, Angliæ rex ostendit, qui a tibiarum longitudine, ut Hector Boëthius scribit, Langscanzius fuit appellatus. Sed nimium ego in cruribus tuis pedibusque contemplandis hæreo. Si formosus esses, ac similitudinem cum pavone haberes, ad caudam me transferrem; sed quia seorsim mihi cauda tua antica laudanda est, a vultu potius ordiar ; in quo qui peregrinitatem nescio quam ac deformitatem, tanquam depravatum formæ genium, accusant, næ illi nimis delicati sunt, ac certe ignorant hanc viri et præcipue regis pulchritudinem esse, si aut turpis, aut turpi proximus videatur. Nec aliter Euripidis illud intelligendum, εἶδος ἄξιον τυραννίδος. Et tamen contrahe faciem, torque lineamenta, prode his larvis animum, pulcher esse potes, quoties opus est. Quotiescumque extra tuum hortum poma legis, formam in te lascivientes.... inveniunt, pulchrumque putant quidquid rex opere non communi facit, sanctum quidquid pontifex perficit. Namque ego fortassis nimis jam secreta penetro, tuque mavis harum rerum laudem in conscientia tua quam rumore publico positam esse. Satis etiam erat publice dicere eos affectus et blanditias veneris tuæ, quas omnium non potes oculis subtrahere, aut negligis. Cujusmodi sunt: in epulis ebria voluptate oculos pascere, verborum petulantia, cupidinem concitare, contrectare malas, suavium pangere, et velut a fumo flammam ordiri, quam in secessu extinguas. Hæc, inquam, dicere satis erat; atque hæc ornamenta quædam tuæ vitæ sunt, quibus consequeris ut nemo te tristem, nemo matutinum, nemo durum appellet, sed suavem, hilarem, solutum omnes celebrent : quasi tu nobis et sapientem sine supercilio, et doctum sine pallore, et principem sine cura repræsentes. Agis regem et rigorem exuis; agis pontificem, et suavitates assumis. Quid multis? Misceri Venerem cum Minerva posse, voluptatem cum religione, admirabili sapientia et inusitata hactenus sanctitate ostendis. — *Ibid.*, p. 100-105.

XV

Hilaris es, et de rebus fidei agis; hoc regium est. Genio indulges, et salutis mysteria ordinas; hoc regium est. Non edis, sed glutis; regium est. Non bibis, sed cum strepitu sorbes vinum, et velut sugis; hoc regium est. Jam vero sæpius manducare et vix ori ferias dare, tam naturale est, ut ab omnibus animalibus usurpetur. Refundere cibum, quoties opus est, supernaturale puto. Quod menstruum esse posse Galenus præscribebat, rex capacissime, tu frequenter et assidue facis, nec decumbis; tamque facile tibi est ex equo vomere quam in mensa onerari.

Nec in ullo hactenus observatum. Nam cum solus es et spatiaris, non recta profers ac distinguis vestigia, sed in gyrum tollis gressum, et circumis, sive Libero ductore, propitio tibi numine, sive alio naturæ instinctu : tanquam incessu ipso æternitatem formes, ac cœlesti testeris motu ubi animum collocaris. Aut fallor, aut sic eundo philosopharis quoque, ostendisque in orbem agi omnia ac mutari quæcumque in rebus humanis videmus. Nisi potius hinc nobis discendum sit, te unum inter reges esse, qui divina ingenii doctrinæque vi convertere statum Europæ, miscere sacra profanis, extollere ima, deprimere summa possis.— *Ibid.*, p. 113-115.

XVI

Nonne in tua grammatica modos omnes verborum de medio penitus sustulisti? sed ingenti temeritate. Nonne modum *potentialem* et *permissivum*, ut vocant, perpetuo exsilio damnasti? sed infrunito prorsus ore. Nonne *gerunda* universa, seu *gerundia* in crucem egisti? sed tu ipse propterea cruciarius insignis. Nonne et *supina* cuncta peremisti? at supina valde incogitantia. Quid amplius? Cunctis *adjectivis* adimis genera. Quid imperitius? Cunctis *nominibus* personas detrahis. Quid insubidius? Cuncta *verba* neutra explodis. Quid amentius? Cuncta *verba impersonalia* abrogas. Quid ineptius? Quid præterea? Negas nullum *genitivum* ab aliquo *adjectivo* regi. Nihil absurdius. Negas *dativum* nominibus similitudinem, utilitatem, facultatem aut contra sonantibus addictum. Nihil stolidius. Negas *accusativum* nominibus dimensionem partemve redolentibus acceptum referri. Nihil vesanius. Negas *ablativum* a nominibus adjectivis gradum comparationis, instrumentum, causam, modum aut similem circumstantiam præ se ferentibus imperari. Nihil stupidius. Perge. *Verbum substantivum* genitivo et ablativo spolias. Flagitiose. Activis verbis duplicem *accusativum* nunquam concedendum clamas. Inconsulte. *Accusativum* spatii vel temporis verbis invides. Improbe. *Ablativum* cum præpositione *a* vel *ab* rem agentem enuntiante in *verbi passivi* potestate esse inficiaris. Inerudite. Nunc aliquid insuper procacitati tuæ restat? Immania tuæ inscientiæ, multijugisque allucinationis deliramenta. *Accusativum* cum verbis motum ad locum significantibus copulatum a supinis pendere negas. Negas *genitivum* ullum *participiis* in *dus* exeuntibus manare. Negas ulla nomina communis esse aut omnis generis. Cuncta adverbia *genitivis* exuis, cæterisque casibus fraudas. *Substantiva* nomina in *adjectiva* vertis, pleraque in adjectiva pariter transformas, aliaque sexcenta id genus piacula passim frequentas, quæ ego omnia vel meo uno *Dentiscalpio* penitus jugulo, tua *Paradoxa* temulenta probo, tuam *Minervam* insulsam revinco, tuum *Mystagogum latinitatis* fanaticum ostendo, tuum *Mercurium bilinguem* mea *Strigili* elinguo, cæteras tuas sordes *Grammaticas* novacula mea funditus erado. —*Alberti de Albertis Lydius Lapis*, p. 533-535.

XVII.

Hinc trans Alpes avolare gestio, cum hic parum tuto me vivere ipse Venetorum dux censeat, qui me monendum curavit ut etiam atque etiam me custodiam, nec ullam mei copiam inimicis faciam, quos ipse me multos et potentes habere sciat. Itaque nec fundum meum obire audeo quem in agro Mantuano habeo sub Godio vel Goito, qui vere est optimus maximus (ut jureconsulti vocant fundum nulli servituti obnoxium prorsusque liberrimum), et dominis quondam suis clarissimis Piscariæ marchionibus tantum reddidit vectigalis, unde centum hominum familia facile vitam toleraret. Is autem multis annis incultus jacuit, cum longo tempore Mantuanis ducibus in amoribus ac deliciis fuisset. Ei nunc vel cum jactura mea emptores quæro, sicut et Marchionatui Cavæturris in Monteferrato, quem mihi Mantuæ dux transcripsit, cum facultate feudum illud aliis vendendi, idque pro octodecim scutatorum millibus quæ ex vectigali meo in arcam suam multis annis intulit..... Sed bellum quod nunc in Liguria subalpina et Insubria sævit, omnes ab emendo deterret. Adhuc tamen est spes inventum iri qui pro fundo Suggodiano sena ducatorum millia mihi velit dependere, etsi octo millibus mihi constitit. Si optata eveniant, statim ad vos advolabo, tuoque potissimum utar consilio, ubi et quomodo tot librorum meorum editioni recte vacaturus videar..... Sed quoniam non dissimiliter Jeremiæ sum in vestibulo carceris (Jer., xxxii, 3-8), si me forsan impediret Satanas sicut Paulum (I Thess., ii, 18), quominus fundi mei venditio, ne pecuniam redigere, proximoque aprili liber hinc me commovere possim, te, vir optime, ac tecum alios ex deo natos... accurare par est, ut compedes mihi a Satana et filiis ejus injectæ conterantur; quomodo vos sine ulla cujusquam jactura facere posse judico, si qui nempe sunt qui pecunias quas habent nolunt otiosas in arca strangulare, sed justo ac tolerabili fœnore occupare, ac simul de gloria divina communique reip. christianæ utilitate non vulgariter mereri, vestro impulsu mittant huc hominem, aut si quem hic vel Venetiis habent popularium suorum, ei hanc mandent provinciam, ut depensis mihi trecentis ducatonibus, accipiat scripta mea pignori, unaque chirographum meum aut publicum notarii instrumentum, quo creditoribus illis fundus meus oppigneretur, ac vel mecum simul, vel cum amico quem ei rei allegavero, Basileam se conferat, ut ibi fiat initium editionis librorum meorum, illorum saltem quibus ad oram litteram A vides adscriptam, in quibus non habet quisquam principum quo se offensum queri possit. Editis libris illis primum omnium creditores mei ex venditione eorum recipient quantum mihi dederint mutuum, quodque impensæ in editionem fecerint, quidquid amplius inde redigetur meum sit, sic tamen ut eam inde lucri partem eis relinquam quam viri boni et intelligentes æquam arbitrabuntur, sive octava illa sit de centenis, sive decima, sive duodecima. Me enim bonorum virorum arbitrio libenter permittam. Te pro humanitate tua ergaque me benevolentia rem hanc totam cordi habiturum confido, nihilque ad diligentiam facturum reliqui ut vestra opera liberer, atque hinc una cum lucubrationibus meis abducar... Patavio, prid. kal. jan. anni ineuntis 1644. — *Monumenta pietatis et litteraria,* p. 454-457.

XVIII

Cum enim pietas justitiæ species sit, justitia vero philosophiæ morali subjiciatur, non est dubium principi a parentibus et domesticis morum magistris veram pietatem accurate instillari debere. Rursum, cum eadem sit inter causas administras sive instrumenta salutis animæ, ejus tractatio ad theologiam pertinet, adeoque theologi ejusque qui verbum Dei prædicat officium est, principem ad pietatem inflammare. Politicus et ipse pietatem ei præscribit, non aliter tamen, quam quia sit ad conservandum statum utilis. Nam finis artis cujusque vel disciplinæ, omnium adjumentorum sive instrumentorum (vulgo mediorum) ad finem ideonorum mensura seu norma est. Quidquid ergo in politica præcipitur nisi vim habeat efficiendi finem ejus qui est status conservatio, nequaquam οἰκεῖον, sive proprium, sed alienum merito perhibetur. Pietas igitur cum ingentes ad conservandum statum vires habeat, omnino a politico præcipi debet. Sed cum aliam ejus utilitatem ex theologia sive sacris litteris, aliam ex politica vitæque civilis usu notam habeamus, pædia postulat ut suam uterque doctor, non alienam utilitatem commemoret. Sicut ergo theologus principem hortabitur esse pium, ut Deum sibi reddat propitium, eoque pacto et imperium ejus prosperetur et anima salva fiat,.... similiter politicus pietatem ante omnia principi commendabit, quoniam ea hominum animos illi reddat propitios, ut eum cum ament, tum revereantur, quibus duabus rebus imperium conservari palam est. Nam qui pius est, Deo reddit debitum, adeoque justus est et vir bonus, unde aliorum erga illum existit amor; et cum Deus sit justus, abesse non potest, quin principem sui amantem ac reverentem redamet et adversus inimicos tueatur. Sic, inquam, et theologus, et politicus de pietatis utilitate præcipere non alter alterius fines debet invadere; nisi suspicionem movere velint se, cum rationem a Deo nobis datam, tum rationis artem divino beneficio a philosophis inventam et traditam nihilo facere, eaque invita, ullo discrimine, quidvis, quovis loco inculcare velle. Quis dubitet quin morborum omnium caussa sint peccata? Neque tamen medicus ἀπαιδευσίας, imo stoliditatis justam effugerit reprehensionem, si de caussis febrium disputans, peccati originalis et actualis mentionem inferat, eumque qui morbis carere velit, peccata fugere jubeat. Ut enim verissima sit ejus disputatio, neque non multiplicem hominibus adferre possit utilitatem, tamen quoniam οὐκ οἰκείαν, non suam aut propriam, sed alienam et heterogeneam esse constat, ea supersedere, nec in alterius artis fines invadere debuit. Similiter igitur politicus pædiæ legibus parere, eaque quæ alterius sunt generis, quamvis verissima sint et utilissima, ab acroasi sua submovere debet. — *Pædia politices*, cap. IV.

XIX

Satis nota est vita mea, tot pontificum, imperatorum, regum, principum, cardinalium, episcoporum, antistitum, virorum litteris et virtute clarissimorum publicis privatisque tabulis contestatur. Sciunt quicumque me non ignorant, me nunquam gratiam aliorum aucupatum, libertatem loquendi semper retinuisse, ab omni utilitatis privatæ studio remotissimum fuisse, in religione catholica et re litteraria lucubrationibus adjuvanda omni vitæ tempore negotiosissimum fuisse, nec unquam veram philosophiam, id est, mortis commentationem intermisisse. Librorum meorum lectores compertum habent me innocentium qui in jesuitica Societate numerantur honori et existimationi provide consuluisse, nec nisi illorum agitasse mores, quorum ambitioni et avaritiæ orbi universo notissimæ, fibulam imponi Ecclesiæ ac Reipublicæ interest, ne in omnes tyrannidem sibi conficiant, plurimosque ejus administros fraudibus suis parare possint. *Monumenta pietatis*, etc., p. 431.

FRANÇOIS GARASSE

CHAPITRE PREMIER.

Naissance et famille de Garasse. — Sa vocation. — Ses essais poétiques.

L'honneur d'avoir produit les vrais modèles dans le genre de littérature qui nous occupe, appartient à l'Italie et à l'Allemagne, particulièrement à la première. Les lettres y renaissaient à peine, et déjà, comme la poudre à canon, elles étaient converties en instrument de guerre. Quand on voit l'Italie en faire tout à coup un si mauvais usage, on ne peut se défendre de comparer le goût qu'elle avait autrefois pour les luttes sanglantes de l'arène, et celui qu'elle montrait alors pour les batailles de plume. Le rapport s'étend même jusqu'à la qualité et à la nationalité des combattants. Car s'il est vrai que les gladiateurs du cirque étaient ordinairement des étrangers, il l'est également que, sous les empereurs, par exemple, ils furent quelquefois Italiens, et même Romains. Ici seulement, c'est-à-dire sur le terrain des lettres, la proportion entre les étrangers et les indigènes est inverse. Sur les cinq gladiateurs littéraires dont j'ai parlé, quatre sont Italiens, à savoir Filelfo, Poggio, Valla et Jules Scaliger ; le cinquième seul, Scioppius, ne l'est pas. Mais il eut honte de sa qualité d'étranger, et pour s'y soustraire autant que possible, il italianisa son nom, et fit tout ce qui dépendait de lui pour italianiser ses mœurs. Malgré cela, l'Allemand se trahit toujours par la pesanteur de ses coups, et le libelliste étranger demeure toujours aussi supérieur aux Italiens, qu'un gladiateur de Syrie ou de Thrace l'était aux patriciens de Rome. Son exemple est donc celui qu'imitèrent le plus volontiers, dans tous les pays de l'Europe, les gens de lettres de son caractère et de son humeur. Le premier en France qui suivit ses traces, et qui ne parla jamais de lui qu'avec éloge et admiration, fut le père Garasse, de la compagnie de Jésus.

François Garasse naquit à Angoulême en 1585. C'était l'époque la plus florissante de la ligue, et l'année même où Henri III déclarait Henri de Navarre déchu de ses droits à la couronne de France. Aux reproches qu'on lui faisait de la bassesse de sa naissance, Garasse répondit qu'un de ses ancêtres du même nom que lui, était cité dans le plaidoyer de Pasquier pour la ville d'Angoulême, « comme un des plus signalés personnages de la province (1) ; » que dom Bernard Garassus, son oncle paternel, avait été général des Chartreux, et « en telle considération qu'on le tient pour un des principaux de leur ordre (2). » Il ne dit rien de son père. De la part d'un homme qui ne laisse

---

(1) « Maistre Jean Garassus, dit en effet Pasquier, chantre de l'église d'Angoulesme, homme recommandé de plusieurs bonnes qualitez. » *Lettres d'Estienne Pasquier*, liv. VI.

(2) *Apologie du P. François Garassus*, etc. Paris, 1624, in-12, p. 226, 227.

pas sans réplique un seul des points où il est attaqué, ce silence est grave, d'autant plus que ce père passait pour avoir fait une assez mauvaise fin. On disait que le jour de Saint-Laurent (10 août 1588), il avait été un des premiers à conspirer contre M. d'Épernon, gouverneur de la ville d'Angoulême pour le roi Henri III, et qu'il avait été assommé à la porte du château, comme il voulait le surprendre et y pénétrer (1). Ce père était donc ligueur.

Vraie ou fausse, cette allégation des fils de Pasquier avait eu un motif. Non content de dire « qu'Estienne Pasquier n'estoit pas si grand seigneur que les habitans de Coignac ne luy puissent bien noter et nombrer avec deux jettons, sans beaucoup d'arithmétique, tous ses nobles ancêtres, » Garasse avait ajouté que tous les parents de Pasquier avaient été *larrons*, et « desrobé et pillé le public (2). » De pareilles assertions ne se réfutent pas. Les fils Pasquier rendirent injure pour injure ; ils donnèrent pour parents à Garasse, Poltrot et Ravaillac, et dirent que Barrière était de sa maison (3). C'était assez, ce me semble, que Garasse fût le fils d'un ligueur, et de montrer qu'il n'avait pas dégénéré.

En 1601, il entra dans la compagnie de Jésus. Il y fit sa théologie et passa ensuite plusieurs années dans l'enseignement. Il professa à Bordeaux et à Poitiers. C'est à Bordeaux, que, pour la première fois, il fut témoin de l'incroyable audace avec laquelle les *libertins* confessaient

---

(1) *Deffense pour Estienne Pasquier...... contre les impostures du P. Garasse.* Paris, 1624, in-8, p. 36.

(2) *Les Recherches des recherches de maistre Estienne Pasquier*, etc. Paris, 1622, in-8, p. 106, 107.

(3) *Œuvres* d'Estienne Pasquier, t. II, colonnes 1402 et 1421, édit. de 1723, in-fol.; dans une lettre de Nicolas Pasquier.

leurs doctrines, étant venus jusque dans le sanctuaire, braver celui que Dieu destinait à les confondre un jour. Il prévit dès lors que son apostolat serait laborieux.

« Il m'escheut, dit-il, l'an 1617, que lisant publiquement les controverses dans nostre collége de Bordeaux, un jeune apostat, nommé Laslæus, Escossois de nation, et recogneu seulement soubs le nom de Remond Lulle, à cause qu'il faisoit estat d'enseigner les resveries de cet alchymiste, me vint attaquer après ma leçon, publiquement et en présence de deux cents personnes capables qui l'avoient entenduë. Il me jette aussitôt sur la matière de l'eucharistie, quoyque j'enseignasse pour lors *De potestate papæ*, et me va lancer d'abord cette proposition sur le nez : *Que j'avois trop bon esprit pour croire que Jésus-Christ fust réellement soubs les espèces du pain et du vin*, et qu'il n'appartenoit qu'aux idiots de se persuader cette créance. Mais comme il vid qu'il me prenoit pour un autre, et que j'esmoussois brusquement la première pointe de ses flatteries, il se jette sur les raisons, et comme je le pressois de me donner un texte formel couché dans l'Escriture, qui dist en termes exprès que Jésus-Christ n'est point réellement au sacrement de l'autel, il me cita ces paroles : *Credo in Deum Patrem omnipotentem*. Il m'effraya d'abbord, et, comme je luy demandois s'il ne se moquoit point de moy, d'autant que cette sentence n'estoit point dans la Bible, et que si elle y eust esté, elle estoit plus favorable pour moy que pour luy, pource que de là je tirois cette conséquence : *Je crois en Dieu le Père tout-puissant*, donques, s'il peut tout, il peut faire que le corps de son Fils soit soubs les espèces du sacrement, il advoüa franchement qu'il s'estoit mépris, et qu'au lieu de citer le *Pater*, il avoit cité le *Credo*, franchise qui appresta bien à rire à toute l'assistance (1). » Cet événement décida de la vocation de Garasse.

Jusque-là il n'avait pas rêvé de si hautes destinées. En effet, ses premiers travaux indiquent que ce n'était pas de ce côté qu'était tournée sa pensée. Il s'était reconnu des dispositions pour la poésie latine ; il fit des vers latins. Ces vers ne valent pas grand'chose, bien qu'ils ne manquent ni d'esprit, ni de feu ; mais le latin en est incroyablement dur et le goût détestable ; les pointes y abondent, et la grammaire et la prosodie au lieu d'y commander ne font souvent qu'obéir. Ce sont des élégies sur la mort d'Henri IV (2), sur le sacre de Louis XIII (3), un parallèle entre le soleil et la justice (4), en un mot, la muse d'un écolier de rhétorique. Il se glorifiait de ces poésies ; non pas qu'il se crût bon poëte, mais le prieur Ogier ayant osé dire « qu'il n'estoit ny propre, ny capable de rien faire que des satyres (5), » Garasse lui oppose ses élégies comme une marque qu'il possédait d'autres talents qui n'étaient point à mépriser. Aussi, aimait-il à y revenir. Il semble même qu'il prît ces retours pour un effet certain de l'empire qu'exerçait sur lui le génie poétique. Quand il parle des vers qu'il composait dans l'intervalle de ses libelles, c'est du ton d'un poëte qui a la plus haute opinion de lui-même, bien qu'il ait l'air de rire, comme s'il ne s'agissait que de bagatelles.

(1) *La Doctrine curieuse des beaux esprits de ce temps*, etc. Paris, 1623, in-4, p. 277.
(2) *Elegiarum de tristi morte Henrici Magni liber singularis*. Pictaviis, 1611, in-4.
(3) *Ludovico XIII... sacra Rhemensia. Ibid.*, 1611, in-4.
(4) *De similitudine lucis solaris et justitiæ*. Burdigalæ, 1612, in-4.
(5) *Apologie*, etc., p. 282.

« Les plus doctes Flamands et Anglois, dit-il, ayans veu la poésie imprimée que je fis ces années passées (1), par le commandement de monseigneur le cardinal de Sourdis, sur l'incomparable édifice de la Chartreuse, et le défrichement merveilleux de ses marets, et nommément cette saillie d'esprit qui commence,

> Trulla tamen capienda mihi, celtisque premendus,
> Emulgenda palus, tellusque æquanda cylindro,

et contient environ quarante vers de pointes continuelles, dirent et jurèrent, tous Huguenots qu'ils estoient, que ces pensées n'estoient point d'un éléphant ou d'un cheval (2). »

J'en demande pardon à Garasse, mais ou ces huguenots se sont moqués de lui, ou ils avaient aussi mauvais goût que lui. Je me défie d'un enthousiasme que ne refroidit point la lecture de quarante vers hérissés de pointes, et je pardonne moins aux huguenots cette hérésie que l'autre.

CHAPITRE II.

Premières satires de Garasse. — L'*Horoscopus Anticotonis*.

Garasse n'était donc pas poëte, je dis poëte latin, car il tournait assez agréablement les vers français ; on le verra bientôt : surtout, il n'était pas né pour le panégyrique, pas plus en vers qu'en prose. C'est en prose qu'il écrivit

---

(1) En 1624. Cet ouvrage est mentionné par Joly au mot Garasse, p. 384.

(2) *Apologie*, etc., p. 314.

l'oraison funèbre d'André de Nesmond (1). Je n'en conseillerai la lecture à personne. Le sérieux, le lugubre ne siéent pas plus à Garasse qu'à Rabelais. Voyons-le donc dans son naturel.

Les raisons ne lui manquaient pas, comme il l'observe quelque part, « de lui lascher la bride ». Son Ordre qu'on attaquait avec violence, la religion qu'on insultait, les mœurs qu'on outrageait journellement dans des écrits publiés et vendus aussi librement que les meilleurs livres, c'était là de quoi le piquer d'honneur et enlever sa plume aux bagatelles de la poésie de collége. Comme le temps de prononcer son quatrième vœu approchait, il se prépara à cette grave affaire, en écrivant dans la même année deux libelles, l'*Elixir Calvinisticum* et l'*Horoscopus Anticotonis*, contre les calvinistes et les ennemis de sa Compagnie. C'étaient là les offrandes qu'il apportait à l'autel de paix et de charité.

Les ouvrages de Garasse ne sont pas communs; quelques-uns, même de son temps déjà devenus rares, sont aujourd'hui presque introuvables. De ce nombre sont l'*Horoscopus Anticotonis* et l'*Elixir Calvinisticum*. Ils portent l'un et l'autre le pseudonyme d'André Scioppius, frère de Gaspard. Celui-ci n'avait pas de frère; mais son nom, mis en tête d'un libelle, était à la fois un hommage rendu au plus fameux auteur de ce genre d'écrits, et une recommandation pour celui qui l'usurpait. Garasse y attaque l'*Anti-Coton*. Cette pièce, une des plus fortes qui aient été publiées contre les jésuites, était une réponse à la *Lettre déclaratoire* de la doctrine de la Compagnie, par le

---

(1) Prononcée à Bordeaux le 7 janvier 1616; imprimée à Poitiers l'année suivante, in-4.

père Coton. Quoiqu'il ne vînt qu'après beaucoup d'autres pour combattre le *monstre*, et que celui-ci fût expirant, Garasse ne laissa pas de lui lancer une ruade, dans le dessein de l'achever. C'est ce qu'il fit d'abord dans l'*Horoscopus* (1). Là, au lieu de perdre son temps à réfuter ce qu'il n'a pas tout à fait tort d'appeler les calomnies de l'*Anti-Coton*, Garasse s'amuse à raconter la naissance de ce monstre, la destinée qui lui fut prédite, sa vie, sa mort, et son apothéose. Il y a trop de fiel dans cette satire pour qu'il n'en gâte pas quelque peu l'esprit. De plus, l'idée n'en est pas neuve : c'est celle des satires d'Heinsius et de Barthius contre le grand ennemi de Joseph Scaliger, Gaspard Scioppius. Mais le style de Garasse est plus naturel et plus intelligible. En effet, quand il écrit des satires, le jésuite est dans son caractère : Heinsius et Barthius n'y sont ni l'un ni l'autre.

L'*Horoscopus* est précédé de cette dédicace :

A LA FOULE DES FRÈRES ET A TOUT LE TROUPEAU DES FIDÈLES,
L'AUTEUR, MATHÉMATICIEN INSIGNE.

« Frères, si cette bagatelle vous agrée, j'aurai à vous offrir ensuite certain ragoût calviniste que j'ai mitonné durant mes loisirs littéraires. Apprêtez-vous à le recevoir. Il y entrera un peu plus de matières propres à calmer vos emportements, à guérir vos folies, comme du bon sens, une muselière, une fibule, un chardon, un moulin, les faits héroïques des ministres, les origines du ministère et autres ingrédients. Le tout, arrosé du vinaigre de la satire,

---

(1 ANDREÆ SCIOPPII, *Gasparis fratris, Horoscopus Anti-Cotonis ejusque germanorum Martillerii, et Hardivillerii vita, mors, cœnotaphium, apotheosis*. Antuerpiæ, 1614, in-4.

formera un topique doux-amer que vous vous appliquerez sur le front, s'il vous en reste encore. Mais, franchement, je vous conseille de donner sur les doigts à tous les méchants avocats de votre cause, de frotter les oreilles à tous ces comédiens plus froids que la neige de Scythie. Votre Hardivilliers (1) est le dernier des orateurs ; il n'y a pas de plus sot bipède au monde que La Martelière. Vrai Dieu, la cause qu'ils plaidaient était considérable ; un auditoire nombreux et animé de sentiments divers, en attendait l'issue. Que font-ils cependant ? Ils débitent des fadaises. Ce sont des cerfs qui s'affublent de peaux de renard. Ils entassent calomnies sur calomnies; ils font parade de leur inimitié; mais d'éloquence, point. Ce qui me console, c'est qu'à de si mauvais tisserands *Deus dabit his quoque funem* (2). »

On aperçoit déjà dans cette préface quel sera le style de Garasse, style rempli d'expressions triviales, de mauvais jeux de mots, d'amphigouri, d'images incohé-

---

(1) Son plaidoyer, et celui de la Martelière pour l'Université contre les Jésuites (décembre 1611) sont indiqués plus loin.

(2) AD FRATRES GREGARIOS TOTUMQUE FIDELIUM ARMENTUM AUCTOR HUJUS LIBRI, MATHEMATICUS INSIGNIS.

Si hæc paucula vobis probantur, expectate ex otio meo litterato CALVINI PATINAM, in qua ad domandum insaniæ vestræ furorem pluscula diluentur, mens bona, capistrum, fibula, carduus, pistrinum, heroïca ministrorum gesta, ministerii incunabula, aliaque quæ infuso super aceto satyræ, frontem vobis, si ulla sit, dulciamaro sale confricabunt. Sed moneo vos imprimis bona fide, castigate domi vestræ et reprimite tam malos causæ vestræ defensores, actoresque scythica nive frigidiores. Nam Hardivillerius infantissimus est; Martillerius bipedum stolidissimus. Causam uterque habuit gravem, di boni, et magnis diversisque auditorum votis expectatam; et interim uterque nugatur; cervinum genus vulpeculæ pellem attexit, immanes calumniarum acervos struit, aperto marte, et eloquenter nihil. Sed unum mihi solatio est, tam malis textoribus *dabit Deus his quoque* FUNEM.

rentes. Ce sont les prémisses d'une imagination désordonnée, intarissable, espèce de torrent qui roule de la fange et qui dévore continuellement ses rives.

La scène se passe à Charenton-le-Pont, où les calvinistes avaient un temple dont Pierre du Moulin était ministre. Le 4 des calendes d'août, sous le consulat de M. Asinius Rufus et de Canus Caballus Bestia, noms qui cachent sans aucun doute des personnages réels, on trouva, dit Garasse, jeté sur la voie publique, sans joujoux auprès de lui (1), sans masque pour le faire reconnaître, le fœtus sexagénaire (2) de l'*Anti-Coton*. Mais un témoin oculaire, de la connaissance de Garasse, avait assisté à la conception du fœtus, à son exposition, au tirage de son horoscope, à son enlèvement et à sa mort. C'est de lui que Garasse tient les détails qu'il va nous raconter. Le nouveau-né vécut six mois, âge de décrépitude d'un scarabée, et, comme lui, mourut sur un fumier. En effet, à la manière dont il était entré dans le monde, les mathématiciens avaient prédit qu'il serait chétif, vivrait peu et misérablement (3). Peu de mois avant sa naissance, il y eut à Charenton grand remue-ménage. « Le synode de la lune était dans le ciel, celui des lunatiques à Charenton, le soleil dans le bélier, le bélier sur le front de du Moulin (4). » On convoque les comices. Sur le rapport du séna-

---

(1) Sine crepundiis.

(2) Fœtum depontanum. Jeu de mots qui fait allusion à Charenton-le-Pont, mais intraduisible. Selon Festus, on appelait *depontani* les sexagénaires qui n'avaient plus le droit de passer les ponts pour aller aux comices.

(3) *Horoscopus*, etc., p. 7.

(4) Lunæ synodus erat in cœlo, Lunaticorum in Ponte Carentonio, Sol in ariete, Aries in fronte Pistrini.

teur Cerdonius (1), on déclare que la république est en danger, et qu'il y a lieu de pourvoir à son salut. Là-dessus, les consuls se lèvent tout échauffés, prennent la parole et la gardent longtemps. Ici, comme ailleurs, Garasse oubliant qu'il raconte d'après un témoin oculaire, s'exprime comme s'il avait entendu lui-même leurs discours. Il pensait, dit-il, qu'ils parlaient; mais ils ne faisaient que braire, et Garasse ne comprend pas la langue des ânes. Il crut deviner pourtant qu'ils déclamaient avec véhémence contre les ennemis du Consistoire, lesquels lui semblaient désignés sous le nom de *fibulati* (2). Ils eussent parlé plus longtemps; mais on leur mit une muselière et on leur donna des chardons qu'ils mangèrent avec avidité. On va aux voix. L'assemblée décide que trois ou quatre de ses membres prendront les armes, c'est-à-dire qu'ils écriront des libelles. La séance est levée. Les frères se répandent dans la ville ; ils vont et viennent comme un essaim de guêpes et se partagent la besogne. L'un écrit, l'autre corrige ; celui-ci efface, celui-là polit ; chacun apporte ses observations. On dirait qu'il s'agit d'un enfant de ministre. Plusieurs fidèles concourent à l'engendrer, mais il n'a qu'une mère. Au bout de trois mois, le poupon est à terme. C'est alors que les mathématiciens tirent son horoscope (3).

D'abord ils ne voient rien qu'une matière confuse, une vraie *panspermie*. Soudain : « C'est un *mulet*, » s'écrient-

(1) Allusion à la profession des membres des consistoires, lesquels, au rapport de Garasse, étaient ordinairement des savetiers, des chaussetiers, des tisserands, des jardiniers, etc.
(2) *Horoscopus,* etc., p. 8. C'est ainsi que les réformés appelaient les Jésuites.
(3) *Ibid.*, p. 9.

ils; et ce nom lui reste. On le préfère à celui d'*hybride*, à cause d'Asinius et de Caballus, ses parents d'adoption. Sa destinée est écrite dans les astres, en trois lettres, PDC, qui mettent nos astrologues à la torture ; impossible d'en deviner le sens. A la fin, ils s'accordent à les expliquer ainsi : *Pendebis de cruce* (1). Effrayé de cette interprétation, Cochlée, l'habile mathématicien, croit que les astres le trompent (2). Il en cherche une autre, n'y mettant pas moins d'ardeur que s'il se fût agi de conjectures sur Varron ou de la loi des Douze-Tables. Il mêle, il arrange, il combine les lettres fatales, il recommence vingt fois cette opération, et soit qu'il trouve PDC, ou CDP, ou PCD, ou DPC, etc., le triangle est parfait ; la Croix reparaît toujours. Alors impatienté, il s'écrie : « Au diable ! sois donc pendu, puisque les astres le veulent ; je m'en lave les mains (3). »

Cependant, comme tout ce qui est nouveau en France y est bien accueilli, on admira notre avorton, son air effronté comme celui d'une catin, sa laide petite bouche, ses membres disloqués et difformes : « vraie sauterelle d'impudence, en qui l'on n'apercevait distinctement que des Pieds, des Dents et des Cornes (4). » Car plusieurs expliquaient ainsi les trois lettres, également imprimées sur son front. D'autres les expliquaient autrement. Les conjectures recommençaient de plus belle, lorsque les astro-

---

(1) L'auteur de l'*Anti-Coton*, qui, dans sa *Lettre à la Royne*, se met à l'abri sous les initiales PDC, est encore inconnu. On a attribué cette pièce à Pierre du Moulin, à César du Plaix, avocat, et enfin à Pierre du Coignet. Ce dernier paraît être le véritable auteur, et c'est aussi le sentiment de Garasse.

(2) *Horoscopus*, etc., p. 10.

(3) *Ibid.*, p. 11.

(4) Veram impudentiæ locustam in qua tantum eminerent Pedes, Dentes, Cornua.

logues y mirent fin par cette interprétation : *Pecus Destitutum Cerebro* (1). Garasse l'adopte, bien que celles-ci, *Partus Dignus Catasta, Patibulo Debitum Catharma, Pontis Dédecus Carentonii*, aient son suffrage et qu'il les déclare excellentes.

Comme les mauvaises herbes, l'enfant crût vite. Né en été, dans le fort de la canicule, il inonda la France en automne, et la vendange fermentait encore dans les cuves, qu'il infectait l'univers entier (2). Mais voici qu'au commencement de l'hiver, il meurt avec les chenilles. Il importe peu de savoir où il vomit son âme (3), si, comme le disent les astrologues, ce fut sur un fumier ou sur une potence, dans un bordeau ou dans un consistoire : tous ces lieux se ressemblent et sont voisins des enfers. Ce qu'il y a de sûr, c'est que dès qu'il expira, les enfers retentirent d'un bruit épouvantable. Ce n'étaient que vociférations et gémissements. Cerbère pleura comme les chiens pleurent. « J'avais cru d'abord, observe Garasse, qu'il grognait, mais il pleurait vraiment (4). »

On prépare les funérailles ; on dresse un bûcher de cire. Les trompettes sonnent ; le cortége se met en marche. Ce sont des vidangeurs, des baigneurs, des entremetteurs, des jardiniers, des tisserands, des cordonniers, tous précédés de ministres *cornicines*. L'enfer frémit à ce spectacle. Des voix d'hommes et de femmes psalmodient des chants lugubres, comme dans l'écurie consistoriale (5). Caron accourt, s'informe de la qualité du mort et s'écrie :

(1) *Horoscopus*, p. 12.
(2) *Ibid.*, p. 13.
(3) Ubi animam evomuerit.
(4) *Ibid.*, p. 14.
(5) Ut in consistoriali stabulo.

« Quoi ! pour un avorton de trois mois, verser tant de larmes ! » Et il saisit le corps avec son croc et le plonge dans le Léthé. De l'autre côté de la rive, les frères arrivent en foule et souhaitent au frère la bienvenue. Trois d'entre eux, morts récemment, trois avocats (1), race vénale, lui sautent au cou et l'entraînent. Les portes de l'enfer se referment. Ce qui se passa derrière, nul ne le sait (2).

Le cortége revient sur la terre. Toutes les Églises réformées se cotisent pour élever un monument à l'*Anti-Coton*. Un tas de fumier en sera la base, et comme on n'est pas d'accord sur l'inscription, Garasse propose la suivante :

« Hic nec jacet, nec sedet, nec cubat, nec astat, nec
« ambulat, nec quiescit, sed suspensus est, nec vir, nec
« fœmina, nec androgynus, nec senex, nec puer, nec ser-
« vus, nec dominus, nec minister, nec miles, nec medi-
« cus, nec lanista, nec sutor, nec carnifex, nec fur, nec
« latrinarius, nec balneator, nec cerdo, sed omnia; nec
« in urbe vitam egit, nec rure, nec domi, nec foris, nec
« apud se, nec apud externos, nec in mari, nec in aere,
« nec in terra, nec in sterquilinio, necque hìc, neque alibi,
« nec ubique ; nec fame, nec veneno, nec ferro, nec ca-
« pistro, nec cruce, nec peste, nec lue, nec morbo subla-
« tus, sed omnibus. Posui ego illi nec debitor, nec hæres,
« nec cognatus, nec vicinus, nec necessarius, nec inimi-
« cus, sed hoc et illud. Erexi hanc nec molem, nec cip-
« pum, nec tumulum, nec lapidem, nec lignum, nec
« monumentum, nec castrum doloris, nec lætitiæ signum,
« sed furcam. Nec in æde, nec in templo, nec in cœme-

---

(1) Pasquier, Hardivilliers et La Martelière, avocats de l'Université contre les Jésuites.

(2) *Ibid.*, p. 15 et 16.

« terio, nec in sarcophago, nec in sepultura majorum,
« nec in via, nec in foro, nec in publico, nec privato, nec
« in columna, nec in porticu, sed in sterquilinio. Nec
« tibi, nec illi, nec mihi, nec vobis, nec aliis, nec vivis,
« nec mortuis, sed omnibus. Requiescat in pice (1). »

J'ai honte de rapporter tout au long cette plaisanterie où la platitude le dispute à l'invraisemblance. Mais c'est le dénoûment naturel de la farce. Avec tout son esprit, et il en avait beaucoup, Garasse avait le goût barbare. Quoique ses confrères fussent déjà connus par la souplesse et l'aménité de leurs manières, il ne perdit rien, à leur contact, de sa rudesse primitive ; il resta toujours, dans le monde et au milieu d'eux, aussi abrupt, aussi grossier, que s'il n'avait jamais vécu que dans la compagnie des crocheteurs et des matelots.

On disputa longtemps chez les mânes de l'espèce d'apothéose qu'il fallait décerner à l'*Anti-Coton*. On finit par proposer de le changer en citrouille. Un quidam appuya vivement la proposition. Il avait beaucoup connu, disait-il, le père du néophyte. Ce père descendait d'un vendeur de

---

(1) *Horoscopus*, p. 19. L'antiquité offre des exemples de ce mauvais goût. On lit dans les *Scholia in Platonem*, colligées par David Ruhnken (Lugd. Batav., 1800, in-9, p. 167), un griphe, c'est-à-dire une énigme à laquelle Platon fait allusion dans le Ve livre de sa *République*, et qu'il appelle une énigme d'enfant, παίδων αἴνιγμα. Le scholiaste l'attribue à Cléarque ; mais il a voulu dire, sans doute, qu'elle se trouvait dans l'ouvrage de Cléarque sur les griphes, περὶ Γρίφων, cité par Athénée, liv. X, ch. XIX, et dans lequel ce dernier a pris probablement une partie de ce qu'il rapporte. « Un homme qui n'était pas un homme, ayant vu et n'ayant pas vu un oiseau qui n'était pas un oiseau, perché sur du bois qui n'était pas du bois, le frappait et ne le frappait pas avec une pierre qui n'était pas une pierre. » Le scholiaste donne ensuite le mot de l'énigme. C'est un *eunuque* qui tua avec une *pierre-ponce* une *chauve-souris* perchée sur la plante qu'on nomme *férule*. Voyez *Mélanges* de Chardon de la Rochette, t. II, p. 390.

légumes, et son fils était tout son portrait. Comme lui, il avait la tête en forme de citrouille, la panse en saillie, comme un concombre, et il était plus sot qu'un melon. Par tous ces motifs,

> Sic est Anti-Coto incucurbitatus (1).

Et parce qu'il fut trouvé bon, dit en finissant Garasse, de blanchir deux nègres avec le même pot à couleur (2), le syndic fit un rapport sur l'apothéose de La Martelière et d'Hardivilliers. A ces noms Cerbère aboya, comme s'il eût entendu des paroles magiques s'échapper d'un rhombe. On recueille les voix; l'assemblée paraît unanime, et nos avocats passaient dieux, sans l'opposition de Diomède et de Priscien. « Quoi, dit celui-ci, vous allez faire dieux des drôles qui ne savent parler ni latin, ni français sans solécismes ? » Cette apostrophe jette le trouble dans l'assemblée. Diomède en profite; il montre dans Hardivilliers (3), deux gros solécismes, comme en fait un écolier de huitième et pour lesquels on lui donne le fouet. « Qu'est-ce, dit-il, qu'*Oceanum* illud *vastissimum* ? Qu'est-ce que *Lauros* semper *victuros* ? N'est-ce pas assez d'attaquer les gens avec toutes sortes de mensonges et d'injures, sans y joindre encore des solécismes ? Et voilà l'homme que vous voulez faire dieu ! Jamais les géants ne combattirent le ciel avec de pareilles armes. Des solécismes divinisés ! j'en appelle (4). »

(1) *Horoscopus*, p. 20
(2) Et quia una fidelia duos Æthiopas dealbare placuit. — C'est un proverbe. Curius, dans Cicéron, dit *duos parietes*. Ce proverbe correspond au nôtre : Faire d'une pierre deux coups.
(3) Dans PETRI HARDIVILERII *actio pro Academia Parisiensi, adversus presbyteros et scholasticos collegii Claromontani*, etc. Parisiis, 1612, in-8.
(4) *Horoscopus*, etc., p. 21.

Quant à La Martelière, Diomède fit voir deux ou trois passages de son plaidoyer, qui fermèrent la bouche aux amis de ce candidat. « Ce goujat de la grammaire, dit-il, ce balayeur du barreau, ce dégoût de Thémis, cet abcès de l'Université, voulant faire montre de son érudition, a appelé chauve-souris (*vespertilio*) ce que nous appelons chouette (*noctua*). L'imbécile ne sait pas seulement ce qu'*impugnare* signifie. Il a commencé son plaidoyer (1) par la bataille de Cannes; un muletier ou un chaussetier seraient honteux de débuter ainsi. Et c'est cet animal que vous voulez faire dieu ! » Il parla avec tant de chaleur, que l'assemblée se refroidit tout à coup (2). On remit l'affaire en délibéré, et voici l'arrêt définitif : Pour ses solécismes, sa barbarie, ses plagiats de la Milonienne, ses phrases pillées dans Manuce, ses images ridicules, son peu de cervelle et ses outrages au laurier du Parnasse, Hardivilliers sera changé en ortie et en chardon ; La Martelière, pour ses charretées de mensonges (3), sa folie de jeune homme qui triomphe avec immodestie, ses outrages à l'éloquence, ses calomnies ramassées partout et ses autres innombrables méfaits, sera sanglé trois fois de coups de lanière et conduit de force au moulin. Là-dessus on leva la séance (4).

Ainsi s'essayait Garasse dans le genre qui l'a immortalisé, la satire. Mais s'il en fût demeuré là, il est à croire que sa notoriété n'eût jamais franchi les murs de son couvent. Quelque esprit qu'il y ait dans cette satire, elle

---

(1) *Plaidoyer de* Me Pierre de la Martelière... pour le Recteur et Université de Paris,... contre les Jésuites, etc. Paris, 1613, in-8.
(2) Hæc fervidius incalescens, frigidum injecit Patribus.
(3) Pro mendaciorum quadrigis.
(4) *Horoscopus*, etc., p. 22, 23.

manque d'invention et d'originalité. Garasse nous fera rire à plus de frais.

J'ai déjà dit que, par le plan, cette pièce rappelle les satires d'Heinsius et de Barthius ; joignons-y l'Apocolokintose de Sénèque et les Invectives de Valla et de Poggio. Pour la forme, elle est celle de Scioppius, injurieuse, grossière et obscène. A cet égard, Garasse avait raison de se dire le frère de Scioppius ; il en est même le frère jumeau, tant il y a de conformité entre leurs caractères, de ressemblance entre leurs écrits et dans le rôle qu'ils se sont attribué. Ainsi le droit de censure que Scioppius s'était arrogé sur les hérétiques allemands, Garasse le prit sur les hérétiques français. Mais il a cet avantage sur Scioppius, qu'il exerce ce droit avec moins de violence, et que sa haine est l'effet d'une conviction. Scioppius, au contraire, n'est qu'un faux catholique. Si Garasse eût assez vécu pour être témoin des retours de ce calomniateur insigne, s'il eût seulement deviné l'homme aux pamphlets anonymes et pseudonymes publiés par lui, contre les Jésuites, non-seulement il eût beaucoup rabattu de son admiration pour lui, mais il eût laissé là pour le combattre, huguenots, libertins, philosophes et beaux esprits.

L'*Elixir* (1) est le complément de l'*Horoscopus*. On y retrouve les mêmes personnages, objet des mêmes injures, stigmatisés des mêmes ridicules. On y voit de plus le testa-

---

(1) *Elixir calvinisticum, seu Lapis philosophiæ reformatæ, a Calvino Genevæ primum effossus, dein ab Isaaco Casaubono Londini politus. Cum testamentario Anticotonis codice nuper invento, et ad fidem* m. s. *membranæ castigato reformatoque. Ad Anglogallicanos præsumptæ reformationis fratres. Auctore* ANDREA SCIOPPIO, *Gasparis fratre. In Ponte Carentonio, apud Joannem Molitorem, anno* 1615; in-8, p. 46.

ment de l'*Anti-Coton*. Il lègue ou plutôt il rend son âme à l'enfer d'où elle est sortie, et son corps à la déesse Cloacine ; il lègue à Asinius Rufus et à Canus Caballus, ses exécuteurs testamentaires, une corde et un clou pour se pendre ; à son père, s'il n'en a qu'un, une potence, s'il en a plusieurs, Montfaucon et les Gémonies ; il lègue les vêtements de papier dans lesquels il est venu au monde et où il a été élevé, aux souris, aux mites, aux épiciers et aux marchands de poissons ; à Pierre du Moulin, ministre de Charenton et fils d'un moine, le cordon de son père ; à Baudius, éponge de purée septembrale (1) et rat de cabaret, une soif éternelle ; à La Martélière, un chardon, et cinq cent soixante-neuf sacs à procès ; à Hardivilliers, émule de Cicéron, et mule de l'Académie (2), un dictionnaire et les phrases de Manuce de la bonne édition ; à Philippe de Mornai, un petit coin dans le palais de l'Inquisition, à Rome ; enfin à André Scioppius, qui l'avait attaqué avec tant de bienveillance et d'à-propos, il lègue un style vif, une âme généreuse, des ongles acérés, un grand cœur, un génie infatigable, et une vigueur d'athlète pour mater les chiens qui grognent sur le fumier calvinistique, et qui aboient contre les passants (3).

A ce trait de vanité gasconne, on reconnaît Garasse. Tandis qu'il s'attribue le legs le plus beau, il ne paraît pas s'apercevoir qu'il prête au testateur des sentiments contradictoires à ceux qu'il a manifestés dans la répartition des autres legs.

Mais tout le venin de l'*Élixir* est dirigé contre Casau-

---

(1) Spongiæ autumnali siticulosissimæ... musculo popinario.
(2) Ciceronis æmulo, mulo Academiæ.
(3) *Elixir calvinisticum*, p. 10-13.

bon. Garasse le traite comme le dernier des hommes. On sait que Casaubon est mort de la pierre : Garasse fait à ce sujet les plaisanteries les plus grossières et les plus cruelles. Il suppose que Casaubon avait de plus une hernie ; de cette hernie il fait une déesse, Hernia, et la compagne du défunt au ciel et aux enfers. Arrivé au ciel, Casaubon frappe à la porte ; mais il trouve là saint Pierre, qui le reçoit avec humeur, lui refuse l'entrée brutalement et le chasse, sous prétexte qu'un antipapiste comme lui n'a rien à faire dans ce pays, dont il n'entendrait d'ailleurs pas la langue. Casaubon, désespéré, descend ou plutôt tombe du ciel, et comme dans sa chute il suivait naturellement le chemin des enfers, il passe par la Grande-Bretagne, qui était le plus court pour y arriver. Là, il a à peine le temps d'être témoin des magnifiques funérailles qu'on lui fait à Londres ; Hernia l'entraîne, impatiente de se débarrasser de lui, et de le remettre à Pluton (1).

Rhadamante, apprenant qu'il arrive, envoie au-devant de lui des savants qui lui souhaitent la bienvenue en latin, en grec, et dans l'ancienne langue des Osques. Cerbère lui-même l'accueille, en aboyant *attiquement*. Casaubon se présente devant Rhadamante. Hernia l'accuse ; la Critique le défend : il est condamné. L'arrêt est précédé de douze considérants, et conclut en condamnant le prévenu à être changé en crapaud. Et attendu qu'il a des complices, entre autres Baudius, Buchanan et l'*Anti-Coton*, le premier est condamné à être changé en araignée, le second en scorpion, et le troisième en vipère (Garasse oublie qu'il l'a déjà changé en citrouille), afin qu'ils lan-

---

(1) *Elixir calvanisticum*, p. 37-41.

cent plus facilement leur venin sur Calvin et Luther, auteurs de leur perdition. Si pourtant ils le préfèrent, on les métamorphosera en Cyclopes ; sous cette autre forme, ils auront plus de moyens de travailler à l'alchimie de la religion réformée. Ils acceptent. Incontinent ils allument des fourneaux, y jettent du bois, du charbon et du soufre, et font jouer les soufflets. Ils ajoutent à ces combustibles des os de saints, des reliques, des châsses, des images, des vases d'or, des calices et des patènes. Transporté de fureur, Casaubon voudrait faire subir le même sort à tous les ustensiles en usage dans la communion romaine, espérant en extraire l'élixir de la religion réformée. Mais Hernia ne lui laisse pas le temps de nourrir cet espoir ; elle l'entraîne dans les profondeurs les plus reculées de l'enfer, où Garasse ne peut les suivre, n'en connaissant pas, dit-il, le chemin (1).

C'est, à peu de chose près, la même fable que l'*Horoscopus,* sauf que l'extravagance y est portée plus loin. Garasse, quand il écrivait ces chefs-d'œuvre, avait à peine vingt ans. On ne pourrait donc lui appliquer cette maxime de la Rochefoucauld, que les vieux fous sont plus fous que les jeunes ; Garasse ne le sera pas plus à quarante ans qu'aujourd'hui ; mais sa folie se réglera, si je l'ose dire, par l'exercice.

(1) *Elixir calvanisticum,* p. 42-44.

CHAPITRE III.

LE BANQUET DES SAGES.

Ici Garasse cesse d'être imitateur, et commence d'être lui-même. Pour mieux constater ce progrès, il écrit dans sa langue naturelle. Il trouve des idées originales, en même temps qu'il adopte un moyen plus facile de les exprimer.

Le 22 décembre 1611, le parlement, sur la plaidoirie de la Martélière et les conclusions conformes de l'avocat général Servin, avait rendu un arrêt qui défendait aux Jésuites « de s'entremettre par eux, ou par personnes interposées, de l'instruction de la jeunesse en la ville de Paris. » L'Université avait gagné sa cause. Plus libérale, plus favorable à la liberté des méthodes, plus pénétrée du droit des familles de faire instruire leurs enfants comme il leur plaît et par qui il leur plaît, l'Université d'aujourd'hui serait la première à demander l'annulation de l'arrêt de 1611, si par impossible quelqu'un osait l'invoquer. Mais alors elle n'eut pas ce scrupule; elle était d'avis « que toute multiplicité d'escholes et colléges ne peut qu'engendrer une profanation et avilissement des lettres, et remplir les provinces, l'Église et la justice de fourmillière et vermines d'apprentifs présomptueux, personnes inutiles, surcharges et mangeurs de peuple, au très-grand affaiblissement du négoce et marchandize, de la culture et mesnagerie des champs, des mestiers, et même des forces du royaume (1). » Le parlement pensa de même; son arrêt

(1) *Remonstrance de la nécessité de restablir les Universitez, pour le restablissement de l'Estat, et des moyens de ce faire. Au roy, sur la*

fut le salut de l'agriculture, du négoce et des métiers. Ce qu'il y a d'admirable, c'est qu'on attribua plus tard aux Jésuites l'invention de l'éteignoir. On voit qu'elle pourrait être revendiquée par d'autres. Pour le moins, y eut-il concurrence (1). Tant il est vrai qu'il n'y a point de logique pour les intérêts, et que les meilleures armes pour les partis seront toujours celles qu'ils se prêtent ou plutôt qu'ils se dérobent réciproquement.

Quoi qu'il en soit, les Jésuites surent mauvais gré à Servin de la part qu'il avait prise à l'arrêt de la cour. Du moment que les gens du roi s'élevaient aussi contre eux, le roi lui-même en pouvait être affecté, et l'établissement de la compagnie compromis. Cependant, comme ils n'avaient pas moins de prudence que d'ambition, ils laissèrent passer l'orage et se turent, jusqu'au moment où ils trouveraient à propos de rompre le silence. Ce moment arriva six ans après. En 1617, on vit paraître un livret, mêlé de vers et de prose, et qui portait ce titre singulier :

« *Le Banquet des Sages, dressé au logis et aux despens*

---

tenue de ses Estats généraux à Paris. Paris, 1615, in-8, p. 26 et 27.

(1) La répugnance de l'Université pour tout ce qui lui paraissait être un empiètement sur ses privilèges, éclata avec la même passion contre les réformés. Mais alors elle se couvrait d'un autre prétexte, l'intérêt de la religion catholique. En 1619, les réformés ayant voulu ouvrir à Charenton un collège pour l'enseignement spécial de la philosophie et de la théologie, Le Clerc, recteur de l'Université, assisté de quelques théologiens de Sorbonne, des quatre procureurs des nations, des principaux agents et suppôts de l'Université, se transportèrent, le 30 juillet de la même année, accompagnés des bedeaux ordinaires, chez le comte de Soissons, qui gouvernait Paris en l'absence du roi, chez le premier président et chez le procureur général du Parlement, pour protester contre le dessein des réformés. Ils se plaignirent avec tant de véhémence « que, depuis, l'on n'a plus ouy parler de l'establissement de ce collége. » — *Mercure,* t. VI, année 1619, p. 289-291.

de Me Louys Servin, auquel est porté jugement, tant de ses humeurs que de ses playdoyés, pour servir d'Avangoust à l'inventaire de QUATRE MILLE *grossières ignorances et fautes notables y remarquées. Par le sieur Charles de l'Espinoeil, gentilhomme picard* (1). »

Depuis la Ménippée, on n'avait pas vu de satire écrite avec autant de mordant et surtout de brièveté. Garasse en était l'auteur.

Ce livre ne porte ni nom de lieu, ni nom d'imprimeur. Au revers du titre on lit en grandes majuscules cette épigraphe : STULTUS NON INTELLIGET HÆC. C'est une ironie. L'esprit abonde dans cet opuscule, et il n'est sot à qui il ne se communique. Les deux pages suivantes contiennent une pièce de vers que l'auteur qualifie du nom pompeux d'ode, mais qui est à ce genre de poésie ce que l'épigramme est au poëme épique. L'auteur s'y moque du *Banquet* d'Athénée : ce n'est, dit-il, qu'un banquet d'ivrognes

> « Qui ne tenoient autres propos,
> Altérés en leurs grizes trognes,
> Que de vin, de verre et de pots.
> Tous leurs mets n'étoient que lippées,
> Un vieux fragment, un vieux haillon,
> Ou des sentences plus frippées
> Que la selle d'un postillon. »

Ce dégoût, ajoute-t-il, pour la maigre chère des Dipnosophistes, lui venait

> « Pour avoir icy jetté l'œil,
> Et seulement pris une goutte

du superbe banquet

> « Que Servin faict à tous allans,
> Non dans un plane ou bien sur l'herbe,

(1) 1617, in-8, p. 64.

> Comme Socrate à ses chalans,
> Mais en lieu bien plus magnifique,
> Où ses amis sont festoyés,
> Non des fatras d'un vieux comique,
> Ains du suc de ses plaidoyés. »

La description de ce banquet commence à la page 7. Garasse dresse les invitations ; il y en a pour tout le monde. Car

« Maistre Louys Servin, franc Gaulois, s'il en fut oncques, homme de noble et relevé courage, a depuis quelques années haussé son trin, réglé sa famille, tranché du grand, exposé ses moyens, et ouvert sa table à tous venans. Il a peu de fonds, en vérité ; mais non obstant, par la sublimité de son grand esprit, il a fait comme la pauvre noblesse du vieux temps :

> « Il a toujours depuis tenu
> Maison ouverte à tous costés,
> Et si n'eut onq' de revenu
> Deux rouges doubles bien contés.
> Et afin que vous ne doutés
> De ce que je vous en rapporte,
> Croyés qu'il fut de telle sorte
> Et sa maison si mal couverte
> Qu'elle n'a fenêtres, ni porte :
> Ne tient-il pas maison ouverte ? »

L'auteur donne alors le menu du dîner. Le service est « à quatre plats divers, qui sont les quatre tomes des plaidoyés de Servin. » On y voit *volucres cœli, pisces maris, et pecora campi.* « Selon la paraphrase d'un bel esprit du temps, » il faut entendre, par ces mots, « les jactances, les thrasonismes, les confessions, les rhapsodies, les galimafrées coustumières, les ignorances grossières et les impertinences ordinaires » de l'hôte. On ne conte pas « l'entrée et le dessert, les pièces de four, les pains cornus, qui marquent un nombre infini de mensonges, fausses citations, alibiforains et passages faits à plaisir. » Quant à ses pourvoyeurs, M⁶ Servin en a « à suffisance ; » mais « le cuisinier lui manque pour assaisonner les mets, c'est-à-dire qu'il n'a ni capacité ni jugement pour ranger ses discours ; quand il y met la main, il gaste tout : c'est un pasté de béatilles (1) ou une patrouille, et non un banquet. Toutefois, on dit qu'il y met bon ordre par sa prévoyance ordinaire, car il a dans son logis un magazin ou réservoir de passages, à cinq estages divers, selon la diversité des textes et matières. »

Il a deux logis pour régaler ses invités. L'un, à l'enseigne des *Fleurs-de-Lys*, dans la salle d'audience, « où il entretient tout le monde de langue mal assaisonnée et de trippes de latin descousu ; » l'autre est un logis particulier, « à l'enseigne du *Charlatan*, » dans la cour de la Sainte-Chapelle. C'est là « qu'il traite ses amys à plats descouverts, et que sa plume s'accorde avec sa langue ; » c'est là que, « pris à la glu de ses caresses, caresses d'hostellerie, amitié « d'huguenot, » quatre Sages de ce temps vinrent un jour le visiter, « esmeus de la fausse réputation du bon traictement que M⁶ Louys Servin faisait à ses amys. » Les ayant introduits dans une salle basse, il s'échappe un moment, afin de « mettre ordre aux affaires. » Mais il leur laisse « au préalable de quoy s'entretenir honnestement, et, comme disait Platon, de quoy banqueter doucement leurs pensées, en attendant l'autre banquet matériel. »

---

(1) Ris de veau, crêtes de coq, etc., et généralement tout ce qui entre dans la composition d'un vol-au-vent.

Que faire dans une chambre où l'on attend, sinon l'inventaire des meubles qui la garnissent? C'est ce que font nos Sages. Celle où ils se trouvaient était des mieux garnie : on y eût, je pense, oublié le dîner. « Car, outre la ceinture de la chambre et la cambrure des soliveaux, qui portoient une jolie danse de zanis et pantalons, avec leurs singeries et grimaces ordinaires, les principaux ornemens et enjoliveures de la salle estoient telles : Sur le manteau de la cheminée estoit un vieux image tout fumeux, à la destrampe, qui représentoit un sainct Yves fort mélancholique et en mauvais estat, car il étoit à demi rongé de vermine, et affublé d'une vieille robe de palais qui faisoit parfaitement les armoiries d'Orléans, s'en allant à lambeaux et piéces. Quelque bel esprit, amy de monsieur Servin, comme il est à croire, ayant considéré, peu de jours devant, cet image plus triste que le pleureur des Innocens, en eut compassion, et, saisi de sa verve poëtique, attacha au-dessus cette fantaisie, qui n'est autre chose qu'une conformité de monsieur sainct Yves, patron des advocats, avec Mᵉ Louys Servin, le parangon de nostre siècle et l'oultrepasse des beaux esprits de ce temps. Les inventions en sont fort naïfves, la locution nette, les conceptions aigües, qui firent croire aux Sages que ce pouvoit estre des plaisantes boutades de Raynier (1). Elle disait en somme en la personne dudict sainct, comme par une douce complainte :

> « Servin me tient en cette chambre
> Plus moysy qu'un vieux champignon :
> Il est pour luy net comme l'ambre,
> Et aussy vestu qu'un oignon.

(1) C'est Regnier qu'il faut lire.

Ma robbe affreusement percée,
Et mon bonnet à double grouin
Eût bien pu servir à Persée
De Méduse pour un besoin.

Ma soutane est si vermouluë,
Et mon cazaquin si pelé,
Qu'on m'alloit vendre pour mouluë,
Si d'abus je n'eusse appelé.

Et les gans qu'accouplez je porte
On les eût pris pour des harans,
Si les doigts et leur mine torte
Ne leur eussent été garans.

Je ne veux pourtant qu'on me plaigne,
Car ainsy que vous me voyés,
Si chétif et rongé de taigne,
C'est le fruit de mes plaidoyés.

Car en plaidant pour quelque vefve,
Ou pour un pauvre malmené,
Je ne prenois point tant de trefve
Pour faire un discours esréné.

Je n'abusois point de ma cause,
Citant des auteurs saugreneux,
Et ne fondois point une clause
Sur quelque dicton gangreneux.

Pour tout subject qui scandalize,
Je me gardois de le choquer
Et jamais és choses d'Églize,
Ne m'est escheu de me mocquer.

Je n'eusse esté dur ny farousche
Aux capucins, aux Recolais,
Ny importun, comme une mousche,
A les picquer dans le Palais.

Car en ce lieu j'estois modeste,
Et n'offençois les présidens
Ny de parole ny de geste
Et beaucoup moins d'escrits mordans.

Je ne citois George Cassandre (1),
De Clemange (2) ny Walafrit (3),
Vieux bouquins traînez par la cendre,
Ny quelque meschant texte frit.

Je n'en faisois point une liste
Pour allonger le parchemin,
Mais des docteurs suivant la piste,
Je me tenois au grand chemin.

Je me contentois bien du Code,
De l'éloquence et de mes lois,
Et me gouvernois à la mode
Qu'ont tenu nos bons vieux Gaulois.

Que si j'eusse eu dix mille livres
De Heuqueville et Mestayer (4),
Pour avoir imprimé mes livres
A dix francs pour chasque cayer;

Aux despens de mes quatre tomes
Je me verrois plus godinet,
Et si n'y auroit tant d'atomes
En garnison sur mon bonnet.

(1) George Cassander, de Bruges; selon d'autres, de l'Ile Cassandt, né en 1515, mort en 1566, et l'auteur de quelques ouvrages, particulièrement de controverses religieuses, imprimés à Paris en 1616, in-folio.

(2) Nicolas Clémenges, en latin *Clemengius* ou *de Clemengiis*, ainsi nommé de Clamanges ou Clémenges en Champagne, où il était né, est un écrivain du quatorzième siècle, qui fut secrétaire de l'antipape Benoît XIII, et, en 1393, recteur de l'Académie de Paris. Il mourut vers 1435, après le concile de Bâle. Ses œuvres, publiées par Lydius, en 1613, in-4°, renferment différents traités sur les matières ecclésiastiques.

(3) Walafridus *Strabon*, ainsi surnommé parce qu'il était borgne, naquit en 807, fut abbé de l'abbaye de Fulde et ambassadeur de Louis de Germanie auprès de Charles le Chauve, son frère. Il mourut en France pendant cette ambassade, le 17 juillet 849. Il a laissé de nombreux écrits sur la liturgie et l'histoire ecclésiastique, des vies de saints, et des gloses sur l'Écriture sainte, etc. Servin, dans ses plaidoyers, cite fréquemment ces trois auteurs.

(4) Libraires du temps.

Lors j'irois morguant par la ruë,
Et si verrois en pavonnant
Tout le monde comme une gruë
Se presser en me talonnant.

Lors j'entrerois à l'audiance
En carrosse bien atelé,
D'un pas et port plein de fiance,
Ainsy qu'un Barbe encastelé.

Je tiendrois une telle morgue,
Qu'on me prendroit pour président,
Haut et droit comme un tuyau d'orgue,
Et aussi chaud qu'un fer ardent.

Je renverrois bien ces quanailles,
Ces papicoles forbanis,
Forger à Rome des médailles
Et enfiler des grains bénis.

Ces Gonterys (1), ces patriarches,
Et ceux qui preschent si à gré
De la cour, du plus haut des marches
Se verroient au plus bas dégré.

Et à ces têtes de linotes,
Ces vieux chesnes my-pourris
Qui m'ont fait des Advis et Notes,
Et de mon sang se sont nourris,

Je ne répondrois par menace
Ny par traits piquans imprimés,
Mais ils verroient par contumace
Leurs escrits bientost supprimés.

Car respondre à semblables livres
Par escrit, ce n'est pas raison.
Si ce n'est à personnes yvres;
Leur responce, c'est la prison.

---

(1) Le père Gontery, jésuite, né à Turin en 1562, se distingua surtout par la prédication. Il fut un des adversaires les plus redoutables des réformés.

Que si je tiens ce Marinière,
Cet imprimeur de nouveau cas,
Je le courray d'une manière
Qu'il maudira les advocats.

Mais la cholère me mestrize
Et me rompt ceinture et boutons;
Qu'ils sçachent que je les mesprize,
Et que je viens à mes moutons.

Sçavés-vous d'où je suis si sale,
Si poudreux et si mal tenu,
D'où le maistre de cette salle
S'est acquis si grand revenu ?

Mon éloquence estoit pucelle,
Les présens ne la gagnoient pas,
Ny les gages de la Rochelle,
Ny les escus des Pays-Bas.

La chicane ny la pratique
Ne m'acquit jamais un ducat,
Et jamais aucun hérétique
Ne me prit pour son advocat.

J'eusse plutost aimé me fondre
Comme l'ayant bien mérité,
Que d'estre partizan de Londres
Contre Rome et la vérité.

Et voylà comment je demeure
Misérable et comblé de mal,
Et est danger que je ne meure
Aussy nud qu'un ver d'hospital.

Car le meilleur drap de la terre,
A ce qu'on dit pour le présent,
Il se faict tout en Angleterre,
D'où je n'attens point de présent.

Les plus beaux linges de Hollande,
Les beaux escus des Rochellois,
Or, je ne suis point de leur bande,
Car j'ay bien de diverses lois.

Puis, c'est manger mon bien en herbe
Que d'attendre quelque habit neuf
De Servin qui tient ce proverbe :
Ne rien donner a Guillan neuf (1).

Donc à ces fins j'offre requeste
A nos seigneurs du parlement,
Les priant qu'on fasse la queste
Pour m'avoir un habillement.

Pour le moins que j'aie une robbe
Et quelque juppe de satin,
Ou bien faudra que je dérobbe
Pour paroistre à la Sainct-Martin. »

Garasse jure quelque part (2) qu'il n'a jamais lu trois pages de Rabelais, bien qu'en sa *Doctrine curieuse* (3) il parle des faloteries de Pantagruel, et qu'ailleurs (4) il cite Panurge, Grandgousier, Teravant, l'île des Sonnettes, l'abbaye de Thélème, etc., en homme qui avait au moins pris la peine de se renseigner sur tout cela. Je ne sais donc qu'en penser. Mais s'il n'a jamais lu Rabelais, il n'a que plus de mérite à lui ressembler : or sa prose rappelle ici celle de Rabelais, comme ses vers rappellent ceux de Regnier ; celui-ci même, il le savait par cœur. Ce n'est pas pourtant qu'il ne se flatte, en faisant dire aux Sages que la complainte de saint Yves pourrait bien être de ce poëte ;

---

(1) *A Gui, l'an neuf !* C'est le cri par lequel les Druides annonçaient, en chantant, le premier jour de l'an, jour consacré à la distribution du gui du chêne. Ovide dit quelque part :

« Ad viscum, viscum, Druidæ cantare solebant. »

Il est encore usité aujourd'hui en plusieurs endroits, comme refrain de quelques couplets que les enfants chantent aux portes des maisons, pour demander des étrennes.

(2) *Apologie*, p. 121.
(3) Page 445.
(4) *Rabelais réformé*, édition de Lyon, in-12, 1620, p. 85.

mais il se flatte comme il nous arrive à chaque instant de le faire, en disant de nous des vérités relatives que nous serions bien aises qu'on prît pour absolues.

Outre l'image de saint Yves, il y avait, dans cette même pièce, quelques inscriptions en grec et en latin, où Servin avait eu pour objet de constater « sa profondissime polymathie. » Les Sages perdirent « ou pour le moins passèrent une bonne heure » à les considérer, à en expliquer le sens. « Mais comme ils estoient venus avec l'appétit ouvert, et que la faim est un esperon qui pique aussi bien le ventre des sages que des foux, ils commencèrent à sentir les importunitez de leur créancier domestique. » Enfin, ils virent entrer dans la salle

> « Un robuste et puissant valet,
> Sale et crotté jusqu'au collet,
> Les coudes nuds, et sur l'épaule
> Un linge long comme une gaule.

« Le maistre le suivoit de près, résolu, prompt et ardent, comme quand il sort du palais, les priant d'une voi eschauffée de laver et de prendre place... Comme ils furent assis, ou plutôt logez *à la mal assise*, on porta le couvert. Chacun se dispose à faire son devoir comme à la veille des Roys.

> « Le premier mets servy fut un ample potage
> D'où les mousches à jeun se sauvaient à la nage.
> Si quelqu'une parfois s'engouffroit au dedans,
> C'estoit clou de girofle et poivre sous les dents.....
> Il estoit dessalé, comme à Pâques un harang;
> C'estoient, au lieu de sel, des charbons rang à rang,
> My-broyés, qui saloient autant ce beau breuvage
> Qu'eust sceu faire à grumeaux tout le sel de Broüage.

« Il y avoit en la compagnie des Sages deux ombres de

chair et d'os, de celles que le satyrique appelle *pinguibus umbris*... Le premier estoit Pierre du Moulin, l'archiministre de France, et primat de Charenton : le second estoit le ministre Durand, son prébendier et vicaire ordinaire. Ces deux hommes avoient, la grâce à Dieu, assez bon appétit, les yeux au guet, la main agile, le gosier coulant et la bouche bien pavée. Ils avaloient indifféremment toutes choses, trouvant tout de bon goût ; ils prenoient les charbons de Me Louys Servin pour des olives de Provence, et les cendres chez luy leur sembloient du sucre de Madères. » Mais les Sages, « qui avoient le goust un peu mieux affecté, » jugèrent :

> « Comme gens bien versez en faict d'une cassade
> Que la cendre n'a pas le goût de cassonnade,
> Et qu'un charbon ne peut se desguiser si bien
> En olive, qu'aux dents l'on n'y cognoisse rien...

« Ils cogneurent que ce beau potage basti par Servin, n'avait ni sel ni gresse, c'est à sçavoir que ses plaidoyés n'ont ny jugement, ny prudence, ny suc de doctrine quelconque, et qu'il estoit un pauvre cuisinier ; » que pour les ministres, « ce sont des personnes fort faméliques, qui goustent, estiment et embrassent sans choix tout ce qui fait ventre à leur cause. »

Le second plat, « fut un vieux lièvre désossé et mis en paste pour couvrir son infection ; espissé au reste avec une prodigalité avaricieuse, car il n'y eut que les ministres, avec leur gosier de basse-contre, qui osassent y mettre la main. » Allégoriquement, c'étaient « ces vieilles charongnes de calomnies, outrages, détractions, paroles injuricuses, » que Servin semait partout ; n'épargnant personne que les Huguenots, ses bons amis. Mais il avait particulièrement « cette bonne coustume d'en saupoudrer la robbe, la doctrine et les mœurs des Jésuites... Il n'y a plaidoyé (1) en tous ses tomes qui ne soit lardé de brocars taverniers contre eux, hérissé d'injures, semé de faussetez, plain de calomnies, desguisé de circonstances apocryphes, tyssu de bavarderies et de ridicules apostrophes contre eux... Et c'estoit cette belle viande dont les ministres, personnes fort altérées, mangeoient avec un appétit effroyable, ne voyant pas qu'avalant si espissé, il faudroit enfin enrager de male-soif, ou se rendre à la claire onde de vérité, pour se désaltérer entièrement.

« On s'estonnoit fort d'où c'est que Servin servist un si grand nombre de fatras, mensonges, calomnies et traicts piquans contre les Jésuites. Mais il y en eut un de la troupe qui mit le doigt à la source, et déclara que le grand maistre frippier de toutes ces vieilles ravauderies, est Me Gillot, conseiller en parlement, et chanoine en maintes églises cathédrales de France. » Il avait ramassé dans ses *Éphémérides* (2) une foule de « contes, fables, sornettes et histoires prodigieuses contre les Jésuites. » Un des Sages qui avait lu ce livre, que « les confrères cabalistes appellent en leur jargon *Pandectes Gillotines* », dit qu'il n'avait pu s'empêcher de rire « de tant de badineries, » et qu'il s'était amusé à y ajouter les articles suivants, pour grossir le volume :

---

(1) Les plaidoyers de Servin ont été recueillis et publiés en 1631, in-4.

(2) Je ne connais pas ces *Ephémérides;* elles ne sont point indiquées dans la liste des écrits de Gillot. C'était sans doute un manuscrit où il consignait des anecdotes sur les Jésuites, dont il amusait ses amis, et que ceux-ci, par plaisanterie, appelaient les *Pandectes Gillotines*. Il en était venu quelque chose aux oreilles de Garasse, et nous apprenons de lui que ces Pandectes aidaient à l'éloquence de Servin.

« Item, le premier jour de septembre de l'an 1612, fut veu un Jésuite sur les frontières de la Perse, armé jusques aux dents et monté sur un courtaud, le casque en teste, la visière baissée et la lance à l'arrest, s'en aller de vive-force dans les portes de Cambalu (1), pour prendre la ville d'assaut, et assassiner le grand Cham de Tartarie.

« Item, le dix-neufviesme d'octobre de la mesme année, les Jésuites du Païs-Bas, ayant fait une conspiration secrette contre la ville d'Amsterdam, avoient mené l'affaire en tel estat, que si la corde n'eust rompu, ils s'alloient rendre maistres de tout le païs, et rendoient les Hollandais tributaires de leur empire...

Item, les Jésuites de la Chine ont acquis en la ville de Nanquin, capitale du royaume, en moins de douze ans, cent mille livres de bon revenu, et maistrisent maintenant les mandarins et lettrés de ce païs, gouvernant ce nouveau-monde à la baguette. Et qui fera difficulté de le croire, pourra faire un petit voyage jusques-là, pour en estre esclairez sur les lieux, etc., etc. »

La plaisanterie se prolonge et je regrette de l'abréger. Elle est d'autant meilleure, qu'il n'était pas impossible que Gillot la prît au sérieux. Ce bonhomme haïssait fort les Jésuites. Il n'était rien dont il ne les crût capables. La haine, comme la peur, dispose à la crédulité.

« Le troisiesme service de ce banquet allégorique fut un jeune paon avec sa grande queüe estoilée. Mais il estoit si bien vené, qu'il en estoit quasi puant, de façon qu'il n'y eut personne qui en peust seulement souffrir la veüe, non pas mesmes les ministres. Vous entendés assés que c'est son

---

(1) C'est Pékin, autrefois *Cambalu* ou *Cambalou*, et aujourd'hui Chun-tian, en chinois.

arrogance, et ses louanges si puantes en sa propre bouche, que ses meilleurs amys lui en veulent mal. Il ne faut que le voir en targue de déclamateur, un geste, un œil, une voix, un maintien de tout le corps, qui ne presche autre chose qu'une pure et fine gloire, ses pavonades ordinaires, ses propos enflez de jactance, ses propositions hardies : tout cela ne nous crie rien qu'arrogance... Sans doute que Mᵉ Louys Servin sera descendu de branche en branche du capitaine Squardobombardon... (1)

« Le quatriesme mets, pour la closture du banquet, fut un plat de casserons qu'on appelle aussi des Anglois fricassés. C'est un petit poisson noir comme suye, confit en son propre jus, aussi gluant que l'encre d'imprimerie. Cette viande, accompagnée d'une carbonnade à demi cruë et cendreuse, signifie ses erreurs hérétiques, ses opinions schismatiques, ses axiomes genevois, ses propositions anglicanes... Ce fut sur ce plat que les ministres se ruèrent. Mais les Sages qui se souvenoient du précepte de Pythagore, qu'il ne faut pas goûter le poisson qui a la queue noire, jugèrent à plus forte raison qu'il falloit s'abstenir de celui qui est noir tout entier ; c'est-à-dire, que, s'il se faut garder des propositions soubçonnées et seulement hérétiques en la queue et conséquence, la raison veut qu'on se garde beaucoup plus des hérésies descouvertes et apparentes, telles que sont celles dont les plaidoyés de Servin fourmillent à chaque page... Ce dernier service estoit aussi accompagné de petits saupiquets à l'oignon,

---

(1) Il me semble avoir rencontré ce nom dans la *Macaronée* de Merlin Coccaie au combat des diables. N'ayant pas sous la main ce gros livre, je prends la liberté d'y renvoyer le lecteur. Il ne serait pas étonnant, d'ailleurs, que cette onomatopée bruyante fût de l'invention de Garasse.

qui estoient bien aussi désagréables aux Sages, comme savoureux aux ministres. Car c'estoient des lardons mal à propos jettés contre le pape, tels que *Urbanus Turbanus, Bonifacius Malifacius, Clemens Demens, Papa Popa,* et autres semblables qui pourroient estre quelques jolys rencontres de taverne, aucunement tolérables dans la gueule d'un ministre ; mais en la bouche d'un officier du roy, je n'y vois point d'excuse...

« Sur la fin du banquet, comme les Sages estoient souls de voir la mauvaise mine des viandes, ils furent honnestement accueillis par un petit mot de courtoisie du maistre de la maison, qui leur dit avec un petit sousris à la matoise : *Messieurs, priez Dieu pour les mal-traitez.* En quoy on luy eust peu faire l'honneur de suyvre son advis, et lui dire doucement : *Tu collimasti.* Ils se levèrent de table, selon l'advertissement de Galien, avec aussi bon appétit qu'ils y estoient entrez. »

C'est alors que Servin leur demande la permission de les introduire, « dans son meschant petit cabinet, où l'on me faict croire, dit-il, qu'il y a quelques chosettes remarquables. » Elles l'étaient sans doute, et nous sommes fort obligés à Garasse d'en avoir dressé l'inventaire.

« Il y avoit, dit-il, premièrement :

« Un gros code fort espais, relié en veau, lavé, réglé et doré sur tranche, qui contenoit en partie un recüeil des Pandectes Gillotines, en partie, un extraict des mémoires fournis par les ministres, et en partie les collections de Walafridus. Et sur le dos estoient gravées ces paroles en lettres d'or : Garde mangé de science.

« Un rastelier d'ignorance, accompagné de toutes ses appartenances, et fourny pour plusieurs années. Dessus, il y avoit escrit en grosses lettres rouges : Provision pour la presse de Mestayer (1).

« Des lunettes de Galilæus, autrement appelées lunettes d'Amsterdam, à triple canon et longue veüe, pour voir jusques dans le palais du pape, dans les maisons, colléges et noviciats des pères Jésuites, en toute l'Europe. Le verre en estoit un peu trouble, qui lui faisoit souvent prendre une mousche pour un éléphant, et une lanterne pour un homme. Dessus estoit escrite cette parolle : Mysterium...

« Un grand miroir d'acier assez bien convoyé, encorniché d'ébène, figures de marmouzets et autres enjolivures monstrant les images deux fois plus grandes que le naturel. Et dict-on qu'il ne consulte jamais en ses affaires que ce faux conseiller et flatteur de ses perfections. Et en effect, il y avoit escrit par dessus : Hoc judice et indice.

« Deux faux coings, le moulinet et les marteaux pour forger la fausse monnoye des passages supposés. Il y avoit au dessus en grosses lettres grecques : Polymathia.

« Un cachet à l'huguenotte, portant l'enseigne de la Rochelle, un ange debout sur une carcasse, une boëte pleine de poudre et limaille de cuivre, un perce-lettres, etc.; le tout dans un coffret qui s'appelloit l'Escrain de la cause.

« Un estuy de barbier garny de deux bonnes lancettes et autant de rasoirs bien affilés, pour faire l'anatomie des sciences, déchiqueter la religion et trancher les articles de foy, comme il fait ordinairement, les squarrifiant, découpant, expliquant avec une impudence merveilleuse, et se tournoyant ez matières de théologie, comme une mousche dans de la poix fondüe : pour vérifier le dire du sçavant Hippocrate, qu'il n'y a rien de plus hardy que l'ignorance,

(1) Imprimeur et éditeur des OEuvres de Servin.

et que souvent un frénétique met asseurément le pied où un homme sage n'a pas le courage d'affermir sa pensée. Et tout cela accompagné d'autres ferremens barbifiques, s'appelloit en langage servinois : La liberté gallicane.

« Un vieux gaban (1), fort velu et bien serré, accompagné d'un masque de voyage. Et il y avoit dessus ce bel équipage, ce mot extraict de sa devise : Non intus ut extra. Par où il vouloit dire en bon vieux gaulois, que c'estoit le harnois de son hypocrisie, et le vieux momon de sa feintize.

« Tout pleins de petits fatras, ferremens et ustensiles fort mystérieux, ressemblant aux outils d'un sabbat, ou aux meubles de ce bel arsenac, descrit par le sieur Regnier, en sa onziesme satire. Par dessus estoit escrit le titre de ce vieux livre renommé par les anciens critiques : ΠΑΝ ΕΝ ΑΥΤΩ.

« Sur tout ce que dessus, il y avoit une petite volute ou banderolle d'escriture qui portoit ces trois ou quatre mots, et regnoit tout le long de la galerie : Quæ sunt per allegoriam dicta. »

On n'avait pas fait encore, que je sache, au moins d'une manière aussi soutenue, la critique des opinions, de la vie et des écrits de quelqu'un, en les représentant sous l'emblème des plus méchants produits de la cuisine. L'idée est donc originale, et Garasse en a tiré bon parti. L'exécution en eût été meilleure, si sa plume eût été plus fine, plus exercée et plus sobre. Car, s'il est vrai que la pièce est courte, l'auteur parfois ne laisse pas de donner à ses griefs, présentés sous la forme d'allégories, un déve-

(1) Vêtement de feutre. Le mot et la chose se sont conservés jusqu'ici sous le nom de *caban*.

loppement exagéré, non parce qu'il les multiplie, mais parce qu'il y revient trop souvent sans en varier assez l'expression. De même que dans les cascades artificielles qu'on voit au théâtre, c'est toujours la même toile qui passe et repasse ; l'illusion est entretenue, et cela suffit. Il en est ainsi de l'écrit de Garasse : on s'y plaît, on s'en amuse, malgré les redites. On rit beaucoup des ministres qui se sont invités d'eux-mêmes et qui ne perdent pas un coup de dent. Leur bon appétit venge l'amphitryon de la superbe délicatesse des Sages, et confirme cette vérité, que quand on est à table, c'est pour manger. C'est d'ailleurs le devoir des parasites, comme aussi de faire l'éloge de tous les morceaux. Que de malice et d'esprit dans l'énumération des *chosettes* qui ornent le cabinet de Servin? Malheureusement, j'ai dû l'abréger. En lisant ces détails, on est encore tenté d'en faire honneur à Rabelais, si amoureux de cette espèce de dénombrements, et qui en a donné le modèle dans le catalogue de la bibliothèque des Thélémites.

« Les Sages ayant tout veu et examiné par le menu, et entendu pour la pluspart les secrets offices de tous ces instrumens miraclifiques, il leur fit l'honneur de les accompagner jusqu'à la porte du logis, et les remercier de la patience qu'ils avoient eu à prendre un meschant disner. A quoy ils n'osèrent répliquer, de peur de le fascher en contredisant. Les ombres qui s'estoient ingérées sans invitation, demeurèrent par familiarité jusques au soir, et les Sages tous affamez gagnèrent leur logis avec vœu solennel de n'y retourner jamais... J'avois oublié qu'au lever de table, ils ne rendirent point grâces à Dieu, tant pour ce que n'est pas la coustume de ce logis, que parce que les viandes qu'ils avoient mangées, n'en valoient pas la peine.»

Le magistrat que Garasse immolait ainsi au ridicule, n'avait d'autre tort que de n'aimer pas les Jésuites, et de mettre dans sa haine, comme en tout ce qui lui paraissait être un devoir, plus de passion que de jugement. A cela près, c'était un homme plein d'honneur. Si le courage qu'il déploya dans l'exercice de ses fonctions, eût été plus réfléchi, si la chaleur de l'âme, comme dit Descartes, y eût eu plus de part que la chaleur du sang, il fût devenu sans doute un grand magistrat. Il eut le sort des téméraires qui n'envisagent pas les obstacles et qui choppent au plus léger. Lorsqu'en 1626, Louis XIII fit enregistrer quelques édits bursaux, dans un lit de justice, Servin osa lui faire des remontrances que le roi reçut avec colère. Il ne sut alors que se troubler, s'évanouir et mourir sur le coup. Il eût été beau de rester ferme et de vivre ; c'était là le vrai courage, mais il n'appartient qu'à la modération. La mort de Servin ne prête donc pas plus à la satire que n'y prêtait sa vie. Seul, Garasse put être d'un avis contraire. Il n'y avait pas de position si haute, de renommée si bien établie qui ne fussent justiciables de ses sarcasmes, et n'eussent tout à craindre de ses vengeances. Il est superflu d'examiner si celle qu'il exerça contre Servin, était suffisamment motivée ; cependant, on ne peut méconnaître le droit qu'avaient les Jésuites de combattre un homme qui leur avait déclaré ouvertement la guerre, et qui la leur faisait à l'ombre des fleurs de lys. Mais à ne considérer que l'œuvre en elle-même, sa valeur littéraire et l'impression qu'on en reçoit, on se demande si tous ceux qui n'ont parlé de Garasse que comme d'un bouffon et d'un fanatique, entendant par là un sot et un homme sanguinaire, si la plupart de ses contemporains, et Voltaire après eux, n'ont pas volontairement pris le change à son égard ; on se demande s'ils n'ont pas étouffé en eux le sentiment qui les portait à rire des écrits de Garasse, plutôt que de convenir que ce jésuite, défenseur de doctrines religieuses répudiées par eux, avait de l'esprit, de la verve et de l'enjouement. Cette question n'est pas déplacée, particulièrement en ce qui touche le *Banquet des Sages*. Garasse n'a rien fait de mieux, et il a fait souvent aussi bien. Il est vrai que le style en est plein de négligences, d'incorrections, d'images extravagantes, de termes parasites (Garasse ne s'est jamais guéri de ces défauts), que l'art en est banni, et que ce qui en tient lieu est le pur caprice d'un esprit fantasque et déréglé ; mais outre qu'il ne faut pas être si sévère pour un genre d'où l'imagination semble exclure la raison, il faut avouer que l'idée et le plan du *Banquet* sont ingénieux, et que se fâcher ainsi est le bon moyen d'avoir les rieurs de son côté.

Quoi qu'il en soit, il n'était pas de petite conséquence de diffamer ainsi un magistrat. Garasse, qui le sentait, avait prudemment gardé l'anonyme. On le devina. Ceux qui aiment qu'on rie de tout et de tous, louèrent la *gentillesse* de l'invention ; il s'en défendit comme d'un crime (1). L'imprudence d'un imprimeur trahit son secret. Mais l'imprudence, au témoignage de ses ennemis, était volontaire, et venait de Garasse. On disait que la vanité avait soulevé le voile que la peur avait tenu baissé jusque-là. Voici le fait : Dans la table des matières de la

---

(1) Il n'est plus permis de douter que cette satire ne soit de lui, aujourd'hui surtout que les PP. Augustin et Aloïs de Backer, dans la *Bibliothèque des écrivains de la Compagnie de Jésus*, la lui ont attribuée de nouveau.

Doctrine curieuse, livre publié six ans après le *Banquet*, on lit à la lettre B les mots suivants : *Banquet des Sages; du Moulin et Durand y sont invitez*, et le renvoi est à la page 428. Or, à cette même page, il n'est fait mention ni du *Banquet*, ni de du Moulin, ni de Durand. Il y est parlé seulement d'un repas de ministres luthériens, où les convives, comme dans le *Banquet des Sages* (1), « sont logez à la mal assise. » Ogier, dans sa *Censure de la doctrine curieuse* (2), reprocha à Garasse, premièrement d'avoir cité à la table de la *Doctrine*, le *Banquet des Sages;* secondement de ne l'avoir cité que pour donner à entendre qu'il l'avait fait. Garasse concède le premier point ; mais il nie la conséquence. Elle est, observe-t-il justement, de la même nature que celle « par laquelle Ogier prétendoit faussement qu'il avoit pratiqué toutes les meschancetez du *Parnasse satyrique*, pour ce qu'il les citoit (3). » Il explique alors comment la fausse indication du *Banquet des Sages* s'est glissée dans la table de la *Doctrine curieuse*.

« Racontant, dit Garasse, l'histoire du banquet imaginaire auquel les ministres furent invitez par une femme luthérienne, j'avois fait mention du *Banquet des Sages* et nommé M. Servin, sans dire aucun mal de sa personne ny de sa dignité, que j'honore grandement, mais par simple citation du *Banquet des Sages* de M. Servin, comme nous citons simplement les autres livres, sans intention de gain ny de perte. Il escheut que sur l'édition de mon livre jà commencée, je fus contrainct de faire un voyage en Lorraine, où j'estois promis pour l'Octave devant son Altesse.

(1) Pag. 32.
(2) Pages 27 et 28.
(3) *Apologie*, p. 202.

En mon absence, qui fut de quelques mois, les libraires revoyant leurs fautes, qui sont assez espesses, en trouvèrent, à la page 428, quelque nombre à corriger ; et s'appercevant de cette citation, m'en escrivant sur la crainte qu'ils avoient que M. Servin ne l'improuvast, pour ne rien faire mal à propos, je fus d'advis qu'on la rayast. Mais comme ils avoient déjà travaillé à la table, laquelle je n'ay veuë ni faicte, comme estant chose grandement esloignée de mon humeur, ils laissèrent par mesgarde la citation avec le renvoy à la page 428 (1). »

Cette justification me paraît sans réplique. Reste à savoir si Garasse était ou n'était pas l'auteur du *Banquet*. Voici sa réponse ; elle est curieuse : « Il est faux, ne luy desplaise (à Ogier), que j'aye jamais fait des satyres contre les magistrats, et si je l'avois faict, ils ont les mains assez longues pour me trouver en tous les coings du royaume, et je n'eusse pas esté si mal habile, quoique d'ailleurs il m'estime moucheron, que de m'aller brusler à la chandelle, si j'eusse esté si oublieux que de bourdonner contre eux (2). »

Si le démenti de Garasse ne s'applique qu'à cette imputation d'Ogier, à savoir, « que Garasse avoit outragé par des satyres les magistrats de la première cour souveraine du royaume, » Garasse a raison, puisqu'il est littéralement vrai, qu'en admettant, comme le voulait Ogier, qu'il soit l'auteur du *Banquet des Sages*, il n'y outrage pas les magistrats, mais un magistrat, et que, quand on accuse, on ne saurait être trop précis. Mais Garasse lui-même n'était pas dupe de cette distinction ; il ne cherche pas du moins à en

(1) *Apologie*, p. 199, 200.
(2) *Ibid*, p. 198.

tirer parti, et, venant à l'essentiel, il dit : « Monsieur Servin n'est pas à sçavoir maintenant le vray autheur du *Banquet des Sages*. Il y a des hommes qui se glorifient de l'avoir faict ; je ne m'en vantay jamais, et je révère trop la personne et la qualité de M. Servin, pour en venir là (1). » Ah ! mon père, j'ai peine à vous voir employer tant d'esprit pour déguiser la vérité. Mais je me trompe, vous ne déguisez rien ; vous voulez rire seulement. Vous proposez une énigme très-transparente à deviner ; votre nom en est le mot, et ce mot apparaît aussi manifestement que si vous l'aviez écrit en toutes lettres.

Le *Banquet des Sages* eut un grand succès. On dit (2) que le père Coton avait pris soin lui-même de le faire imprimer, et qu'il le fit répandre en secret par un émissaire des Jésuites, très-connu. Pris en flagrant délit, cet émissaire fut jeté en prison, où il resta huit jours. On ajoute que la reine-mère demanda à Servin sa mise en liberté, et que Servin y consentit. Sans discuter la vérité de cette anecdote, je remarque seulement qu'elle est racontée par un homme qui fut l'ennemi des Jésuites, et leur fit, pendant vingt-cinq ans, une guerre acharnée. En ce qui touche le père Coton, il passa toute sa vie à tempérer le zèle trop vif de quelques-uns de ses confrères, loin de les encourager, et dans cette circonstance surtout, d'avoir été leur complice (3).

---

(1) *Apologie*, p. 202.

(2) C'est Saint-Cyran. Voyez l'*Index jesuitarum qui. . larvati prodierunt*, à la tête du *Petri Aurelii Anœreticus*.

(3) On a réimprimé, depuis quelques années, quantité de petits ouvrages inutiles ou ridicules qui sont de l'époque du *Banquet*, ou qui lui sont antérieurs et postérieurs. Pas un seul, peut-être, n'a ajouté grand'-chose à nos connaissances. Je me trompe : on a cru y trouver des

CHAPITRE IV.

LE RABELAIS RÉFORMÉ.

L'homme est ainsi fait, qu'il s'ennuie d'entendre louer les gens, et qu'on est sûr de lui plaire en les critiquant. De là son goût pour la satire. Il est triste qu'il en soit ainsi ; mais c'est un fait qu'il faut reconnaître, et devant lequel on ne peut que constater l'impuissance de la morale. On cherchera donc toujours à nous être agréable, en disant du mal du prochain ; et tous les temps, tous les régimes ont leurs satiriques. Les plus pénétrants aperçoivent les défauts de l'esprit, et s'en amusent, en même temps qu'ils en amusent le public ; les autres ne voient que les défauts

---

renseignements pour l'histoire des révolutions de notre langue. Il fallait être bien affamé d'autorités à cet égard pour en invoquer de pareilles, quand on en avait d'ailleurs tant d'autres si considérables et si importantes. Cela n'empêchera pas que les auteurs de ces livres, en dépit des avertissements pompeux et des notices vengeresses de leurs nouveaux éditeurs, ne retombent dans l'oubli d'où l'on n'aurait jamais dû les tirer. C'est là, il faut le dire, l'abus de l'érudition ; c'est, pour me servir d'une épithète qui n'est devenue fameuse que parce qu'elle est juste, c'est de l'érudition facile. Je ne sache pas qu'on ait songé à réimprimer Garasse, ce qui, du moins, pourrait en être réimprimé, comme le *Banquet des Sages* et le *Rabelais réformé*. Il y a là plus d'esprit que dans toute une bibliothèque d'opuscules du genre de ceux que je me permets de dénoncer, et beaucoup de vérités utiles, quoique parmi beaucoup d'erreurs. D'où vient cette indifférence ? Serait-ce, qu'outre son esprit, Garasse a une érudition singulière, même pour son temps ; que la littérature profane et la littérature sacrée lui sont aussi familières qu'aux doctes les plus consommés ; que ses moindres écrits en offrent des preuves nombreuses, et que, pour l'éditer et l'*enrichir de notes*, il faut autre chose que de la science bibliographique, et de cette science que les *Biographies Universelles et Générales* donnent toute digérée ?

du corps ; quelques-uns sont frappés à la fois de ceux du corps et de ceux de l'esprit, et Garasse était de ce nombre. Il plongeait fort avant dans le cœur de ses victimes, si avant même, que souvent il y voyait trouble. Il saisissait d'ailleurs avec une malice cruelle les moindres défauts corporels. Il ne tarit pas de plaisanteries sur le gros ventre du ministre Chamier (1), sur la délicatesse d'estomac du ministre Bonet (2), sur la corpulence de Luther (3), sur les indigestions de Pasquier (4), enfin sur certains noms qui ont le malheur d'être bizarres ou ridicules (5), ce qui est aussi une sorte d'infirmité. La plupart de ces plaisanteries sont détestables, sans doute ; mais Voltaire ne les a pas dédaignées, et l'on en rit toujours, comme s'il n'y avait qu'un pédant qui pût les lire et garder son sérieux.

Cette méthode particulière de s'armer des vices de l'organisation physique contre les vices de l'âme, est, si je puis le dire, économique. Elle dispense de bien des raisons, et Garasse n'en avait pas de trop d'ailleurs. C'est celle qu'il a observée dans presque tous ses écrits, principalement dans ses libelles contre du Moulin et Pasquier. Pierre du Moulin, ministre de l'église de Charenton, venait de publier son livre de la *Vocation des Pasteurs*. Les ministres de l'Eglise romaine, ses usages, ses cérémonies, la primauté de saint Pierre et conséquemment celle du pape, y étaient attaqués d'une manière à la vérité peu grave et

---

(1) *Rabelais réformé*, p. 35.
(2) *Ibid.*, p 131.
(3) *Ibid.*, passim.
(4) *Recherches des recherches*, etc., p. 186, 192, 196 *et alibi*. — *Apologie*, p. 326.
(5) *Rabelais réformé*, p. 72, 73, 78, et surtout p. 17 et 18, sur le nom du ministre du Moulin.

parfois peu décente, mais sans qu'on pût dire, comme a fait Garasse, « que l'auteur s'y montre plus imbu de la lecture de Rabelais que de celle de l'Écriture ; qu'il s'y est formé sur les idées de Rabelais, en a retenu les inventions, les sornettes et des locutions entières (1). » Mais Garasse avait voulu à toute force trouver de la ressemblance entre la *Vocation des Pasteurs* et *Gargantua*, et c'est pour cette raison qu'il intitula le livre où il réfute du Moulin, le *Rabelais réformé* (2). Du reste, l'ouvrage de du Moulin est bien écrit pour le temps, savant, spirituel, et, opinion religieuse à part, d'une agréable lecture. C'est l'œuvre d'un écrivain, digne à ce titre d'une étude particulière, ne fût-ce que pour établir sa supériorité sur les écrits de la même date et du même esprit. Les conditions morales qui y sont exigées pour entrer dans le saint ministère sont excellentes, et, sauf une seule, qui est le mariage, également recevables dans les deux communions. Quant aux préjugés de l'auteur contre l'Église romaine, ce sont des lieux communs tirés, ou de Casaubon, dans ses *Exercitations* contre les *Annales de Baronius*, ou de Mornay, dans son *Mystère d'iniquité*, ou de Vignier, dans son *Théâtre de l'Ante-Christ*, ou de Reynel, dans son *Idolâtrie romaine*, ou de Dancau, ou de Witaker, ou des Centuriateurs de Magdebourg, lesquels s'en étaient accommodés après Luther et Calvin.

La réponse de Garasse est en prose mêlée de vers, comme le *Banquet des Sages*. L'auteur y suit du Moulin, chapitre

---

(1) *Rabelais réformé*, p. 5 et 24.
(2) Voici le titre complet : Le *Rabelais réformé par les ministres, et nommément par Pierre Du Moulin, ministre de Charenton, pour response aux bouffonneries insérées en son livre de la Vocation des Pasteurs.* Lyon, 1620, in-12, p. 323.

par chapitre, et presque phrase par phrase. Quoiqu'il ne brille pas souvent par la force de l'argumentation, toutes les fois qu'il rencontre son adversaire sur le terrain des faits, il le presse vivement et parvient à le convaincre, tantôt d'infidélité, tantôt d'oubli, double tort qu'il ne manque jamais de qualifier d'ignorance ou de mauvaise foi. Je n'en citerai pour exemple que la façon, selon moi, sans réplique, dont il expose l'origine du mot *sainteté*, appliqué au pape (1), et par lequel du Moulin, alléguant les papes Symmaque et Grégoire VII, entendait une sorte de canonisation anticipée et de droit divin. « Il faut, dit-il, que vous appreniez qu'en ces passages, le pape Symmaque et Grégoire VII ne parlent point de la *saincteté* de la vie, laquelle est personnelle, et ne se peut acquérir par les mérites d'autruy ; mais ils parlent de la *saincteté* par laquelle une chose consacrée au culte divin est estimée saincte ; comme quand il est dit dans l'Exode, 3 : Le lieu où vous estes est terre *saincte ;* comme quand les vases sont appellez *saincts ;* comme quand David, portant tesmoignage de soy-mesme, disoit qu'il estoit *sainct*. Ps. 85. » Mais, quelle que soit la manière dont Garasse argumente (et il s'en faut qu'elle soit toujours aussi heureuse), on n'a pas le temps de s'y arrêter ; le courant qui entraîne Garasse emporte aussi le lecteur, et le rejette au milieu des impertinences, des bouffonneries et des insultes dont le jésuite harcelle du Moulin. Elles tombent d'abord sur le nom du ministre et forment une série, que Garasse a partagée en dix-huit quatrains. Là, du Moulin est comparé tour à tour au moulin à eau, au moulin à draps, au moulin à cidre, au moulin à papier, au moulin à huile, au

(1) *Rabelais réformé*, p. 134 et suiv.

moulin à tan, au moulin à poudre., etc., enfin au moulin à vent.

> « Que s'il vous plaist d'autres motifs,
> Dieu ne m'aide si je me moque !
> Asne et moulin sont relatifs,
> Et font tous deux un réciproque (1). »

Après une épître en prose *Aux ministres des Églises prétendues de France, touchant l'humeur de Pierre du Moulin,* et un *Rapport*, en vers, *de Rabelais avec les ministres, et nommément avec Pierre du Moulin, ministre de Charenton*, Garasse cite, en manière d'épigraphe, ce verset de saint Matthieu (xviii, 6) : *Expedit ei ut suspendatur mola asinaria in collo ejus, et demergatur in profundum maris;* et il le traduit avec cette audacieuse liberté :

> Je le voy bien, j'ay cette faute seule
> Qu'en mon MOULIN il y manque une MEULE.

Voilà l'homme qui prend feu contre les huguenots, à la moindre citation inexacte de l'Écriture ! Pour lui, il la falsifie ou plutôt il la parodie. On n'agit pas autrement quand on veut blesser à mort un auteur et son livre. Heureusement que l'Évangile était invulnérable. Garasse entre ensuite en matière.

« Il est escrit, dit-il, dans les romans espagnols, qu'un vaillant capitaine de ce vieux siècle de héros, désireux de prouver sa vertu, sortit de son logis en résolution de graver la frayeur de son nom sur le front de l'univers. Et arriva que sa première rencontre de chevalerie fut une campagne pleine de moulins à vent, à l'abord desquels ce brave con-

---

(1) *Rabelais réformé*, p. 17-19.

quérant, qui n'avoit vu chose pareille, crut aisément que c'estoit une trouppe de ces fameux géans qui avoient autrefois assiégé le ciel, et consultoient en ce champ phlégréan touchant une seconde recharge. Et quoyqu'il fust adverty par son escuyer que ce n'estoient que des moulins à vent, il ne peut néanmoins tant gaigner sur sa créance, qu'il ne se persuadast que c'estoient des monstres ou des cavaliers tenans de ceste place, singulièrement, lorsqu'à l'aide d'un petit souffle de vent, ils faisoient le moulinet avec leurs grandes aisles, et souffloient comme des ours. A ceste occasion, il s'enfle le courage, se met en ordre, faict les approches et leur présente le cartel de deffy. Mais ayant haussé la visière, il s'apperçut que ce n'estoient que de vieilles estouppes à demy pourries et deschirées en mille lieux, et recognust que souvent les grandes machines en apparence sont en effect des hommes de paille, ou de vieux haillons pour servir d'espouvantail dans une chenevière (1). »

On ne saurait ni mieux peindre ni mieux parler aux yeux. Le tableau est parfait. Cependant ce n'est qu'une caricature ; mais il fallait beaucoup d'esprit pour rendre don Quichotte, cette personnification par excellence du ridicule, plus ridicule encore. Garasse est ici le singe de Cervantes, mais singe intelligent.

« Je confesse, ajoute Garasse, qu'il m'est arrivé quasi le mesme en mes desseins... Car ayant entrepris, à l'exemple et à la suite des vaillans Alcides du siècle, de purger de mon costé le monde des monstres d'hérésie, l'un de mes premiers rencontres a esté d'une région pleine de moulins de diverses natures..., esquelles se trouvoit maistre Pierre

---

(1) *Rabelais réformé*, p. 15, 16.

du Moulin, ministre de Charenton. Car je puys dire qu'il n'y a sorte de moulins qui ne soient exprimés en ses œuvres, et que ce Moulin est le pire moulin de tous les moulins du monde, comme le cheval de Troye est estimé le pire de tous les chevaux, asnes et mulets qui ont esté depuis luy en toutes les contrées de l'Europe (1). »

Il fait alors cette longue énumération de moulins, que j'ai signalée plus haut, et dont toutes les comparaisons s'appliquent au ministre. Jamais nom propre ne reçut une signification plus étendue et soumise à plus d'écarts ; jamais on ne fit pareil abus de la catachrèse.

« Je fus surpris, poursuit-il, à la veuë de tant de moulins. Le bruit des bobines, le fracas des pilons, le vol des aisles, le tintamarre des meules, la cheute des eaux, tout cela m'effraya d'abord ; mais comme peu à peu les yeux s'apprivoisent à la veuë des bestes farouches, je me suis apperçu que ce Goliath estoit un Misphiboset (2), cet Achille un Thersite, cette tour un moulin à vent déchiré et vestu de vieux drapeaux tous pourris ; ce qui m'a donné courage de m'approcher pour désarmer un faquin de tournois, que quelques esprits abusez avoient mal à propos estimé un petit dieu Terminus, qui ne cède à personne en esprit, sçavoir et éloquence (3). »

Ce début promet, et du Moulin n'a qu'à se bien tenir. Heureusement il était rompu à la dispute, et il n'y avait pas là de quoi l'effrayer. Toutefois, le combat qu'on lui proposait était d'un nouveau genre, et demandait des

---

(1) *Rabelais réformé*, p, 16, 17.
(2) Fils de Jonathas et petit-fils de Saül. Il était boiteux des deux jambes. Voy. la Bible, *Rois*, II, ch. ix et xix.
(3) *Rabelais réformé*, p. 19, 20.

armes dont on ne lui avait pas appris l'usage dans les universités. Il est juste d'ajouter que le ministre y avait des dispositions.

« Au reste, dit Garasse apostrophant du Moulin, si vous lisez icy des paroles assez griefves pour chastier vostre impiété, excusez mon humeur et mon insuffisance en ce mestier. Il est vray qu'ayant leu seulement deux petits opuscules de Calvin et de Bèze, je pourrois me rendre fécond en injures ; » mais « tous ces propos sont paroles de gentillesse et termes d'élégance en vos escholes, dont l'usage n'est permis qu'aux ministres et proposans, et partant je n'ay garde de m'en servir... Seulement, vous supplieray-je que si parfois le mot d'asnerie nous eschappe par la force de vos ignorances, vous vous souveniez qu'il est besoing d'une précision métaphysique pour séparer les mots d'*asne* et de *moulin ;* tant est forte l'alliance et consanguinité de ces natures, et remettiez en mémoire le vieux proverbe gaulois, qui dit qu'on ne sçauroit faire si bien que, sous ombre de mulet, l'asne ne glisse au moulin (1). »

Cette obligation de parler d'âne toutes les fois qu'il est question de moulin, étant bien établie, Garasse s'y soumet avec une docilité qui montre combien cette obligation lui est douce; et le mot d'âne revient aussi naturellement sous sa plume que cet animal, livré à lui-même et ayant, comme on dit, la bride sur le cou, revient au moulin.

Ce n'est pas seulement parce qu'il n'avait ni assez de jugement ni assez de sang-froid que Garasse s'abstenait de raisonner ; c'est aussi parce que, enclin à ne voir que le côté ridicule des choses, il estimait qu'il ne vaut pas la

(1) *Rabelais réformé*, p. 22, 23.

peine de raisonner sur elles, et que c'est assez, le plus souvent, de s'en moquer. Contre des gens ainsi prévenus, il n'est pas de livre un peu sérieux qui puisse tenir ; il sortira de leurs mains dépouillé de ce qui faisait sa beauté, aussi laid qu'un oiseau à qui l'on a arraché les plumes. Une idée excellente, mais qui en rappellera une autre absurde et à laquelle l'auteur n'avait pas pensé, un mot, un trait à double entente, un certain assemblage de syllabes, moins que cela, une simple assonance ; il n'en faut pas plus pour ôter aux railleurs toute envie de raisonner, et les faire choir du côté où ils penchent. C'est ce qui arrive à Garasse. Il ne s'arrête pas à creuser les objections de son adversaire, il s'en prend à ses mots ; il en tire mille conséquences inattendues ; il s'enfonce dans des digressions qui font perdre de vue le principal objet, et d'où il ne revient que par de véritables tours de force. Puis, après avoir égaré le lecteur à le suivre, il le laisse se reconnaître comme il peut dans le chaos où il l'a entraîné.

Citons-en quelques exemples.

Du Moulin avait dit que « les ministres de son temps, extraordinairement inspirés de Dieu, avoient une charge corrompue, et que ce qui restoit de bon en la mauvaise vocation qu'ils avoient reçue de l'Église romaine, ils le tenoient non des prélats qui les avoient consacrés à la romaine, mais de Jésus-Christ et de ses apôtres. » Garasse lui répond :

« Voilà des paroles ineptes et contradictoires, en ce que vos premiers ministres estoient, dites-vous, appelez extraordinairement, et si avoient une vocation ordinaire. Accordez-moi ces paroles... Outre ces contradictions puériles, il y a deux grandes inepties en vostre discours :

1° que l'invocation, ils la tenoient, non des prélats qui les avoient consacrez, mais de Jésus-Christ et de ses apostres. C'est comme si vous disiez que ceux qui reçoivent de l'eau par la continuation des arceaux et aqueducs ne tiennent pas l'eau de ces canaux, mais de la source, qui sera à dix ou douze lieuës de là. Par ces discours, vous pourriez faire croire que vous tenez la vie d'Adam et de Noë, non pas de vostre père défroqué, et, par ce moyen, seriez semblable à ce mulet auquel le renard demandoit son extraction et son origine, c'est-à-dire, immédiate ; et le galand la rapporta jusques à Bucéphale, disant qu'il estoit yssu du cheval d'Alexandre. Il estoit vray ; mais il y avoit quelques rosses entre deux, et, immédiatement un asne, duquel il tenoit l'estre et la vie (1). »

« Si, dit ailleurs du Moulin, un évesque de l'Église romaine aspire à l'état de ministre dans les églises réformées, il quitte premièrement tous ses bénéfices. »

« Le mot est remarquable, répond Garasse : *Si un évesque aspire au ministère*. Car c'est comme si je discourois en cette sorte : Si un docteur de Sorbonne aspire à se faire violon ou menestrier ; si un conseiller de parlement aspire à se faire crocheteur ou maçon ; si un chancellier de France aspire à se faire bedeau de l'Université ; si un président aspire à se faire crieur d'allumettes ; si un thrésorier de France aspire à se faire coigneur de festus et de filasse ; si un marquis ou vicomte aspire à se faire sergent (2). »

Sur cette simple observation de du Moulin, que le mot *évesque* veut dire surveillant, celui de *prestre* ancien, celui

---

(1) *Rabelais réformé*, p. 73, 74.
(2) *Ibid.*, p. 27.

de *ministre* serviteur ou administrateur, Garasse triomphe en ces termes :

« Par cette jolie observation de grammaire, vous voulez monstrer que chez vous s'est conservée la pureté des étymologies et les noms de l'Église naissante. De moy, je dis que devant tout homme de bon sens, c'est une chose très-ridicule de tordre ainsy les mots qui sont déjà en possession de leur usage... Car, ouvrez un peu les yeux, et voyez le changement que nous pourrions causer en la religion, si nous voulions user de ceste licence grammairienne. Ainsy, pourrions-nous dire la *commune* pour dire la cène; le *lavement* pour le baptesme; et, au lieu d'hypostase, nous pourrions dire le *fondement*, et la *bonne nouvelle* pour dire l'Évangile : ce qui seroit entièrement ridicule. Car je vous demande si un tel titre n'auroit pas bonne grâce : *La bonne nouvelle du Seigneur oinct selon Sainct Donné*, au lieu de dire plus simplement : L'Évangile de Jésus-Christ selon Sainct Matthieu?... Si, au lieu de Sainct Grégoire, vous disiez *Sainct Veillant* en ses Morales; *Sainct Bouche d'or en ses Assemblées,* pour dire Sainct Chrysostome en ses Homélies; *Sainct Royal en ses Exercices,* pour dire Sainct Basile *in Asceticis; Sainct Immortel,* pour Sainct Athanase; *Sainct Paroissant,* pour Sainct Épiphane; *Sainct Sacré-Nom,* pour Sainct Hiérosme; le *Porteur de victoires,* pour dire Nicéphore; qui ne voit que ces choses sont très-ridicules (1)? » Certes, chacun voit le ridicule, mais ne l'impute pas à du Moulin.

Celui-ci, au chapitre 1ᵉʳ du livre XII de la *Vocation,* dit du pape Clément, successeur immédiat de saint Pierre :

---

(1) *Rabelais réformé*, p. 54.

« Qu'en la seconde épistre à l'apostre Sainct Jacques, il ordonne qu'on prenne garde qu'il n'y ait des crottes de souris parmi les pièces du corps de Jésus-Christ ; qui est, ajoute-t-il, une doctrine digne d'un chef de l'Église. » Ce passage met Garasse hors de lui ; et sans même réfléchir, ou plutôt sans vouloir remarquer que du Moulin ne fait qu'une citation, il lui cherche une querelle épouvantable sur la saleté de ses écrits et l'obscénité de ses propos.

« Ce passage et ce mot de *crottes* vous plaist si fort, que vous le redistes en ceste mesme matière plus de vingt fois en vostre livre de la *Cène;* sans nombrer vos répétitions ennuyeuses de vos autres traitez, esquels vous ramenez toujours ces crottes, et parlez si souvent de *latrines*, d'*estrons*, de *chaises percées*, de *privez*, de *chambres pour les nécessitez*, et autres meubles de gadoüarts, que vous faictes souslever l'estomach à vos lecteurs... Cette déshonneste liberté de parler si souvent de crottes et vilenies, vous vient, par contagion d'esprit, de vostre prophète Jean Calvin, homme très-desbordé en ceste matière ;... comme lorsqu'il bouffonne sur le faict des reliques, et se mocque de la glorieuse Vierge Marie et de Sainct Louys, en ces paroles très-indignes :... *Si on lui eust monstré des crottes de chèvre et qu'on lui eust dit : Voici des patenostres de Nostre-Dame, il les eust adorées sans contredict...* Ces paroles outrageuses et bouffonesques méritoient le feu pour expiation, tant elles sont exécrables. Vous avez aussy humé cet esprit de faquin, en lisant l'*Apologie d'Hérodote*, par Henry Estienne, qui se moque de Nostre-Dame aussy bien que son maistre Calvin, et nombrant quelques églises, signalées de Saincte Marie, en adjouste quelques autres controuvées et dignes de son humeur, Nostre-Dame d'en

Haut, Nostre-Dame d'en Bas, Nostre-Dame des Champs, Nostre-Dame de la Ville, Nostre-Dame des Caves, Nostre-Dame des *Crottes*, pour dire Nostre-Dame des Grottes et lieux sousterrains. Je prie le Dieu de vérité, qui hait les gausseurs et mocqueurs des choses sainctes, qu'il vous fasse ressentir les effects de vos impiétez ; et puissent les crottes et autres immondices tellement vous couvrir d'ignominie, que vous serviez de risée aux serviteurs de Dieu, et d'exemple à ses ennemis (1). »

Tout cela est trop facétieux et trop gras pour exciter d'autre émotion qu'une violente envie de rire. Sur la scène où se débattaient alors les intérêts du catholicisme et du protestantisme, dans ce groupe d'hommes éminents qui s'efforçaient de soustraire l'Église de France à l'influence chaque jour plus marquée de l'Église de Genève, Garasse jouait le rôle de ces malheureux qui débitent des lazzis à la porte du théâtre, en attendant que le rideau se lève sur les acteurs.

« Depuis l'imposition des mains, dit plus loin Garasse, vous estes passé docteur en gadoüage, et n'y a cureur de fosse qui sçache mieux les termes de son art que vous et vos semblables (2)... Il est remarquable qu'ayant entrepris de descrire les cérémonies observées en l'élection du pape, vous commencez par la chambre des *nécessitez naturelles*, et finissez par la chaire des *estrons*, afin que l'yssue réponde au commencement de vos ouvrages. Sale et vilain que vous estes, qui, comme les escarbots, vivez et respirez parmi les ordures, comme on dit qu'Oppian, ayant achevé ses beaux livres sur la chasse, consacra sa plume à Diane, ainsi pouvez-vous dès maintenant desdier la vostre au dieu Stercu-

---

(1) *Rabelais réformé*, p. 142-144.
(2) *Ibid.*, p. 145.

tius, tutélaire des gadoüarts, lequel vous est obligé pour avoir si pertinemment escrit de ces matières fécales (1). »

La réprimande est juste. Du Moulin la méritait par l'indécence avec laquelle il parle de l'élection et de l'intronisation des papes, reproduisant, comme dit Garasse, tous les contes inventés à cette occasion par « d'autres esprits excrémentaires, » et y laissant voir plus de malice que de crédulité. Mais que dire, bon Dieu ! du ton de la réprimande ? N'est-ce pas le lieu de s'écrier :

« Quis tulerit Gracchos de seditione querentes ? »

Encore un trait. L'article 10 de la *Discipline des calvinistes*, recommandé par du Moulin, enjoignait aux ministres de ne citer les anciens docteurs que sobrement, et de supprimer de leurs paraphrases de l'Écriture toute amplification inutile. C'était, pour Garasse, le cas ou jamais de signaler les nombreuses occasions où cet article était enfreint ; car, outre l'abus que les calvinistes faisaient dans leurs prêches de ces commentaires interdits par leur discipline, ils opposaient à tout propos l'Écriture et les Pères à ce qu'ils appelaient les innovations catholiques, et n'y épargnaient pas la glose. La preuve de cet abus, appuyée sur de bonnes autorités et par des exemples notoires, nous eût appris quelque chose ; mais Garasse ne veut que nous égayer. Il raconte donc une anecdote dont la conclusion est qu'il n'y avait pas moins de péril pour un ministre à suivre à la lettre les prescriptions de l'article 10, qu'à s'en écarter.

« Or, je vous diray que le ministre Lanusse, prédicateur de Nérac, en Gascogne, fut grandement puny ces années passées, pour avoir voulu garder ponctuellement le con-

---

(1) *Rabelais réformé*, p. 273.

tenu de cet article. Car estant arrivé justement sur le commencement du prophète Osée, le jour que sa femme s'accouchoit (laquelle n'estoit pas en réputation de Lucrèce), monte en chaire, et prend pour son thème le 2º verset du premier chapitre, qui dit : *Le commencement de la parole du Seigneur avec Osée, c'est que le Seigneur dit à Osée : Va et te prens une femme putain, et engendre des fils de putain, car la terre paillardera, se retirant arrière le Seigneur.* Comme il disoit le sujet de sa prédication, il engendra dans l'âme de ses auditeurs une sinistre opinion touchant la délivrance de sa femme... Cet accident fut aussitôt mis en vers, suivant le conseil du philosophe Cléanthez, qui jugeoit que ces événemens notables doivent estre mis en vers pour avoir plus de durée.

> Lanusse un jour qui pour femme avoit pris
> Une jument des haras de Cypris,
> Belle, agréable et, comme on dit, pucelle,
> Ayant suivy le camp de La Rochelle,
> Parloit de tout, des vignes et des prez,
> Des livres saincts, des prophètes sacrez,
> Preschant au peuple. Et roüant sa fuzée,
> Il vint à point sur le prophète Ozée,
> Lorsque sa femme, ayant pris un paquet,
> S'en délivroit ; et le pauvre naquet
> Ne fut si sot qu'il ne vid bien la fourbe.
> Mais néantmoins les espaules il courbe,
> Voyant aux traits de cet enfant perdu
> Qu'il y avoit quelque malentendu.
> Il a recours à la saincte parole,
> Et son malheur en soy-mesme il console.
> Il monte en chaire, et en homme vaillant
> Ferme les yeux comme un chat sommeillant,
> De peur de voir la grimasse et le geste
> Que luy faisoit ceste trouppe immodeste.
> Tu m'as, Seigneur, disoit-il, commandé
> De m'en aller en un lieu desbordé ;

> J'y suis allé. Là, tu m'as fait entendre
> Ton sainct vouloir, et si m'as dit de prendre
> Une putain qui remplît ma maison
> De bastardeaux. Seigneur, c'est la raison,
> Et je l'ai faict. De façon que j'espère,
> Sans y toucher, de me voir un jour père
> D'un plus grand tas de petits marmitons
> Que le printemps n'engendre d'hannetons (1).

Que dire après cela des déclamations de Garasse contre le *Parnasse satyrique*, et de son gros livre (2) où il attaque principalement ce recueil et l'éditeur ? En lisant cette pièce, on dirait un larcin fait à Théophile. Il est sûr du moins que Théophile a été condamné à mort pour des poésies qui n'étaient guère plus obscènes ni plus scandaleuses que celle-là.

Arrêtons-nous ici. Aussi bien, nous ne sommes qu'au début des prouesses de Garasse, et la traite est longue jusqu'à la fin. Il nous reste d'autres pièces à examiner, et le dossier de Garasse est bien chargé.

CHAPITRE V.

LES RECHERCHES DES RECHERCHES.

C'est un libelle contre Estienne Pasquier (3) auteur des *Recherches de France*. Je résume ici, d'après Garasse,

---

(1) *Rabelais réformé*, p. 230, 240.
(2) *La Doctrine curieuse des beaux esprits*, etc.
(3) *Les Recherches des Recherches et autres œuvres de M. Estienne Pasquier, pour la défense de nos roys, contre les outrages, calomnies et autres impertinences dudit autheur.* Paris, 1622, in-8, pp. 985.

les motifs qui l'ont inspiré. Après avoir dit et écrit tout le mal possible des Jésuites, après les avoir qualifiés de régicides « qui faisoient vœu exprès à leur général de n'avoir ny repos ny patience qu'ils n'ayent ensanglanté leurs mains dans le meurtre des roys ; » après s'être réconcilié avec les Jésuites par l'entremise du père Gontery, et néanmoins avoir refusé à sa mort de rien rétracter des calomnies qu'il avait publiées contre eux, Pasquier avait légué sa haine à ses enfants, et ceux-ci avaient fait réimprimer les *Recherches* de leur père (1) « avec des additions très-odieuses contre la compagnie » (2). Outre ces additions, ils avaient introduit « un ramas de très-cruelles médisances et mordantes injures lancées indifféremment contre toutes sortes d'estats, depuis les papes et les roys jusqu'aux plus basses conditions de l'Église et du royaume (3). » « Je recognus à la lecture, dit Garasse, que Dieu ne m'a point tant donné de patience que de pouvoir dissimuler un si grand nombre d'indignités..... Et proteste néanmoins que ce que j'entreprens maintenant n'est par aucune hayne particulière que j'aye contre maistre Estienne Pasquier, ni aucun de sa famille, mais seulement et purement pour satisfaire à l'obligation de ma conscience, en deschargeant l'innocence des personnes d'honneur et de mérite taxées très-mal à propos par la plume de cet escrivain » (4).

(1) C'est l'édition de 1624, in-folio.
(2) *Apologie*, p. 213-218.
(3) L'édition de 1621 avait été augmentée, en effet, de trois livres et de vingt-trois chapitres « entrelacés en chacun des autres livres ». Les trois livres ajoutés se composaient de soixante-sept chapitres, lesquels, additionnés avec les vingt-trois autres chapitres, forment un total de quatre-vingt-dix chapitres, qui est le nombre que Garasse indique également.
(4) *Recherches des Recherches*, Épistre au lecteur.

De tous ces motifs le seul qui anime véritablement Garasse et qui l'occupe tout entier, c'est le ressentiment contre l'ennemi obstiné des Jésuites ; c'est la réimpression de ses écrits, revus, corrigés et augmentés ; c'est, dans les *Recherches de la France*, le chapitre XLII du livre III, intitulé *de la secte des Jésuites* ; c'est le plaidoyer de Pasquier, imprimé d'ailleurs « en tous lieux, en tous formats, en tous caractères », et même en latin ; c'est l'arrêt contre Jean Chastel, « qu'il a si diligemment levé du greffe » ; c'est le chapitre XX du livre VIII, qui a pour titre *des Assassins*, où « il tasche de monstrer que les vrays assassins des princes chrestiens sont les pères Jésuites, » qu'ils se préparent à les égorger par un vœu formel (1) ; que leurs attentats contre le prince d'Orange, le comte Maurice, la reine Élisabeth, Henry IV et Jacques Ier, portent témoignage de cette « furieuse résolution (2). » Il ne s'est jamais peu estancher sur ce subject, ny mesme en la mort, car il mourut gromelant contre les Jésuites, comme cette femme mesdisante et venimeuse qui mourut en appellant son mary poüilleux du geste et de la main, lorsque la voix lui manqua » (3). Voilà ce qui a ému Garasse, ce qui le justifie et qui dégage sa conscience. « Personne, dit-il, ne songeoit plus à maistre Pasquier, et pensoit-on que sa hayne fust morte et ensevelie quant et luy ; mais voyant ces boustades sanglantes, et que, mesmes après sa mort, ayant perdu la parolle, il l'empruntoit de la presse pour nous outrager, on monstra par les *Recherches des Recherches* que nous

---

(1) *Recherches des Recherches*, p. 126, 127.
(2) *Ibid.*, p. 150.
(3) *Ibid.*, p. 127.

avons de quoy nous ressentir » (1). Mot profond et qui touche à l'éloquence. Il y a toujours dans le cœur humain un sentiment de dignité qui surnage au milieu des passions. La dignité du Jésuite perce ainsi quelquefois au travers des trivialités et des bouffonneries où d'ailleurs elle fait naufrage à chaque instant.

Mais il n'est pas vrai que dans les parties ajoutées à la nouvelle édition des *Recherches de la France*, les fils de Pasquier aient introduit de nouvelles injures contre les Jésuites. Il y en avait assez, il y en avait trop des anciennes. La complaisance de Pasquier à recueillir tous les mauvais bruits répandus contre les enfants d'Ignace, y va jusqu'à l'absurde. Peu s'en faut qu'il n'en fasse les émissaires du Vieux de la montagne. Il n'a reculé que devant l'anachronisme. Il n'est pas vrai non plus que Pasquier ait insulté les rois, les papes et les cardinaux ; il les a jugés avec la sévérité de l'historien, avec l'indépendance du gallican. C'est donc, comme on dit, une querelle d'Allemand que Garasse a voulu lui faire, et les écrits mêmes de Pasquier où il n'est pas question des Jésuites, payeront pour ceux où ils sont outragés. Ainsi, Garasse évite avec soin toute apologie en forme de son ordre ; ici même, à peine si une fois ou deux, et comme en passant, il daigne dire un mot pour le défendre, et dans ce cas, il voudrait faire croire qu'il est étranger à ce qui le regarde, qu'il ne défend les pères que parce que c'est le devoir de tout bon catholique. « Moy, dit-il, qui suis grandement désintéressé en ceste cause, et qui n'ayme pas plus les Jésuites que les autres bon serviteurs de Dieu et du public, etc. (2). »

(1) *Apologie*, p. 215.
(2) *Recherches des Recherches*, p. 895.

Mais c'est en vain qu'il se déguise ; le bout de l'oreille échappe et peu à peu l'oreille tout entière.

Son libelle est divisé en cinq livres : le *Médisant*, l'*Impertinent*, l'*Ignorant*, le *Libertin*, le *Glorieux*. Chacun d'eux est partagé en sections ou chapitres. Le second qui est l'*Impertinent*, en a quarante-sept, c'est-à-dire presque le double des autres. Je le remarque, parce qu'il est le plus plaisant et, à bien des égards, le plus sensé. La première section de chaque livre est consacrée à décrire les marques auxquelles on reconnaît le personnage dépeint dans ce livre, et ces marques Garasse les applique toutes à Pasquier dans les sections suivantes. Voyons d'abord celle où l'on remarque que Pasquier est médisant.

« Après avoir dit en général de fort belles parolles à la loüange de nos roys, après avoir appelé Clovis, *le Grand, le Brave, l'Hercule Gaulois, l'Incomparable*, après l'avoir couronné et enguirlandé, si je l'ose dire avec Pindare, des festons de ses loüanges fleurissantes, enfin, en vray boucher, il luy descharge sur le front deux coups de masse,... disant, 1° qu'il n'a esté chrestien que par contenance et pour faire bonne mine ; 2° qu'il a esté bastard et conçeu par un exécrable adultère... Voicy les paroles de ce maistre escrivain, chapitre vii du livre III des Recherches : *Par adventure que Clovis et sa postérité, depuis ce grand coup ainsi jetté, se contentèrent de leur baptesme, ou bien, s'ils continuèrent en leur christianisme, ce fut pour la crainte des censures de Rome....* Marque, lecteur catholique, avec quelle machine ce libertin renverse et révoque en doute la religion de nos roys, avec un *par adventure...* Je me souviens d'avoir assisté une fois à la prédication d'un grand homme de nostre aage, en laquelle il ramena bien ce *paradventure*, et nous enseigna que c'estoit l'ordinaire bélier avec lequel Jean Calvin renversoit ou ravaloit les miracles de nostre Seigneur, disant que *paradventure* le Christ avoit eu telle ou telle intention ; *paradventure* que non ; *paradventure* il s'estoit fait mocquer de soy en son entrée de Jérusalem ; *paradventure* n'avoit-il pas eu ceste volonté ; *paradventure* avoit-il veu le figuier, *paradventure* que non. Enfin toutes choses rouloient sur ce vénérable pivot de *paradventure*, et s'il eust osé trancher le mot, il eust volontiers escrit que *paradventure* tous ses miracles estoient controuvez. Et eust dit, comme ce libertin, lequel voyant pleurer le peuple catholique le jour du Vendredy Absolu, leur dit : *Ne pleurez pas, bonnes gens, car paradventure n'est-il pas vray*. En matière de telle conséquence que fut la religion de nos roys, avancer une calomnie si noire que celle-là, et la fonder sur un *paradventure*, je trouve que sans *paradventure* il y a du libertinage et de l'impiété en la teste de maistre Pasquier. Et la plus douce excuse que la postérité sçauroit porter à cette mesdisance, sera de dire que, *paradventure* Pasquier resvoit, *paradventure* il estoit libertin, *paradventure* il sentoit le fagot ; *paradventure* ses enfants ont adjousté ceste clause à ses escrits ; *paradventure* il ne fut jamais bon catholique, et ce que j'estime plus vraysemblable que tout le reste, c'est que *paradventure*, c'estoit un ignorant ; *paradventure* il avoit puisé cette calomnie dans son papier journal qui estoit son rastelier ordinaire ; *paradventure* en homme de peu de jugement, il l'avoit controuvée ; *paradventure* sans malice, pour grossir seulement son volume, il le deschargea sur son papier ; et *paradventure*, pour luy dire sa bonne avanture, estoit-il de l'humeur des canes (1). »

N'avais-je pas raison de dire qu'il suffisait à Garasse d'un mot pour échauffer sa verve satirique? Jamais mot fut-il à pareille fête que ce *paradventure*, et le dictionnaire en pourrait-il fournir beaucoup qui aient donné lieu à tant de tapage? Quant à Clovis, j'en demande pardon à Garasse, malgré son baptême, il n'était au fond qu'un barbare. A ce titre peut-être, et n'ayant pas d'ailleurs fait sa logique, il eût pu trouver bonne l'argumentation au moyen de laquelle Garasse défend son orthodoxie; je crois du moins qu'il ne lui eût pas fallu beaucoup d'esprit pour en rire. Il est vrai qu'il n'eût pas moins ri de la remarque de Pasquier, à savoir « que luy et ses successeurs ne continuèrent en leur christianisme que par crainte des censures de Rome. » Quelle apparence que ces sauvages Sicambres, ces Gaulois indomptés eussent craint les foudres de Rome, dans un temps où elles ne faisaient presque que s'essayer, et n'ébranlaient guère que les voûtes du Vatican?

Mais si l'insulte prétendue faite à Clovis émeut la bile de Garasse, le jugement dont Louis XI est l'objet lui transperce le cœur. « Pour diffamer ce brave prince, tout à faict et sans ressource, il dit : *Qu'il usoit de la religion, tantost pour la commodité de ses affaires, tantost par une superstition admirable, estimant luy estre toutes choses permises, quand il s'estoit acquitté de quelque pélerinage.* Car telles sont ses paroles, copiées mot pour mot, de l'épistre à M. de Tiard (2)... Mais qui croira d'ici à cent ans que Pasquier fut François? Mais qui ne le prendra pour un escrivain gagé par nos ennemis, pour diffamer nos plus

---

(1) *Recherches des Recherches*, p. 51-56.
(2) *Ibid.*, p. 82. Voir *Lettres de Pasquier*, livre III, édit. de 1621.

braves roys : Clovis, en son extraction et en sa piété ; Louis XI, en son esprit et en sa religion ; Louis XI, qui appela sainct François du fond de l'Italie, qui bastit tant de belles églises, qui portoit une singulière dévotion à la bienheureuse Vierge, qui avoit son image au bord de sa barrette, qui vivoit familièrement parmi les religieux? Et puis, dire qu'il se servoit de la religion pour abuser le monde, pour la commodité de ses affaires, par superstition, pour authoriser ses vices, c'est avoir l'esprit desnaturé et l'humeur bien sauvage (1). » Vraiment, je suis de l'avis du bon père et partage son émotion. A la rigueur, on peut n'être pas touché de ses plaisanteries ; mais dès qu'il tombe dans la sensibilité, il est irrésistible. Heureusement qu'il n'a pas souvent cette faiblesse.

Le second livre traite de l'*Impertinent*. Ici Garasse ne s'en tient pas à la critique des *Recherches de la France :* ce sont les lettres et les poésies de Pasquier qu'il flagelle avec toute la rigueur, je dirais presque la volupté d'un correcteur de collége, comme on en voyait beaucoup de son temps. Si, pour couler à fond un écrivain, il ne s'agissait que de faire ressortir ses défauts de telle sorte que le lecteur, ne croyant pas possible de trouver en lui les qualités qui les compensent, ne daignât pas même s'en assurer, jamais submersion ne serait plus complète que celle de Pasquier ; et il en serait ainsi, non-seulement parce que la critique de Garasse est pleine d'artifice et de piéges, mais aussi parce qu'elle est juste, et témoigne en Garasse un goût dans la théorie qu'il n'a pas accoutumé d'observer dans la pratique.

(1) *Recherches des Recherches*, p. 85, 86.

La plupart des *Recherches* de Pasquier font de ce livre une œuvre sans contredit très-estimable. Elles sont d'un écrivain laborieux, patient et sagace ; elles annoncent une science très-avancée pour le temps, une critique dont on n'avait pas encore eu d'exemples, une indépendance d'autant plus remarquable qu'elle n'était pas sans péril. Mais, à côté de cela, que de minuties, que de puérilités, dignes tout au plus des *Escraignes dijonnoises* et des *Bigarures* du seigneur Des Accords ! Que de détails ridicules, étranges, sous la plume d'un érudit, à plus forte raison d'un magistrat ! Pasquier lui-même les a condamnés : nous n'appellerons pas de son jugement. « J'appresteray, dit-il, à quelques-uns, non à rire, ains à se moquer de moy, me voyant si furieusement perdre quelques bonnes heures en des chestives Recherches (1). » Sur vingt-deux livres de lettres qu'on a de lui, il y en a une foule qui ne sont que purs commérages. Celles surtout qu'il a écrites dans sa vieillesse sont pleines de redites sans agrément et sans goût ; il ne nous y fait grâce d'aucun des accidents auxquels l'expose son grand âge, et souvent avec des détails qui auraient dû être un secret pour tout le monde, excepté pour son valet de chambre ou sa garde-malade. Ses poésies ont eu un grand renom ; la lecture en serait insupportable aujourd'hui. C'est pitié de lire, dans les *Jeux poëtiques*, sa *Vieillesse amoureuse* et sa *Vieillesse rechigneuse*. Ce n'est pas toujours décent, et l'affectation y va jusqu'à la fadeur. « Je te présente mes jeux poëtiques, dit-il dans l'avertissement au lecteur ; ils ne m'ont rien cousté, les escrivant. » A quoi Garasse répond avec insolence : « Grand-mercis,

---

(1) *Les Recherches de la France*, liv. VIII, ch. XLVII.

maistre Pasquier, dira la postérité, du présent que vous me faictes, qui ne vous couste rien ; et s'ils ne vous ont rien cousté à les tracer, je serois bien marri qu'ils me coustassent quelque chose à les lire. Partant, je les condamne, partie *ad piperarios cucullos*, partie *ad cellas Patroclianas* (1). »

Au vingt et unième livre des *Epistres* de Pasquier, il y en a une, la première, adressée à Sainte-Marthe. Celui-ci l'avait prié de lui faire savoir comment il avait été chargé de défendre l'Université contre les Jésuites. Pasquier lui donne à cet égard les renseignements les plus précis ; mais, avant d'en venir là, il commence *ab ovo* le récit de sa vie, récit complétement étranger à la question. Garasse le résume en ces termes :

« Qu'il fut marié en l'an 1557, et que, revenant des vendanges avec sa femme, il alla visiter mademoiselle d'Auteuil, et monsieur d'Arminvilliers qui leur fit bonne chère l'espace de cinq jours, à propos des Jésuites et de l'Université.

« Qu'il trouva un petit bois pavé de champignons, sur lesquels s'estant rué et ayant faict une débauche de gueule, il en eut une forte fièvre, laquelle il supporta au moins mal qu'il put, et cela fort à propos de la cause des Jésuites.

« Qu'il prit une forte médecine, laquelle luy troubla tellement le sens, qu'elle luy faisoit voir la teste de sa femme et des assistans grosse comme la teste d'un bœuf ; et, au bout de cela, la cause des Jésuites.

« Qu'ayant été à la selle par l'opération de la médecine, il rendit une infinité de champignons, et qu'il recommença à cognoistre sa femme...

(1) *Recherches desR echerches*, p.623.

« Que le restant de ce poison luy laissa une fièvre quintaine...

« Qu'estant un peu remis, il se retira à Argenteuil, où ilregardoit les plus riches du lieu joüer ores à la boule, ores aux quilles dans son jardin, ores au triquetrac dans sa salle, et que de là il prit sa route vers Amboise et vers Cognac, en Angoumois, où il reprit ses forces tout à faict, et accrut le train de sa maison de monsieur le Mainx, son fils.

« Qu'à son retour dans Paris, il se vit grandement reculé et ses compagnons fort avancez au barreau, et que par despit il résolut de se retirer du palais, comme il escheoit à ceux qui, pour n'avoir pas espousé leurs maistresses, se rendent moynes par despit.

« Qu'ayant communiqué son desplaisir à sa femme, elle l'approuva, et luy remonstra qu'ils avoient un mulet et un malier en l'estable, et assez de moyens pour passer doucement leur vie.

« Qu'en ces entrefaictes, il prit cognoissance avec deux docteurs en théologie, sçavoir nostre maistre Béguin et nostre maistre le Vasseur, avec lesquels il passoit le temps sans parler des Jésuites, pourceque c'estoient des petits saincts qu'on ne festoit nullement.

« Que la cause des Jésuites s'estant présentée, messieurs le Béguin et Vasseur la luy firent tomber entre les mains, et qu'il s'en acquitta fort dignement, et que ce fust la plus honorable journée de sa vie (1). »

Je pensais, en lisant ce résumé, que Garasse se moquait de Pasquier et de nous : j'avais tort ; il cite Pasquier pres-

---

(1) *Recherches des Recherches*, p. 186-189.

que mot pour mot. Il a donc raison de se demander « quel intérêt avoit la postérité d'apprendre les particuliers discours de Pasquier et de sa femme, » leurs visites, le nombre et la nature des hôtes de leur écurie, l'indigestion du bonhomme, sa fièvre quintaine, sa médecine et ce qui s'ensuit ; « et si tout cela n'estoit pas bien cousu avec la demande du sieur de Sainte-Marthe et la cause des Jésuites (1). » *Tout cela*, en effet, pour parler comme Garasse, est assez impertinent. Les fils de Pasquier nient cette conséquence ; ils invoquent en faveur de leur père le droit qu'on a de tout dire dans une lettre (2) : comme si le droit de tout dire impliquait le droit de tout imprimer. Ils ajoutent qu'ils pourraient citer une cinquantaine de lettres de Cicéron, *plus extravagantes* que celles qu'on reproche à Pasquier. Outre qu'il est bien téméraire de faire un pareil rapprochement, c'est avouer qu'on n'a guère compris Cicéron que de l'accuser d'avoir écrit des lettres extravagantes. Lui aussi, sans doute, est entré dans quelques détails sur sa vie privée, sur ses habitudes, sur sa famille ; mais il n'est pas un de ces détails qui n'ait quelque charme et ne soit marqué au coin du plus aimable esprit. D'ailleurs, les affaires domestiques de Cicéron, à ne citer que le mariage de sa fille avec Dolabella, et son divorce d'avec Terentia, intéressaient la république autant que lui-même ; et s'il faut à toute force le trouver en défaut, je ne vois que l'histoire de son indigestion, pour avoir mangé des mauves avec excès, qui ne soit pas à la hauteur du ton général de sa correspondance : encore nous fait-il grâce des suites de cette indigestion.

(1) *Recherches des Recherches*, p 196.
(2) *Deffense pour Estienne Pasquier*, p. 519.

Sur la promesse de ce titre, *Recherches de la France,* Garasse s'était attendu à ce qu'on « l'entretiendroit des merveilles de l'Estat, de nos roys, des loys, ordonnances, fondations des villes, etc. » Que trouve-t-il cependant ? « des chapitres entiers des *Bonnets ronds,* des *Clercs de greffe,* des *Tripots;* à quoy Pasquier pouvoit adjouster des chapitres exprès des *Lanternes,* des *Marmittes* et des *Chausse-pieds.* » On voit au livre II, chapitre xv des *Recherches,* « que les tripots s'appellent en France *Jeux de paulme,* et que ce fut une femme nommée Margot qui en donna la première appellation. » Garasse est d'avis « que si la postérité n'eust appris cela, les affaires du royaume et de l'Église, qui doibvent être les deux argumens de ces *Recherches,* en eussent été fort intéressées. » Or, quant aux bonnets ronds, poursuit-il, « vous dictes que ce fut un nommé Patrouillet qui en fut le premier architecte;... qu'ils s'appelloient, du temps de vostre première jeunesse, *bonnets à quatre brayettes,* car ils estoient mal pliez ; et de vostre observation vous prenez à tesmoings les petits marmouzets qui sont encores au commencement des barreaux de la chambre dorée du Parlement... A ceste docte observation, je responds que vous pouvez faire un brave mariage de Patrouillet, fabricateur de bonnets, avec Margot la tripotière; et les marmouzets, vos petits tesmoings, danceront aux nopces pour honorer la feste (1). »

Je continue. Pasquier, au chapitre xxx, livre IV de ses *Recherches,* traite des Manteaux bigarrez des sergens. Là-dessus Garasse redouble de verve :

« J'attendois bien, dit-il, qu'ayant parlé des notaires et

---

(1) *Recherches des Recherches,* p. 202-206.

des clercs de greffe, il viendroit aux sergents, et qu'après les bonnets de Patrouillet, il parleroit des manteaux bigarrez de Patelin. C'est cela qui s'appelle Recherches de la France, veuës, estudiées, corrigées et augmentées, l'espace de cinquante ans, pour nous éclaircir touchant la façon des mandilles que portent les sergents en leurs exploits et adjournemens ; le tout tiré et coppié fidèlement sur l'original des graves autheurs Patelin, Jousseaume, et le berger Agnelet :

> S'ils sont notaires ou sergens,
> J'en croy, moy, ce qu'en croit l'Église ;
> Je pense qu'ils sont bonnes gens,
> Mais n'a garde que je les lise (1). »

Mais quel a été le but de la recherche de Pasquier? Garasse ne l'aperçoit pas, si ce n'est que Pasquier a voulu prouver, comme on dit, « que les sergents se fourrent partout, voire sans y estre appellez. » De même, dans les discours de maître Pasquier, « les sergents avec leurs manteaux chamarrez, s'ingèrent sans raison, sans discours et sans aucune suite. » Et « en somme, comme les cuisiniers sont fort obligez au sieur Apicius, les mareschaux à Hiéroclès, les apoticaires à Scribonius Largus, les laboureurs à Columella, les pescheurs à Oppian, ainsi le temps viendra que les sergents, les paulmiers, les notaires et les bonnetiers seront fort redevables à maistre Pasquier, qui leur a faict cette faveur d'immortalizer à jamais la mémoire de leurs inventeurs, Margot, Patrouillet et Patelin, et les a mis en lieu fort honorable, leur faisant trouver place dans ses *Recherches de la France* (2). »

(1) *Recherches des Recherches*, p. 209.
(2) *Ibid.*, p. 212.

Ayant discouru des sergents, il était tout simple que Pasquier parlât immédiatement après « des geoliers, recors, tabellions, bedeaux, etc. » Et cependant Pasquier, « qui n'oublie pas tous ces braves mestiers en ses Recherches, saute immédiatement des sergents au *Jeu des eschecs* (Liv. IV, ch. xxxi)... Et puis, ayant traité des eschecs, il adjouste immédiatement (*ibid.*, ch. xxxii) une question de droit, *des Retraicts lignagers*. Je deffie les plus beaux esprits de France de cotter la liaison qui est entre ces trois matières... C'est tout de mesme comme si Columelle, qui traicte de la chose rustique, faisoit trois chapitres consécutifs des *Pigeonniers*, des *Charettes* et des *Cornemuses*; ou si Vitruve, qui traicte de l'architecture, faisoit ceste entre-suite de chapitres dans un mesme livre, des Moulins à vent, de la Colonne Thuscane et des Violons (1). »

C'est vainement que Pasquier a pris soin d'avertir le lecteur qu'il ne s'est astreint dans son livre à aucune méthode, Garasse ne lui en sait pas plus de gré que si l'auteur des *Recherches* eût procédé autrement. Le plus souvent la contradiction lui tient lieu de critique, comme les démentis lui tiennent lieu de preuves.

Il y a, aux chapitres ix, x, xi, xii, etc., du livre VIII des *Recherches de la France*, l'explication d'un grand nombre de proverbes. Il y en a d'excellents; d'autres sont si subtiles, si arbitraires, si invraisemblables, qu'on en conclut que tout le bon sens du monde n'est pas là, et que le moins menteur des proverbes n'est pas celui qui dit qu'ils sont la sagesse des nations. Garasse ne manque pas de prendre l'inverse des explications de Pasquier, et les

---

(1) *Recherches des Recherches*, p. 215, 216.

siennes, pour être plus ou moins bouffonnes, ne sont pas tout à fait inacceptables. Mais Pasquier ne donne pas seulement des explications absurdes, il en donne aussi d'inutiles. « *Résolu comme Barthole* se dit à cause que Barthole estoit fort sçavant, décisif et résolu en ses responses : telle est, dit Garasse, vostre explication. En quoy, je n'apprens rien de nouveau ; car c'est comme si vous disiez : *Éloquent comme Cicéron*, et puis que vous voulussiez philosopher sur ceste forme de parler, disant : *Cela se dit à cause que Cicéron estoit éloquent.* Je croy bien que cela ne se dit pas à cause qu'il estoit bon maçon, bon astrologue ou bon violon. Ainsi, croy-je bien volontiers que le proverbe *résolu comme Barthole* se dit à cause qu'il estoit fort résolu en ses responses, clair, net, décisif (1). »

Ne craignez pas qu'il oublie les découvertes de Pasquier sur les mots *Tintamarre, Physiciens, Phy, Maistre Phy phy, Raminagrobis, Rouge-bon-temps, Brimborium* (liv. VIII, chap. XXVIII, L, LII, LIII, LXIII, *et passim*); *Tintin, Dindan, Taratantara, Colin tampon, Fricasser, Trac-trac, Besler, Mioler, Groigner, Carcaillet, Guillery, Caqueter, Japper, Clabauder,* etc. (*Ibid.*, ch. VI.) « Je rougis, dit-il, escrivant vos paroles et voyant qu'un homme d'honneur comme vous est si affamé de grossir ses livres, que, pour trouver du sujet, il n'a point honte de puiser dans les esgouts et lieux qui ne se nomment que par des gadouars et personnes de néant.... Et pour ce que vous avez trouvé dans Clopinel quelques meschants et puants lambeaux de rimaillerie, esquels les médecins

---

(1) *Recherches des Recherches*, p. 253.

sont appelez *physiciens*, comme qui diroit Naturalistes, qui est une très-belle qualité ; vous, par une digression vilaine et méchanique, allez jusque dans les latrines fouiller et évanter des ordures, parlant des maistres Phy phy aussi froidement que si vous parliez des sénateurs de Venise et de leur naissance.... Et le lecteur peut observer en ce chapitre, à la gayeté de vostre plume et aux belles allégations que vous portez de Clopinel et de la Bible Guyot, que vous prenez un plaisir singulier à vous entretenir en ces matières, et patrouillez en ces esgouts comme si vous marchiez sur des roses. A la bonne heure ; je ne vous envie point vos déduits et passe-temps. Et, comme disoit Guévarre, *Qui désire la vie de galère, Dieu le luy doint;* ainsi, vous diray-je, Qui désire l'office de gadouards et de maistre Fi Fi, Dieu le lui donne (1). » « S. Basile de Séleucie raconte que, mesmes de son temps, on voyoit sur les montagnes de l'Arménie la figure de l'arche de Noé, et qu'on s'imaginoit d'entendre une confusion de clameurs semblables à celles que les bestes pouvoient faire dans l'arche........ M'approchant du chapitre VI de vostre huictiesme livre, j'ay entendu, non pas par imagination, mais réellement le meslange d'une infinité de voix, comme si toutes les bestes de l'arche de Noé s'escrioient toutes ensemble, chacune en sa façon...... Vous nous représentez dans ce chapitre une musique de tous animaux, chiens, chats, chevaux, mastins, pourceaux, taureaux, lions, brebis, poules, passereaux.... Imaginez-vous quelle harmonie vous causez aux oreilles du lecteur ? *Tintin*, dictes-vous, c'est le son des clochettes, comme si l'on ne le sça-

---

(1) *Recherches des Recherches*, p. 292-295.

voit pas et que la postérité deust estre sourde : car qui est le petit garçon qui ne sçache que *tintinnabulum* est une clochette, et que, par conséquent, le son des clochettes et des sonnettes se doit appeler le tintin ? Et quel besoin avoit la France qu'on rangeât parmi ses Recherches le tintin des cloches, le colintampon des tabourins et le beurre des fritures, d'où vous estimés que sont venus ces termes par imitation, frire, fricasser, frit? Quelle démangéson d'escrire ! quelle envie de composer des livres ! *Aut quæ hæc sartago loquendi,* pour dire en termes de friture avec le satyrique? Il n'y a chose si basse, voire jusqu'aux *cliquettes* des ladres, qui ne trouve place parmy vos Recherches. Le tric, le trac, le flot, le crac, le dindan, le palalan, le clabauder des chiens, le miouler des chats, voilà ce qu'on appelle *Recherches de la France* (1) ! »

Garasse fait un peu bon marché de l'érudition de Pasquier. S'il eût vécu plus tard, il eût vu qu'on ne badine pas avec une science qui a le pas aujourd'hui, même sur la littérature. Qu'il ait tort ou raison, d'autres en décideront mieux que moi. Ce que je remarque ici, c'est le tour particulier qu'il donne à sa critique ; c'est l'empire que, en dépit de son dévergondage et de sa trivialité, elle exerce sur notre raison, jusque-là qu'il s'en faut peu de chose que notre respect pour Pasquier n'en souffre quelque atteinte. Entraîné par le torrent de ses quolibets et de ses forfanteries, c'est à peine si le lecteur remarque que le digne homme est un rapporteur infidèle, et qu'il prête à Pasquier des inepties, afin de se fournir à lui-même des sujets de gaieté. Le mouvement, l'éclat de sa marotte nous

---

(1) *Recherches des Recherches*, p. 399-403.

trouble la vue et nous empêche d'apercevoir si sa victime n'est pas beaucoup moins ridicule qu'il ne la fait. On n'est attentif qu'aux lazzis dont elle est l'objet, et dont on ne peut se défendre de rire. Qu'on lise les passages où Garasse prend à partie les anagrammes de Pasquier (1), « ses épistres de néant (2) », ses vers français, sa Puce, sa Main, ses vers latins rétrogrades, équivoques, retournés, « et semblables jeux poétiques ineptement rapsodiés (3) »; qu'on lise encore la prière à Dieu de Garasse « pour qu'il nous délivre d'un impertinent (4) »; qu'on prenne cette distraction dans un moment où l'on est disposé à la tristesse, et je m'assure qu'on s'en trouvera mieux que des plus touchantes et des plus sublimes leçons de la philosophie.

Je ne suivrai point Garasse dans les livres de l'*Ignorant*, du *Libertin* et du *Glorieux*. C'est toujours la même méthode de plaisanterie, mais moins gaie et surtout moins motivée. Pasquier n'était ni un ignorant, ni un incrédule; il a montré qu'il savait quelque chose, et il est mort en bon catholique (5). Le livre du *Libertin* fait peine à lire. L'auteur y est comme en proie à un accès de frénésie. Le catholicisme du ligueur et le ressentiment du jésuite s'y exhalent avec une violence outrée. Le bouffon se bat les flancs pour rire, mais ne fait que des grimaces. Il ne retrouve un moment son naturel que dans le livre du *Glorieux*. Pasquier était très-vain; il le prouve constamment

---

(1) *Recherches des* Recherches, p. 323 et suiv.
(2) *Ibid.*, p. 429 et suiv.
(3) *Ibid.*, p. 382 et suiv.
(4) *Ibid.*, p. 487 et suiv.
(5) V. dans ses Œuvres la lettre de Nicolas Pasquier, t. II, colonne 1410 et suiv., édit. de 1723.

par ses propres aveux ; et c'est avec une sorte de coquetterie qu'il se pare des louanges que lui donnaient ses amis. Il faut en excepter un seul, le père Gontery, auteur de sa réconciliation avec les Jésuites. Les louanges de ce père n'avaient pas le parfum des autres ; il y entrait, dit Pasquier, « plus du sage mondain que de l'ami (1). » Il paraîtrait cependant qu'il avait commencé par en être dupe. C'est ce qui ressort de ces paroles de Garasse : « Vous vous abusez en prenant les paroles de Gontery comme dictes à vostre loüange ; car il parloit lors du commandement qui nous est faict de pardonner à nos ennemis. Et là-dessus il dit de vostre vieillesse deux ou trois mots tels que le concile d'Éphèse dict de Nestorius, lequel il appela *venerabilem dominum*, mais néanmoins il lui donna l'épithète de *novus Judas*... Ainsi Gontery, pour monstrer qu'il estoit chrestien et qu'il vous pardonnoit, lascha deux ou trois paroles *per redundantiam charitatis*, pour parler avec Tertullian, mais ces mots se dirent plustost en l'honneur de la religion et pour la descharge de sa conscience, que non pas pour vous flatter pavonesquement (2). » Voilà donc Pasquier justifié d'avoir maintenu jusqu'à sa mort ce qu'il avait dit et écrit contre les Jésuites ! Le seul qu'il aurait pu estimer, Garasse le déshonore et lui décerne presque un certificat d'imposture. Mais Garasse calomniait jusqu'à ses amis.

Arrivé à la fin de son gros livre, il ne peut quitter sa victime sans lui adresser des adieux, et ces adieux l'achèvent :

« Adieu, maistre Pasquier, à Dieu à qui je vous recommande pour vous faire recognoistre vos fautes, puisque

---

(1) *Lettres*, liv. xxi, à M. Favereau.
(2) *Recherches des Recherches*, p. 886, 887.

les hommes n'y peuvent rien. Adieu, Recherches impertinentes, libertines et schismatiques. Adieu, Poësies impudiques et mesdisantes. Adieu, Lettres glorieuses, lettres sans lettres, lettres de vanité. Adieu, Catéchisme bouffon et ridicule. Adieu, Monophile sans cervelle ; adieu, Pusse mordante. Adieu, Main de Scévole (1). Adieu, Plume sanglante ; adieu, Plaidoyez sans loys ; adieu, Advocat sans conscience ; adieu, homme sans humanité ; adieu, chrestien sans religion ; adieu, vieillard sans sagesse ; adieu, Thersite en laideur de vos imperfections ; adieu, Narcisse en amour de vous-mesme. Adieu, capital ennemi du Sainct-Siége de Rome ; adieu, fils desnaturé de l'Église, qui publiez et augmentez les prétendus opprobres de vostre mère. Adieu, jusques au jour qui révèlera vos meschantes intentions... Adieu, jusques à ce jugement qui jugera de vos injustices... Adieu, jusques au son de cette trompette effroyable qui vous fera cognoistre par expérience ce que c'est que *Tintamarre*. Adieu, jusques à cette tragédie qui censurera vos farces et bouffonneries. Adieu, jusques à cet examen rigoureux qui recherchera vos *Recherches*. Adieu, jusques à ces coups de tonnerre qui vous enseveliront souz d'autres montagnes que vostre Parnasse... Adieu, jusques à cet

---

(1) Tout le monde sait que Pasquier s'était fait peindre sans mains. Il fit mettre au-dessous de son portrait ces deux vers :

Nulla hic Paschasio manus est : lex Cincia quippe
Causidicos nullas jussit habere manus.

La loi Cincia, décrétée l'an de Rome 549, défendait aux juges et aux avocats de recevoir des accusés aucun honoraire, non pas même sous forme de présent. La main de Pasquier a été chantée dans les trois langues par Antoine Arnauld, Honoré d'Urfé, Scévole de Sainte-Marthe, d'Espeisses, Malherbe, de Hamel et d'autres encore. Lui-même a écrit en prose l'*Apologie de la main*. — Voy. Œuvr. compl., t. II, col. 1000 et suiv.

esclat qui vous fera bien trouver vos *mains* tant renommées et cachées sous la frange d'une loy. Adieu, jusques à ces grands jours qui seront bien d'autre nature que ceux de Poictiers, ausquels on ne songera plus aux pusses ni aux vers, si ce n'est à des vers immortels pour vous mordre le cœur. Adieu, jusques à ce grand Parlement auquel vous ne plaiderez plus pour l'Université, mais pour vousmesme. Adieu, jusques alors, et, si vous n'avez faict pénitence à vostre mort, adieu pour tout jamais (1). »

Il n'y a aucun moyen d'excuser cette roulade furieuse, si ce n'est de dire que Garasse était fou. En effet, après une diatribe de plus de neuf cents pages, où l'exaltation du cerveau a été toujours croissant, on devait s'attendre à ce que cet état morbide aurait son paroxysme et déterminerait enfin la folie. Du moins, lorsqu'il invectivait ainsi Pasquier mort, Garasse était en proie à cette sorte d'égarement qu'en médecine on appelle hallucination ; il pensait s'attaquer à un ennemi vivant, et plus il le sentait se débattre sous sa main, plus il redoublait de fureur et de rage. La netteté du sens ne lui revient un peu qu'à la fin des adieux. Là, il semble admettre que Pasquier s'est repenti à ses derniers moments, et l'anathème qu'il lance sur sa tête n'est que conditionnel. Quoi qu'il en soit, l'accès de folie a duré longtemps, et même après qu'il a cessé, la pénible impression qu'il a causée subsiste encore.

J'ai dit la cause immédiate du libelle de Garasse, à savoir la nouvelle publication des écrits de Pasquier, et les souvenirs douloureux pour les Jésuites qu'ils ravivaient.

(1) *Recherches des Recherches*, p. 983-985.

Mais l'injure remontait plus haut; elle datait de 1564, année où Pasquier avait plaidé contre eux la cause de l'Université. De son propre aveu, il n'y était point préparé; mais ce motif n'est pas de ceux qui effrayent un avocat. Jamais l'Université n'avait été aussi prospère; c'est pourquoi elle était si jalouse, et ne voulait souffrir aucune concurrence. Les Jésuites demandaient « qu'il luy plaise de les immatriculer en son corps. » Celle-ci, qui savait déjà l'histoire de la lice et de sa compagne, repoussa leur demande. Il fallut plaider. L'Université confia sa défense à Pasquier, qui l'accepta avec transport. Qu'allait-il dire des Jésuites et de cette réclamation prématurée en faveur de la liberté d'enseignement ? Que l'Université de Paris, déjà lésée dans ses priviléges par la permission accordée aux Jésuites de faire des lectures publiques, serait frappée à mort, si on les admettait au partage égal de ces mêmes priviléges; qu'ils ne se contenteraient bientôt plus de la moitié et demanderaient le tout; que ce résultat était d'autant plus probable, que dans toutes les villes où, avec la tolérance de l'autorité, ils avaient fondé des établissements, ils avaient attiré à eux tous les élèves et rendu déserts les colléges qui relevaient des universités; qu'enfin, à moins qu'on ne souhaitât la même destinée à l'Université de Paris, il fallait lui conserver tous les avantages dont elle était en possession dès le temps de Philippe-Auguste, et lui sacrifier tous ses rivaux. Ce thème, développé avec éloquence, et pour lequel il n'était peut-être pas besoin d'être préparé, eût suffi à la tâche de l'avocat, si d'ailleurs il n'eût pas persuadé les juges. Mais ce n'était pas assez pour les défendeurs, et Pasquier éleva, comme on dit, le débat à la hauteur d'une question sociale.

Il attaqua la doctrine des Jésuites ; il assura qu'ils travaillaient à pervertir la société tout entière, à la ruiner et à établir leur domination sur ses ruines. Il les montre d'abord pénétrant dans Paris, où ils occupent incognito une petite chambre, puis s'enhardissant à la faveur des troubles civils, et finissant par se déclarer et s'imposer. Il examine leurs constitutions, comment ils sont les vassaux de Rome, et à ce titre ennemis secrets des pays qui les accueillent, et en état de conspiration permanente contre leurs hôtes. Il représente leur ambition, leur orgueil, leur attention à régler leur conduite sur leur intérêt, à ménager, suivant les occasions, « leur dit et leur dédit. » Il dit qu'ils n'ont d'autre objet, par leur enseignement perfide, que de remplir les âmes des enfants de doctrines qu'ils désavouent toujours et dont ils ne se départent jamais. Il conclut enfin au rejet de leur requête.

Ce que Pasquier disait là contre les Jésuites, le monde parmi lequel il vivait le disait aussi, et Pasquier n'était qu'un écho. C'est ainsi qu'il suppléait au manque de préparation dans une cause où il en eût eu le plus besoin. Il est vrai qu'en 1556 il était demeuré deux jours entiers enfermé dans une chambre avec Pasquier Brouet; qu'ayant là plume, encre et papier, il avait écrit sous la dictée de ce jésuite (lequel d'ailleurs n'avait de commun avec lui que le nom) tous les renseignements que le père avait trouvé bon de lui donner sur sa compagnie ; qu'il en avait rempli trois ou quatre feuilles de grand papier, et qu'il sut les retrouver à propos (1). Comme s'il était croyable que le père Brouet eût rien dit à Pasquier qui

---

(1) *Lettres de Pasquier*, livre XXI, 1ʳᵉ lettre.

pût lui inspirer de l'horreur contre les Jésuites ; comme s'il était possible qu'il lui eût mis entre les mains les armes qui devaient servir huit ans plus tard à les égorger. Pasquier ne dit donc pas vrai, quand il veut nous faire croire que les confidences de son homonyme lui ont fourni les matériaux de sa plaidoirie. Passons-lui que les Jésuites étaient des assassins, mais des sots ! Lui-même n'en croyait rien ; mais il se croyait responsable des destinées de la nation entière, et il multipliait les dangers pour accroître la valeur de ses services. Tout avocat aime à jouer ce rôle, surtout dans les temps de troubles, quand la langue pose les questions qui sont résolues par l'épée. Tout lui est de bonne guerre pour le triomphe de sa cause, même la calomnie, laquelle cesse de l'être à ses yeux dès que le préjugé public l'a consacrée.

Cependant, soit qu'ils ne partageassent pas ce préjugé, soit qu'ils eussent des idées plus libérales en matière d'enseignement, soit enfin qu'ils ne vissent dans les violences de Pasquier et de sa partie qu'une querelle de potier à potier, les juges appointèrent la cause au conseil, c'est-à-dire ordonnèrent que les parties « demeureroient en l'estat. » Ce fut un coup fourré, dit Pasquier, « car les Jésuites ne furent pas incorporez au corps de l'Université, comme ils le requéroient, comme aussi estant en possession de faire leurs lectures publiques, ils y furent continuez (1). »

Ce résultat ne mécontenta pas trop les Jésuites. Ils s'attendaient à pis. Ils ne relevèrent donc pas le plaidoyer de Pasquier, et peut-être n'en eussent-ils jamais dit un mot, si Pasquier n'en eût grossi l'édition de ses *Recherches,* de

---

(1) *Lettres de Pasquier*, livre XXI, Ire lettre.

1596 (1). Alors, tout jésuite fut libre d'écrire et d'imprimer ce qu'il en pensait. Louis Richeome l'attaqua le premier dans les notes de son livre (2) contre le plaidoyer d'Antoine Arnaud. Pour toute réponse, Pasquier publia le *Catéchisme des Jésuites* (3). Richeome répliqua par la *Chasse du renard Pasquin, descouvert et pris en sa tanière* (4), etc.; affreux libelle, dont Pasquier s'est amusé à compter les injures (5), doutant « s'il fût jamais p..... au plus desbordé bourdeau du monde, qui se débordât tant en injures que ce jésuite (6). » Après Richeome « est venu le beau ténébreux d'Anvers, qui, sous son nom renversé en celuy de Clarus Bonarscius (7), dedans son *Theatrum honoris* (8), me fait marcher du mesme pas que Calvin et Luther, non pour autre subject que je suis ennemy de leur jésuisme (9). » Garasse vint à son tour ; mais Pasquier était mort, circonstance qui aurait dû rendre Garasse plus modéré. Il se justifia en disant que le mort était ressuscité avec la réimpression de ses livres ; il l'exorcisa comme un revenant, il le châtia comme un récidiviste.

(1) Ce plaidoyer est au livre III, chap. XLIV de l'édition de 1721.
(2) *La vérité défendue pour la religion catholique, en la cause des Jésuites*, etc. Liége, 1596, in-8. Publié sous le pseudonyme de François des Montaignes.
(3) Le *Catéchisme des jésuites, ou le Mystère d'iniquité révélé par ses suppôts*, etc. Villefranche (La Rochelle), 1502, in-8o.
(4) Villefranche, 1602, in-12 ; et Arras, 1603, in-12, sous le pseudonyme de Félix de la Grâce.
(5) *Lettres*, liv. XXII, dernière lettre.
(6) *Ibid., ib.*
(7) Carolus Scribanius.
(8) *Amphitheatrum honoris*, etc. Palæopoli Aduaticorum, 1606, in-4.
(9) *Lettres de Pasquier, ibid.*

CHAPITRE VI.

LA DOCTRINE CURIEUSE.

La vie de Garasse, ce sont ses écrits. Ils en remplissent au moins les deux tiers. Le reste, qui comprend ses premières et ses dernières années, nous est à peu près inconnu, et ne vaut probablement pas la peine qu'on se donnerait pour le connaître. On ne peut donc raconter que ses écrits. On y trouvera du moins de quoi ne pas s'ennuyer ; le mouvement, la couleur, la gaieté folle et la tristesse furieuse, l'ironie piquante ou amère, les accents d'une foi passionnée, les fantaisies d'une imagination aussi bizarre que féconde, tout ce qu'il faut enfin pour faire supporter la monotonie du récit et le rendre intéressant.

En même temps qu'on imprimait l'ouvrage précédent, Garasse en achevait un autre qu'il mettait sous presse et publiait l'année suivante : c'est la *Doctrine curieuse des beaux esprits de ce temps* (1). Sous ce nom de beaux esprits, il comprend avec les athées purs, ou, comme il les appelle, les *athéistes,* les huguenots, les catholiques gallicans, les libres-penseurs ou *libertins,* les voluptueux ou *nouveaux épicuriens,* et généralement tous ceux qui n'adoptaient pas les croyances et n'étaient pas au régime de

---

(1) La *Doctrine curieuse des beaux esprits de ce temps, ou prétendus tels, contenant plusieurs maximes pernicieuses à l'Estat, à la religion et aux bonnes mœurs, combattue et renversée par le P. François Garassus, de la Compagnie de Jésus.* Paris, 1623, in-4, p. 1025, sans les tables et préfaces. Elle parut le 18 août.

Garasse et des Jésuites. Sa haine contre eux se manifeste avec une violence extrême; mais la cause n'en était pas absolument chimérique. Aux mœurs galantes d'Henri IV et de sa cour, avaient succédé les mœurs corrompues de la cour de Louis XIII; les guerres religieuses apaisées par les victoires et la conversion d'Henri IV, par la publication de l'édit de Nantes, tendaient à renaître sous la forme de controverses qui favorisaient le scepticisme. On en accusait les protestants, l'abus qu'ils faisaient de la Bible, et l'usage où ils étaient d'avoir toujours un texte tout prêt pour justifier les plus ridicules, les plus contradictoires, et quelquefois les plus criminelles de leurs actions et de leurs paroles. Et comme, d'ailleurs, ils n'avaient pas encore désarmé, il y avait plus de péril à suivre leurs croyances, puisqu'elles étaient celles d'une minorité en révolte, qu'à n'en avoir point du tout. On vendait publiquement des livres infâmes où la religion et les mœurs étaient l'objet d'outrages grossiers et de parodies obscènes (1).

Les auteurs et éditeurs de ces livres trouvaient chez les grands de la cour une protection qui se jouait de la sévérité des lois, et les prédicateurs, après avoir tonné dans les chaires contre ce scandale, étaient attendus aux portes de l'église par une jeunesse effrontée qui se moquait d'eux. Garasse y fut lui-même exposé. Un pareil traitement n'était pas de nature à modérer son zèle. Il s'aguerrissait aux insultes, remontait en chaire et redoublait d'anathèmes contre la débauche et l'irréligion.

(1) Notamment le *Parnasse des vers satyriques*, vendu avec plus ou moins de précaution, mais au vu et au su du public, dans les galeries du Palais.

Je suppose que ce sont ses sermons amplifiés et égayés qu'il nous donne dans sa *Doctrine curieuse*. Elle se compose de huit livres divisés en sections. Elle s'ouvre par un *Advis au lecteur*, suivi d'une table des maximes des libertins, débattues et réfutées en chaque livre particulier. Ces maximes, comme les livres, sont donc au nombre de huit. Elles sont placées en tête de chaque livre et développées en une sorte de paraphrase, à laquelle Garasse donne le titre d'Exposition et preuve. La réfutation a lieu dans les sections.

Tous ceux, suivant Garasse, qui ont produit l'athéisme chez les Hébreux « ont été des faquins et des personnages de peu d'entendement (1) »; par exemple, Caïn, Nemrod, Ésaü, Judas, etc. Pour Ésaü, tous les interprètes « le chargent d'une insensibilité brutale en matière de religion. Il ne croyoit pas tout ce qu'on luy disoit touchant le commencement du monde, les promesses de Dieu à son grand-père, et l'embrazement de Sodome. Il estoit à demy beste qui ne se soucioit non plus de la primogéniture, du sacerdoce, de la royauté, des bénédictions de son père que d'un festu : pourveu qu'il eust du potage, il estoit content. » « Pour Judas, ajoute Garasse, il n'y a personne des anciens pères qui n'estime que ce vilain fut un parfait athée. Il voyoit faire des merveilles à nostre Seigneur ; il s'en moquoit en son âme et les imputoit à sortilége. Il fut si effronté que, sçachant bien que sa trahison estoit descouverte, il en demanda des nouvelles à Jésus-Christ (2). »

Démocrite, Épicure, Diagoras, Diogènes, Leucippe, Sardanapale, etc., « qui ont introduit l'athéisme chez les

---

(1) *Doctrine curieuse*, liv. I, sect. 4.
(2) *Ibid.*, p. 132.

Gentils, ont été aussi despourveus de sens (1). » Enfin, ceux qui ont essayé d'établir les mêmes principes chez les modernes « ont esté de pauvres belistres, despourveus de sens, pendus et bruslez par divers arrêts de cour (2). » Parmi ces derniers, Garasse cite Jean Fontanier, Cosme Ruggieri et Vanini (3). Il leur adjoint, comme ayant mérité le même sort, Théophile, qui n'y échappa que par la la fuite; Henri Estienne, Charron, Du Moulin, Pasquier, etc. (4). Ce sont les doctrines de ces hommes « qui se sont glissées dans l'imagination de plusieurs âmes trop libertinement curieuses », que Garasse se propose de combattre, « non pas à fer esmoulu, mais par une méthode conforme aux humeurs de beaucoup de personnes du siècle présent, » c'est à savoir par la raillerie et par le mépris. « Vouloir, dit-il, convaincre ces hommes par l'authorité de la théologie, c'est vouloir combattre les Juifs par l'authorité des Évangiles.... Car, comme les Juifs renvoient le Nouveau Testament aux fins de non-recevoir, ainsi nos beaux esprits prétendus se moquent de nos prédications, quand nous les réduisons à quelque absurdité

---

(1) *Doctrine curieuse*, liv. I, sect. 5.
(2) *Ibid.*, liv. I, sect. 6.
(3) Jean Fontanier fut brûlé en place de Grève, en 1621, pour avoir composé le *Trésor inestimable*, ou *Mausérisme*, description du Mauser, livre plein d'impiétés contre Dieu, la Vierge Marie et toute la chrétienté. Cosme Ruggiéri fut condamné aux galères en 1574 pour avoir conspiré contre Charles IX, et en 1594 pour avoir conspiré contre Henri IV. Il se déroba à ces deux condamnations. Vanini fut brûlé à Toulouse le 19 février 1619.
(4) Je suis surpris que, dans les *Œuvres choisies* de Pasquier, publiées par M. Feugère, celui-ci (t. I, p. cxcii) ajoute à ces noms ceux de Casaubon, Juste-Lipse et Servin. Nulle part Garasse ne les met au rang des athéistes. Il ne nomme pas même Servin, et il n'attaque en Juste-Lipse que ses opinions peu catholiques sur le destin.

par la force de la théologie. Ils donnent du nez, et se moquent comme si nous leur parlions en bas breton et en basque. Ils sont excusables en leur sottise s'ils se moquent de la théologie, car je les asseure que la théologie se moque bien d'eux... Il faut doncques les battre des pierres de leur propre jardin (1). » En effet, avec ces armes d'emprunt, Garasse porte d'assez rudes coups. C'est qu'il en a augmenté et la force et le poids. Aujourd'hui, elles sont si proprement les siennes que, comme il fallait le bras d'Ulysse pour bander l'arc d'Ulysse, il n'y a que la main de Garasse qui puisse manier les armes de Garasse.

On a dit qu'il attribuait aux libertins des maximes auxquelles ils n'avaient jamais pensé : cela est très-probable. L'imagination de Garasse et l'extrême délicatesse de sa conscience faisaient tort à sa bonne foi. Celle-ci n'eût pas été en repos, si elle eût été contrainte de se déterminer, selon qu'il voyait d'abord les choses et selon qu'elles étaient en effet. Il fallait qu'il en recherchât les analogies, les dépendances, que sais-je ? et qu'il mêlât ensemble tout cela. Quand, de cet amalgame, il avait forgé un fantôme, il croyait avoir affaire à un être réel, et ne le quittait plus qu'il ne l'eût immolé. De là ces innombrables mensonges qu'on lui a très-justement reprochés ; de là, quand il cite les textes, ces altérations qui ne respectent ni les Pères, ni l'Écriture ; de là ce mauvais renom qui fut son lot tant qu'il vécut, et le malheur, après sa mort, d'être aux yeux de la plupart comme le type du menteur et du calomniateur.

Cette maxime de tolérance, « que chascun doit rester

---

(1) *Doctrine curieuse*, p. 120.

libre de croire ce qu'il veut, » est une des premières qu'il impute et qu'il reproche aux beaux esprits. Mais comme, réduite à ces simples termes, elle semble toute naturelle, et pourrait être aussi bien la maxime de tout le monde que celle des beaux esprits, il tâche de la leur rendre propre, en lui donnant cette forme aimable et dégagée : « Un bel esprit est libre en sa créance, et ne se laisse pas aisément captiver à la créance commune de tout plein de petits fatras qui se proposent à la simple populace (1). »

Après le texte, la paraphrase : « Supposez, dit Garasse, que cette maxime soit véritable,... il me plaist de croire que nos nouveaux dogmatisans sont des faquins, des yvrognats, des cabaretiers, des escornifleurs, des gueux, des chercheurs de repuë franche, des niais qui n'ont ni esprit, ni cervelle, des mouscherons de taverne, des punaises de cour. Et, s'ils sont si estourdys que de s'offenser de nos paroles, je dirai que telle est ma créance... Il leur est permis de croire de moy ce qui leur vient en fantaisie et de me charbonner en leur petite cervelle comme un Centaure, un Arimaspe ou homme sauvage. Et pour moi, qui ne veux point aller à ces extrémitez, je me contente de croire qu'ils sont bestes. Chascun sa créance n'est pas trop.... Maistre Pasquier n'estoit point bavard, lorsqu'il disoit au livre sixième de ses *Recherches*, chapitre XXXIV : *Je croy cette histoire estre véritable, parce que je la souhaite telle*; d'autant que c'est la créance qui faict toutes choses, et que le vray moyen de vivre content, c'est d'apprendre la science de nos beaux esprits prétendus. Resver doucement, croire ce qu'on désire, prendre ses plaisirs, *frui*

---

(1) *Doctrine curieuse*, p. 205.

creatura tanquam in juventute celeriter, tel est l'élixir de la *Doctrine curieuse* et l'enfer au bout (1). »

C'est assez l'usage de ceux qui n'ont pas la force de réformer leur caractère de dire, quand ils subissent les conséquences de cette faiblesse : *Tel est mon destin.* C'est une sorte d'excuse après coup, et qui les tient quittes de toute autre. Dieu lui-même n'y voit que l'abus d'un lieu commun, et il est assez bon pour ne pas s'en offenser. Il n'en est pas de même de Garasse.

« C'est mon destin, fait-il dire à quelque bel esprit; c'est mon destin, je vous l'ay dit; c'est mon génie..... *Multi multa, varii varia;* mais moy, je suis de cette humeur. L'un est bigot, l'autre est superstitieux; celuy-ci est hypocondriaque, celuy-là est esventé; les uns craignent leur ombre, moy, je ne crains ny Dieu, ny diable, c'est mon destin. A la bonne heure, meschants, que ce soit vostre destin..... Sçachez que vostre destin vous rendra malheureux..... Sçachez qu'après les banquets et les impudicitez viennent les caloffes de pourceaux et les estables. Sçachez qu'au lieu de la Pomme de Pin (2) vous

---

(1) *Doctrine curieuse*, p. 233, 234.

(2) Le fameux cabaret de la *Pomme de Pin* était à l'extrémité du pont Notre-Dame, vers le Palais. Dans les *Visions du Pélerin du Parnasse*, Paris, J. Gosselin, 1635 (*sic*), on lit : « La *Pomme de Pin*, sur le pont Nostre-Dame, qui commence néanmoins à déchoir du crédit'qu'elle avoit le temps passé. — Si vous avez nouvelle que la presse soit à la *Pomme de Pin*, prenez la peine de vous transporter au *Petit Diable*. »

Il est probable que le renom de la *Pomme de Pin* aura fait adopter la même enseigne pour d'autres cabarets. De là quelque incertitude sur le lieu de la véritable. Le texte qu'on vient de citer, d'accord avec les *Tracas de Paris* en vers burlesques, de Colletet, doit pourtant nous indiquer l'ancien et illustre cabaret de la *Pomme de Pin*, à l'extrémité du pont Notre-Dame. Il paraît que les *salons* s'étendaient tout le long de la rue de la *Lanterne*, jusqu'auprès de l'ancienne église de la Magdelaine.

Crenet tenait la *Pomme de Pin* en 1665. C'était un des successeurs de

n'aurez que la pomme d'angoisses;... que les pensions des grands tariront, que leurs libéralités s'espuiseront, que leurs volontés se changeront…. Sçachez que les seigneurs auxquels vous servez maintenant de naquets (1) seront les premiers à solliciter le roy de vous envoyer aux galères, lorsqu'ils auront cognu l'infamie de vos impudicitez desnaturées….. Sçachez que vos brutalitez seront cognuës d'un chascun, vos blasphèmes décriés, vos impiétez en horreur, vostre nom en proverbe, vostre mémoire en abomination, vostre doctrine anathème, votre esprit en risée, votre salut au désespoir (2). »

Cette foi brutale des nouveaux dogmatisants « dans un destin irrévocable, infaillible, immuable, nécessaire, éternel et inévitable à tous les hommes, quoi qu'ils puissent faire, » est si opposée à la foi chrétienne; elle mène si infailliblement à l'athéisme; enfin, elle est un si horrible blasphème dans la bouche de gens qui ne laissent pas d'ailleurs d'être catholiques, que Garasse rassemble tous ses efforts pour la combattre et pour la flétrir. Tout un livre y est employé, le quatrième.

« Qu'on parle, dit-il, à nos jeunes épicuriens, s'ils sçavent les commandemens de Dieu et de l'Église; s'ils sçavent que c'est que de bien vivre, de se bien confesser, de

---

« honorable homme Philippe Gruyn, » dont le fils Charles Gruyn, sieur des Bordes et de Nouzières, étant devenu excessivement riche, par suite des traités auxquels il avoit pris part, épousa en secondes noces madame de Lanquetot. « Les Groyns, dit le *Catalogue des Partisans*, 1649, frères et fils du maistre du cabaret de la *Pomme de Pin*, à force de pillages qu'ils ont faits dans la subsistance, lors de l'establissement d'icelle, ont acquis de grands biens, et possèdent des charges de finance très-considérables. » — Note tirée de la dernière édition de Tallemant des Réaux, t. VII, p. 25, in-8.

(1) Valet de paume.
(2) *Doctrine curieuse*, p. 456-458.

communier dévotement..., ils se moqueront de tout cela et diront : *Neque album, neque nigrum,* Je ne sçay que c'est ny blanc ny noir ; mais si vous demandez que c'est le blanc et le rouge, le clairet et le paillé, je vous le diray bien ; car en faict de cabaret, nous y sommes docteurs. Mais quant à la méthode de se bien confesser, c'est ce que nous ne fismes jamais, comme chose de peu de conséquence. Une chose sçavons-nous parfaictement, que le destin gouverne tout, et que s'il est escrit que nous soyons damnez, il sera irrévocablement. S'il y a dans l'arrest que nous soyons sauvez, tant mieux pour nous. En attendant, nous ne laisserons pas de nous en donner par les joues et de nous gorger de plaisirs. Pour tout le reste qui, comme les mystères de la théologie, les rubriques de la messe, et autres gentillesses dont on abreuve la populace, c'est cela que nous faisons estat d'ignorer, *Nescio ; verbum est auro equilibræ* (1). Il n'est donc pas besoing de travailler pour acquérir le paradis ; nous avons fort peu d'obligation à Jésus-Christ qui a sué sang et eau pour une chose qui ne nous eust rien cousté, puisque le destin nous y porte sans aucune peine. Or, c'est donner à Nostre-Seigneur, non pas un coup de lance, mais un coup de dague ou de pertuisane dans le cœur, de lui dire, comme font nos beaux esprits prétendus par cette maxime : Grand merci, Seigneur, de vostre passion ; mais de çà que de là, les destins m'avoient acquis le paradis, pour lequel vous estes mort. Je suis bien marry de la peine que vous avez prise ; je vous en sçay néanmoins aussi bon gré que si je ne le tenois que de vostre main : car vous pensiez bien faire et m'obliger en ce faisant. — C'est dire à Jésus-Christ

---

(1) *Doctrine curieuse,* p. 359, 360.

qu'il estoit un mineur, et qu'il ne sçavoit pas vivre (1). »

Je le disais bien : ce ne sont pas seulement les pierres qu'ils lancent contre Dieu, que Garasse renvoie aux libertins, il leur jette à la tête ses plus lourds pavés. Mais il ne voit pas que ses coups portent beaucoup plus loin. Celui-là, par exemple, touche Jésus-Christ même. Avec toute leur étourderie, leur audace et leur impudence, les libertins n'eussent été, je pense, ni plus téméraires, ni aussi maladroits.

« Ils renoncent, disent-ils, librement au paradis, s'ils n'y trouvent leurs maîtresses. » A quoi Garasse indigné répond : « Esprits profanes et vilains qui poseroient volontiers le ciel dans un bordeau ou un cabaret, et qui ne se servent des anges et des saints que pour en tirer des allégories infâmes, et les faire parler en termes de maquerellage : comme ils ont faict nommément dans leur *Parnasse satyrique*, imprimé l'an 1622.... Là-dedans, quels blasphèmes exécrables ne disent-ils pas contre la vision et l'amour béatifique? Quelles profanations n'ont-ils inventées sur la lumière de gloire? Quels instrumens de martyre n'ont-ils appliqués à leurs maudites intentions? Ils ont ravi le gril d'entre les mains de saint Laurent, pour en faire une armure complète à Cupidon, leur tutélaire; le taureau à sainct Eustache, les flèches à sainct Sébastien, la caverne à saincte Madelaine, la roue à saincte Catherine, les cailloux à sainct Estienne, pour traduire tous ces sacrés meubles en matière d'impiété et de vilainie (2). » « Ils mettent dans un sonnet la félicité du paradis à l'enchère; ils vendent tous les plaisirs des bienheureux, tous les con-

---

(1) *Doctrine curieuse*, p. 423, 424.
(2) *Ibid.*, p. 321, 322.

tentemens de l'autre vie, et tous les meubles du ciel empyrée pour un double! Comme si Dieu estoit un banqueroutier, ou que, pour s'acquitter de ses debtes, il fust contraint d'exposer à l'encan tous ses moyens (1)..... Mais quand nos jeunes épicuriens se verront sur le point de fermer les yeux, de rendre compte à Dieu de leurs desbauches passées, de quitter les douces compagnies, d'abandonner les seigneurs, les cuisines, les cabarets, les lieux infâmes, les plaisirs de la cour; quand leurs excez, leurs yvrongneries, leurs impudicitez, leurs sodomies, auront rompu le filet de leur vie sur le mestier mesme; quand ils se verront tels que se descrit le sieur Théophile en la Satyre de ses sueurs infâmes, quand ils tomberont à pièces et à lambeaux, quand leurs os seront carriez par les gouttes, leurs reins greslez par une centaine de cailloux, leur poil au vent, leur corps dans un hospital, ou entre les mains d'un bourreau pour vomir leur âme malheureuse comme Fontanier et Lucilio Vanino; lors, ils commenceront à voir que leur âme est immortelle, leur corps une carcasse, leur réputation perdue, leurs plaisirs escoulez, leur salut désespéré, leur mémoire maudite, leur nom persécuté, leur mort proposée à la postérité entre les exemples funestes, et l'histoire de leur vie rangée entre les accidens tragiques, pour servir de mirouër à leurs semblables, et de bride à tous nos descendans; lors ils hurleront comme chiens enragez, et diront : *Nos insensati, vitam illorum æstimabamus insaniam* (2). »

(1) *Doctrine curieuse*, p. 890.
Martial a dit :
   Grandis in æthereo licet auctio fiat Olympo,
    Coganturque dii vendere quidquid habent, etc.
(2) *Ibid.*, p. 907, 908.

Dans tout cela, Garasse s'applique uniquement à définir la doctrine des libertins de son temps. C'est l'exécution toute simple du plan qu'il s'est tracé. Il lance tour à tour contre cette doctrine ses foudres et ses moqueries ; mais il évite, à de très-rares exceptions près, de la combattre par le raisonnement. Aussi bien n'a-t-il pas le talent nécessaire pour y réussir. Quand par malheur il s'y laisse entraîner, il fait comme le soleil de mars qui excite, dit-on, des humeurs qu'il ne peut résoudre ; il prête aux libertins des objections qu'il ne peut détruire. Mais il se dérobe à la difficulté en bouffonnant, et par des impertinences où il se moque à la fois de ses adversaires, du lecteur, et souvent aussi de lui-même.

Encore une citation. Il s'agit des huguenots. Garasse ne les confond pas tellement avec les athées qu'il ne leur adresse des provocations directes, et ne leur fasse l'honneur de régler son compte avec eux séparément. Rebelles au catholicisme, ils en sont les ennemis les plus immédiats. Ayant une même origine, ils convoitent, ils espèrent en recueillir bientôt l'héritage. Garasse sait et se dit tout cela. N'allez pas croire pourtant qu'il raisonne avec les huguenots plus qu'avec les libertins ; il sent trop la faiblesse de sa dialectique. Et comme, parmi les huguenots, il y avait des logiciens serrés, très-capables de lui faire perdre les arçons dès la première passe, il reste prudemment en deçà de la barrière, d'où il les invective avec toute la violence et l'indécence d'un suppôt de mardi-gras.

Par exemple, il se raille des sentiments divers et contradictoires des huguenots sur la présence de Jésus-Christ dans l'eucharistie ; s'il y est *cum*, s'il y est *sub*, ou *in*, ou *trans*, ou *tropicè*, ou *figurativè* ou *metaphoricè*, ou *rea*-

liter. « Il semble, dit Garasse, à voir discourir ces resveurs, qu'il soit du sacrement de l'eucharistie, ni plus ni moins que d'un lasset de passe-passe ; il est dehors, il est dedans. Il me souvient que les luthériens, pour se moquer des calvinistes qui disent que Jésus-Christ est à la vérité au sacrement, mais que c'est *tropiquement,* les appellent *homines tropicos.* Et suyvant l'air de leur conception, je pourrois dire, ce semble, que Calvin est *tropicus cancri,* et Th. de Bèze *tropicus capricorni ;* car l'un avoit des chancres dans la teste, et l'autre monstre par la déposition de sa Candide (1), qu'il portoit les enseignes du capricorne (2). »

Le même Th. de Bèze « conteste contre nous que nous devons prendre la saincte hostie dans la main, d'autant que Nostre-Seigneur a dit : *Accipite et manducate,* prenez et mangez. Or, est-il, dit Bèze, qu'on ne prend qu'avec la main, non pas avec la bouche. Or, pour respondre à cette ineptie, je pense que Th. de Bèze, escrivant ces choses, avoit pris un peu trop de vin, non pas dans la main, mais dans la teste.... Suyvant sa théologie, il faudroit dire que quand les médecins nous ordonnent un lavement, il faut le prendre avec la main ; que quand on prend un mal contagieux, c'est avec la main ; quand une personne vient malade pour avoir pris le soleil ou le serain, c'est par la main qu'il l'a pris. A ce conte, les manchots et les paralytiques, qui ne peuvent estendre la main pour recevoir, seroient exempts de beaucoup de maladies (3). »

Stancari (et non pas Stankaro, comme Garasse le

---

(1) Personnage d'une petite pièce de vers qui fait partie des *Juvenilia* de Bèze. On lui a reproché à satiété ce léger écrit d'une imagination plus éveillée que licencieuse.

(2) *Doctrine curieuse*, p. 289.

(3) *Ibid.*, p. 517, 518.

nomme), célèbre unitaire de Mantoue, avait posé dans son livre *De Trinitate et Mediatore,* cette bizarre hypothèse : que s'il se trouvait au monde un apothicaire qui pilât dans un mortier cent Luthers, deux cents Mélanchthons, trois cents Bulingers, quatre cents Calvins et cinq cents Bèzes, il n'en tireroit pas une once de théologie. A quoi Garasse ajoute que pour broyer tous ces corps, « il faudroit un mortier aussi grand que la balance du philosophe Critolaüs qui mettoit le ciel dans un plat de tresbuchet, et la terre dans l'autre..... que celui qui auroit broyé, pilé, pulvérisé, pressé, quintessencié, et réduit quinze cens corps de ministres, feroit un terrible restaurant d'iniquité, un pressis d'ignorance, une thériaque de malice, un extrait de bestise, un alchermès de luxure, une paste de perfidie, un consumé de folie, une décoction de barbarie, une gelée de gourmandise, une panspermie de tous les vices imaginables (1). » Il ne quitte pas une comparaison, une image, qu'il n'en ait épuisé toutes les formes, parcouru tous les degrés.

Cent fois encore, dans le cours de ce livre, le nom de Pasquier revient sous sa plume. Il s'attache à ce nom comme le polype au rocher ; son animosité est aussi tenace que jamais ; il n'en a changé ni le ton ni la gamme. C'est toujours Pasquier, qui, « par extravagance et bavardise, descend jusques aux couleurs de sa chaise percée, et abbreuve la postérité de ses clystères (2). » Il nous régale de cette image jusqu'au dégoût. Pour lui, il y trouve toujours de nouveaux charmes. C'est, pour parler comme lui, le chien qui retourne à son vomissement. Détournons la vue de ce spectacle.

(1) *Doctrine curieuse,* p. 516.
(2) *Ibid.,* p. 112.

Théophile n'est pas moins maltraité ; mais le procédé est tout différent. Avec lui, Garasse ne rit jamais. La haine qu'il a pour lui est si forte, que le bouffon en devient presque tigre. Non, ce n'est pas l'intérêt seul de la religion qui a déchaîné Garasse contre Théophile ; il y a le ressentiment de quelque grande injure, par laquelle l'impie aura voulu déshonorer le prêtre. On lit, dans l'*Apologie* de Théophile (1), « que beaucoup de gens sçavent ce qui a piqué au jeu Garasse ; que

> Manet alta mente repostum
> Detectum crimen læsæque injuria famæ ;

que cette vérité n'est pas encore bonne à dire ; qu'au surplus Garasse est en droit de le persécuter. » Quelle est cette injure ? Si j'entends bien Théophile, il avait diffamé les mœurs de Garasse. On ne pardonne guère une imputation pareille. Pourquoi donc Théophile ne s'est-il pas expliqué davantage ? Il a eu moins de réserve en ce qui touche le père Voisin ; il l'accuse d'avoir suborné contre lui un témoin avec qui ce jésuite entretenait des relations infâmes ; il rappelle que, confondu par la déposition de ce témoin, ce même jésuite fut forcé par sa compagnie d'aller à Rome, se faire absoudre de son double forfait. Théophile n'avait aucune raison de ménager l'un plus que l'autre, d'autant plus qu'il accusait Garasse d'être l'instrument des vengeances du père Voisin. Si donc il ajourne ses révélations contre celui-là, c'est qu'il manquait de preuves à l'appui, et que peut-être il avait conscience de s'être trop avancé. Il donne lui-même quelque fondement

---

(1) P. 280 de l'édition Jeannet. 1856, 2 vol. in-12.

à cette conjecture, en reconnaissant à Garasse le droit de le persécuter. Garasse n'en est que trop pénétré; il convoque l'univers au supplice de Théophile; il le voue au feu, dans ce monde et dans l'autre. Il fait une peinture horrible de ses mœurs; il le poursuit à la cour, à la ville, et jusque dans les mauvais lieux, « pour sçavoir, dit Théophile, en combien d'excez et de postures on offense Dieu (1), » et pour y surprendre le poëte. Il sait les maladies qu'on y gagne, il en dit le nom, et combien de fois Théophile en a été empoisonné. Tous les vices qu'il impute aux libertins, il les lui reproche; il l'en rend responsable. C'est lui qui a corrompu la jeunesse de la cour, et c'est pourquoi, en 1619, le roi lui enjoint de sortir du royaume. Si les malheureux qu'il a pervertis ont trouvé grâce aux yeux du prince, c'est qu'étant le plus criminel, Théophile a dû payer pour tous : *Expedit unum hominem mori pro populo.* Il inculpe ses écrits; et, comme s'ils n'étaient pas déjà suffisamment condamnables, il les dénature; il en cite d'autres encore plus condamnables, qui lui sont étrangers, et qu'il lui attribue. Il insiste particulièrement sur le *Parnasse satyrique,* dont le titre, dans l'édition de 1623, porte ces mots, *par le sieur Théophile;* il veut que Théophile en ait composé toutes les pièces, au moins une grande partie, et que, s'il n'est l'auteur du livre, il en soit certainement l'éditeur. Il lui fait un crime d'avoir poursuivi le libraire qui avait abusé de son nom, et de ne l'avoir pas fait condamner. Il voit dans cette conduite la preuve de sa connivence; et, quand elle serait l'effet de sa générosité, elle n'en serait pas moins coupable. Il le

---

(1) *Doctrine curieuse,* p. 274.

somme de brûler ce livre, de brûler aussi la seconde partie de ses œuvres, de se purger devant le parlement, de se montrer enfin, par un sincère amendement, tout autre qu'il n'est aujourd'hui.

Il n'y a donc pas à mettre en doute la haine de Garasse pour Théophile ; il est à croire même que sa joie eût été grande d'être pour quelque chose dans le châtiment du poëte ; il n'y a que celle de le convertir qui eût pu l'être davantage. Aussi s'arrangea-t-il de façon à ce que la *Doctrine curieuse* parût avant le jugement de Théophile ; mais, quelque diligence qu'il fît, le livre ne devança l'arrêt que d'un jour (1). A-t-on le droit d'en conclure, comme on l'a fait récemment, que la *Doctrine curieuse* a été l'acte d'accusation sur lequel on jugea Théophile ? Il faudrait alors que les juges eussent trouvé le temps, du jour au lendemain, de s'éclairer par la lecture d'un in-quarto de plus de mille pages, et qu'ils se fussent réglés sur les considérants du jésuite pour rendre leur sentence. Cela n'est même pas assez vraisemblable pour paraître vrai.

La *Doctrine curieuse* n'a pas plus influé sur le second jugement rendu contre Théophile (2), et qui prononçait le bannissement, qu'elle n'influa sur le premier. Outre que la procédure fut la même que la première fois, la peine prononcée étant plus légère, il y a encore moins d'apparence que le livre de Garasse ait eu la part qu'on lui attribue. Autrement la peine eût été la même, c'est-à-dire le feu. Garasse, en effet, ne voulait pas moins.

Je ne cherche pas à défendre Théophile qui méritait

---

(1) L'arrêt qui condamna Théophile contumace à être brûlé vif est du 19 août 1623. Le livre de Garasse parut le 18.

(2) Le 1er septembre 1625.

peu d'intérêt, bien que le bûcher fût une peine un peu forte ; car, à mon avis, il ne faut brûler personne. Mais, à cela près, je confesse volontiers que beaucoup de ses poésies sont faites pour exciter le dégoût des honnêtes gens. Sans parler des pièces du *Parnasse satyrique* qui lui appartiennent, et qu'il eût été bienséant de ne pas réimprimer aujourd'hui, on est forcé de reconnaître, avec Garasse, qu'il ne prêche guère autre chose dans ses écrits que le libertinage, au sens où on l'entendait alors, et au sens où nous l'entendons aujourd'hui, le mépris, sinon la négation absolue de la Providence et de l'immortalité de l'âme, l'assimilation de l'homme à la brute, et l'obligation où il est de jouir du présent sans penser à l'avenir et sans le craindre. Mais Théophile était sous le coup d'une condamnation capitale; la voix publique l'avait ratifiée; l'Église, scandalisée, gémissait ; les Jésuites, campés aux avant-postes, jetaient le cri d'alarme. « On a veu, dit Théophile, mes accusateurs, en leurs sermons, faire de longues digressions, et quitter la prédication de l'Évangile pour prescher au peuple leurs méditations frénétiques ; et par des injures d'athée, d'impie et d'abominable, imprimer dans l'âme de leurs auditeurs l'aigreur et l'animosité qu'ils avoient contre moy (1).» Garasse était certainement un de ceux qui parlaient le plus haut. Si Théophile fût revenu, au milieu de tout ce vacarme, purger sa contumace, qui sait si les lois elles-mêmes eussent eu assez de force pour le dérober à la fureur populaire? Par ses déclamations passionnées, Garasse, à son insu, poussait à cette catastrophe, et c'est le

(1) *Apologie de Théophile*, p. 237.

sentiment qu'on a qu'elle était possible, qui nous porte le plus à les flétrir et à les détester.

Au reste, on va voir, d'après le témoignage de Garasse lui-même, ce qu'il faut penser de son intervention dans l'affaire de Théophile. Ses aveux à cet égard sont trop naïfs pour n'être pas vrais.

« Nous roulâmes, dit-il, depuis ce temps-là parmi beaucoup de contradictions, jusques au commencement du mois d'août 1625, auquel le procès de Théophile ayant esté mis sur le tapis, pour le terminer après deux ans de prison, nos ennemis firent tous leurs efforts pour y engager les Pères de nostre compagnie, nommément le père André Voisin et moy. Tous les jours, on faisoit entendre au roy que nous sollicitions contre le criminel, et ceux qui taschoient de luy sauver la vie, sçavoir, M. de Liancourt et M. de la Roche-Guyon, prioient publiquement les juges de n'avoir égard aux calomnies du père Voisin qui en faisoit sa propre cause; car, pour moy, on connut bientost que je ne m'en meslois en façon du monde; et bien m'en prit, car j'estois espié de toutes parts. Le malheur voulut que le père Voisin, qui se confioit entièrement à quelqu'un des juges, fut par luy trahi publiquement; car il porta en pleine chambre les escrits et les mémoires dudit père, par lesquels il remonstroit à ces Messieurs qu'il y alloit de la cause de Dieu, et que la mort de ce malheureux seroit un sacrifice très-agréable à Dieu. A la lecture de ces escrits, il y eut deux présidents qui s'allarmèrent fort, et dirent avec grande colère que le père Voisin méritoit mieux la mort que Théophile. Le bruit commun est que les sollicitations dudit père ont sauvé la vie à ce misérable, par esprit de contradiction, afin qu'il ne fust pas dit que la cause des

Jésuites prévaloit dans la cour ; car cette parole fut prononcée publiquement par un président.

« Il ne faut pas mettre en oubli les souplesses dont les fauteurs et adhérents de ce malheureux esprit se servirent pour l'arracher de ce mauvais pas, et pour diffamer notre compagnie, laquelle on estimoit être engagée dans cette affaire par des intérêts particuliers et personnels. Premièrement, ils gagnèrent celuy qui tout le premier avoit accusé Théophile des horribles impiétés qu'il commettoit et prononçoit journellement. Celuy-ci estoit un jeune homme d'aussi dangereux esprit qu'il l'avoit excellent, lequel ayant dévotion d'entrer en nostre compagnie, s'en vint de son propre mouvement me trouver à Sainct-Germain l'Auxerrois, où je demeurois, preschant l'Avent de l'année 1621, et me dit des choses si exécrables, qu'elles estoient capables de glacer le sang dans les veines, me rapportant pour témoins Maurice le parfumeur, qui demeure à la Croix du Tiroir, et Cérizier (1), secrétaire de M. le comte de la Rochefoucauld. Ma conscience m'obligea de l'exhorter à en faire son rapport à M. le cardinal de la Rochefoucauld (2), lequel avoit le commandement du roy d'informer touchant les exécrables blasphèmes de ce maudit, lesquels lui auroient déjà causé le bannissement, sans la faveur de M. de Luynes. Non content de m'avoir confié son secret, il alla trouver le père Voisin, qui preschoit en mesme temps à Sainct-Barthélemy. Le père fut de même advis que moy ; et comme il n'avoit aucune entrée en la maison de mondit

---

(1) C'est le poëte Sérizay dont il s'agit, et qu'on a quelquefois confondu avec l'abbé de Cérisy. On lit dans les *Poésies choisies*, publiées par Ch. de Sercy, des pièces signées de l'un et de l'autre.

(2) Il était alors président du Conseil d'État.

seigneur le cardinal de la Rochefoucauld, nous nous présentâmes pour lui faire ce bon office, par l'adveu de nos supérieurs, qui estoient le père Ignace et le père Binet. Il est à noter qu'en mesme temps que nous estions enfermés tous quatre dans le cabinet de mondit seigneur, pour prendre la déposition de ce jeune homme, et que M. le cardinal eust pris la peine d'escrire lui-mesme ce qu'il disoit... je le priai tout simplement qu'il me donnast la plume, et que je le soulagerois de ce travail. Il fut bien aise de ceste offre, et j'escrivis dans le mesme papier la déposition de ce jeune homme, laquelle estoit plus que diabolique. Mais ce fut le commencement et le motif de tous les malheurs suivans ; car ce jeune homme ayant changé d'advis, selon la légèreté de son esprit, et ayant esté suborné par MM. de Liancourt et de la Roche-Guyon, en haine du père Voisin, duquel ils prétendoient avoir reçeu quelque offense, il dit publiquement et soutint aux commissaires que le père Voisin l'avoit trahi, le menant à fausses enseignes chez M. le cardinal de la Rochefoucauld, et que, pour moy, j'estois un meschant homme qui avoit révélé sa confession... Enquis,... je respondis ce que je viens de dire,... et que pour le soulager (le cardinal), j'avois escrit, non pas sa confession, comme il prétendoit malicieusement, laquelle je n'entendis jamais, mais bien sa déposition juridique. Cette mauvaise langue néantmoins fist un grand dégast à ma réputation dans Paris ; car il n'y avoit compagnie d'honneur, ni aucun juge de ceux qui devoient assister au procès de Théophile, qui ne fust abbreuvé de ceste calomnie, laquelle pourtant fut descouverte depuis et rhabillée par luy-mesme. Mais ce fut trop tard ; car Théophile estoit déjà en liberté...

« La troisième finesse dont ils se servirent (il parle toujours des ennemis des Jésuites), fut de m'intéresser à l'élargissement de Théophile, par la considération du zèle et de l'honneur de Dieu. Ils gagnèrent M. le Grand (1) et M. de Montmorency (2), lesquels ils sçavoient avoir de l'authorité et du pouvoir sur moy. Après m'avoir entretenu de belles paroles, ils me députèrent, de la part de tous les seigneurs de la cour, un homme nommé Roger, fils d'un capitaine des galères, grandement passionné pour Théophile, pour me prendre dans un carrosse de M. de Montmorency, et me traisner à Sainct-Germain, où estoit le roy, pour apprendre de sa bouche sa volonté, pour ce que, disoient-ils, le roy vouloit me le confier, pour en faire un homme de bien, et respondre de sa conscience; car il estoit résolu de changer de vie, et de se confesser une fois l'an pour le moins;... que M. le Grand, M. de Montmorency, M. de Liancourt et M. de la Roche-Guyon m'en prioient bien fort, et qu'ils sçavoient la volonté du roy... Je devois ce jour-là prescher, qui estoit le jour de sainct Laurent, et je renvoyai l'affaire au lendemain. De ce pas néantmoins, tout chemin faisant, et allant à ma prédication, je passai chez M. le procureur général pour luy donner advis de toute l'affaire... Le substitut fit son rapport au roy, qui en tança MM. de Liancourt et de la Roche-Guyon... Mais eux, comme sages, désadvouèrent Roger, lequel s'en prit à moy, et tascha de me calomnier à la cour... Mais, grâces à Dieu, ses intentions furent inutiles...

« Tant il y a, que les brigues furent si fortes, que le

(1) Roger de Bellegarde, grand écuyer sous Henri IV et Louis XIII. Sa liaison avec Gabrielle d'Estrées lui a donné quelque célébrité.

(2) C'est celui qui se laissa entraîner par Gaston à la révolte contre le roi, fut vaincu au combat de Castelnaudary en 1632, puis condamné à mort et exécuté à Toulouse, n'étant âgé que de trente-huit ans.

propre jour de sainct Augustin de l'an 1625, après une contestation merveilleuse de quatre séances tout entières, l'arrest fut prononcé en faveur de Théophile... Ainsi, le premier jour de septembre, en vertu de l'arresté, il fut élargi de la tour de Montgomery ; et, après avoir roulé un an tout entier en des desbauches horribles, mourut comme une beste, le premier jour de septembre 1626, dans l'hôtel de Montmorency (1). »

Doit-on juger avec la même rigueur les attaques de Garasse contre Pasquier que ses attaques contre Théophile ? On s'est beaucoup attendri, je le sais, sur ce vieillard dont le jésuite outrageait la cendre ; on a traité de barbarie digne d'un cannibale ces injures adressées à un mort. J'avoue qu'il m'est impossible de partager cet attendrissement, de sentir cette colère. S'il est vrai qu'il y a de la lâcheté (car le mot de barbarie est une exagération et un nonsens) à insulter un ennemi mort, il n'y a pas lieu du moins de craindre pour la mémoire de ce mort, quand les coups viennent de pareille main. Sauf quelques ridicules de Pasquier, que Garasse relève avec une profonde malice et dont il triomphe immodérément; sauf sa vanité, sa crédulité, sa manie de parler de soi, Pasquier avait été si notoirement, si constamment honorable, qu'il n'était pas un

---

(1) *Récit des persécutions soulevées contre les Pères de la Compagnie de Jésus*, etc., années 1624, 25 et 26. Manuscrit inédit du P. Garasse (Biblioth. impér., fonds Bouhier, 76). Je me propose de publier au premier jour ce manuscrit, tout plein de révélations curieuses sur la situation des Jésuites pendant ces trois années. Il n'est pas de la main de Garasse. C'est donc une copie. Elle vient de la bibliothèque du président Bouhier. Je ne donne ici de ces Mémoires que ce qu'il était indispensable d'en extraire, à savoir le rôle qu'a joué Garasse dans l'affaire de Théophile, et le récit des dangers que courut le Jésuite, dans une histoire de libelles dirigés contre Richelieu, et dont il va être parlé plus loin.

de ses survivants capable d'ajouter foi aux mauvais propos de Garasse, et de l'en estimer moins pour cela. Tel fut d'abord le sentiment de ses fils, et le motif pour lequel ils gardèrent quelque temps le silence. Ils le rompirent au bout de deux ans, et défendirent la mémoire de leur père, comme si elle avait eu besoin d'être réhabilitée. J'imagine que Garasse en fut ravi ; mais il n'en eut pas plus de crédit. Il n'en a pas davantage à présent, et la défense des fils de Pasquier n'y est en vérité pour rien.

Dans l'avis au lecteur qui précède la *Doctrine curieuse*, Garasse raconte qu'il a tenu à bien peu que cette œuvre ne parût « sans pieds et sans teste, voire presque sans âme, puisqu'elle a pensé sortir au jour sans fin et sans commencement. » Le public en était la cause ; il avait été si impatient de lire cette œuvre, sur la bonne opinion qu'il avait de l'auteur, qu'il l'arracha, « n'estant qu'à demy-conçue, » des presses de l'imprimeur. Je le crois bien. Garasse était devenu à la mode ; on se faisait du bon sang à lire ses livres ; on les voulait tels quels ; on les voulait à tout prix. Pour remédier autant que possible aux défauts de celui-là, Garasse écrivit à la hâte une préface « qui lui servist de teste, laquelle, bien que petite, » le justifierait auprès du lecteur, « et auroit néanmoins une langue pour luy donner advis. » Mais le temps lui manqua pour y ajouter les pieds et en former l'âme. Aussi bien, son livre n'est-il qu'un monstre ; il était même difficile qu'il en fût autrement. Il n'est pas donné au fanatisme, à la colère, à la vengeance, d'enfanter des chefs-d'œuvre. Un poëte du temps, Nicolas Richelet, s'avisa d'appeler cette *Doctrine* la *Doctrine furieuse* (1) ; Garasse, jouant sur

(1) Voy. Colletet, dans son *Histoire des poëtes français*, article RICHELET.

le mot Richelet, appela le poëte *turpis et dives*, ou riche et laid. L'injure était douce, si elle était méritée. Mais, quelque mal qu'on en dise, ce livre faisait la joie et l'orgueil de Garasse. Il n'y a qu'à voir comme il s'en glorifie dans les Avertissements (1) de sa *Somme théologique*. « C'est là, lui dit à cette occasion Saint-Cyran, que vous loüez tant vostre livre de la Doctrine curieuse, *de ce qu'il a fait son coup, qu'il estoit nécessaire ou très-utile pour le temps ;* dissimulant, ou artificieusement ou méchamment, que le bruit commun et les sages qui l'ont leu, témoignent publiquement que c'est une vraye peste, qui a appris plus de méchancetez qu'aucun livre des athéistes, et qui a plus trahy et violé par sa foiblesse les choses sacrées que ceux qui les combattent ; qui a plus exposé à la risée des méchans nos mystères, par le meslange d'un tas de bouffonneries, que Lucian et ceux qui font estat de se mocquer ouvertement de la religion. Voilà le coup qu'il a fait. C'est là où vous comparez ce beau livre à ces grands personnages, Gracian, Comestor et Lombard, desquels, quoyque bastards, la mère ne pouvoit se repentir de les avoir mis au monde (2). » Mais il y avait trois ans que la *Doctrine curieuse* avait paru, quand Saint-Cyran imprimait ceci ! Jusque-là, l'orgueil de Garasse n'avait reçu aucune de ces blessures qui déconcertent les plus présomptueux. Un fâcheux, qu'il ne pensait pas trouver sur sa route, vint mêler un peu d'absinthe à la douce liqueur dont il s'enivrait : c'est le prieur Ogier.

---

(1) Pages 14, 15.
(2) *La Somme des fautes et faussetez capitales contenues en la Somme théologique du P. Fr. Garassus*, t. IV, p. 135.

CHAPITRE VII.

Jugement et Censure de la Doctrine curieuse, par François Ogier.
— APOLOGIE de Garasse.

Ogier avait alors vingt-quatre ans. Il avait de l'esprit, des connaissances, aimait le monde et les plaisirs, comme on les aime à son âge, et comme les personnes de sa profession se permettaient déjà de les aimer. Il suivait les sermons de Garasse, non pour en faire son profit, mais pour tondre sur les paroles du prédicateur, « les repasser et les gloser, sans espargner les intentions (1). » Ainsi, Ogier était « un de ces grimasseurs qui attendoient Garasse à l'yssuë de sa chaire, pour se planter devant luy en posture de Brusquambille, relevant à son nez leurs moustaches, et grommelant entre leurs dents : Dieu le bénisse et luy donne quelque meilleure occupation pour l'advenir (2). » Il riait donc des sermons de Garasse, en médisait un peu, et n'en était pas autrement ému. La *Doctrine curieuse* fut un coup de tonnerre qui troubla sa sérénité. De la parole il passa à l'action, et publia *ab irato* une critique sanglante de ce livre (3). Cette attaque était toute gratuite, Ogier n'ayant jamais eu à se plaindre de celui qu'il attaquait. Mais, soit qu'il se sentît atteint des traits lancés par Garasse contre les jeunes seigneurs, ses amis,

---

(1) *Apologie de Garasse*, p. 34, 323.
(2) *Ibid.*, p. 323.
(3) *Jugement et censure de la Doctrine curieuse de François Garasse.* Paris, 1623, in-8.

soit que, n'ayant encore rien écrit, il trouvât bon de commencer, en critiquant un livre devenu fameux dès sa naissance, il mit la main à la plume, brocha la *Censure de la Doctrine curieuse*, et la publia presque immédiatement après celle-ci.

Le *Jugement et Censure de la Doctrine curieuse* est un écrit de deux cent seize pages, non compris les épîtres et avertissements, qui sont au nombre de trois. Le but de l'auteur est de faire voir que Garasse, « mieux pourvu des conditions nécessaires à un poëte satyrique et à un farceur que non pas des qualitez convenables à un docteur catholique, a fait depuis naguère un livre qui porte un tiltre spécieux d'escrit contre les athées, et qui, à parler sincèrement et comme devant Dieu, est un cloaque d'impiété, et une sentine de profanations, un ramas de bouffonneries et de contes facétieux, une satyre de malignité et de mesdisance contre infinis gens de bien et de mérite (1). »

Dès le début, Ogier prend le ton de son adversaire ; il le conservera jusqu'à la fin. Dans les autres parties de son livre, il attaque successivement les contes burlesques et les hors-d'œuvre dont le jésuite a farci sa *Doctrine*, les lectures dégoûtantes dont il fait ses délices, son style, qui participe à la fois du bouffon et du pédant, ses arguments ridicules, ses lazzis de Turlupin, ses pointes de bateleur, ses mensonges, ses profanations, ses obscénités, ses médisances, ses calomnies et ses ignorances. Il défend Pasquier, mais n'y est point habile, car, en le défendant, il le découvre et l'expose de nouveau aux feux croisés de l'ennemi. Il défend aussi Charron, Jules Scaliger, Juste Lipse ; il défendrait même Théophile, tant Garasse le traite avec in-

---

(1) *Jugement*, etc., Épistre aux R. P. Jésuites.

décence, s'il n'avait lui-même de l'aversion pour les doctrines de ce malheureux. Enfin, comme les huissiers du palais, qui font plus de bruit que ceux à qui ils imposent silence, il accable Garasse d'injures, tout en l'accusant d'en être prodigue. Dirai-je qu'il trouve souvent dans la *Doctrine curieuse* des fautes qui n'y sont pas ou qu'il fait plus grosses qu'elles ne sont? J'en pourrais citer maint exemple. La mauvaise foi est l'effet de la colère, comme elle l'est d'une mauvaise éducation.

Garasse répondit par son *Apologie* (1). Il commence par déchirer le voile dont Ogier s'était couvert en gardant l'anonyme; il se demande ensuite pourquoi Ogier, qu'il ne connaissait pas, l'a attaqué. Entre autres conjectures qu'il forme à cet égard, il s'arrête particulièrement à celle-ci, « que comme l'opinion que Garasse estoit l'autheur des *Recherches des Recherches* s'estoit emparée de l'esprit des fils de Pasquier, ils avoient gardé leur fiel et couvé leur cholère jusques à maintenant, pour l'inonder sur sa réputation, comme un cataclysme de rage, à la première occasion qui se présenteroit favorable; mais que, comme ils estoient assez foibles des reins, ils avoient gagné un honneste ecclésiastique de leurs amis (2),... et, avec une pièce d'argent, substitué à leur place un homme d'assez bonne mine pour un soldat, assez mauvaise pour un ecclésiasti-

---

(1) *Apologie du P. François Garassus, pour son livre contre les athéistes et libertins de nostre siècle*, et *Response aux censures et calomnies de l'auteur anonyme*. Paris, 1624, in-12. — Il y a une *Apologie* du même imprimée à Poitiers. On lit à la page 42 de la *Deffence pour Estienne Pasquier*, que Garasse « a escrit deux *Apologies*, l'une à Poictiers, l'autre à Paris. » Et, à la page 90, on cite un passage tiré de l'édition de Poitiers, qui ne se trouve pas dans celle de Paris. Les supérieurs de Garasse supprimèrent la plus grande partie des exemplaires de l'*Apologie* de Poitiers.

(2) *Ibid.*, p. 114.

que (1). » Tout cela paraît être de l'invention de Garasse ; mais voilà un des premiers effets du zèle que l'ardent prieur avait montré pour Pasquier.

Abordant les griefs articulés contre lui, Garasse les discute tour à tour, sans faire grâce à Ogier d'un seul : il y est aussi subtil qu'opiniâtre. Ce sont toujours les mêmes artifices, c'est la même souplesse, soit qu'il combatte les accusations les plus frivoles, soit qu'il se disculpe des plus graves. J'en ai cité un remarquable exemple : c'est la façon plaisante dont il se défend d'être l'auteur du *Banquet des Sages*. En voici d'autres : s'ils ne sont pas de la même force, ils ont du moins leur agrément.

Ogier qualifie les traits d'esprit de Garasse de turlupinades et de bouffonneries. « Il apprendra, s'il luy plaist, répond Garasse, que tous les traicts et pointes d'esprit ne se doivent pas qualifier du nom de bouffonneries ; car, s'il entendoit quelque chose en la théologie, il auroit appris par la lecture de nos livres, qu'il y a une vertu nommée *eutrapélie*, qui est entre la trop grande sévérité et la bouffonnerie, par laquelle vertu un homme d'esprit fait de bonnes et agréables rencontres qui resveillent l'attention des auditeurs ou des lecteurs, appesantie par la longueur d'une escriture ennuyeuse et d'un discours trop sérieux (2). »

Ce qui veut dire en bon français que Garasse est doué de cette *eutrapélie*. La vérité est qu'il en abuse un peu. C'est qu'il sent que la lecture de ses livres ne serait pas supportable sans cela. Mais qui se fût attendu à voir invoquer la théologie en cette affaire ?

« Mon Dieu, ajoute Garasse, que voudroient ces gens de

---

(1) *Apologie*, p. 163.
(2) *Ibid.*, p. 41, 42.

nous? Que nous fussions toujours en larmes? que nous gémissions comme les marmouzets des voustes, qui font une grimace pleurarde, comme si la vouste les crevoit de pesanteur? Les bons religieux ne sont ny ne doivent estre de ceux qui exterminent leurs visages comme des hypocrites (1). » Et il cite vingt autorités, saint Jérôme, Ruffin, Palladius, saint Bonaventure, la vie des Pères, les Chroniques de l'ordre des Prêcheurs, les Légendes des saints, tous accusés dans sa personne, comme auteurs ou rapporteurs, « de narrez plus récréatifs et moins sérieux que ceux qu'on luy impute à bouffonneries (2). »

Niera-t-il, objecte Ogier, qu'il n'ait sali presque toutes les pages de son livre de termes impudiques ou obscènes, et qu'on ne puisse avoir une connaissance si exacte de la langue des débauchés, quand on n'a pas aussi leurs habitudes? Garasse le nie, et quand la première proposition serait vraie, il repousse la seconde qui en est la conséquence.

« Il dit que je ne pardonne à aucune saleté que je ne descouvre dans mon livre; doncques, je les ay pratiquées moy-mesme, les sçachant si exactement. Quant à la première proposition, je dis et maintiens qu'elle est fausse et calomnieuse, et qu'on ne me sçauroit quotter une seule syllabe dans mon livre qui descouvre la saleté, ains qui ne la couvre, en sorte qu'elle estourdit le coup, et ravit doucement au lecteur les mauvaises imaginations qu'il auroit, lisant les choses dans la source de leurs autheurs. Que si je nomme le mot de sodomie et de brutalité, estant nécessaire de faire rougir ceux qui en font des vœux exprès, il faut à ce compte condamner toute l'Escriture saincte qui m'a

(1) *Apologie*, p. 45.
(2) *Ibid.*, p. 67.

enseigné qu'il y avoit des sodomistes en ce monde, et qui *n'a point pardonné aux saletez et desbauches* de ces abominables vilains.... Ce scrupule est de la trampe de ceux de M. Pasquier qui n'oze pas prononcer le mot de Jarnigoy, comme estant, dit-il, blasphématoire, ains l'escrit avec un *et cœtera, Jarnig.* etc., et oze dire que le pape est la peste de l'Église, et que les jésuites sont des assassins. Cet ecclésiastique est tout honteux de ce que je nomme le nom de sodomie, et se rit de ce que Théophile Viaud l'escrit, la publie et la pratique.

« Pour la seconde proposition qui fait la conséquence de l'enthymème, elle est fausse et ridicule... Car posons le cas que l'antécédent fust véritable,... je demande à un homme de sens si la conséquence est bonne..... Matthieu (1), historien du roy, a escrit le funeste parricide de Henry le Grand tout au long et clairement; donques Matthieu a commis et pratiqué le parricide de Henry le Grand. Pasquier a escrit, entre ses *Recherches de France* et en ses *Epistres,* trois ou quatre célèbres larrecins qui se sont commis de son temps dans Paris ; donques Pasquier a fait les plus célèbres larrecins qui se sont commis de son temps dans Paris. Je m'asseure que l'auditeur des contes (un des fils de Pasquier) aura assez d'esprit pour voir la nullité de cette conséquence, qui me justifie du blasme d'impudicité, si elle exempte, comme elle fait, son père du blasme de larron (2). »

On n'a pas oublié ce passage de la *Doctrine curieuse* où

---

(1) Pierre Matthieu, d'abord ligueur, puis nommé historiographe d'Henri IV, débuta dans les lettres par la poésie. Il fit des tragédies, des quatrains moraux, et écrivit ensuite plusieurs histoires, entre lesquelles l'*Histoire de la mort de Henri le Grand* (1611). C'est celle que cite Garasse.

(2) *Apologie*, p. 88-91.

Garasse se moque de Théodore de Bèze, pour avoir dit qu'on avait tort de prendre l'hostie par la bouche, et qu'on devait la prendre avec la main ; on se rappelle la réponse de Garasse, « qu'à ce compte il faudroit prendre les lavements avec la main, quand ils sont ordonnés pour la santé. » Cette conséquence, aussi scandaleuse et non moins absurde que celle qu'il combattait tout à l'heure, révolte le bon sens d'Ogier.

Garasse l'exhorte à se calmer, et lui répond : « Par ce mot de lavement, je n'entends autre chose que ce que j'ay appris grossièrement par l'usage ordinaire du peuple et des anciens livres de médecine qui ne sont pas si fins que les modernes. Car, dans les vieilles versions françaises de Leonardus Fuschius (1), je voy que le mot de *lavement* ne se prend que pour des gargarismes, comme quand il dict au livre cinquiesme, que pour le mal de dents, il faut prendre un *lavement d'eau de plantin,* et en gargarizer la bouche. Que si les apothiquaires modernes, pour faire des doüillets, ont profané ce mot, je ne suis pas obligé de m'en servir à leur usage messéant ; car autrement, il faudroit que quand je parle de l'*hypostase* en matière de théologie, je me gardasse d'usurper ce terme, d'autant que les apothiquaires l'ont profané, en l'appliquant avec déshonneur aux urines de leurs malades ; et par conséquent, si je prens une comparaison de l'hypostase, il faudra qu'on m'accuse de parler avec impiété.... Pour ce que les pein-

---

(1) Médecin et botaniste, né en 1501 à Wembdingen, en Bavière. Il professa à Ingolstad de 1526 à 1528, époque à laquelle il fut nommé médecin du landgrave d'Anspach. Il a laissé plusieurs ouvrages et, comme Garasse, a souvent trempé sa plume dans le fiel pour combattre les opinions et repousser les attaques de ses adversaires. A ce titre seul, il méritait d'être appelé en témoignage par le jésuite.

tres abusent du mot d'*incarnation*, le transférant à la charnure d'un visage, il faudra que je m'abstienne du mot d'incarnation ; pour ce que les advocats abusent du mot de *baptesme*, quand ils disent qu'il faut *baptizer* une demande, je serai obligé de m'abstenir de ce mot en chaire de vérité.... Pour ce que les herbiers ont profané le mot de *trinité*, l'appliquant au pied de lièvre et à la clavelée, je n'ozerai prononcer le nom de trinité, sans encourir le blasme des apothiquaires ? Je voudrois bien savoir là-dessus le jugement de mes Aristarques (1). »

Ce qui me fait croire que Garasse est ici de bonne foi, c'est que dans le passage de sa *Doctrine curieuse* (2), où il représente « maistre Pasquier descendant jusques aux couleurs de sa chaire percée, et abbreuvant la postérité de ses clystères et lavemens, » il semble faire une distinction que ne faisaient pas les apothicaires modernes, et qu'il voit deux choses là où ils n'en voyaient qu'une. Autrement il eût employé la conjonction alternative, au lieu de la copulative. De plus, les lexicographes de son temps, Nicod et Monet, le justifient. Ni l'un ni l'autre ne donne à ce vilain mot le sens étendu que lui donnait Ogier. On ne le trouve pas davantage dans l'édition de Monet, de 1635, quatre ans après la mort de Garasse. A la fin, et Molière aidant, les apothicaires l'ont emporté.

« Mes Aristarques, dit encore Garasse, qui font estat d'estre sçavans, ne sont pas fort habiles à se couvrir, quand, pour me convaincre de deshonnesteté prétenduë en mes parolles, ils me rapportent celles de sainct Augustin (3) ;

---

(1) *Apologie*, p. 107-109.
(2) Page 172.
(3) De pudendis rebus cogit necessitas loqui, honestas circumloqui.

car, pour laisser une centaine d'exemples de cet incomparable docteur, ausquels il parle du dieu *Stercutius* et de *Cloacina,* sa parente, il dit des parolles bien plus matérielles que celles qu'ils reprennent en moy qui n'y songeay jamais aucune impureté. Qu'ils me respondent à cette observation de saint Augustin, au livre XIV de la *Cité de Dieu,* chap. xxiv : *Nonnulli ab imo sine pudore tam numerosos edunt sonitus, ut etiam ex illa parte cantare videantur.* Et ceux qui rapportent les gentilles observations de Vivès, touchant cet asne qui avoit beu la lune, pour me faire voir mes asneries prétenduës, qu'ils prennent la peine de voir les parolles de Vivès, touchant ce jeune Alleman qui faisoit des merveilles de ce côté-là (1). »

L'exemple de Vivès pourrait être récusé, mais celui de saint Augustin me paraît concluant.

Au reste, Garasse déclare que, outre les grâces qu'il a reçues de Dieu, celle-ci n'est pas la moindre, que jamais, au grand jamais, il n'est sorti une parole sale ou déshonnête de sa bouche. « Je m'irois, dit-il, confiner entre quatre murailles, ou gratter les racines d'un désert, pour faire pénitence de mes ordures, si cet honneste ecclésiastique disoit vérité en la moindre parcelle de ses calomnies. Seulement lui diray-je qu'il peut escheoir quelquefois que les religieux, et ceux-là nommément qui ont porté le joug de Jésus-Christ dès leur bas âge, comme moy qui fus appelé à l'âge de quinze ans, peuvent par simplicité usurper des parolles qui sont usitées dans le monde, honnestes en apparence, et d'une très-maudite entente parmy les personnes desbauchées : ce qui est arrivé plus d'une fois à de très-habiles prédicateurs qui eussent donné très-mauvaise

(1) *Apologie*, p. 110.

opinion de leur saincteté, si on ne leur eust fait la faveur de les estimer ignorans (1). » Cette objection n'est pas sans valeur.

Enfin, Ogier l'accuse d'ignorance sur plusieurs points; Garasse récrimine, et prouve même assez bien qu'Ogier n'est pas lui-même des plus doctes. Ils se traitent comme Trissotin et Vadius, mais d'une façon moins brutale, n'ayant pas commencé par se faire des compliments. Garasse termine ainsi son *Apologie :*

« Par tous ces discours, je conclus que M. Ogier et moy ne sommes pas les plus sçavans hommes du monde, et que la république des lettres ne fera aucune perte en nostre silence..... Pour mon particulier, je proteste que, comme voicy la première Apologie qui sort de ma plume, aussi sera-elle la dernière pour actions et affaires personnelles. On me vient dire de toutes parts que ce libelle qui a paru n'est que le commencement ou le prologue des tragédies suivantes, et que je dois voir fondre une armée d'escrivains sur moy, et une centaine de plumes satyriques qui n'attendent que la nappe du préteur et le congé d'enfiler la carrière. Mais, à toutes ces menaces et aux offres charitables de mes amis, je ne respons autre chose que ce que le prophète Élisée respondoit aux siens : *Et ego novi, sile.* Nous aurions trop de peine si nous voulions entreprendre d'assommer tous les chiens qui abboyent contre la lune..... Qu'ils parlent, qu'ils escrivent, qu'ils crient, qu'ils invectivent contre moy, qu'ils esvantent leur cholère, qu'ils remplissent le monde de libelles, qu'ils profanent mon nom, qu'ils me fassent trompetter par les merciers sur les ponts de Paris, qu'ils subornent les crieurs

---

(1) *Apologie*, p. 102, 103.

d'almanachs, qu'ils empruntent la voix des crieurs d'alumettes, ils n'auront jamais autre response de moy que celle de Sophonie : *Pax, pax, pax a facie Domini, quia juxta est dies Domini magnus* (1). »

Il garda en effet le silence, et même jusqu'à sa mort, sur ce qu'il appelle *ses actions et affaires personnelles;* mais il se dédommagea dans sa *Somme théologique.* Là, il parla beaucoup des actions d'autrui, et il en rhabilla ses invectives contre les beaux esprits. Le pli de l'habitude est comme un abîme pour certaines âmes ; Garasse n'en pouvait plus sortir. Ogier se tut également. Quoique d'un caractère vif et à un âge où la soif de représailles ne souffre pas de délai, il fit comme s'il ne se sentait pas blessé et laissa tomber la querelle. Là-dessus, des amis communs intervinrent et les réconcilièrent. On a les deux lettres qui furent échangées entre eux à cette occasion (2). Elles sont la meilleure critique de la *Censure* d'Ogier et de l'*Apologie* de Garasse. On ne peut pas se dire avec plus de politesse et de courtoisie qu'on a menti et qu'on s'est calomniés l'un l'autre, ni en faire son *meâ culpâ* d'un air plus dégagé. Cependant, à y regarder de près, on distingue entre elles des nuances assez prononcées. Celle de Garasse a moins de naturel et de jet ; l'humeur fanfaronne et l'allure pédante de l'auteur y ont fortement marqué leur empreinte. Quelque estime qu'il semble avoir pour Ogier, il n'oublie pas qu'il est de la prudence de ne pas se livrer tout entier à un si jeune homme, et ses remerciements pour la bonne grâce qu'Ogier a mise à se récon-

---

(1) *Apologie*, p. 357-359.
(2) *Lettre du P. François Garassus à M. Ogier, touchant leur réconciliation*, et *Response du sieur Ogier sur le mesme sujet*. Paris, 1624, in-12, p. 77.

cilier ressemblent un peu à des leçons. Ogier y va de meilleur cœur; il a plus d'onction, je dirais volontiers de tendresse. Il devait ces qualités à sa jeunesse, et, s'il avait un moment connu la haine, il ne s'y était pas encore endurci.

La preuve que Garasse gardait des arrière-pensées, c'est qu'il publia, l'année suivante, un petit livre anonyme en forme de dialogue (1), où, sans nommer Ogier, il défend les points principaux de la *Doctrine curieuse*, qu'Ogier avait attaqués. S'il nomme Ogier, c'est à la faveur d'une circonlocution et pour dire qu'Ogier a rétracté sa censure. Il dit du moins « qu'il est plus séant et moins injurieux pour le prieur de croire qu'il a le désir que tout le monde tienne qu'il s'est rétracté, que de croire qu'il a dédaigné de répliquer (2). » Du reste, Garasse plaide assez bien sa cause, et, il faut lui rendre cette justice, les objections qu'il met dans la bouche de son interlocuteur ne sont ni trop faibles, ni ridicules. Il a même donné à celui-ci le nom d'Éleuthère, par allusion à la liberté dont il use en exprimant son opinion. Il est vrai que, pour lui, il a pris le nom de Nicanor, par une autre allusion peu modeste à la certitude qu'il a d'être vainqueur.

Garasse se réconcilia dans le même temps avec Balzac, son ancien élève. Dans la querelle du jésuite avec Ogier, Balzac avait pris parti pour le prieur, qui était son ami, et parlé de la *Doctrine curieuse* et de l'auteur avec le plus superbe dédain. On disait même qu'il était l'auteur de la *Censure*, publiée sous le nom d'Ogier. Il regrettait que l'inquisition ne fût pas établie en France pour empêcher

---

(1) *Nouveau jugement de ce qui a esté dit et escrit pour et contre la Doctrine curieuse*, etc. (Dialogue). Paris, 1625, in-12, pp. 143.

(2) *Ibid.*, p. 5.

que les fous ne remplissent le monde de leurs mauvais livres, et c'est le livre de Garasse qui excitait chez lui ce charitable regret. Il le traitait de barbare et d'inepte, ajoutant que, quand l'auteur « veut faire le plaisant (ce qu'il veut faire quasi toujours), il faudroit qu'il payast des gens pour rire, comme aux enterrements de Paris, on trouve des pleureurs pour de l'argent. » Il fit beaucoup d'autres remarques, non-seulement désobligeantes, mais insultantes pour son ancien maître; il alla jusqu'à lui imputer les fautes et les folies de sa jeunesse (1).

La réponse de Garasse est un persiflage continuel, avec une forte dose d'indignation, de fierté et d'aigreur (2). Il remercie Bâlzac de sa critique. On ne saurait pas, dit-il, que Balzac est son obligé, s'il n'avait médit de lui, « pour estouffer ses obligations par son ingratitude. » Il se moque ensuite des réflexions sinistres, pompeuses et fades qu'inspirait à Balzac la lecture de la *Doctrine curieuse*; il en fait voir le ridicule, la vanité et la froideur; il engage Balzac à jeter les yeux sur lui-même, sur ses propres défauts, tant de style que de caractère et de conduite, et à adoucir « la trempe très-aygre de son âme un peu farouche. » « Toutes vos lettres, dit-il, ne sont qu'un pressis de mélancholie noire et d'une gloire magnifique qui approche de bien près du frénétique. Vos périodes

---

(1) *Lettres du sieur de Balzac.* Paris, chez Toussaint Dubray, 1624, in-8. Lettre xiv, à Hydaspe (son frère).

(2) *Response du sieur Hydaspe au sieur de Balzac, sous le nom de Sacrator, touchant l'Anti-Théophile* (c'est la *Doctrine curieuse*) *et ses escrits.* 1624, in-4 de 31 pages.

Cædicus Alcathoum obtruncat, Sacrator Hydaspen.
Ænéide, X.

Elle a été réimprimée dans les œuvres de Théophile; Jannet, 1856, 2 vol. in-12, t. I, p. cxxvi de la *Notice sur Théophile* et des *Appendices*.

sont des périodes lunatiques ; vos locutions sont des ampoules ; vos virgules sont des rodomontades ; vos interponctuations sont des menaces : le tout cimenté, lié, composé avec des grimaces de muhamédis, qui sont comme la quintessence de vos œuvres ; vos contours de teste, vos agitations de bras, vos roulemens des yeux, vostre enfleure de bouche, votre horiblement de voix, vos desmarches inesgales, vos palpitations. Vous faites une fièvre de vostre estude, et, quand vous composez, on peut dire que vous estes, ou dans le frisson, ou dans la chaleur, jamais dans l'esgalité et le tempérament d'un homme sain. » C'est charmant, et au fond c'est vrai. « Sacrator, mon amy, croyez-moi, pensez à vous, humectez vostre cervelle, prenez le frais ; ne vivez pas toujours dans les ardeurs de la canicule ; espargnez vos esprits, qui ne sont pas de durée ; ne rongez pas vos pattes comme un ours, pour produire en six mois une lettre de trois pages.... Ne vous perdez pas si profondément dans vos tulipes et vos fleurs, que vous ne vous souveniez de Narcisse ; ne vous abysmez pas si avant dans les ondes de vos eaux alambiquées, que vostre esprit s'alambique avec elles; ne vous nourrissez pas tellement d'odeurs, que vous en deveniez insensible ou punais, comme les habitants de Salbée. »

Balzac vit qu'il ne ferait pas bon continuer la guerre ; il fit sa soumission. Garasse l'en félicita dans une lettre (1) du genre de celle qu'il écrivit à Ogier ; elle mit fin aux hostilités et ferma le temple de Janus. On suppose qu'Ogier connaissait la terrible réponse de Garasse à Balzac, avant qu'il ne signât lui-même la paix avec le jésuite, et que cette circonstance en précipita la conclusion. Je

(1) Elle est au commencement de la *Somme théologique*.

le crois sans peine. Il était évident que Balzac s'était fourvoyé, et qu'une réplique à Garasse achèverait de le perdre. Ogier sonna la retraite et en donna l'exemple.

Les retours de Garasse contre Pasquier, dans l'*Apologie*, firent perdre patience à ses enfants. Ils publièrent, ou plutôt l'avocat Antoine Remy publia sous leur nom une défense dont le double but était de réhabiliter la mémoire de leur père et de punir l'insolence de Garasse (1). Le plan en est le même que celui des *Recherches des Recherches*. L'*Épistre de Garasse* lui est adressée « en quelque lieu qu'il puisse être », expression molle qui n'a ni l'énergie, ni la couleur du mot de Garasse : « la part où vous serez. » Les cinq livres qui suivent, désignés par les noms du *Bouffon*, de l'*Imposteur*, du *Pédant*, de l'*Injurieux* et de l'*Impie*, correspondent et sont autant de répliques aux cinq livres dont se composent les *Recherches des Recherches*. On y suit la même méthode, on tâche d'y avoir le même style, tout en le condamnant dans Garasse, et l'on n'y réussit que trop. C'est une parodie, mais une parodie manquée. Pasquier y est mal défendu, et, encore une fois, il n'avait pas besoin de l'être. Je ne m'arrêterai pas davantage sur ce livre. J'ajoute seulement que Garasse ne se mit pas en peine de répondre. Il avait d'autres affaires. Mais voici comment, dans le mémoire manuscrit déjà cité, il peint l'auteur de la *Deffense de Pasquier*, et comment il eut raison de le mépriser, lui et son écrit :

(1) *Deffence pour Estienne Pasquier, vivant conseiller du roy*, etc. Paris, 1624, in-8, pp. 940. Les fils de Pasquier, Nicolas et Guy, sont considérés comme auteurs dans le privilége. Ce livre a eu trois éditions : la première, sous le titre qu'on vient de donner ; la seconde, sous le titre d'*Anti-Garasse*. Paris, Rollin Baragnes, 1627, in-8 ; la troisième, sous ce même titre, mais avec la date de 1630.

« Entre nos plus cruels ennemis, dit-il, il y avoit un advocat en la cour de Parlement, nommé Remy. Celuy-ci deschargea le marc de son escume sur la mémoire du père Cotton, dont il fut puni avec quelque espèce de miracle. Il faut donc remarquer que ce Remy avoit esté un garçon exposé dans l'hospital des Enfans-Rouges, et que, demandant l'aumone dans nostre esglise, il fut pris en affection par M. des Ruisseaux, advocat général au grand conseil, qui le poussa aux estudes, à condition qu'il demeureroit toujours affectionné à nostre compagnie ; et, pour cet effet, il l'envoya au collége de Rouen, pour estudier. Ce jeune homme, d'une humeur de vipère, se voyant en estat de se pouvoir passer de M. des Ruisseaux, nostre bon ami, s'abandonna entre les mains de M. de Bussy, fils de Me Estienne Pasquier, et par conséquent nostre ennemi héréditaire. Estant donc logé en ceste maison, et ayant pris la charge des enfans de M. de Bussy, il s'adonna à fréquenter le barreau, où il eut de très-beaux commencemens, et ne laissa escouler aucune occasion de plaider, de parler et d'escrire contre nous. C'est luy qui a fait quasi tous les libelles diffamatoires qui ont esté éclos, dans Paris, contre nostre compagnie, depuis l'an 1620 jusques en l'an 1626 inclusivement. »

Remy en écrivit entre autres deux, « les plus infâmes du monde, » contre le père Cotton : *L'Entrée du P. Cotton dans les enfers*, et la *Rencontre du P. Cotton et de M. Servin en l'autre monde* (1). Selon lui, le père Cotton était mort dans la religion réformée, niant la vérité du saint sacrement de l'autel, et prononçant mille blasphèmes contre le Saint-Siége. Même pour un poëte, c'était porter un peu

---

(1) Avec privilége de Rhadamante, et se vend sur les rives du Cocyte. 1626, in-8. Pièce de 16 pages.

loin le goût de la fiction. Enfin, « Dieu envoya à Remy une grande maladie, dans laquelle, estant visité par M. le curé de Sainct-Nicolas du Chardonneret, son curé, homme de bien et nostre intime ami, il fut exhorté puissamment à se recognoître, et demander pardon aux pères de nostre compagnie, pour avoir momentanément, et avec une horrible impiété, violé la mémoire du feu père Cotton ; et, en cas qu'il ne le voulust faire, ledit sieur curé de Sainct-Nicolas lui déclara qu'il le tenoit pour excommunié, et pour tel le dénonceroit à la paroisse. Ces exhortations eurent un si grand pouvoir sur l'esprit de Remy, qu'il se résolut, quoiqu'en la maison de nostre plus grand ennemi, de nous demander pardon. Et pour ce que j'estois le principal intéressé après le feu père Cotton, auquel il ne pouvoit satisfaire (1), il l'obligea de me satisfaire par escrit; ce qu'il fit le 2 décembre 1626, estant en convalescence :

« Mon révérend père, encore que je n'aye jamais eu l'honneur de vous parler, je vous prie de ne rejeter ces lignes. Vous sçavez ce qui s'est passé touchant le livre de la doffense de MM. les Pasquier, où je confesse avoir escrit peu de choses bonnes et beaucoup de mauvaises ; mais je vous prie de croire que cela n'est venu de mon premier sentiment. Je cognois trop vostre mérite, vostre vertu et vostre doctrine ; j'ai esté forcé et sollicité par ceux qui, ne pouvant remuer des mains, se sont voulu servir des miennes. Au reste, je vous supplie d'estouffer tous les ressentimens que vous en pourrez avoir contre moy, pour l'amour de Dieu et de celuy dont vous portez le nom, lequel en sa

---

(1) « Au premier (de ses deux libelles), dit ailleurs Garasse, il m'enveloppoit malheureusement, et me faisoit compagnon de la damnation prétendüe de ce bon Père. »

mort nous a monstré le chemin de pardonner les injures. Je vous escris ces mots, estant au lit, malade, et ayant reçeu l'extresme-onction. Faites-moi sçavoir la satisfaction que vous désirez de moy, en ce que je puis vous avoir offensé par escrit ou par la voix. Si vostre modestie religieuse méprise ces choses-là, comme je le crois, je vous promets que la satisfaction que je vous dois rejaillira sur le général de vostre ordre, au lieu du particulier qui est offensé, et que je ferai, si Dieu me fait la grâce de relever de ceste maladie, une apologie pour la deffense des pères Jésuites, où vous verrez quel est mon intérieur et ma créance. Je vous prie donc de me faire sçavoir vostre volonté, et adresser vostre lettre à M. de Sainct-Nicolas du Chardonneret, lequel vous tesmoignera que j'aspire au bonheur de vostre amitié, et que je ne veux vivre qu'en qualité de vostre très-humble serviteur, ANTOINE REMY.

« Je lui fis response que, pour ce qui me touchoit, je ne me sentois aucunement offensé de ses parolles, actions ou escritures, et qu'il n'avoit aucun sujet de me demander pardon, lequel néantmoins je lui octroyois très-volontiers;... mais que pour ce qui touchoit la réputation de nostre compagnie et la mémoire du feu P. Cotton, il estoit obligé en conscience de faire paroître à tout le monde un désadveu public... Il reçut ma lettre par l'entremise de M. de Sainct-Nicolas du Chardonneret; mais comme c'estoient une volonté et une repentance avortées, luy estant revenu en son ancienne santé, il revint aussi à ses anciennes accoutumances, et traisna encore le licol de la vengeance divine. »

CHAPITRE VIII.

Garasse, prédicateur. — Libelles qu'on lui attribue. — Dangers qu'il court à cette occasion.

Quand on fait des libelles en même temps que des sermons, il est difficile que les uns et les autres ne se ressentent pas de la communauté d'origine. C'est pourquoi, bien qu'il ne nous reste rien des sermons de Garasse, ses écrits, à défaut du témoignage des contemporains, suffiraient pour nous faire conjecturer ce que ceux-là devaient être. Il est à croire qu'on n'y dormait pas,

« Comme à ceux de Cassagne et de l'abbé Cotin. »

Ainsi, nous apprenons que, lorsque Garasse prêchait, les raisons ou les mots venant à lui manquer, il faisait les cornes aux assistants. Le fait eut lieu à Saint-Eustache le premier dimanche de l'Avent de 1622 (1). Ce même Avent, au rapport d'Ogier (2), il entretint son auditoire, une heure durant, d'une comparaison entre Homère et Virgile, « dont s'ensuivit une grande consolation pour les âmes chrestiennes » qui en furent témoins. Garasse dit à Ogier qu'il en a menti ; mais voici comment : « Il a tort, dit-il, de n'avoir pas dit que ce fût le vendredy sainct, et que j'y employai cinq heures d'orloge ; car, s'il faut mentir, il faut le faire noblement, ou ne pas s'en mesler (3). » Une autre fois, Ogier est plus précis. Il raconte que Garasse, prêchant

---

(1) *Deffence d'Est. Pasquier*, p. 54 et 284.
(2) *Jugement et censure de la Doctrine curieuse*, p. 148.
(3) *Apologie*, p. 321.

un jour au couvent des Filles-Sainte-Marie, près de l'Arsenal, « après avoir entretenu son auditoire assez longtemps de ce sujet, que celuy que Dieu regarde de bon œil et favorise de sa grâce est véritablement heureux, au lieu de citer plusieurs passages de l'Escriture qui s'offrent d'eux-mesmes en preuve, il allégua, pour toute confirmation de son discours, le commencement de ceste ode : *Quem tu, Melpomene, semel,* etc. Cela ay-je entendu de mes propres oreilles, et quelques personnes de qualité, tant ecclésiastiques que séculiers (1). » A quoi Garasse répond : « Il adjouste que, preschant aux Filles de Sainte-Marie, touchant le mystère de la prédestination, je prouvay toute l'affaire par les paroles d'Horace, *Quem tu, Melpomene,* etc., et là-dessus faict tout plein de rencontres, donnant carrière à ses pensées, et jettant la gourme de sa jeunesse. Ce mensonge est, grâces à Dieu, circonstancié comme il faut, en ce que j'ay presché de la prédestination à des filles, n'ayant jamais osé quasi en parler devant des auditeurs plus capables que des filles, à cause de la sublimité du mystère. Ce fut le jour de l'aveugle-né, auquel notre sourd et aveugle s'abusa, en ce qu'il prit par suffisance le mystère de la prédestination pour les œillades favorables de Jésus-Christ, desquelles je parlay convenablement à la portée de mon auditoire. Que si, après avoir monstré la vérité par raisons et passages de l'Escriture, qui est mon style ordinaire, il m'eschappa, me tournant à la main gauche où l'église estoit pleine de gens d'honneur, de dire ce demy vers, *Novum crimen, Caï Cæsar!* en cela est-il ingénieusement mensonger de dire que je prouvay, que j'establis, que j'asseuray, que je posay,

---

(1) *Jugement et censure,* etc., p. 155.

que j'assis toute cette vérité sur les parolles d'Horace. C'est ainsi qu'il faut faire pour mentir noblement, et ce n'est pas mentir en rustre, mais en homme d'honneur (1). »

Garasse voudrait bien nier, mais il n'ose. Il dispute sur les circonstances du fait, et là-dessus même il ne se justifie pas ; il prête à Ogier des paroles que celui-ci n'a point dites, et il en tire une conséquence qui serait excellente, si le prieur en avait réellement posé les prémisses. En somme, il convient d'avoir cité le vers d'Horace ; que ce soit à droite, du côté des bonnes femmes, ou à gauche, du côté « des gens d'honneur, » cela ne fait rien à l'affaire. Il eût mieux valu citer saint Paul ou saint Augustin, et parler à tout le monde ; mais citer un païen dans un sermon, au lieu d'un apôtre et d'un Père de l'Église, était une licence qu'on pouvait passer à Garasse, comme, au lendemain, pour ainsi dire, du seizième siècle, on en passait bien d'autres aux prédicateurs. Pourvu qu'il citât quelque chose, tout texte lui était bon. Ce qu'on ne pouvait admettre, c'est qu'en alléguant les textes des Pères ou de l'Écriture, il tombât dans des erreurs dont la grossièreté n'est comparable qu'à l'impudence avec laquelle il les rectifiait. « Au sermon, dit Saint-Cyran, qu'il fit un jour de sainct Augustin (2), ayant cité sainct Augustin au lieu du prophète David, et s'estant apperçu soudain qu'il se trompoit, il adjousta par manière d'un correctif de rhétorique : *Mais j'ay bien dit, car sainct Augustin et David sont une mesme chose.* » Cela est évident, et bien aveugle qui ne le voit pas.

Au carême de 1626, prêchant à Saint-Sulpice, où les femmes étaient venues pour entendre autre chose, il osa dire

(1) *Apologie*, p. 321, 322.
(2) *La Somme des fautes et faussetez capitales*, etc., t. I, p. 26.

« que les femmes devoient endurer les douleurs de l'enfantement en l'estat d'innocence ; » et il conclut « qu'un bon confesseur devoit ordonner pour pénitence les choses auxquelles l'homme est porté par son inclination naturelle, puisque Dieu a ordonné aux femmes, pour peine du premier péché, ce à quoy elles devoient estre sujettes, quand mesme elles n'eussent pas péché (1). » A la bonne heure : voilà l'œuvre de chair prescrite comme mortification. La virginité n'est plus qu'un avantage douteux, et bon tout au plus à donner de la coquetterie aux femmes ; car puisque, l'ayant encore, elles peuvent en souffrir de la même manière que si elles avaient fait tout ce qu'il faut pour ne l'avoir plus, il vaut mieux qu'elles s'en débarrassent par ordonnance du confesseur, et reçoivent comme le plus grand des châtiments ce que le vulgaire estime le plus grand des plaisirs. Étonnez-vous qu'il y eût presse aux sermons de Garasse !

Malheureusement pour lui, tous ceux qui étaient importunés de ses sermons ne s'en vengeaient pas seulement sur son texte, comme Ogier, et sur ses citations, comme Saint-Cyran, mais sur sa personne. « Le bruit courut, dit-il dans ses Mémoires, que j'avois esté massacré, retournant de Sainct-Etienne du Mont, pour ce que Desbarreaux, qui m'attendoit à l'issüe de ma prédication, avec quelques autres ennemis de nostre compagnie, me firent toutes les indignités qu'ils purent, sans néantmoins me porter aucun coup qui peust m'incommoder aucunement. » Cela veut dire sans doute qu'il en fut quitte pour quelques gourmades, plus heureux à cet égard qu'un autre père, qui, dans le même temps, « cuida estre assommé par des personnes de

---

(1) *La Somme des fautes et faussetez capitales*, etc., t. IV, p. 52.

néant, qui lui deschargèrent cinq ou six coups de baston sur les espaules. »

Garasse n'aurait eu la passion d'écrire des libelles que pour faire parler de soi, qu'il n'eût pas perdu son temps. Il n'y a d'égal au bruit que son nom fit alors que le silence où il s'éteignit, avant même que celui qui le portait eût cessé de vivre. Mais enfin Garasse fut le contemporain de sa gloire : on a rarement ce bonheur, même quand on le mérite mieux que lui. Cette gloire eut ses périls. Deux ans après la publication de la *Doctrine curieuse*, il parut un libelle injurieux à Louis XIII, sous le titre de : *Ad Ludovicum XIII admonitio* (1). On y reprochait au roi, avec *vérité, fidélité, humilité,* mais avec brièveté et avec force, d'avoir engagé la France dans une alliance honteuse et impie avec les huguenots, pour faire aux catholiques une guerre injuste, et qui ne pouvait durer sans compromettre la religion. Par là, on entendait la guerre que faisait la France à l'Espagne, pour lui arracher la Valteline, et la rendre aux Grisons. Les ennemis de Garasse prétendaient y reconnaître son style, ils le reconnaissaient aussi, disaient-ils, dans les *Mysteria politica*, autre libelle en forme de lettres, écrites par des *personnages illustres*, qui ont eu soin de ne pas se nommer, et sur le même sujet (2).

---

(1) L'*Admonitio* parut sous ce titre : *G. G. R. Theologi, ad Ludovicum XIII Admonitio, fidelissime, humillime, verissime facta, et ex gallico in latinum translata, qua breviter et nervose demonstratur Galliam fœde et turpiter impium fœdus iniisse, et injustum bellum hoc tempore contra catholicos movisse, salvaque religione prosequi non posse.* Augustæ Francorum, anno 1625, in-4.

(2) *Mysteria politica, hoc est Epistolæ arcanæ virorum illustrium sibi mutuo confidentium.* Antuerpiæ, H. Aertssius, ou juxta copiam in Germania impressam. 1625, in-4. La guerre de la Valteline était alors engagée, et les Français s'apprêtaient à assiéger Ripa.

Ni l'un ni l'autre n'étaient de lui. Il avait beau protester de son innocence : on n'y voulait pas croire. C'était se méprendre étrangement ; car rien ne ressemble moins au style de Garasse que celui de ces deux libelles. On se méprit moins au sujet d'un troisième pamphlet, plaisanterie sanglante, dirigée contre le cardinal de Richelieu, et dont il sera parlé tout à l'heure. Tout y trahit la main de Garasse, le fond, la forme, et jusqu'aux caractères d'impression. Aussi eut-il beaucoup plus de peine à s'en disculper que des deux autres. Mais écoutons-le raconter lui-même les détails de sa mésaventure. L'intérêt en est vif, et la façon dont il le ménage n'est pas sans art.

« Les affaires de la Valteline, qui remuèrent toute l'Europe, donnèrent aussi une estrange secousse à nostre compagnie ; car on nous imputa tous les livres qui se firent en divers endroits de l'Allemagne et de Flandres, par des esprits frétillans, sous prétexte de bon zèle. Et, comme il s'agissoit de religion, nos meilleurs amis se laissèrent aisément porter à ceste créance préjudiciable que Satan semoit dans les esprits factieux, et où on nous pensoit faire faveur de nous croire autheurs des *Mystères politiques* et de l'*Advertissement au roy*, comme il se verra cy-après. Les affaires s'aigrirent si fort de part et d'autre, que le pape, pour y remédier, trouva bon d'envoyer en France le cardinal Barberin, son neveu, en qualité de légat *à latere*, et ce fut encore là où le diable tascha de nous nuire, en la personne du légat et celle du père Eudémon Joannes (1) qu'il avoit en sa compagnie.... Il tascha de diffa-

(1) Il était Candiote, et grand faiseur de libelles. Il attaqua surtout Casaubon ; mais ce n'est pas l'intérêt des lettres qu'il eut jamais pour objet, c'est celui de l'autorité temporelle du pape, dont il fut le zélé et turbulent défenseur.

mer le Père auprès du roy, comme l'un des plus fameux jésuites du monde et le plus grand ennemi de son Estat qui fust au monde. Le roy l'attendoit en ceste qualité et avec prévention d'esprit; et lorsque ledit Père se présenta pour saluer Sa Majesté, quelques jeunes seigneurs qui estoient auprès de luy, comme Chalais (1), Barradas (2) et quelques autres jeunes cervelles, eurent une imagination ridicule et digne de leur esprit. Car ils se formèrent dans la teste que le père ressembloit à une chauve-souris, et s'estant dit à l'oreille mutuellement, la nouvelle en vint jusques au roy, et tout autour de luy l'on n'entendoit bourdonner autre chose que le nom de *Chauve-souris*, avec des risées mordantes; de façon qu'on luy donna ce nom à la cour, et depuis on ne l'appeloit plus autrement en leur jargon que la *Chauve-souris de M. le légat*....

« Le diable, qui mesnage soigneusement toutes les occasions de mal faire, fit paroître en mesme temps un libelle diffamatoire contre le roy et contre son conseil, y taxant nommément M. le cardinal de Richelieu, lequel il prenoit à partie, et le tiltre du livre estoit : *Admonitio ad regem christianissimum, authore J. J. theologo, cum facultate theologici magistratûs.* Nos plus ardens ennemis, quoyqu'ils ne fussent pas les plus puissans, du Moustier (3),

(1) Henri de Talleyrand, comte de Chalais, favori de Louis XIII, accusé d'avoir conspiré contre son maître, condamné à mort et exécuté à Nantes à l'âge de vingt-six ans. On dit que le bourreau ne parvint à lui détacher la tête qu'après l'avoir frappé de *trente-quatre* coups.

(2) Écuyer de la Petite Écurie. Disgracié, il vendit cette charge cent mille écus à Saint-Simon, père de l'auteur des *Mémoires*.

(3) C'est Daniel du Moustier, ou de Monstier, peintre célèbre. Il haïssait cordialement les Jésuites. Il en était de même du fameux Laffamas, dont le nom est devenu synonyme de juge sans conscience et presque de bourreau; de Raphan ou Ranphan (il est tour à tour ainsi appelé dans le manuscrit), chanoine de Saint-Germain l'Auxerrois; de Favereau, auteur

Raphan, Vateran, de Villiers, Laffamas et Favereau, publièrent partout que c'estoit un jésuite. Les uns l'attribuoient au père Eudémon Joannes, et on ouït une fois de la bouche du roy que c'estoit la chauve-souris de M. le légat qui estoit venue en France jetter cet avorton. D'autres le donnèrent au père Scribani (1). Mais le bruit ordinaire de nos ennemis estoit que j'en estois l'autheur; de façon que je m'entendois souvent saluer par la ville, avec ces paroles : *Admonitio ad regem*. Du Moustier, lequel le Père Cotton croyoit possédé du diable, esprit enragé contre nostre compagnie, s'en alloit parcourir toutes les boutiques des libraires de la rue Sainct-Jacques, en demandant à haute voix *si on n'avoit pas l'Admonition du père Garassus contre le roy*. Ranphan, d'autre costé, qui estoit domestique d'un grand prélat et chanoine de Sainct-Germain l'Auxerrois, fit un sanglant libelle contre nostre compa-

---

d'un *Mercurius redivivus*, recueil d'épigrammes sur une statue de Mercure trouvée en creusant le sol pour y établir les fondements du Luxembourg, recueil qu'il dédia à Estienne Pasquier, son ami. — Voy. *Lettres* d'Estienne Pasquier, livre XXI.

(1) Il fut imprimé en Italie. On fit accroire que ce n'était qu'une version latine d'un livre français, pour empêcher de découvrir l'auteur et le lieu de l'impression. On le fit courir en Flandre, traduit en wallon, avant de l'introduire en France, et on dit qu'il était de Jean Boucher, le fameux prédicateur de la Ligue. Il protesta que c'était une charité qu'on lui prêtait, et que, foi de prêtre, il n'en était pas l'auteur. Sa lettre courut même entre les mains des curieux. On commença dès lors à soupçonner que ce libelle pourrait bien être du jésuite Eudémon Jean, Grec de nation, venu en France avec le légat Berberini. Baillet (*Vie de Richer*, p. 341) dit même qu'il écrivit l'*Admonitio* en France, ce qui n'est pas impossible, et se rencontre même assez avec ce qu'en disait Louis XIII. On avait remarqué que, dans ses conversations à Avignon, à Lyon et à Paris, Eudémon Jean n'avait pas eu d'autres maximes, en parlant de la venue du légat, que celles de l'*Admonitio*. Naudé l'attribue à Jansénius (*Consid. sur les coups d'État*, ch. IV); Barbier, au jésuite Jacques Keller. La vivacité avec laquelle les intérêts du catholicisme en Allemagne y sont défendus, nous le ferait croire. Keller était Allemand.

gnie, et nommément contre moy, me disant autheur de ce malheureux livre, lequel fut bruslé par le lieutenant civil, et commission donnée par M. le cardinal de Richelieu au sieur Ferrier de répondre à ces propositions scandaleuses (1). Ferrier le fit assez platement et fort malicieusement, parce qu'en plusieurs endroits il picottoit ouvertement nostre compagnie, et moy nommément, comme si j'eusse esté l'autheur de ce libelle... Mais le roy, qui a su le vray autheur de ce libelle, nous a fait enfin ceste faveur de dire, en présence de plusieurs seigneurs, qu'il sçavoit que ce n'estoit pas un Jésuite. Monseigneur le cardinal de Richelieu et monseigneur le nonce nous ont fait l'honneur de penser de mesme, et de dire publiquement que l'autheur de cet avorton ne fut jamais un Jésuite, ni bon ami des Jésuites....

« Nous n'estions pas sortis de cet embarras que,... sur la fin du mois de janvier 1626, les persécutions redoublèrent par deux accidens que je raconteray briefvement. Environ le 20ᵉ jour de janvier, fut porté d'Allemagne un livret de 15 à 16 pages, qui portoit pour tiltre : *Quæstiones politicæ, quodlibeticæ, agitandæ in majori aula sorbonica, diebus saturnalitiis, mane et vespere, præsidente illustrissimo cardinali de Richelieu, sive de Rupella, anno 1626, cum facultate superiorum* (2). Ce livret, très-ingénieux et plein de venin, portoit le nom de M. de Bassompierre, en ces termes : *Bassompetræus vidit et approbavit.* De deux copies seules qui furent portées

---

(1) Ministre de Nimes, converti au catholicisme. Son livre, en réponse à l'*Admonitio* est intitulé le *Catholique d'Estat*.

(2) C'est le titre très-exact, sauf le format qui n'est pas indiqué et qui est in-4.

dans Paris, l'une fut donnée à M. de Metz (1) à l'issüe du Louvre, et l'autre à M. le lieutenant civil, lequel l'ayant lüe, la fit voir à M. le cardinal de Richelieu, qui d'abord monstra des ressentimens incroyables, et fit toutes les diligences pour sçavoir d'où et de quelles mains venoit cet escrit. Buon, libraire, homme très-honorable pour sa qualité et ami de nostre compagnie, sçachant toutes les inquiétudes de M. le cardinal, le fut trouver pour luy faire entendre que c'estoit luy qui avoit receu le paquet, lequel luy avoit esté envoyé de Nancy, avec ceste enveloppe qu'il produisit : *A Monsieur, Monsieur Buon, marchand libraire à Paris, à l'enseigne Sainct-Claude, rue Sainct-Jacques; franc de port jusques à Nancy;* et plus bas, 4 *sols de port jusques à Paris*. M. le cardinal voulut s'esclaircir de ceste affaire, et, pour cet effet, il appela le facteur, messager de Nancy, pour sçavoir de luy la vérité, lequel advoua franchement qu'il avoit apporté ledit paquet à M. Buon; et enquis plus outre d'où il l'avoit pris, respondit qu'on l'avoit jetté par la fenestre de sa chambre basse, suivant le style ordinaire usité entre les messagers de France. Ces deux copies, desquelles j'ay parlé, en firent esclore un millier dans huit ou dix jours, n'y ayant bon esprit dans Paris qui n'en voulust avoir copie escrite à la main, à quelque prix que ce fust.

« Nos ennemis ne laissèrent point escouler ceste occasion, mais taschèrent de persuader à M. le cardinal qu'il venoit de ma veine et de ma plume. Les principaux calomniateurs furent ceux qui ont esté cy-devant nommés, Favereau, Laffamas, du Moustier, Saint-Remy, Villiers

(1) Henri de Bourbon, abbé de Saint-Germain et évêque de Metz, fils naturel d'Henri IV et de mademoiselle d'Entragues.

et Sainct-Germain, lesquels gagnèrent tellement la créance de M. le cardinal et de ses domestiques, qu'on m'accusoit publiquement d'avoir composé, ou du moins donné les mémoires pour la composition dudit livret.

« Nos pères, ayant appris les effets estranges que ceste calomnie avoit opérés dans l'esprit du roy et de M. le cardinal, furent d'advis que j'allasse trouver mondit seigneur le cardinal pour luy faire entendre mon innocence ; ce que je fis le 26 de janvier. Car l'ayant salué dans Chaillot, sur le point qu'il sortoit pour ouïr messe dans l'église des Pères-Minimes, je luy protestay que le bruit que ses domestiques faisoient courir estoit grandement préjudiciable et contraire à la protestation que je faisois publiquement d'être son très-humble serviteur.

« A ces parolles, M. le cardinal, me prenant par la main, me dit avec un accent plein de colère : *Ne distes point, mon père, que ce sont mes domestiques ; car plus de cinquante personnes d'honneur m'ont asseuré qu'homme du monde ne peut avoir fait ce livret que vous seul.* Sur quoy, me trouvant estonné d'abord et prenant de nouvelles forces de mon innocence, je luy donnay pour ostage ma part du paradis, et je luy juray mon salut que j'estois injustement calomnié. Ce jurement, prononcé avec grande force en présence de plus de cinquante personnes d'honneur, désabusa l'esprit de M. le cardinal. En sorte que, me prenant par la main : *Ha! mon père, je le crois, et n'en veux point d'autre preuve. Mais quiconque soit, qu'il s'asseure que, pour les intérêts du roy, j'en sçauray bien tirer justice. Car, pour ce qui me touche, je le pardonne volontiers et de bon cœur.* J'adjoustay, pour une entière justification, que, grâces à Dieu, je n'avois point perdu le sens commun depuis deux mois, auquel temps je luy avois dédié ma *Somme de théologie*, taschant de recognoître son mérite en termes très-honorables. Il répartit : *Je le crois, mon père, et n'en soyez point en peine.*

« Néantmoins, l'après-disnée mesme de ce 26 janvier, nous apprismes, par le rapport de M. le président de Lamoignon (1), que l'esprit de M. le cardinal estoit si fort prévenu de ceste créance que, tacitement et sous main, il faisoit faire des enquestes par Laffamas et Fayereau, qui se portoient en qualité de dénonciateurs. Ce qui fut cause que, le lendemain 27, le père Cotton, par l'advis de ses consulteurs, trouva bon de me faire jurer sur les saincts évangiles et sur la part de mon salut de luy dire si, directement ou indirectement, j'avois contribué à la composition de ce libelle. Je juray derechef, estant à genoux, devant le père Cotton, mon provincial, et les principaux pères de la maison et du collége, que j'estois entièrement innocent, et terminay mon jurement par ces parolles, tenant la main sur le canon de la messe : *Ita me Deus adjuvet et hæc sancta Evangelia.* Cela fait, le père Cotton et le père Séguiran partirent pour aller à Chaillot trouver M. le cardinal, et luy donner toutes les asseurances que la religion et la prudence humaine peuvent donner en ce cas. M. le cardinal leur dit froidement qu'il estoit marri de la peine qu'ils avoient prise, et que j'avois tort de me mettre en peine, après l'asseurance qu'il m'avoit donnée le jour de devant ; quiconque fust, au reste, l'autheur de ce livret, qu'il s'en repentiroit. Nos pères lui dirent derechef qu'ils mettroient la main au feu pour soustenir mon inno-

(1) Père du Guill. de Lamoignon qui fut aussi président et l'ami de Boileau.

cence. Le père Séguiran luy ayant dit qu'il vouloit estre bruslé pour moy, M. le cardinal se déclara plus qu'il n'avoit fait, lui disant : *Mon père, je vous conseille de respondre pour vous-mesme.* Le père Cotton adjouta : *In me sit ista maledictio!* car, ou il est innocent, ou il est le plus meschant homme du monde : ce que nous n'avons pas recogneu jusqu'à présent.

« L'après-disnée du mesme jour 27, en plein conseil, M. le cardinal produisit ce libelle, et dit hautement qu'il sçavoit de bonne part que j'estois innocent, et que c'estoit une calomnie de nos ennemis, laquelle estant descouverte, méritoit d'estre chastiée exemplairement. Ce tesmoignage deschargea nostre compagnie, estant donné en présence du roy, par la bouche de celuy qui se sentoit le plus intéressé. On ne laissoit pas néantmoins, à quelque prix que ce fust, et disoit-on publiquement que le lendemain 28, mon livre devoit estre bruslé par la main du bourreau, en la cour du palais. Laffamas et Favereau faisoient publiquement des assemblées dans la maison de Sainct-Germain, auxquelles on examinoit tous mes livres pour en tirer quelque conformité du style; et en effet, ils portèrent à M. le cardinal un papier dans lequel y avoit vingt-cinq ou trente conformités prétendues, la pluspart si honteuses et si ridicules, que mondit seigneur le cardinal ne jugea pas à propos de les faire voir à personne, et si, ne laissoit pas néantmoins d'asseoir son jugement par une préoccupation funeste, disant à tous nos pères qui le voyoient, que j'avois tort et faisois déshonneur à nostre compagnie; que je me perdrois, s'ils n'y prenoient garde, et mettrois nostre société en peine. Favereau et Laffamas passèrent bien plus avant ; car, ayant trouvé le moyen de retirer quelques feuilles escrites de ma main, ils contrefirent mon caractère, et escrivirent une lettre en mon nom à un imprimeur de Nancy, par laquelle je le priois de m'envoyer une centaine des *Politiques* que j'avois faictes, luy recommandant sur toutes choses le secret. Ayant dressé et minuté ceste lettre, ils la portèrent à M. le cardinal, qui la monstra au père Cotton, pour sçavoir si c'estoit mon caractère. A quoy le Père repartit que, sur sa part du paradis, c'estoit une pure calomnie, et une fausseté digne de mort, luy protestant au reste de m'envoyer le lendemain avec des papiers escrits de ma main pour descouvrir la vérité du fait. J'y fus trois ou quatre fois, mais en vain, car jamais je ne sus aborder mondit seigneur cardinal, pour luy faire entendre l'imposture de mes ennemis.

« Le roy cependant et la reyne disoient que c'estoit moy qui avois composé ce libelle. Ce que le père Suffren ayant appris par le rapport de ceux qui hantoient plus franchement la cour de la reyne-mère, résolut de faire ses plaintes au roy. En effet, la veille de la Chandeleur, devant que confesser le roy, il se jetta à ses pieds en luy disant: « *Sire, ie demande à Vostre Majesté protection et justice de la part de nos frères, qui sont plus persécutés et opprimés maintenant qu'ils n'ont esté du temps mesme du feu roy, vostre père, de glorieuse mémoire, quand il n'estoit pas encore dans le giron de l'Église catholique.* » A ces parolles, le roy se mit en action, et dit au père Suffren d'une voix puissante : « *Si vous estes affligés, vous le méritez bien; car pourquoy est-ce que le père Garassus escrit contre moy et M. le cardinal ?* » Le père Suffren crut se pasmer à ces parolles ; et prenant des forces de nostre innocence, il dit au roy : « *Sire, si le père Garassus a composé ce livre, je veux estre chastié pour luy et subir toutes les ri-*

gueurs de la justice. Je prie Vostre Majesté de se souvenir de ce qu'elle m'a promis, quand j'entray en ceste charge (1); *qu'aux accusations que l'on feroit contre nous, elle garderoit une oreille à nostre innocence, pour s'esclaircir avec moy.* — *Mais quoy,* dit le roy, *ce n'est donc pas le père Garassus qui a fait ce livre? Cependant Laffamas me l'a juré.* » Le Père ne laissa pas escouler l'occasion pour luy faire entendre les qualités de Laffamas, qui avoit esté déclaré infâme par arrest, luy remonstrant que Sa Majesté estoit obligée en conscience de fermer les oreilles tant à Laffamas qu'à du Monstier et autres semblables qui font triomphe de calomnier nostre compagnie et luy rendre de mauvais offices. Il promit à ce Père qu'il n'en croiroit rien plus, et que désormais il ne se laisseroit pas prévenir à Laffamas. La reyne régnante nous fit aussi la faveur d'en parler à Sa Majesté, et de luy faire entendre que c'estoient des ennemis de nostre compagnie, qui probablement avoient composé ce livre pour nous rendre odieux, et qu'il n'y a point d'apparence qu'un homme qui dit la messe chaque jour, ait mis la main à un si meschant ouvrage.

« Si, dans la cour du roy, nous estions persécutés à l'occasion de ce libelle, nos affaires n'estoient pas en meilleur ordre en la cour du parlement. Car le livre ayant esté bruslé par arrest des chambres assemblées, M. Servin, qui avoit sur le cœur la mémoire du *Banquet des Sages*, invectiva furieusement contre moy, suscitant les esprits des juges à un décret de prise de corps. Après sa harangue, un des plus anciens conseillers ecclésiastiques, se levant en colère, jura le nom de Dieu que j'en mourrois, s'il estoit un de mes juges. M. le président d'Ossambray et M. Deslan-

(1) La charge de confesseur du roi.

des, doyen de la cour, s'opposèrent fortement à la conjuration de Servin, me donnant advis de tout ce qui s'estoit passé le troisiesme jour de février, auquel jour je reçus sur le tard advis, par une personne interposée, que je ferois sagement de me sauver la nuit suivante, d'autant que la brigue de Servin estoit si forte que le lendemain, quatriesme de février, l'on devoit asseurément décréter prise de corps contre moy, et me mettre en la Conciergerie. Nos Pères, devant que de rien déterminer, trouvèrent bon d'envoyer le père Tacon chez M. le procureur général, pour prendre son conseil sur l'advis qui nous avoit esté donné. Le Père y fut sur les huit heures du soir, et ayant fait entendre à mondit seigneur le procureur général l'advertissement qu'on nous avoit donné, il conseilla à nos Pères de ne rien changer pour cette nuit, « *d'autant,* luy dit-il, *que le dessein de vos ennemis seroit de donner espouvante au père Garassus, et le rendre criminel par son absence. Au reste, dites-luy de ma part qu'il n'ait point de peur, pour ce qu'en tout cas on ne peut décréter prise de corps contre luy que sur les conclusions des gens du roy, ou sur la plainte de M. le cardinal qui se rende partie. Or, quoy qu'il puisse arriver, je luy en donnerai advis quatre heures devant pour le moins; et en quatre heures,* dit-il, *on fait bien de la besogne.* » Le bruit courut cependant, par toute la ville, que j'estois dans la Conciergerie, près d'estre mené en Grève ; opinion qui s'eschauffa si fort dans l'esprit de la populace, que plus de mille personnes accoururent, qui au Palais, qui vers la Grève, qui dans nostre maison, pour voir s'il estoit véritable. Deux princes, sous cette rumeur, envoyèrent à Sainct-Louis, pour me prier de me sauver en leur hôtel ; et ce bruit ayant esté porté dans l'assemblée du clergé, on s'aperçut au discours et au visage de plusieurs évesques, un ressentiment et une affection bien différens. Les uns en triomphoient comme d'une chose faicte, et les autres en tesmoignoient du ressentiment et de l'affliction. »

A première vue, rien de plus simple que ce récit, rien même de plus vraisemblable; et qui ne connaîtrait Garasse que par là, jurerait qu'il était aussi innocent des *Questions quodlibétiques* que de l'*Admonition*. Mais outre que par la façon dont il s'est défendu d'avoir écrit le *Banquet des sages,* il ne serait pas prudent de se fier à sa parole, il montre à se disculper ici une ardeur, une précipitation qui ne sont pas exemptes de fanfaronnade, et où je vois l'indice de la peur et d'une mauvaise conscience. Il a trop besoin de la médiation de ses confrères; ils sont trop prodigues de témoignages en sa faveur, et n'épargnent pas assez les serments; il semble que la défense d'un innocent n'eût pas requis tant d'appareil. Et pourtant je ne doute pas que les défenseurs ne fussent de bonne foi. Comment ne l'eussent-ils pas été, en voyant Garasse jurer sur le crucifix qu'il n'était pour rien dans le libelle, cause de tant de scandale? Je me sens moi-même, je l'avoue, fort ébranlé par cette circonstance, et persuadé d'ailleurs que Garasse n'était pas un esprit fort, qu'au contraire il était aussi franc dans son catholicisme qu'intolérant, je n'ose croire que, même pour sauver sa vie, il ait commis un mensonge où il y allait de sa damnation éternelle. Ma conviction, au sujet de l'écrit qu'il désavoue, ne repose donc que sur le caractère et le ton de cet écrit.

Les questions posées y sont au nombre de soixante et onze. J'en rapporterai quelques-unes.

On se demande :

« II. Si, tout en faisant les affaires, il n'est pas expédient de lire quelquefois les sept psaumes de la Pénitence (1)?

« III. Si de Richelieu et de la Rochelle sont la même chose (2) ? »

La Rochelle était le boulevard du calvinisme en France. Cette ville ne fut réduite à l'obéissance du roi que le 30 octobre 1628, c'est-à-dire environ deux ans après la publication de ce libelle. La cause de ce retard est la pensée qu'eut Richelieu de voler au secours de la Valteline, d'arracher cette province des mains de l'Espagne, où régnait la maison d'Autriche, et de la restituer aux Grisons, ses légitimes souverains. Cette vue si sage, et que nous avons poursuivie en expulsant la maison d'Autriche de la plus grande partie du sol italique, cette vue, dis-je, tournait en réalité au profit de la religion protestante, qui était celle des Grisons ; et comme d'ailleurs elle concourait avec la tolérance dont les rebelles de la Rochelle étaient momentanément l'objet, les ennemis du cardinal se plurent à le représenter comme un fauteur de l'hérésie, et ils lui donnèrent le sobriquet de *cardinal de la Rochelle*. « Glorieux surnom, » s'écrie un de ses panégyristes les plus outrés et les moins éloquents (3), « le plus glorieux qu'il pouvoit souhaiter ! » Car « il avoit sujet de se glorifier que ses ennemis, inspirés contre leur gré du mesme enthousiasme qui a fait rendre des oracles à l'ânesse de Balaam,

---

(1) Utrum inter negotia non expediat aliquando legere septem psalmos pœnitentiales ?

(2) Utrum idem sit de Richelieu et Rochellanus ?

(3) *Histoire du cardinal de Richelieu*, par le sieur Aubéry, advocat au Parlement et aux conseils du roy. Paris, 1660, in-folio, p. 39.

à Caïphe et autres, qui sembloient estre plus indignes du don de prophétie, l'appelloient à bon titre le *cardinal de la Rochelle*, puisqu'il devoit, deux ou trois ans après, réduire cette ville rebelle ; de mesme que Scipion, autrefois, a esté surnommé l'Africain, pour avoir subjugué cette province. » Je reprends :

« XI. Est-il préférable de comparaître devant Lucifer avec une queue, selon la mode anglaise, ou avec une barbe, selon la mode française? Plaira-t-il à l'Illustrissime Seigneur (Richelieu) de régler avec le roi cette affaire, ainsi que quelques autres, concernant la coiffure des dames (1) ? »

Une partie de la flotte d'Angleterre, alors alliée de la France, avait fait naufrage sur les côtes de Flandre, le 24 octobre 1625. L'auteur, au numéro X, a envoyé en enfer tous les naufragés. Ici, il les fait comparaître devant Lucifer avec une queue ; d'où il est permis de conclure que les Anglais, dans ce temps-là, portaient une queue, derrière la tête, sans doute. On sait que les Français portaient la barbe, et principalement Richelieu, contre qui le trait est certainement dirigé.

« XIV. N'est-il pas la lumière de l'Église, celui qui a allumé la guerre contre tous les défenseurs de l'Église, et a-t-il accompli, selon l'Évangile, ces paroles de la sainte Écriture : C'était une lampe ardente et brillante (2) ?

« XV. Est-ce que ceux qui distribuent les finances royales aux pauvres soldats de Hollande, de Savoye, de la

---

(1) Præstetne coram Lucifero comparere caudatum, Anglorum more, an barbatum, hodierna Gallorum consuetudine? Placebitne Illustrissimo Domino super ea re et nonnihil de capillitio fæminino cum rege transigere?

(2) Annon sit lumen Ecclesiæ qui contra omnes Ecclesiæ defensores bellum accendit, et non evangelica impleverit illa sanctæ Scripturæ verba : Erat lucerna ardens et lucens?

Basse-Saxe, de la Valteline et de la flotte anglaise, sont parvenus à la sainteté de saint Laurent, martyr, cardinal-diacre de la sainte Eglise romaine (1)? »

Sous cette forme ironique et insultante, on reproche à Richelieu toutes ses alliances, entre autres celle de la Hollande, à qui nous prêtions deux millions deux cent mille livres, en trois ans, à condition que les Hollandais ne feraient point de paix ni de trêve sans le consentement du roi, et qu'ils lui fourniraient, s'il en avait besoin, des vaisseaux de guerre tout équipés ; celle de la Savoye, que nous devions aider à conquérir l'État de Gênes, ne fût-ce que pour faire une diversion sur ce point, et y attirer une partie des forces espagnoles de la Valteline, principal objet de nos armements.

« XVIII. Peut-il y avoir un homme qui ne soit ni chair ni poisson ; et si un tel homme venait à mourir, où irait-il? Dans les champs de Saint-Germain des Prés, ou dans les eaux qui sont au-dessus des cieux (2) ? »

Richelieu, selon l'auteur, n'était ni catholique ni huguenot : l'un, parce qu'il combattait les catholiques à l'extérieur ; l'autre, parce qu'il ne combattait pas assez les hérétiques à l'intérieur, tout en affectant d'être leur plus grand ennemi. Il n'était donc ni chair ni poisson : on ne savait donc pas si son cadavre reposerait dans un cimetière ou au fond de l'eau. Je ne comprends pas, du reste, ce

---

(1) An qui ærarium regium distribuunt pauperibus militantibus in Hollandia, Sabaudia, Inferiore Saxonia, Valle Tellina et classe Anglorum, pervenerint ad sanctitatem S. Laurentii, martyris, S. E. R. diaconi cardinalis?

(2) An possit aliquis homo dari qui nec sit caro nec piscis ? Et si talis moreretur, quo peregrinaturus esset? Ad cœlum an ad infernum? an ad campos Sancti Germani de Prato, an ad aquas quæ super cœlos sunt?

qu'on entend ici par ces *eaux qui sont au-dessus des cieux*, à moins que ce ne soit le chaos.

« XXI. Si Robert, docteur de Paris et fondateur de l'ancienne Sorbonne, venait à ressusciter, il prêcherait en cour sur ce texte de saint Luc, xxii : *Juda, osculo Filium hominis tradis* (1) ?

« XXII. Il conclurait de là, avec l'Illustrissime Cardinal : *Ergo licite osculo anglicano tradimus regnum* (2) ?

« XXIII. Parce que les paroles de l'Écriture sont jusqu'à un certain point obscures, on demande si Judas n'a point été cardinal sous le pontificat de Jésus-Christ (3) ?

« XXIV. Si les anatomistes n'ont pas encore découvert de cœcum dans un corps mystique? Puissent-ils enfin y réussir (4) ! »

Allusion sanglante à l'horrible maladie d'intestins du cardinal. Elle est dans tous les pamphlets du temps dirigée contre lui ; elle est surtout dans ceux de Matthieu de Morgues, qui le poursuivit de sa haine jusqu'au tombeau (5). « Souvenez-vous, lui dit-il, que vous estes homme, puisque les maux de teste, les ardeurs du sang, les fièvres de lion qui ne vous quittent point, les seringues, les lancettes et les baignoires vous donnent advis, non-seulement que

---

(1) An S. Robertus, doctor parisiensis, et fundator antiquæ Sorbonæ, si resurgeret a mortuis, in aula regia concionaretur super hæc verba (Luc., xxii) : *Juda, osculo Filium hominis tradis ?*

(2) An ex hac scriptura recte inferret cum Illustrissimo Domino : *Ergo licite osculo anglicano tradimus regnum ?*

(3) Quia verba Scripturæ quadantenus obscura sunt, quæritur num Judas Iscariotes sub Christo summo pontifice fuerit cardinalis?

(4) An necdum in corpore mystico deprehenderint anatomici intestinum cœcum? Quod habeant felicem exitum !

(5) *Recueil de pièces pour la défense de la reyne-mère du roy,... par messire Matthieu de Morgues, sieur de Saint-Germain, prédicateur du roy et aumosnier de la Reyne-mère.* Anvers, 1643, 2 vol. in-4.

vous estes mortel, mais que vous possédez la vie avec des conditions onéreuses (1). » Ailleurs, à propos du grand nombre de places, charges et dignités dont le cardinal s'était mis en possession, il dit : « Et c'est tout nouveau qu'un homme de sa profession ait pris avec une seringue plus de places, en six mois, que le feu prince d'Orange, l'épée à la main, en toute sa vie (2). » Enfin, il prend à partie Juif, chirurgien du cardinal, et s'écrie : « Malheureux Juif, malheureux Juif, et trois fois malheureux Juif, ennemi des chrestiens, pensionnaire de Satan, quand tu fus le trouver pour la santé de son derrière, au lieu d'une lancette, que ne lui mettois-tu des caques de poudre dans le fondement, et qu'il eust fait le pet et la ruade en l'air, pour le repos de l'univers (3) ! » « Un mareschal de France a moins de récompense et de pensions, après avoir soutenu deux siéges, qu'un chirurgien pour avoir pansé le siége du cardinal (4). »

J'ai cru, donnant ces courts extraits de trois ou quatre des plus violents libelles qui aient jamais été imprimés, ne pas sortir de mon sujet. J'y reviens.

« XXVI. Si les cardinaux vont en enfer ; s'ils sont obligés d'y croire ? Comment Cerbère les saluera-t-il sur le seuil, en courtisan ou en soldat, ou de l'une et l'autre sorte (5) ?

---

(1) *Charitable Remonstrance du Caton chrestien*, etc., p. 3, dans le recueil cité, t. I.

(2) *Conversation de Maistre Guillaume avec la princesse de Conty*, etc., p. 96, dans le même recueil, t. II.

(3) *Catholicon français*, etc., p. 14, t. II du recueil.

(4) *La Vérité défendue*, etc., p. 24, t. I, *ibid.*

(5) Si habeant (cardinales) infernum, an teneantur illud credere ? Et quibus ceremoniis illos salutet Cerberus in limine, aulicis an militaribus, an utrisque ?

« XXVII. Ne seront-ils pas tenus d'y travailler à une alliance entre l'eau et le feu, le froid et le chaud (1)?

« XXVIII. Y a-t-il aussi l'espoir qu'ils rétablissent enfin la paix entre Dieu et Bélial (2)?

« XXXII. Si saint Jérôme, cardinal, eut un lion ou des dents de lion, et qui il mordit? Antoine, Hilarion et Paula, ou Rufin, Vigilance et Jovinien (3)?

« XXXIV. Qui fut secrétaire de Judas? Qui son disciple, et de quelle nation? De France ou de Lorraine (4)?

« XXXVII. Si Judas fut docteur en théologie, en droit civil ou en droit canon, ou rien de tout cela? Si, en enfer, il attise le feu parmi les diables, ou s'il ménage entre eux des alliances, ou l'un et l'autre (5)?

« XXXVIII. Pourquoi l'Illustrissime Seigneur Cardinal officie-t-il pontificalement avec bottes et éperons? N'est-ce pas que le docteur syndic Richer lui a appris cela dans ses leçons (6)?

« XLII. On lit, dans les livres étrusques et sibyllins, qu'il naîtra chez les druides un coq, avec un cœur, une tête et des dents de veau, lequel profanera le culte

---

(1) An ibi non jubeantur aquam et ignem, calorem et frigus fœdus componere?

(2) An spes sit quod etiam inter Deum et Belial tandem pacem efficiant?

(3) An S. Hieronymus cardinalis leonem habuerit an leoninos dentes, et in quos strinxerit? An in Antonium, Hilarionem, et Paulam, an vero in Rufinum, Vigilantium, Jovinianum?

(4) Quis fuit Judæ secretarius? Quis discipulus, et ex qua gente? Gallusve an Lotharingus?

(5) An Judas fuerit doctor theologiæ, juris civilis an canonici, an horum nihil? An inferno ignem accendit inter diabolos, an vero inter eos fœdera faciat, an utrumque?

(6) Cur Illustrissimus Dominus cardinalis pontificaliter facturus, ocreatur et calcariatur? An doctor Richerius syndicus in suis prælectionibus id eum non docuit?

des Romains. Cette prophétie s'est-elle accomplie, et quand (1)?

« XLIX. Où, quand et comment sera enseveli l'Illustrissime Seigneur? Qui suivra ses funérailles? Léguera-t-il en mourant ses biens à la Sorbonne, et quels sont ces biens? Un bréviaire ou un glaive? Un chapeau rouge ou un casque? Et où peindra-t-on le bréviaire? A ses pieds, parce qu'il l'a foulé aux pieds, ou devant ses yeux, pour qu'il commence à le lire (2)?

« LVI. Pourquoi l'Illustrissime Seigneur a-t-il fait répéter si souvent, dans le *Miroir du temps passé*, ces mots: *Mes pères?* Est-ce parce qu'ils sont au nominatif ou au vocatif, et qu'ils impliquent que sa mère a eu plusieurs maris, et lui-même plusieurs pères? S'il en est ainsi, lequel a fait la tête, cette tête que les théologiens renient, que les juristes détestent, qui est en horreur aux médecins? Un très ancien sorboniste a dit qu'autant qu'il est permis de conjecturer de cet argument: Les sages engendrent de sottes têtes : *ergo gluc* (3). »

(1) In libris etruscis et sibyllinis legitur quod inter Druydes nascetur gallus gallinaceus cum corde, capite et dentibus vitellinis, qui romana sacra defœdabit? An et quando id impletum est?

(2) Ubi, quando et quomodo sepelietur Illustrissimus Dominus? Quis sequetur funus? An moriens legabit sua bona Sorbonæ, et quænam illa? Breviarium an gladium? Rubrum pileum an galeam? Et ubi breviarium pingetur? An ad pedes, quia conculcavit; an vero ante oculos, ut tum legere incipiat?

(3) Cur toties Illust. Dom. poni curavit in libello *Miroir du temps passé* (*) verba hæc : *Mes Pères?* An quia est casus nominativus et vocativus, ideo quod mater ejus habuit plures simul maritos, et ipse simul plures patres? Quod si ita est, quis eorum caput ejus genuerit, quod

(*) *Miroir du Temps passé, à l'usage du Présent, à tous bons Pères religieux et vrais Catholiques non passionnés.* (S. L.) 1625, in-8. C'est une bonne invective, dit le père Lelong (n° 21364) contre les maux de la Ligue et semblables entreprises couvertes du manteau de la religion.

Ces articles et ceux qui précèdent résument les principaux griefs imputés à Richelieu par les catholiques ultramontains et les partisans de l'Espagnol : son caractère amphibie, tenant à la fois du prêtre et du soldat, du catholique et du huguenot, du serviteur de Dieu et de l'esclave de Mammon ; son embarras d'être un, en même temps qu'il est si divers ; le trouble où le jette cet état contradictoire ; son incrédulité, qui en est la suite ; sa trahison envers Louis XIII, soit qu'il le détermine au mariage d'Henriette-Marie avec le prince de Galles, soit qu'il force la France à s'allier avec l'Angleterre et la Hollande, livrant ainsi son roi et son pays aux hérétiques, comme Judas avait livré le Christ aux Pharisiens ; sa naissance ignoble, encore que ses flatteurs le fissent descendre du roi Louis le Gros ; ses prétentions ridicules à la science théologique ; enfin le choix de ses conseillers, dont le plus considérable, le Père Joseph, est suffisamment désigné par l'article XXXIV.

On comprend donc toute la colère de Richelieu à la lecture de ce libelle ; on comprend qu'il en ait soupçonné Garasse, déjà fameux par tant d'autres, et qu'il ait employé des moyens indignes et des hommes infâmes pour s'en informer. On se sent enclin, malgré soi, à penser comme lui ; on ne peut se défendre contre la force, si j'ose le dire, d'un pareil préjugé, et l'on n'est pas très-persuadé

---

theologi tanquam secum non agnoscunt, juristæ detestantur, medici horrent ? Dixit unus antiquissimus Sorbonista quod quadantenus possit veritatem conjicere hoc argumento : Viri sapientes gignunt stulta capita ; ergo gluc **.

(**) Mots inexplicables, jargon d'école transmis, selon toute apparence, par les scolastiques, et impliquant la troisième proposition d'un syllogisme.

que Richelieu lui-même soit jamais parvenu à s'en affranchir. La mauvaise humeur avec laquelle il reçoit le désaveu de Garasse et les protestations de ses supérieurs, le refus qu'il fait de le recevoir lui-même et d'entendre de nouveau sa justification, sont autant de marques qu'il n'était pas dupe du jésuite, et qu'il faisait semblant de le croire plus qu'il ne le croyait en effet.

Remarquons en outre, dans ce récit de Garasse, le langage de Richelieu. Il aimait les Jésuites, il les protégeait, il les pratiquait; mais il ne leur accordait qu'une confiance limitée, résolu de les faire passer sous le joug de ses volontés, s'ils ne l'acceptaient d'aussi bonne grâce que celui de Jésus-Christ. Ils le savent, et c'est pourquoi ils le conjurent à force de soumissions; d'autant moins avares de ces formalités pénibles, qu'il n'en coûte rien, je le répète, à leur conscience, puisqu'ils croient à l'innocence de Garasse. S'ils ont quelque motif de soupçonner un des leurs, il a pris, comme c'était l'usage, trop de précautions, et il n'y a pas assez longtemps qu'il a publié son libelle, pour qu'ils sachent encore son nom et son pays. L'entreprise était de nature à n'admettre pas de confident, et elle n'était pas la première conçue et exécutée par un jésuite, à l'insu ou sans le gré de la compagnie. C'est l'inconvénient de toute association ou communauté, que l'excès de zèle dans l'un de ceux qui en font partie; les plus grandes inimitiés dont elles sont l'objet n'ont pas d'autre origine, et il n'en faut pas davantage pour prononcer leur condamnation. Elles ne sauraient donc approuver jamais un zèle de ce genre. S'il leur en coûte tant quelquefois de le désavouer, c'est qu'à la honte de ne pas l'avoir prévenu se joint l'espoir de n'en être pas rendues responsables. Quelque faux que soit ce calcul, il est rare qu'elles ne le fassent pas, plus rare encore qu'il ne soit pas déjoué.

On ignore si le cardinal garda rancune à Garasse, ou s'il lui rouvrit sa porte. Quoi qu'il en soit, l'alerte fut chaude au camp des Jésuites : on ne parlait de rien de moins que de leur expulsion, et Richelieu ne s'y fût pas pris à deux fois. Ils en furent quittes pour la peur. Mais, à partir de ce jour, Garasse, soit de lui-même, soit plutôt de l'ordre de ses supérieurs, cessa d'écrire et surtout d'imprimer. Toutefois, au mois de mars suivant, voulant témoigner encore qu'il n'était pas plus l'auteur des libelles qu'on lui imputait que partisan de leurs doctrines, il signait, conjointement avec les pères Cotton, Suffren, Petau et plusieurs autres, une déclaration qui condamnait la doctrine contenue dans un livre du père Santarelli, touchant la personne des rois et leur autorité (1). Il fit plus ; il réfuta ce livre, mais il ne publia pas sa réfutation (2) : c'eût été déroger à la loi du silence qu'il s'était prescrite ou qu'on lui avait imposée.

(1) Nous sous-signez déclarons que nous désadvouons et détestons la mauvaise doctrine contenue dans le livre de Sanctarellus, en ce qui concerne la personne des roys, leur authorité et leurs Estats, et que nous recognoissons que Leurs Majestez relèvent indépendamment de Dieu ; sommes prêts d'espandre nostre sang et exposer nostre vie en toutes occasions, pour la confirmation de cette vérité ; promettant de souscrire à la censure qui pourra estre faite de cette pernicieuse doctrine par le clergé ou la Sorbonne, etc. » (*Mercure français*, 1626, p. 92.) — Par arrêt du Parlement du 13 mars 1626, le livre de Santarelli, intitulé : *De potestate summi pontificis*, fut brûlé par la main du bourreau.

(2) *Patrum Societatis Jesu parisiensium de absoluta Christianissimi regis potestate Declaratio*. C'est un manuscrit de douze pages in-folio. Garasse avait composé cet écrit en français ; il fut traduit en latin par un régent de rhétorique du collége de Paris. Voyez le *Dictionnaire* de Joly, au mot GARASSE.

CHAPITRE IX.

La somme théologique. — Réfutation de ce livre par Duvergier de Hauranne, abbé de Saint-Cyran. — Mort de Garasse.

Garasse avait parlé trop souvent de théologie pour n'en pas écrire. Trop souvent il avait reproché à ses adversaires de ne pas savoir le premier mot de cette science, pour ne pas nous montrer combien elle lui était familière, et jusqu'à quel point il y excellait. Il écrivit une *Somme théologique* (1); il la dédia au cardinal de Richelieu, et la publia deux mois avant l'affaire des libelles. Elle eut un succès de scandale. Il ne serait pas en effet bien difficile de montrer que toutes les sottises imaginables, telles que citations des auteurs sacrés ou profanes, tronquées ou falsifiées, irrévérences grossières, impiétés, bouffonneries et vanteries insupportables, blasphèmes, hérésies, ont été accumulées dans ce gros livre; il ne serait besoin que de les relever dans la critique qu'en fit Saint-Cyran (2). « Je ne vois pas, dit Bayle, qu'il soit facile de trouver une critique aussi forte que celle-là. On y rencontre une exacte et profonde érudition, un jugement solide, et une sagacité merveilleuse à découvrir les défauts d'un écrivain. C'est une des plus utiles lectures que l'on puisse faire, et surtout lorsqu'on a dessein de s'ériger en auteur à raisonnemens par autorités, par allusions, par comparaisons (3). »

(1) *La Somme théologique des véritez capitales de la religion chrétienne.* Paris, 1625, in-folio, pp. 983, sans les tables. Elle est dédiée à Richelieu.
(2) *Somme des faussetez*, etc. Déjà cité.
(3) *Dictionn. histor.*, art. Garasse, note C.

J'ai fait ce relevé, et j'en eusse volontiers diverti le lecteur, sans la crainte de donner trop d'étendue à ce travail. Je me bornerai donc à en détacher quelques fragments, à faire connaître l'opinion avantageuse que Garasse avait de ce rare ouvrage, et les vicissitudes qui en accompagnèrent la publication.

Selon Garasse, sa *Somme* « est un ordre tout nouveau » appliqué à l'enseignement de la théologie, et un recueil « de pensées, tant qu'il peut, toutes nouvelles (1). » Les preuves de l'essence divine, « il les a conçües en partie et formées soy-mesme, parce que la nature a donné à chacun des hommes son esprit personnel et ses poulmons ; » et que, pour lui, « il confesse qu'en matière de véritez, il ne respire pas tant par les poulmons d'autruy que les siens ne fassent leur office (2). Quant au reste, et pour les pensées nouvelles, ajoute-t-il, il vaudroit autant nous arracher le cœur et les poulmons que de nous fermer l'entrée à la découverte de nouvelles inventions (3)... Combien de fois me fust-il échappé de m'estimer plagiaire des anciens docteurs, si je n'eusse esté asseuré que jamais je n'avois ny communiqué ny découvert mes pensées (4)... Dieu veuille convaincre d'ignominie et de fausseté ceux qui disent que nous ne disons rien qui n'ait esté dit devant nous (5). »

Il avait donc la prétention d'être neuf. Cette prétention est fondée à tous égards ; elle l'est surtout en ce que pas un théologien ne s'était avisé jusqu'alors de faire un livre

---

(1) *Somme théologique*, liv. III, p. 452.
(2) *Ibid., ib.*, p. 118.
(3) *Ibid.*, liv. III, p. 721.
(4) *Ibid., ib.*
(5) *Ibid., ib.*, et p. 722.

plaisant de la connaissance de Dieu et de ses attributs, et Garasse l'a fait. Boileau n'avait pas lu la *Somme théologique*, quand il écrivait ces vers, qui y reçoivent un éclatant démenti :

> De la foi du chrétien les mystères terribles
> D'ornements égayés ne sont point susceptibles.

Il eût renversé sa proposition, s'il eût vu dans Garasse des choses comme celles-ci : « Que la personnalité de l'homme a esté comme mise à cheval sur la personnalité du Verbe (1); que Nostre Dame endura, en la mort de Jésus-Christ, tout ce qu'elle devoit endurer aux tranchées de son enfantement (2); que Jésus-Christ travailla autour de ses disciples comme un bœuf à la charruë (3); que la justice de Dieu est une déesse bourrelle, *tortoria diva* (4); que le Père forme et engendre un Verbe hors de luy-mesme (5); que le nom de Jésus, ainsi figuré ordinairement, IHS, est, sans la croix et escrit de cette sorte, IHS, un Jésus dévalisé (6); que la Patience, ayant vu le Christ, s'enflamma pour lui d'un tel amour, que, pareille à Didon oublieuse de son Sichée, elle n'aspira plus qu'à la possession d'Énée, brûla du désir de s'unir à lui, et lui ravit son amour (7). » Ce ne sont pas là, certes, des pensées communes, et Garasse avait raison de s'en vanter. Du moment qu'elles étaient à lui, elles devenaient parfaites; l'origine seule en déclarait la qualité.

---

(1) *Somme théologique*, liv. III, p. 649.
(2) *Ibid.*, p. 841.
(3) *Ibid.*, p. 740.
(4) *Ibid.*, p. 343.
(5) *Ibid.*, p. 482.
(6) *Ibid.*, p. 510. Voy. les *Lettres provinciales*, xi.
(7) *Ibid.*, p. 608. Cette proposition est en latin dans le texte.

Ainsi Garasse croyait fermement qu'après son livre, il n'y avait plus rien à dire en théologie ; que tout y avait été si bien dit, qu'il n'avait pas même été nécessaire qu'il se répétât jamais, ni qu'il se corrigeât. « Je ne suis point, dit-il, subject du roi Amalec, pour lécher deux fois un os, quand ce seroit pour en tirer de la mouëlle de lion, ni pour m'attacher deux fois à une gauffre, quand ce seroit pour en sucer du miel d'Attique ou de Canope. Je me contente de dire une fois une bonne parolle, de peur de la gaster en la redisant (1). » Et Saint-Cyran de s'écrier : *Vanitas vanitatum, et omnia vanitas!* « car il n'y a rien qu'une excessive vanité qui vous fasse dire ces rodomontades. Si cela valoit la peine, je monstrerois par plus de trente passages que cette grande fécondité s'est trouvée tellement tarie, qu'elle a esté contrainte de redire ouvertement les mesmes choses, et, ce qui est pis, que ce qu'elle avoit bien dit en un endroit, elle l'a gasté en d'autres par de nouvelles fautes qu'elle y a adjoustées (2). » Et nous aussi, nous pourrions faire comme Saint-Cyran ; mais nous ne le faisons pas par la même raison que lui.

C'est dans les avertissements que Garasse a concentré, pour ainsi dire, tous les éloges qu'il se donne et qu'il croit mériter. « Toutes ces pages, observe Saint-Cyran, ne sont remplies que de perpétuelles louanges de vous-mesmes et de vos livres, d'une puante vanterie, d'une incroyable arrogance, d'un orgueil si épouvantable, que je suis en doute si les esprits réprouvez à cause de leur orgueil, ayant intention de se rendre recommandables par leur propre bouche, pourraient former leurs pensées et leurs parolles

---

(1) *Somme théologique*, etc., p. 846.
(2) *La Somme des fautes*, etc., t. IV, p. 134.

sur un plus parfait modelle (1). » C'est là que Garasse se compare à saint Jean Chrysostome, à saint Augustin, à Baronius, à Bellarmin, disant que, comme eux, il a été persécuté par les hérétiques ; et ces hérétiques sont tous ceux qui ont critiqué ses livres. C'est là que pour compléter sa ressemblance avec saint Augustin, il se propose de faire comme lui des rétractations. C'est là qu'il défie les écrivains de faire en quatre ans ce qu'il a fait en deux, et qu'il veut bien leur faire savoir qu'il a composé un livre si important pendant les prédications des Avents, des Carêmes et des Octaves. C'est là qu'il se figure des ennemis imaginaires qui lui reprochent d'avoir mis bien du temps à composer son livre ; ce qu'il leur accorde, afin de pouvoir comparer ce livre avec ces monuments fameux qu'on ne put achever en un jour. C'est là qu'étonné lui-même de la beauté, de la fécondité de son génie, il semble revendiquer pour lui-même cet éloge qu'on a fait de saint Augustin, qu'il y a des hommes qui se mesurent à la taille des anges (2).

Il ne paraît pas que la *Somme théologique* fît sur les docteurs de Sorbonne, qui l'examinèrent, la même impression que sur le public ; ils l'approuvèrent sans difficulté. Ils étaient deux pour cette besogne. On doit croire qu'effrayés à l'aspect de cet énorme manuscrit, ils ne le lurent ni l'un ni l'autre, et qu'ils se communiquèrent leur avis, comme s'ils l'avaient lu en effet. Par malheur, ils se trouvèrent d'accord. Ceux qui étaient à l'affût de tout ce qui sortait de la plume des Jésuites, et principalement de Garasse, regardèrent son livre d'un peu plus près. Saint

---

(1) *La Somme des fautes*, etc., t. IV, p. 134.
(2) *Somme théologique*, etc., aux Avertissements, p. 14-22.

Cyran en fit littéralement l'anatomie. Le recteur de l'Université s'en plaignit à la Faculté ; on ordonna un second examen. La première partie de la critique de Saint-Cyran était sous presse, et les trois autres allaient la suivre, lorsque Garasse en fut informé. On disait qu'il avait gagné des ouvriers de l'imprimeur, pour savoir d'eux si l'on imprimait quelque chose contre lui ou contre son ordre. C'est par eux en effet qu'il sut « comment on lui tailloit de la besongne, et ourdissoit une toile qu'il ne sçauroit défaire durant toute sa vie (1). » Il obtint communication de ce livre, et, par des moyens que Nicolle qualifie de cabale, il intimida l'imprimeur qui n'osa passer outre (2). L'ouvrage fut ainsi longtemps arrêté. Une fois en possession des feuilles du premier volume, Garasse choisit dans son propre ouvrage les propositions les plus faciles à défendre, et dont il n'y avait pas trois qui fussent du nombre de celles attaquées par Saint-Cyran. Il en forma une censure à sa fantaisie et la réfuta tout à son aise (3). On peut juger s'il fut victorieux. Assez longtemps on fut dupe de cette supercherie. Les nouveaux examinateurs du livre furent déconcertés. « M. de Saint-Cyran, ajoute Nicolle, eut mille peines à faire lever l'empeschement que les Jésuites apportoient à la publication de sa réfutation, et à détromper

---

(1) *Advis à tous les savans et amateurs de la vérité*; à la suite du t. I de la *Somme des fautes et faussetez*, etc.

(2) *Les Imaginaires*, liv. III, p. 46.

(3) *L'abus et découverte de la censure prétenduë des textes de l'Écriture Saincte et de propositions de théologie, tirées par un censeur anonyme de la Somme du Père Garasse*. Paris, 1626, in-8, en deux parties, p. 56 et 48. La première partie contient 56 propositions, et la seconde 55 : ce qui fait un total de 111. Saint-Cyran fit à ce livre quelques apostilles qui se grossirent insensiblement, et finirent par former le livre qui a pour titre : *La Somme des fautes et faussetez capitales*, etc.

le monde qui s'estoit laissé surprendre à l'artifice du père Garasse. Il en vint néanmoins à bout, et, malgré toute la cabale de la compagnie et les longs délais que l'on accorda au père Garasse pour se rétracter (1), son livre fut censuré…. Les Jésuites ne s'opiniâtrèrent point à soutenir leur père Garasse, mais ils le reléguèrent loin de Paris, en une de leurs maisons, où l'on n'entendit plus parler de lui. Par là, ils terminèrent cette affaire (2). »

Selon le même auteur, la guerre entre les Jésuites et les Jansénistes commença par le livre du père Garasse, où, comme dit Bayle, Garasse fut l'Hélène de cette guerre. Joly n'est pas de cet avis. « Les Jansénistes, dit-il, furent les provocateurs. Jamais aucun jésuite ne fit rien contre l'abbé de Saint-Cyran, qu'après que celui-ci eut ouvert la querelle. Bien plus, cet abbé avoit maltraité la compagnie des Jésuites en général, et plusieurs jésuites en particulier, pendant vingt ans, sans qu'aucun Jésuite le connût, et conséquemment sans qu'aucun d'eux eût dit ou pu dire quelque chose contre lui. Le père Sirmond, à la vérité, l'avoit assez maltraité, et cela par droit de représailles; mais à proprement parler, il n'avoit rien dit contre lui personnellement, puisqu'il ignoroit le nom et les qualités de son adversaire, déguisé sous le faux nom de Petrus Aurelius (3). » L'explication est bonne, mais elle est inutile ; car au lieu de détruire l'assertion de Nicolle, elle la confirme. Quand Nicolle dit que la guerre a commencé par le livre du père Garasse, il ne veut pas dire que Garasse l'ait

---

(1) L'approbation était du 8 août; la censure fut prononcée le 1ᵉʳ septembre suivant. Le délai n'était pas bien long. — V. le *Mercure* de 1626, p. 527 et suiv.

(2) *Les Imaginaires*, loc. cit.

(3) *Remarques sur le Dictionnaire de Bayle*, p. 483.

provoquée, mais qu'il en a été seulement l'occasion. Il est clair, du reste, que les Jansénistes attaquèrent les premiers.

J'imagine que dans la retraite où l'avaient condamné ses emportements et sa fougue, Garasse languit et se consuma. Il était dans la force de l'âge; le zèle le dévorait; il pouvait encore s'illustrer dans vingt batailles, et on lui donnait les Invalides! C'était l'envoyer à la mort. Aussi bien ne vécut-il pas longtemps après cet événement. La dernière action de sa vie est très-belle. Il demanda instamment à ses supérieurs la permission de soigner les malades, pendant qu'une affreuse contagion ravageait la ville de Poitiers. Il gagna le mal, en remplissant ces devoirs de charité, et mourut à l'hôpital, au milieu des pestiférés, le 14 juin 1631, à l'âge de quarante-six ans (1).

Une fin si héroïque, ou plutôt si sainte, rachète bien des fautes. Garasse s'était trop engoué de lui-même pour ne pas revenir tôt ou tard sur son propre compte. Il reconnut un jour qu'il s'était égaré, en voulant ramener les autres dans le droit chemin; il sollicita un poste où il était à peu près sûr de mourir; il l'accepta comme une expiation; il l'occupa sans ostentation, sans faiblesse, jusqu'au moment où la mort vint le relever. Cependant, jamais chrétien, faisant profession d'enseigner des chrétiens, ne le fut moins que lui. Il manqua constamment à cette loi fondamentale du christianisme d'être charitable envers son prochain, de tendre la joue gauche à celui qui nous frappe la joue droite.

---

(1) Ses ennemis s'amusèrent à lui faire faire son testament dès 1626, après avoir supposé qu'il s'était enfui, lorsque la Sorbonne eut condamné sa *Somme théologique*. C'est ce qu'on peut voir par deux pièces données dans l'*Appendice* (I et II), qui sont assez plaisantes.

Il ne respira que la vengeance, et il l'exerça sans miséricorde : « Si maintenant, disait-il pour justifier cette conduite, les bons chrestiens tenoient Judas, il n'y a tourment qu'ils ne luy fissent endurer, seize cents ans après son crime (1). » Ce n'eût point été là, je pense, l'avis du maître qui, exhorté par ses disciples à venger un affront qu'il avait reçu des Samaritains, répondit que le Fils de l'Homme n'était point venu pour faire périr les hommes, mais pour les sauver (2). Garasse ne s'élevait pas à cette hauteur. Il semble même qu'il revendiquât pour lui et les personnes de sa robe le privilége de la vengeance, comme il reconnaissait aux gentilshommes le droit d'offenser les manants, tandis qu'il refusait ce droit aux manants sous peine de mort. « Quand, dit-il, un gentilhomme donne un soufflet à un villageois, c'est un péché de cholère qui n'entre pas en considération. De villageois à villageois, c'est une offense ridicule dont on ne fait point estat. Mais si un villageois ou un homme de néant avoit la hardiesse de donner un soufflet à un gentilhomme, l'offense ne se peut réparer que par la mort du criminel (3). » Ces propositions monstrueuses découlaient naturellement les unes des autres, et Garasse est conséquent. Par la première, il insultait à la miséricorde de Dieu ; par la seconde, il outrageait sa justice. Et pourtant c'est un ministre de ce même Dieu qui s'exprimait ainsi ; c'est un homme dont le devoir était de prêcher aux hommes l'égalité, la charité, la fraternité, et qui l'annonçait dès le début de ses sermons, en interpellant son auditoire par ces touchantes pa-

---

(1) *Somme théologique*, p. 291.
(2) Luc, ix, 56.
(3) *Somme théologique*, p. 294.

roles: *Mes très-chers frères!* On ne saurait plus grossièrement se démentir.

Le même homme renversait toute l'économie des familles chrétiennes, par cette autre maxime qui est de la force des deux premières, à savoir, « qu'entre valet et maistre il ne peut y avoir autre obligation que de justice : tant servy, tant payé; au partir de là, nulle relation mutuelle (1). » « Est-il possible, s'écrie Saint-Cyran, que vous ayez osé exclure la charité, par la force de laquelle les ministres sont obligez d'avoir égard à la vie de leurs valets et serviteurs, tandis qu'ils font une partie de la famille, et que vous n'ayez pas eu égard à ces admirables instructions que donne l'Apôtre, pour se bien conduire et gouverner en une famille, et qui contiennent les mutuelles obligations des maris et des femmes, des pères et des enfants, des maistres et des serviteurs (2)? » Ainsi, et sans qu'il parût s'en douter, Garasse forgeait des armes pour les ennemis du christianisme; ainsi, on a pu dire, résumant ses propres paroles, que la religion chrétienne favorise les riches aux dépens des pauvres, et qu'elle est toute au service des grands pour l'oppression des petits; ainsi, ce blasphème a pu être renouvelé de nos jours avec éclat, fort des aveux mêmes d'un prêtre de Jésus-Christ! Parmi tant de nouveautés qu'il voyait dans son livre, il est triste que Garasse n'ait pas vu celle-là.

Je ne puis m'expliquer l'aveuglement du jésuite que parce qu'il confondait ce qui est du zèle avec ce qui est du devoir. Au lieu d'une obligation douce et limitée dans ses exigences, le devoir pour lui était une tyrannie. Comme

---

(1) *Somme théologique*, p. 375.
(2) *Somme des fautes et faussetez*, etc., t IV, p. 113.

l'esclave qui est plus prompt à obéir qu'éclairé dans son obéissance, Garasse comprenait mal les ordres de son maître, et les dépassait. Il croyait d'ailleurs ne rien faire autre que suivre sa vocation, et accomplir la loi qui lui était prescrite d'être l'effroi des méchants, le fléau des athées, la terreur des libertins. On conçoit qu'alors il oubliât d'être chrétien, et ne fût plus qu'un juge, résolu à trouver partout des coupables et à les punir. Il est vrai qu'il n'est pas un de ses écrits où il ne proteste contre toute animosité personnelle; nulle part cependant il ne se fait scrupule d'attaquer les personnes, et cela, lors même qu'il semble n'en vouloir qu'aux vices ; comme s'il craignait de perdre ses coups contre des fantômes, et qu'il eût besoin de leur donner un corps pour ne pas frapper dans le vide.

Par une contradiction qui est à sa décharge, il était aussi prompt à se réconcilier qu'à déclarer la guerre,

Irasci celer, attamen ut placabilis esset;

encore, sa vanité y trouvait-elle son compte, car jamais il ne fit les avances. Ses ennemis avaient l'attention de les lui épargner. La crainte qu'il inspirait n'y aidait pas médiocrement. On a vu qu'il en reportait l'honneur à ses poumons; en effet, ils eussent lassé les plus vigoureux. Pour avoir osé un moment lutter avec lui, Ogier et Balzac y perdirent la voix ; un peu plus ils y perdaient la vie. Malgré cela, je ne crois pas que Garasse fût un méchant homme. Mais il était excessif en tout, et avait peu de jugement. Il eût été, je pense, un mauvais sujet, s'il n'eût pas fait choix d'un état où les passions n'ont ni liberté, ni excuse, et où c'est un crime, je ne dirai pas de s'y abandonner avec excès, mais seulement d'y obéir dans la limite permise à tout le monde. Mais, c'est en vain qu'on les comprime; tôt ou tard l'une ou l'autre éclate, ne faisant pas moins de ravages qu'elles n'en eussent fait toutes ensemble, si elles eussent été libres. La passion qui triompha de tous les efforts de Garasse, fut son humeur hargneuse et satirique. Une éducation commencée dans le feu des guerres civiles, achevée dans les séminaires, une ignorance des usages du monde rendue plus profonde par la loi qu'il s'était faite de les combattre et de les mépriser, des rapports fréquents avec le peuple vers lequel le poussait un vieil instinct de ligueur, une imagination enflammée, une assurance de Gascon, une loquacité qui avait pu se donner carrière tout à l'aise par la facilité de parler en chaire sans être contredit, une rage d'écrire qui avait pour effet de noircir des montagnes de papier, l'esprit de corps enfin, plus irritable et plus vif, en raison de la haine dont ses confrères étaient l'objet, tout concourut à favoriser l'humeur de Garasse et à la développer au delà de toute mesure. C'est par là qu'on explique la licence et le mauvais goût de son langage, la hardiesse et la grossièreté de ses figures, la bizarrerie de ses comparaisons, l'absurdité de ses raisonnements, ses locutions triviales mais pittoresques, ses bouffonneries impudentes, ses bons mots plus énergiques que fins, en un mot toute cette façon de parler empruntée au peuple et où Garasse se montre aussi éloquent, aussi spirituel que lui.

L'étude même des écrivains sacrés et profanes, l'érudition qu'il y avait puisée ne polirent jamais son esprit, ni sa langue. Il resta barbare, quand tout se perfectionnait autour de lui, et qu'il y avait déjà des écrivains. Il eut d'heureuses rencontres, mais si rares qu'on aurait bientôt fait de les compter. Son style est une protestation continuelle contre le progrès et le goût. Son orthographe seule varie et tend à se réformer, quoique timidement, et comme s'il en avait du remords. Je doute même qu'il ait accordé cette légère satisfaction à l'opinion. Les imprimeurs auront pris sur eux de lui donner un air de jeunesse, que ses airs d'ancienneté obstinée démentent à chaque instant. Hors ce point, partout et toujours il est le même et à la même place. Comme un rocher demeure immobile au milieu du fleuve dont les eaux s'écoulent et le dépassent, ainsi Garasse, au milieu du mouvement qui entraîne tout ce qui vit et pense autour de lui, ne se meut pas plus qu'un terme. Il reculerait plutôt que d'avancer. Le progrès, selon lui, n'était pas un progrès, qui n'allait pas à perfectionner l'homme sous le rapport religieux. Aussi n'estimait-il les livres que par là, et si on lui eût dit que les siens ne valaient même rien de ce côté, il avait cette maxime toute prête à opposer à ses détracteurs, « que pour que les travaux d'un écrivain ne demeurent pas sans récompense, Dieu luy donne une satisfaction personnelle qu'on ne peut luy envier sans une injustice barbare, tout ainsi que Dieu qui est juste donne de la satisfaction aux grenouilles de leur chant : autrement le blasme public, joint à leur mécontentement, seroit suffisant pour les réduire au désespoir (1). »

Il est un de ceux qui compromirent le plus leur ordre par leur emportement et le mépris de toute bienséance. Il abusa tellement du droit qu'avait tout jésuite de publier

---

(1) *Somme théologique*, p. 419.

ce qu'il lui plaisait, sous sa responsabilité personnelle, que ses supérieurs furent contraints de le lui retirer. Il ne fut pas le seul à qui il fallut ainsi brider la langue. Toutefois, les Jésuites ne gagnaient pas grand'chose à ces mesures restrictives. On ne leur savait pas plus de gré de leur sévérité que de leur tolérance. C'est un malheur auquel toute compagnie doit se résigner. Il arrive souvent qu'on lui conteste le droit de se porter solidaire des belles actions d'un de ses membres; mais on ne manque jamais de la rendre responsable des mauvaises, et quoi qu'elle puisse alléguer pour sa défense, elle est condamnée. Cent fois les Jésuites en ont fait l'expérience. On croyait, non sans fondement, que, lorsque la compagnie était attaquée, elle chargeait un des Pères de repousser l'attaque. Il est vrai qu'il n'y était pas toujours fort habile; mais parce que la faute n'en était pas à lui seul, ses confrères tenaient à honneur de ne pas le désavouer. Les partis ont cet amour-propre; sans cela, ils décourageraient ceux qui s'exposent pour eux, s'affaibliraient et seraient taxés de lâcheté. Mais toutes les fois qu'il ne s'agissait pas des intérêts de leur institut ou des intérêts de la religion catholique, les Jésuites avaient pour principe de laisser à chacun toute liberté d'écrire, se réservant de le désavouer, s'il allait trop loin, de le blâmer en tout cas, et de le réduire au silence. Ils prirent ce dernier parti à l'égard de Garasse. Ils laissèrent passer ses attaques contre Servin et Pasquier, grands ennemis de la compagnie; ils trouvèrent de bonne guerre sa réponse à Dumoulin, grand ennemi du catholicisme; ils encouragèrent ses efforts contre Théophile, grand fanfaron d'athéisme, tout en regrettant qu'il eût versé tant de fiel et manqué d'atticisme : mais ils firent disparaître son *Apologie* de Poitiers, récidive aussi inutile qu'indécente, contre ces mêmes hommes, et ils acceptèrent la censure qui fut prononcée contre sa *Somme théologique*. Il est vrai qu'ils eurent peine à s'y résoudre, parce qu'ils demandaient pour Garasse le temps de se justifier; mais enfin ils cédèrent, convaincus que cet écrit, même atténué par les explications et les désaveux de l'auteur, n'était pas justifiable. Quoi qu'il en soit, la mémoire de Garasse est toujours respectée dans leur compagnie. Ils ne disent pas qu'il était fou ; ils conviennent seulement qu'il avait le cerveau un peu malade, circonstance qui, sans lui ôter le mérite des bonnes intentions, en a compromis l'effet. Ils ne l'appellent guère, quand ils en parlent, que le *bon petit père Garasse*, mot charmant qui emporte l'idée de charité et de pitié, la seule que puisse inspirer à tout juge impartial cet homme singulier.

FIN.

LA FUITTE DU PÈRE GARASSE

ou

LETTRE A LUY ENVOYÉE SUR LE SUJECT DE SON ABSENCE (1).

Mon révérend père, c'est un traict de poltron et d'un courage lasche d'escrimer des talons, quand il faut en venir aux mains, et de prendre la fuitte au fort de la bataille et lorsqu'il est besoin de se deffendre. Un brave soldat doit mourir debout et crever plustot en la meslée que de fuir et ne vivre que par répit. Mieux vaut suer à l'aviron que de trembler à la hune, dit le proverbe, et jamais le capitaine Bayard n'acquit plus de gloire que, quand se sentant frappé à mort d'un coup de fauconneau, il se fit tourner le visage vers l'ennemy, tesmoignant par cette dernière action qui ferma sa vie, qu'on l'appeloit à juste titre le chevalier sans peur et sans reproche.

Mais qui ne croira, voyant vostre fuitte honteuse et clandestine, que vous ressemblez à ces carrabins, adventuriers de deux jours, qui n'ont qu'un coup et puis s'enfuyent à bride abbatue, et se cachent derrière quelque buisson, pour voir de quel costé tournera la victoire ? A quel subject faisiez-vous une si grande levée de boucliers de vostre seconde partie de la *Doctrine curieuse*, que vous appelez *Somme théologique*, et preschez partout que vous alliez atterrer l'athéisme, puisqu'au temps que vous deviez roidir vos nerfs et bander tous les ressorts de votre cervelle démontée pour soustenir vostre doctrine, vous vous estes soustraict subtilement de Paris, et n'avez rien laissé de vous qu'une mémoire languissante et esrénée, qui se traisne parmy les âmes foibles, comme un serpent qui a l'eschine rompue ?

(1) Voici le titre principal : *La fuitte du père Garasse :* Pedibus timor addidit alas. S. L. ni D. In-8, 14 pages, le titre compris.

Croyez-vous que vos ouvrages ayent assez de fermeté et de corps pour se soustenir d'eux-mesmes, et que ceux qui ont entrepris de vous monstrer vos deffauts, veuillent combattre contre des idées de Platon et des ombres? Non, non, nous ne sommes pas dans les espaces imaginaires; ils cherchent un corps solide qui ne rebouche point, comme vous faictes, qui se deffende généreusement et qui ne renvoie le coup que comme une enclume : car ce n'est point en l'air ny contre les vents qu'ils décochent leurs traicts, et peu leur importe si l'Aquilon a ravy Oritie, ou si le Zéphir est amoureux de Flore. Mais ils s'adressent à vous; ils examinent votre *Somme théologique*, vous monstrent vos faussetez (1), et vous veulent réduire au point, ou de respondre et de vous deffendre en vostre propre cause, ou de désadvouer ce qu'il y a de mauvais en vos escrits, et de détromper les simples femmelettes que vous avez enchantées en vos prédications : car pour vous en dire mon sentiment, ce n'est pas tout d'envenimer le monde et de remplir le peuple d'une meschante doctrine : les ministres de Genève et de la Rochelle sont aussi sçavants que vous en ce mestier, et si, après avoir faict un livre pernicieux, il ne tient qu'à prendre la fuitte et chercher quelque tasnière pour se cacher, vous auriez bientost des compagnons et de quoy bastir une belle colonie dans les monts Pyrénées : mais l'importance est de ne rien imprimer qu'après une longue et exacte reveue, et quand une fois le dé en est jetté et que la presse a passé par-dessus, plustost que de tourner le dos et se bannir de la compagnie des hommes, il faut soustenir sa doctrine jusqu'aux flammes, ou faire des rétractations, comme sainct Augustin.

De ma part, si vous estiez homme et que vous eussiez quelque intérest de conserver la vaine réputation que vous croyez avoir acquise, je vous dirois que c'est la trahir tout à faict par ceste dernière action, et vous rendre ingénieux en la deffaite de vous-mesme : car fuir, lorsqu'on attaque vos escrits, et s'esloigner des coups, qu'est-ce autre chose si non vous rendre coupable des fautes qu'on vous impose, et nous laisser à tous un mauvais jugement de vos actions? Au lieu que, demeurant dans Paris et résistant courageusement à ces atteintes, vostre présence eust peut-estre dissipé les mauvaises impressions que nous

---

(1) Saint-Cyran, dans sa *Somme des faussetez capitales*, etc.

avons de vos œuvres, et vostre réputation qui tire aux abois, eust repris quelque sorte de vigueur. Il est vray qu'il est quelquefois bon de fuir et d'éviter le hazard; nous le voyons en la personne de Jacob qui s'enfuit d'Esaü, de Moïse qui se retira de la présence de Pharaon, de David qui sortit de la cour de Saül : mais vous qui aviez présagé tant de fois que vous seriez un lyon généreux en la deffaite des ennemis de Dieu, et qui debviez espancher jusques à la dernière goutte du sang qui bout dans vos veines, prendre la poste lorsqu'on examine vostre doctrine, c'est tout ce qu'on pourroit permettre à un cerf ou à lièvre qui a les chiens à ses tallons. Et rien ne vous sert de vous targuer du bouclier des Parthes qui frappent en fuyant, ou de dire comme Démosthènes, en la bataille des Athéniens contre Philippe : « *Je recule pour mieux sauter, et si je fuis, ce n'est que pour retourner plus généreusement au combat;* » car les playes que nous recevons au visage en nous deffendant, sont plus honorables que celles qu'on nous donne par derrière en fuyant. Jules César voyant un jour son porte-enseigne qui tournoit le dos et s'enfuyoit de la meslée : « Où fuis-tu, dit-il, poltron? Tourne visage ; c'est icy où sont les ennemys. » Et moi, je vous dirois volontiers : Où allez-vous si viste, brave père? Qui vous poursuit? Quelle mouche vous a picqué? Tournez la veuë, et ne craignez point d'être changé en statue de sel, comme la femme de Loth; c'est ici où sont vos adversaires, et non dans la Gascogne et la Guyenne. Je sçay bien que ce fut un sage conseil à Scipion d'aller droit à Carthage, voyant Annibal aux portes de Rome ; et néantmoins, il ne vous en prendra pas de mesme au suject qui se présente ; car vos ennemys tirent advantage de vostre absence, et plus vous vous esloignez, plus ils ont de prise sur vos œuvres.

Mais en vain m'efforcerai-je de vous rappeler, car vous ressemblez aux chiens du Nil, qui boivent en courant; vous ne vous donnez pas la patience de relaïer, et la poste est trop lente pour vostre humeur. Vous courez comme si le feu vous tenoit au derrière, et semble que vostre dessein soit de faire des livres et des ennemys par toute la France, et de signaler vostre nom par une naine publique comme un autre Erostrate. Vous allez de province en province, et preschez partout que vous avez des monstres à combattre. Pardonnez-moy, si je vous dis que ces rodomontades seroient tolérables en la bouche d'Hercule, et non en la vostre, vous, dis-je, qui, comme le soleil de Mars, estes bien capable d'élever des vapeurs, de semer une meschante doctrine, de faire des ennemys, mais vous ne les sçauriez résoudre. Si vous avez quelque monstre à combattre, il faut premièrement vous combattre vous-même, vaincre ceste humeur volage qui vous prédomine, esteindre ce prurit et cette démangézon qui vous faict escrire toutes les grotesques que vostre fantaisie vous représente, arrester la violence de vos passions, vrays renards de Sanson qui vous dévorent, régler vos mouvemens brusques et intraictables, recueillir vos sens vagabonds et dissipés, ramener peu à peu vostre esprit à la recognoissance de ses fautes, recevoir charitablement les remontrances qui vous sont adressées, et pour fermer ceste lettre, vous ressouvenir de ceste belle parole de sainct Augustin : *Nulla est presumptio perniciosior quam de propriâ scientiâ superbire.*

A DIEU.

LE TESTAMENT DU PÈRE GARASSE [1].

Après avoir tant équivoqué, chère Société, faut-il mourir sans équivoques, et payer le tribut à la nature ? Cruelle Parque, pourquoy veux-tu couper le fil de ma vie, sans avoir l'advis et le consentement de nostre général? Ose-tu entreprendre ma mort et mon destin, sans crainte et sans appréhension ? Ne pense-tu pas que nostre chère compagnie ne se ressente de ta cruauté, en te despouillant de la charge que tu as ? Elle a assez d'artifices pour te jouer un mauvais tour, et assez d'invention pour faire mourir celles qui filent le destin aux mortels. Sus donc, mes confrères, secourez-moy en ce point; ne désadvouez point, à ma mort, le cartel de défi que je porte au destin, comme vous avez, en ma vie, désadvoué mon livre que j'ai faict contre les Curieux (2). N'usons point entre nous d'équivoques, ni d'entre-trois; car, entre les Jésuites, ils ne sont pas recevables. Parlons entre nous franchement; autrement je déclareray que je ne suis plus des vostres, que je ne suis point obligé à la religion ; car vous sçavez que nous ne faisons point de profession expresse qu'en mourant. Si vous ne voulez me seconder, je renonce à vostre cabale ; je me retireray contre le père Véron (3) et je livreray le combat aux Huguenots, à saint Yves (4). Que si le ciel dispose de moy, je feray une autre société qui destruira la vostre. Allez donc faire entendre à Jupiter, en la chambre des Destins, que les libertins de ce temps,

(1) Sans lieu ni date (1626), 15 pages, in-8.
(2) *La Doctrine curieuse des beaux esprits de ce temps*, etc.
(3) François Véron avait quitté la compagnie de Jésus en 1620, pour travailler avec plus de liberté à la conversion des protestants. Jusqu'à sa mort, arrivée le 6 décembre 1649, il se livra à toute l'ardeur de son zèle, prêchant, disputant et écrivant sans cesse.
(4) Traits de rancune contre Servin, avocat du roi, et qui, à ce titre, et comme tous les avocats et procureurs, reconnaissait saint Yves pour patron.

et ces hommes qui sont amis de l'indifférence, ont corrompu la Parque, pour haster ma mort. Que s'il ne veut point nous faire raison, craignant son pouvoir, en dérogeant aux loys de l'ordre et de la nécessité, employez vos prières ; si elle (la Parque) en est susceptible, ou capable de raison, suppliez-la qu'elle retarde un peu, afin que j'aye le loisir de respondre à la censure de la Sorbonne (1). Quoy! n'est-ce pas une grande cruauté de fermer la bouche à celuy qui veut se défendre? Est-il raisonnable de supprimer mes escrits par ces anathèmes, sans m'entendre? Et s'il arrive que quelque curieux lise mon livre qui est censuré, et qu'il meure en cet estat, voilà une pauvre âme damnée dont je rendray compte ; voilà une pauvre âme dans la chaudière de Lucifer, ou à la grillade éternelle! Quant à moy, je ne veux plus avoir ce scrupule sur ma conscience ; je veux respondre à la censure avant que de mourir, et avant de faire mon testament. O ciel cruel, qui me dérobes les moyens de justifier mon innocence, je recognois à présent que tu me fais ressentir ces disgrâces pour donner à mes ennemis une victoire injuste! Et vous, chers compagnons, qui sçavez si dextrement faire couler dans un opiat une mort insensible pour ceux que vous voulez dégager des misères de ce monde, que n'y mettez-vous à présent la vie pour mon service, et pour me garantir des rigueurs du destin? Hélas! que j'ay de regret de mourir sans response et sans vengeance! Mais si je ne puis avoir raison en ce monde, je m'en ressentiray dans l'autre ; je feray abboyer le Cerbère éternellement après la Sorbonne, pour le tort que l'on me faict ; je feray entendre aux juges des Enfers les injures que j'ay reçues, afin qu'à l'examen qu'ils feront des docteurs, ils prennent garde qu'ils les condamnent, sans avoir égard aux priviléges de l'Église gallicane, que nous avons voulu tant de fois perdre à leur préjudice. N'y a-t-il point entre vous quelque Josué qui puisse arrester le soleil de ma vie qui haste sa course vers l'occident? Je ne le pense pas ; vous n'estes point capables de miracles. Je me dispose à la mort, puisqu'il n'y a point de remède. J'ay déjà entendu le Hibou (2) et

(1) Censure de la *Somme théologique*.
(2) Allusion à un pamphlet intitulé *Le Hibou des Jésuites*, opposé à la *Corneille de Charenton* (S. L.), 1624, in-8. La seconde édition ajoute à ce titre : *avec la Messe trouvée au treizième chapitre des Actes des Apostres, vers. 2, par ledit Hibou*. Villefranche, sans date, in-12 de 82 feuillets. Chaufepié attribue ce livre à Lucas Jausse, ministre réformé de Rouen.

l'orfraye qui me donnent un mauvais présage; je ressens déjà le froid et l'assoupissement du sommeil éternel. Hélas! faut-il mourir? Faut-il quitter le monde, et souffrir la séparation du corps et de l'âme qui sont si bien liés? Les lierres ne s'accrochent point aux murailles, et la vigne n'enlace point les ormeaux si étroitement que les âmes se lient aux corps avec effusion. Que ce mariage est difficile à résoudre! Quelle violence il faut pour rompre les liaisons qui les garrottent! Quelle contraincte souffre la nature, lorsqu'il faut faire un divorce éternel, et une séparation des parties si bien unies! Combien a-t-elle de ressentiment en ceste mort? Combien de larmes répand-elle pour les ouvrages

« C'est lui, dit-il, qui est l'auteur du petit livre intitulé *La Messe trouvée dans l'Escriture.* Ce n'est qu'un livre de 32 pages in-12, en prose et en forme de dialogue entre un cardinal et le pape Clément X, pour réfuter le père François Véron qui, dans une édition de la Bible française, traduite par les docteurs de Louvain, et imprimée à Paris en 1646, avait écrit en gros caractères ces mots : Act. xiii, 2, *Eux disans la messe au Seigneur.* Il parait que cette édition est la première de ce livret dont l'auteur retira tous les exemplaires, le parlement de Rouen voulant en prendre connaissance pour en punir l'auteur. Mais il y en a une seconde édition dans un recueil intitulé : *Recueil de plusieurs pièces curieuses, comme il se verra à la page suivante. A Villefranche, par N. Selon, imprimeur et libraire, à la Bataille.* (S. D.) Les pièces contenues dans ce recueil sont :

« I. *Véron ou le Hibou des Jésuites opposé à la Corneille de Charenton, par J. M.* Le ministre Mestrezat, auteur, selon les apparences, de cette pièce, ayant publié son *Traité de la communion à Jésus-Christ au sacrement de l'Eucharistie,* François Véron l'attaqua dans un écrit qu'il intitula *La Corneille de Charenton.* C'est ce qui donna lieu à la pièce *Véron ou le Hibou,* qui est de 30 pages.

« II. *La Révolte enseignée par François Véron contre les commandemens de Dieu;* 2 pages.

« III. *La Messe trouvée dans l'Escriture. Mise au treizième chapitre des Actes des Apostres, vers. 2, par François Véron.* C'est un titre particulier au bas duquel on lit : *à Villefranche, chez N. Selon, imprimeur, à l'enseigne de la Bataille,* 1678, pp. 41. A la suite, car les pages continuent, on trouve *les Commandemens de Dieu et les Commandemens du pape,* en vers; *Génération de l'Antechrist; Description de l'image de l'Antechrist; Examen familier des responses de Véron aux demandes qu'on lui a faictes; Huitain faict sur le Dieu de la Messe.* » (Voyez Chaufepié, article Lucasse Jausse et la Bibliothèque des Écrivains de la Compagnie de Jésus, par Augustin et Aloïs de Backer, partie V, p. 733, n° 10 et suiv.)

qu'elle produit? Lorsqu'elle les résout, son regret est aussi grand qu'il est secret, aussi violent qu'il est nécessaire : et sans doute n'étoit que la mort est un principe d'une autre vie, et que la corruption est le chemin pour aller à la génération, elle prendroit les armes pour nous deffendre de la rigueur du destin, et s'efforceroit de nous donner l'immortalité. Hélas, qu'un tombeau est triste! Qu'une lame de cuivre ciselée d'épitaphes est froide! Que l'appareil des funérailles est affreux! Que la couleur noire que l'on porte par cérémonie offense mes yeux! Elle faict plus d'effet dans mon âme que la mort mesme. Que les rameaux d'un cyprès pâlissant me desplaisent! Que ces oraisons funèbres qui flattent si doucement la vanité, m'ennuyent! J'aimerois mieux souffrir vivant la franchise d'Auger (1), que de gouster mort les fades douceurs de ces loüanges imperceptibles à l'ombre et à la cendre. Hélas, que la vie est belle et que le monde est beau! Que les saisons qui s'entre-suivent d'un ordre si réglé sont agréables! Mais quoy! nous ne sommes pas immortels; il faut tous franchir ce pas. Je ne verray plus le collége de Clermont (2), ni le séminaire de malice qui est dans les faubourgs Sainct-Germain; je ne verray plus pratiquer les desseins d'estat avec les potentats de la terre; je n'auray pour object que le misérable royaume de Pluton où je n'ay point de prétentions; car on ne paye point la taille ni les douanes en ce pays-là. Je commence à sentir la mort, mes frères; le froid me saisit aux pieds, et mes mains n'ont plus de mouvement. Amenez-moy un testament pour faire un notaire, je me trompe, amenez-moy un notaire pour faire un testament. Mon esprit commence déjà à se troubler. Mais suis-je capable de faire un testament? car la loy veut que l'on soit sain d'esprit. Hélas! je ne feray donc rien qui vaille, car je n'ay jamais esté beaucoup sage. Je veux pourtant que mon testament soit exécuté de point en point; autrement je seray une cruelle ombre à celuy qui sera mon exécuteur. Adieu donc, chère Société; puisqu'il faut mourir, je ne vous oublieray point.

Premièrement je donné mon âme à l'Espagne (3), et mon

---

(1) C'est le prieur Ogier, auteur du *Jugement et censure de la Doctrine curieuse*, de Garasse.

(2) Premier établissement des Jésuites à Paris.

(3) L'Espagne était doublement chère aux Jésuites, parce qu'elle avait donné le jour à leur fondateur, et parce que nulle autre part ils n'étaient aussi puissants et aussi respectés.

corps à la France où je veux estre enterré solennellement, et que tous les Jésuites, habillés à la mode, comme le capitaine Picard, assistent à mes funérailles. Aussi je leur lègue et leur donne ma bonne réputation et ma science, pour s'en servir en temps et lieu.

Je donne mes rencontres, mes facéties, les brocards, allusions, contrepéteries qui sont dans mon livre de la *Doctrine curieuse*, à Tabarin (1) ou à Padelle, pour s'en servir sur le théâtre et récréer les Parisiens.

Je donne et lègue mon encre double qui a la vertu de faire des équivoques, entend-trois, amphibologies et énigmes, aux notaires, greffiers, sergens, référendaires, secrétaires, afin qu'ils fassent plusieurs procès entre les parties, par l'ambiguité des clauses des contracts, et qu'il soit besoin d'interprétations, d'arrests et de requestes civiles.

Je donne ma plume à tous les poëtes, afin qu'ils rencontrent en leurs ouvrages, à la charge qu'ils n'escriront plus contre moy.

Je donne et lègue mes équivoques aux filous, aux rougets et bluets (2) et à tous ceux qui par fragilité d'esprit, tombent en la chambre criminelle, afin qu'ils puissent, à l'interrogatoire, se tirer de pair par leurs subtiles responses.

Je donne et lègue mon bonnet et ma robe à l'Université, à la charge qu'elle renoncera à leurs (*sic*) priviléges, et que la Société (3) pourra, nonobstant les arrests donnés sur ce sujet, faire des maistres-ès-arts et des docteurs en théologie.

Je donne et lègue mes lunettes à tous ceux qui ont donné des approbations de toutes mes œuvres, afin que doresnavant ils regardent de plus près, pour éviter les censures.

(1) Tabarin, charlatan et farceur, dans le genre de nos Paillasses, courait la ville et la province avec Mondor, et fut fort en vogue en France, de 1620 à 1630. On a l'*Inventaire universel des œuvres de Tabarin, contenant ses fantaisies, dialogues, paradoxes, farces, subtilités tabariniques*, etc. Paris, 1622, in-12, et nombre d'autres écrits burlesques sous son nom. — Padelle était aussi un charlatan et arracheur de dents fameux de la place Dauphine. Il succéda à Tabarin, et ne fut pas moins gai et licencieux en paroles. Il n'a rien imprimé.

(2) Les *Rougets*, enfants trouvés, petits bâtards de l'hôpital des Enfants-Rouges, à Paris. Ils étaient habillés de rouge, suivant les statuts. — Les *Bluets*, mendiants vagabonds et malades de l'hôpital de la Trinité, à Paris. Le bleu était la livrée de la maison.

(3) Les Jésuites.

Je donne et lègue mes prologues facétieux, et mes comédies aux imprimeurs de Troyes et à tous ceux qui impriment des almanachs et calendriers (1), à la charge qu'ils mettront la feste de sainct Ignace en la place de sainct Germain, nonobstant les arrests et les sentences (2).

Je donne et lègue tous mes papiers, mes œuvres, et particulièrement ma *Somme théologique* aux épiciers et aux beurrières, à la charge qu'ils me feront des remerciemens honnestes (3).

Je fais et institue le capitaine Picard (4) exécuteur de mon testament, qu'il fera observer de point en point, et aussi je luy donne ma belle humeur et mes inventions.

(1) Les imprimeurs de Troyes étaient fameux par les publications de ce genre. Ils ont bien dégénéré depuis.

(2) J'ai lu en effet quelque part, dans le *Mercure*, je pense, que les Jésuites ayant, dans un almanach publié par eux, substitué le nom de saint Ignace à celui de saint Germain, furent obligés, par arrêt du Parlement, de rétablir ce dernier nom.

(3) Allusion au *Remerciement des Beurrières de Paris, au sieur de Courbouzon Montgommery* (Niort, 1610, in-12), satire qui fut une des suites de l'*Anticoton*.

(4) Celui qui est ici nommé le capitaine Picard, est Jean Picard, ainsi appelé, parce qu'il était de Picardie. Il renouvela, au commencement du quinzième siècle, les erreurs des Adamites, et se fit suivre par une populace ignorante et corrompue, hommes et femmes, auxquels il ordonna d'aller toujours nus. Il prêcha d'exemple, et ne fut que trop obéi. C'est selon cette mode que Garasse, un peu plus haut, veut que les Pères assistent à ses funérailles.

TABLE DES MATIÈRES

DU SECOND VOLUME

GASPARD SCIOPPIUS

CHAPITRE PREMIER.

Naissance de Scioppius ; sa famille. — Il veut faire croire qu'il est gentilhomme. — Il est élevé aux frais de l'Électeur palatin. — Son ingratitude.. 1

CHAPITRE II.

Premiers essais de Scioppius : *Verisimilia* ; *Suspectæ lectiones*. — Il est accusé de plagiat avec effraction ; plaisante manière dont il se justifie. — Commentaire sur les *Priapées*........ 10

CHAPITRE III.

Conversion de Scioppius au catholicisme. — Il se convertit par intérêt. — Il proteste du contraire. — Est confondu par ses propres aveux. — Est joué par le dataire de Clément VIII. — Doutes sur la sincérité de sa conversion ; on lui demande des gages ; il en donne de faibles........................... 22

CHAPITRE IV.

Scioppius attaque Joseph Scaliger. — Le *Scaliger hypobolimæus*; examen de ce libelle qui est attaqué par D. Heinsius, Rutgersius, et réfuté par Jos. Scaliger. — Scioppius réplique par les *Amphotides*. — Magnifique éloge qu'il fait de son austérité, de sa probité, de son désintéressement, de sa piété. — Finesse et profondeur de son hypocrisie. — Il nie qu'il fût l'espion des protestants à Rome. — Il produit nombre de certificats à l'appui. — Ses relations avec les princes allemands.............. 43

CHAPITRE V.

Voyage de Scioppius à Venise. — Il a une entrevue avec Fra Paolo qu'il menace de la vengeance du pape. — Va ensuite à Ratisbonne, siége de la Diète germanique. — Prête aux catholiques le secours de sa plume contre les protestants. — L'*Ecclesiasticus*; le *Belli sacri Classicum*. — Extraits du *Classicum* publiés sous le titre de *Flores Scioppiani*. — Réponses en latin et en allemand à ce libelle............................... 61

CHAPITRE VI.

Libelles de Scioppius contre Jacques Ier, roi d'Angleterre. — L'*Ecclesiasticus* est une réponse à l'Apologie du serment de fidélité, écrite par ce prince. — Outrages adressés à la mémoire d'Henri IV dans ce livre qui, par arrêt du parlement de Paris, est brûlé par la main du bourreau. — Le *Collyrium regium*. — Analyse de ce libelle. — L'*Alexipharmacum regium*. — Analyse de cet écrit dirigé tant contre Duplessis-Mornai que contre le roi Jacques. — Voyage de Scioppius à Madrid. — Il est attiré dans un guet-apens par l'ambassadeur d'Angleterre, et presque assommé par ses gens. — Relation qu'il fait de cette aventure, sous le titre d'*Oporini Grubinii legatus latro*. — Il va à Ingolstadt, où il publie un infâme libelle contre Casaubon et contre Jacques. — Analyse de ce libelle. — Il est joué sur un théâtre à la cour de Jacques et en présence de ce prince. — La *Corona regia*, autre libelle contre Jacques. — Analyse de ce libelle... 87

CHAPITRE VII.

Part que Scioppius s'attribue dans la première guerre de Trente ans. — Sa tête mise à prix par les princes protestants. — Il révient en Italie, où il publie les témoignages qu'il a reçus des princes catholiques, des cardinaux, etc., de son zèle pour la religion catholique. — Chimère de ses espérances. — Il publie ses ouvrages de grammaire. — Édite la *Minerva* de Sanctius. — Ses *Consultationes de scholarum ratione*, ou *Plan d'études*. — Jalousies qu'elles excitent parmi les corps enseignants. — Attaques dont elles sont l'objet. — Application infructueuse de son *Plan d'études* en Italie; les magistrats le suppriment. — Les Jésuites le déclarent absurde. — Plaisante sortie du Père Alberti contre ses grammaires. — Compliments qui dédommagent Scioppius de l'âpreté de ces attaques........................ 113

CHAPITRE VIII.

Motifs et commencement de la guerre de Scioppius contre les Jésuites. — Ses innombrables libelles contre cet ordre, arsenal où l'on a puisé depuis toutes les armes avec lesquelles on l'a combattu. — Scioppius publie le premier les *Monita secreta* des Jésuites; comment cette pièce fut découverte. — Le Père Laurent Forer réfute dans un seul écrit une douzaine des libelles de Scioppius. — Défense des ordres monastiques contre les Jésuites, par Scioppius. — L'*Astrologia ecclesiastica*. — Brouillé avec toutes les puissances et toutes les religions, Scioppius ne ménage plus personne. — Il a des retours vers le protestantisme. — Il attaque le culte des saints, traite la sainte Vierge avec irrévérence, et s'élève contre l'ambition des papes. — Enfin, il recommande la tolérance envers les protestants. — On suppose qu'il a voulu rentrer dans leur communion...... 133

CHAPITRE IX.

Scioppius ne se trouve plus en sûreté nulle part. — Il se retire à Padoue. — On l'y inquiète. — Il s'enferme chez lui et se livre avec ardeur à l'étude. — Son embarras pour faire imprimer ses écrits. — Il pense à se sauver en Suisse, près de Daniel Toussain, son ami. — Il veut vendre ses biens pour payer l'impression de son livre, et ne trouve pas d'acquéreurs. — Ce que sont les écrits qu'il composait alors. — La *Pædia politica*, les *Machiavellica* et autres écrits politiques, théologiques, et contre les Jésuites... 147

CHAPITRE X.

Doutes qu'il inspire à ses amis mêmes sur la nature de sa religion. — Sa gêne s'accroît de l'impossibilité de vendre ses livres. — Il invente un élixir. — Énumération de ses talents et de ses vertus faite par lui-même, et certificats à l'appui. — Mort de Scioppius. — Tout le monde s'en réjouit. — Scioppius ne se fia pas toujours à sa plume pour venger ses injures; il menaça des tribunaux. — Sa fécondité. — Son livre contre le jésuite Strada, *De stylo historico*. — Sa latinité. — Y est tombé lui-même dans les défauts qu'il reprochait à autrui.................... 171

    Appendice 185

FRANÇOIS GARASSE

CHAPITRE PREMIER.

Naissance et famille de Garasse. — Sa vocation. — Ses essais poétiques.. 207

CHAPITRE II.

Premières satires de Garasse. — L'*Horoscopus anticotonis*. 212

CHAPITRE III.

Le Banquet des sages........................... 228

CHAPITRE IV.

Le Rabelais réformé........................... 253

CHAPITRE V.

Les Recherches des recherches............ 268

CHAPITRE VI.

La Doctrine curieuse.................................. 294

CHAPITRE VII.

Jugement et censure de la Doctrine curieuse, par François Ogier. — Apologie de Garasse............................. 319

CHAPITRE VIII.

Garasse prédicateur. — Libelles qu'on lui attribue. — Dangers qu'il court à cette occasion........................... 337

CHAPITRE IX.

La Somme théologique. — Réfutation de ce livre par Saint-Cyran. — Mort de Garasse............................. 364

Appendice I... 379

Appendice II.. 383

FIN DE LA TABLE DES MATIÈRES.

TABLE ANALYTIQUE
DES NOMS PROPRES

A

Acciaioli (Angelo), s'entremet pour réconcilier Cosme avec Filelfo, t. I, p. 68-71.

Æneas Sylvius. Voyez Pie II.

Agen. Difficultés qu'éprouve J. C. Scaliger pour y étudier et s'y procurer des livres, t. I, p. 322. — État de la civilisation de cette ville au commencement du seizième siècle, p. 322, 323.

Alberti de Albertis (Le père), jésuite. Sa plaisante attaque contre la grammaire de Scioppius, t. II, p. 128-130. — Traite l'opinion de Scioppius sur la messe de *ructum calvinisti*, p. 144. — L'accuse d'être l'inventeur d'un antidote pharmaceutique, p. 173.

Alcala (Le duc), ambassadeur de Philippe IV à Rome, procure à Scioppius l'occasion d'écrire des ouvrages de grammaire, et lui obtient le brevet de citoyen espagnol, t. II, p. 117. — Apporte à Rome la *Minerva*, grammaire de Sanctius, p. 119.

Aldobrandini (Pierre), a le dessein d'offrir à Scioppius sa maison, et de quoi entretenir trois domestiques, t. II, p. 37.

Alphonse Ier, roi de Naples, est pris pour sujet d'un poëme épique par Filelfo qui ne l'exécute pas, t. I, p. 17. — Agrée la dédicace des satires de Filelfo, p. 76. — Le crée chevalier et poëte lauréat, p. 79. — Reçoit ses offres de le réconcilier avec le duc de Milan, puis n'y veut plus entendre, et pourquoi, *ib.* (note).

Alphonse II, roi de Naples, se fait accompagner par Valla dans ses expéditions militaires, t. I, p. 199, 200. — Le prie de traduire Hérodote, et lui donne à cette occasion quelque argent, p. 280.

Amédée de Savoie, anti-pape, connu sous le nom de Félix V, objet d'une violente invective de la part de Poggio, t. I, p. 165-172.

Amurath, fils de Mahomet II, rend à la liberté, sans rançon, la mère de Théodora et deux de ses filles, à la prière de Filelfo, t. I, p. 79.

Aristote. Ses idées politiques mal comprises par Scioppius, t. II, p. 159 et suiv.

Arnauld (Antoine), taxe d'injustice l'opinion du père Le Tellier sur Scioppius, t. II, p. 55. — Nie que Scioppius ait eu dessein de se refaire protestant, p. 146. — Sa remarque sur la sévérité de Scioppius en matière de style, p. 182.

Augustin (Saint), cité par Garasse, pour la justification des paroles déshonnêtes insérées dans sa *Doctrine curieuse*, t. II, p. 327.

TABLE ANALYTIQUE DES NOMS PROPRES.

AURISPA, est forcé par les intrigues de Niccoli de quitter Florence, t. I, p. 10.

B

BAILLET. Son opinion sur ce que serait une vie bien faite de Scioppius, t. II, p. 183.

BALZAC (GUEZ DE), s'attire les attaques de Garasse, pour avoir approuvé les sentiments d'Ogier sur la *Doctrine curieuse*; est malmené par le Jésuite, qui enfin se réconcilie avec lui, t. II, p. 330-333. — Perdit la voix à lutter contre un pareil adversaire, p. 374.

BARRADAS, écuyer de la petite écurie, appelle le jésuite Eudémon Jean la *chauve-souris* du légat, t. II, p. 343.

BARTHIUS, auteur d'une satire contre Scioppius, t. II, p. 214, 224.

BAUDIUS (DOMINIQUE), est moqué par Garasse, dans l'*Elixir calvinisticum*, à cause de son ivrognerie, t. II, p. 225, 226.

BAYLE (P.). Son jugement sur les discours de J. C. Scaliger contre Érasme, apprécié, t. I, p. 319-321. — Donne les motifs de la fureur de Scaliger contre Dolet, qui avait attaqué Érasme après lui, p. 350, 351. — Nie qu'Érasme ait appelé Scaliger *soldat*, p. 357. — Son jugement sur les essais de Scioppius, t. II, p. 11. — Témoignages qu'il apporte touchant le dessein de celui-ci de retourner au protestantisme, p. 146, et la preuve qu'il ne se fia pas toujours à sa plume pour se défendre, p. 179.

BELLARMIN (Le cardinal), traité de fou par Scioppius, t. II, p. 143.

BENVENUTA, maîtresse de Niccoli, médisante, t. I, p. 33 — Est fustigée par les frères de son amant, p. 133. — Est complimentée par Ambroise le Camaldule, p. 134.

BERNEGGER (MATTHIAS), attaque le *Classicum* de Scioppius, t. II, p. 83.

BÈZE (THÉODORE DE). Pourquoi appelé par Garasse *Tropicus Capricorni*, t. II, p. 306. — Assimile, par une mauvaise définition, la prise de l'hostie à celle d'un lavement, *ib.*, et p. 325.

BITONTO (ANTONIO DA), prédicateur napolitain, dénonce Valla en chaire, t. I, p. 203, 264.

BLANCHE, fille de Philippe-Marie Visconti, femme de François Sforza, et mère de Galeazzo. Filelfo rend le soleil amoureux d'elle, dans sa *Sfortiade*, t. I, p. 85.

BOLEIN (ANNE DE), diffamée par Scioppius dans la *Corona regia*, t. II, p. 105, 107, 112.

BONET (Le ministre), est raillé par Garasse sur la délicatesse de son estomac, t. II, p. 253.

BONIFACE VIII, insulté par Scioppius, t. II, p. 143.

BRUNI D'AREZZO (LEONARDO) écrit à Filelfo, de la part de Cosme, pour l'engager à venir à Florence, t. I, p. 8. — Son jugement sur Carlo d'Arezzo, p. 9. — Son récit de la fustigation de la maîtresse de Niccoli, p. 130.

BRUNI (FILIPPO), assassin soudoyé de Filelfo, l'attaque à Florence, en pleine rue, t. I, p. 13. — Renouvelle sa tentative à Sienne, et est condamné à avoir la main coupée, p. 43.

BUCHANAN, insulté par Garasse, dans l'*Elixir calvinisticum*, t. II, p. 226.

BUON, libraire, reçoit d'une main inconnue un libelle contre Richelieu, t. II, p. 346.

BUSSY (DE), surnom de Guy Pasquier, quatrième fils d'Estienne Pasquier, t. II, p. 334. Voy. PASQUIER. Nicolas, son second fils, portait le titre et le surnom de seigneur de Mainxe.

C

Caïn, le premier athée, selon Garasse, t. II, p. 296.

Calixte III (Le pape), oublie de payer sa pension à Filelfo, qui se réjouit de sa mort, t. I, p. 80.

Calvin (Jean). Pourquoi appelé par Garasse *Tropicus Cancri*, t. II, p. 306.

Cantelorius (Félix). Son *Traité de la canonisation*, appelé par Scioppius *cacata charta*, t. II, p. 142.

Carlo d'Arezzo, offre ses services, à Florence, à Filelfo, t. I, p. 8. — Souffre des succès de Filelfo, p. 9, 10. — Intrigue pour le faire chasser de Florence, p. 12, 13. — Sobriquet qu'il en reçoit, p. 26. — Envie à Filelfo son traitement de professeur; satire de celui-ci à ce sujet, p. 29, 31.

Casaubon (Isaac), est attaqué par Scioppius dans l'*Alexipharmacum regium*, t. II, p. 93. — Avoue la défaite de Mornai à la conférence de Fontainebleau, p. 94. — Est de nouveau attaqué par Scioppius, dans l'*Holophernes Krigsœderus*, libelle qui, selon Scioppius, le fit mourir de chagrin, p. 98 et suiv. — Mourut l'année qui précéda la publication de ce libelle, p. 102. Scioppius publie sous son nom la *Corona regia*, autre libelle contre Jacques Ier, p. 104-112. — Est traité d'une manière indigne par Garasse dans l'*Elixir calvinisticum*, p. 225-227.

Castorius (Le père), refuse de loger Scioppius dans le collège des Jésuites allemands, dont il était directeur à Rome, t. II, p. 134.

Cériziers. Voy. Serizay.

Chalais (Le comte de), favori de Louis XIII, se moque d'Eudémon Jean, jésuite, qu'il appelle la *chauve-souris du légat*, t. II, p. 343.

Chamier (Le ministre), est raillé par Garasse sur son gros ventre, t. II, p. 253.

Charles-Quint, garantit la liberté de conscience aux protestants d'Allemagne, t. II, p. 71. — Est gourmandé afin qu'il les persécute, p. 75-82.

Charron (Pierre), un des introducteurs de l'athéisme chez les modernes, t. II, p. 297.

Chrysococe, un des maîtres de Filelfo, t. I, p. 6.

Chrysoloras (Emmanuel), est forcé par les intrigues de Niccoli de sortir de Florence, t. I, p. 10.

Chrysoloras (Jean), maître et beau-père de Filelfo, t. I, p. 6.

Christian, duc de Brunswick et évêque d'Alberstadt, découvre les *Instructions secrètes* des Jésuites, au sac de leur collège, à Paderborn, t. II, p. 136.

Cicéron. Ses lettres ridiculement assimilées à celles d'Estienne Pasquier, t. II, p. 279.

Ciceronianus. Pourquoi Érasme a écrit cet ouvrage, t. I, p. 311-313. — Analyse du même, p. 313-318. — Effet qu'il produisit sur les gens de lettres, p. 318, 319. — Excite la fureur de J. C. Scaliger, p. 319, 320.

Clarus Bonarscius, Anagramme de Carolus Scribanius, ou Scribani, jésuite, publie l'*Amphitheatrum honoris*, où il attaque Pasquier, à l'occasion du plaidoyer de celui-ci pour l'Université, t. II, p. 293.

Clovis, défendu par Garasse contre les attaques de Pasquier, t. II, p. 272-274.

Contzen (le Père Adam), jésuite, attaque les principes politiques de Scioppius, t. II, p. 134.

Cornelius Denius Brugensis, pseudonyme de Matman (Rodolphe), jésuite. Voy. ce mot.

CORONÉE (THOMAS), médecin de Charles V, roi de France, est en correspondance avec Filelfo, t. I, p. 87.

COSME DE MÉDICIS, fait écrire à Filelfo pour l'engager à venir à Florence, t. I, p. 8. — Efforts qu'on fait pour l'indisposer contre lui, p. 11, 12. — Subit l'influence de Niccoli et de Carlo, p. 13. — Soupçonné par Filelfo d'avoir suscité contre lui un assassin, p. 14. — Accusé d'avoir assuré l'impunité aux assassins d'Uzzano, p. 22. — Conseils que lui donne Filelfo et qu'il ne suit pas; satire contre lui à ce sujet, p. 23, 24. — Recommande la réserve envers Filelfo, à ses amis qui n'en tiennent compte et qui le compromettent lui-même, p. 25. — Désigné par le poëte sous le nom de *Mundus*, p. 26. — Autre satire contre lui, p. 31-33. — Est arrêté et condamné à dix ans d'exil; satire de Filelfo à cette occasion, p. 35-37. — Part pour l'exil, p. 38. — Est rappelé au bout d'un an; satire de Filelfo, p. 39-41. — Cosme indigné laisse proscrire le poëte, p. 42. — Filelfo soudoie un Grec pour l'assassiner, p. 43. — Satire contre lui au sujet de la seconde tentative d'assassinat de Felippo Bruni contre Filelfo, p. 44-46.— Autre satire de Filelfo contre Cosme, en quittant Sienne, p. 49-51. — Accusé par le poëte d'avoir prostitué sa femme au pape Jean, p. 54. — Réflexions sur les mœurs de Cosme; ce qu'il faut croire des imputations de Filelfo à ce sujet, p. 55-58. — Se prête aux ouvertures qui lui sont faites pour se réconcilier avec Filelfo, p. 68. — Se refroidit en voyant le ton que prend celui-ci, et ses exigences, p. 69-72. — Lui rend, quelques années après, son amitié, p. 73. — Jugement insultant que Poggio fait de Cosme, dans le traité *de Exilio* de Filelfo, p. 94. — Raccommode Poggio avec Filelfo, p. 174. — Époque à laquelle il pardonna lui-même à Filelfo, p. 175.

COSTERUS (FRANÇOIS), jésuite, aide à la conversion de Scioppius par ses écrits, t. II, p. 54.

COTON (Le père), jésuite, auteur de la *Lettre déclaratoire* de la doctrine de sa Compagnie, t. II, p. 213. — Est dit avoir fait imprimer en secret le *Banquet des Sages*, de Garasse, p. 251. — Est attaqué par Antoine Remy, avocat, dans deux libelles, p. 334. — Fait jurer Garasse, sur l'Évangile, qu'il n'est point l'auteur d'un libelle contre Richelieu, p. 348 et s. — Signe, au nom de sa Compagnie, le désaveu d'un écrit de Santarelli, touchant la puissance temporelle du pape, p. 363.

CRIVELLI (LEODRYSIO), reproche à Filelfo, dans un pamphlet sanglant, son ingratitude envers Pie II, t. I, p. 81, 82.

D

DECEMBRIO (CANDIDO), dénonce Filelfo aux Milanais, comme ayant des intelligences avec l'ennemi; Filelfo le flétrit dans ses satires, sous le nom de *Leucus*, t. I, p. 65, 66.

DÉMOCRITE, un des introducteurs de l'athéisme chez les Gentils, t. II, p. 296.

DES RUISSEAUX, avocat au grand conseil, paya la pension d'Antoine Rémy, avocat, chez les Jésuites, t. II, p. 334.

DIGBY (Lord), ambassadeur d'Angleterre à Madrid, fait bâtonner Scioppius par ses gens, commandés par George Digby, son cousin, t. II, p. 95-98. — Comment il s'excuse, p. 97.

DIGBY (GEORGE). Voy. Lord DIGBY.

DIAGORAS, un des introducteurs de l'athéisme chez les Gentils, t. II, p. 296.

Diogènes, un des introducteurs de l'athéisme chez les Gentils, t. II, p. 296.

Dolfus ou Dolfo Spini, gonfalonier de Florence, attaqué par Filelfo, t. I, p. 18.

Dolet (Étienne). Son *Dialogue* contre Érasme, t. I, p. 350. — Fureur de J. C. Scaliger contre Dolet, qui a marché sur ses brisées, et qui l'a pillé, en attaquant Érasme, p. 351, 352. — Horribles injures dont Scaliger le poursuit après sa mort, p. 352, 353.

Du Moustier (Le peintre), grand ennemi des Jésuites, t. II, p. 343, 346.

Durand, prébendier et vicaire de du Moulin, ministre de Charenton, moqué par Garasse dans le *Banquet des Sages*, t. II, p. 239.

E

Élizabeth, reine d'Angleterre, diffamée par Scioppius dans la *Corona regia*, t. II, p. 108, 109.

Épicure, un des introducteurs de l'athéisme chez les Gentils, t. II, p. 296.

Érasme. A quelle occasion il écrit le *Ciceronianus*; dans quel but et à qui il le dédie, t. I, p. 311, 313. — Son étonnement de l'effet produit par cet ouvrage, principalement sur les Français, p. 319. — Est attaqué violemment à cette occasion par J. C. Scaliger, p. 319, 320. — Ses œuvres taxées d'impiété par les écoliers de Paris, repoussées par les marchands, p. 322. — Esquisse de sa vie chez Alde Manuce, p. 324, 330, 334, 355. — Comment et pourquoi il a attaqué Cicéron, p. 325 et s. — Ses *Colloques*, p. 328. — A quelle condition il mettrait Cicéron parmi les saints, p. 329. — Ses attaques contre les Italiens, p. 330. — Et contre les cicéroniens, p. 332 et s. — Ses *Colloques* mis au-dessus des traités de Cicéron, p. 335. — Injures, imprécations que Scaliger lance contre lui, p. 336. — Ses commentaires sur l'Écriture brûlés à Paris par les écoliers et le peuple, p. 340. — Dans l'*Éloge de la Folie*, introduit Jésus au milieu des s et des ivrognes, p. 341. — Traite avec mépris les inscriptions, les médailles où il trouvait, dit-il, des solécismes, p. 341-344. — Recommandé par Scaliger à la vengeance des écoliers de Paris, p. 344, 345. — Dédaigne de répondre au *Discours* contre lui de Scaliger, et écrit seulement ce qu'il en pense à deux amis qui envoient sa lettre à celui-ci, p. 350. — Attaqué par Dolet, p. 350, 351. — Cherche à empêcher l'impression du premier *Discours* de Scaliger contre lui, p. 349, 357. — A dit du bien de quelques Italiens, tels que Bembo, Alciat, Sadolet, par peur et non par conviction, p. 358, 359. — Ce qu'il dit du *Second Discours* de Scaliger contre lui, p. 368. — N'a pas fait recueillir, pour les brûler, des exemplaires de ce discours, p. 368, 369. — Ses partisans se sont dits chargés par lui de cette besogne, *ib*. — Est établi par Apollon juge du *Classicum* de Scioppius, t. II, p. 84 et suiv.

Eremita (Daniel), auteur d'un libelle en faveur de Jos. Scaliger, contre Scioppius, t. II, p. 51.

Esaü, un des premiers athées, selon Garasse, t. II, p. 296.

Estienne (Henri). Ses moqueries sur le culte de Notre-Dame, t. II, p. 264. — Fut un des introducteurs de l'athéisme chez les modernes, p. 297.

Eudémon (Jean), jésuite candiote, auteur de nombreux libelles politiques, et religieux, accompagna en France le légat Barberin, dont il était appelé la *Chauve-souris*, et fut accusé d'avoir écrit deux libelles contre Louis XIII et Richelieu, t. II, p. 342-344.

Eugène IV (Le pape), ne répond pas à Filelfo, qui le consulte sur son dessein d'entrer dans les ordres, t. I, p. 60.

F

Favereau, grand ennemi des Jésuites, t. II, p. 344. — Dénonce Garasse comme auteur de libelles contre Richelieu, p. 348. — Contrefait l'écriture de ce jésuite, p. 349.

Fazzio (Bartholoméo), historien génois, attaque Valla, t. I, p. 207. — Motifs de cette agression, p. 208. — Dérobe avec Panormita un manuscrit de Valla où il signale plus de cinq cents fautes, et dont il lui fait honte en présence du roi de Naples et de sa cour, p. 209-213. — Écrit quatre invectives contre Valla, p. 210, 213.

Ferdinand II, empereur d'Allemagne, persécuteur des protestants, t. II, p. 72, 83.

Ferrari (Ottavio). Son opinion sur Scioppius, t. II, p. 10. — Et sur sa manière d'étudier, p. 180.

Ferrier, ministre protestant de Nîmes, est chargé par Richelieu de réfuter un libelle politique dirigé contre lui, t. II, p. 345.

Filelfo (François). Sa naissance, t. I, p. 3. — Veut se faire moine, p. 4. — Va à Constantinople en qualité de secrétaire de l'ambassadeur vénitien, *ib.* — Député par Jean Paléologue à Sigismond, il assiste aux noces de Ladislas, roi de Pologne, et retourne à Constantinople, p. 5, 6. — Épouse la fille de Jean Chrysoloras, p. 6. — Revient à Venise, et de là va à Bologne, p. 7. — S'établit ensuite à Florence, où ses amis et Cosme de Médicis l'avaient appelé; ses succès dans cette ville comme professeur; ses envieux, p. 8-10. — Cause de sa haine contre Cosme, p. 11. — Est tout à la fois chassé de Florence, et déclaré citoyen de cette république, dans l'espace de deux jours, p. 12. — On cherche, mais en vain, à faire supprimer son traitement; est frappé en pleine rue d'un coup d'épée par un assassin, p. 13. — Soupçonne de complicité avec cet assassin ceux qui l'avaient appelé lui-même à Florence, Cosme entre autres, et songe à se venger, p. 14. — Attaque d'abord Niccoli, *ib.* — Ses satires; ce qu'elles sont; de leur utilité pour l'histoire, p. 15, 16. — Première satire; il y attaque les vices des Florentins, p. 17-20. — Se jette dans le parti des nobles; vues de ce parti, p. 21, 22. — Premières attaques contre Cosme, Niccoli, Poggio et Carlo d'Arezzo, p. 22-25. — Sobriquets qu'il leur donne, p. 26. — Satires contre Niccoli, Poggio et Carlo; autre contre Cosme, p. 26-33. — Chagrin qu'il éprouve de l'acharnement de ses ennemis contre lui; se décourage, parce qu'il craint que le parti Cosme ne l'emporte sur celui des nobles; se remet, en apprenant que Cosme est arrêté, l'insulte et demande sa mort, p. 34-37. — Ne peut se consoler de voir que Cosme n'est qu'exilé; s'enfuit à Sienne, quand Cosme est rappelé, et de là lance une satire contre lui, p. 38-41. — Est proscrit de Florence, p. 42. — Est à Sienne l'objet d'une nouvelle tentative d'assassinat; accuse Cosme d'avoir poussé l'assassin, p. 43-47. — Refuse avec hauteur de se réconcilier avec Cosme et soudoie contre lui un assassin ; excite les proscrits de Florence à faire la guerre à Cosme, p. 47, 48. — Quitte Sienne, revient à Bologne, puis va à Milan : satire contre Cosme, p. 48-51. — Excite le duc de Milan à délivrer Florence de la tyrannie de Cosme, p. 51. — Son établissement à Milan ; horrible accusation contre Cosme, p. 51-54. — Ce qu'il y a de possible, de vraisemblable dans les infamies que Filelfo impute à Médicis, p. 55-59. — Mort de Théodora, sa première femme ; il veut de nouveau se faire moine, et se remarie avec Orsina Osnaga, p. 60. — Son *Commentaire de Pétraque* en italien, entrepris par l'ordre du duc de Milan ; son poème de la Vie de saint Jean-Baptiste, en *terza rima* ; ses *Convivia Mediolanensia*, en latin, p. 61-63. — Visconti, duc de Milan, meurt ; Milan se constitue en république ; conduite de Filelfo dans cette circonstance ; il cherche à se réconcilier avec Cosme ; mauvais succès de ses premières démarches ; il veut que Cosme obtienne que le sénat annule le décret qui l'a déclaré proscrit de Florence ; motifs de croire que ce décret ne sera jamais annulé, quoique Filelfo se soit enfin réconcilié avec les Médicis, et qu'il soit même rentré à Florence, à l'invitation de Laurent, pour y occuper une chaire de grec, p. 64-73. — Perd sa seconde femme, en épouse une troisième, non sans avoir voulu encore une fois se faire moine, p. 73, 74. — Est bien accueilli de François Sforza, à qui Milan avait ouvert ses portes, et en est aussi bien traité qu'il l'avait été de Visconti, p. 75. — Se retire à Crémone, pendant la peste de Milan ; veut aller à Naples offrir ses satires au roi Alphonse ; obstacles mis à son départ, par Sforza, et par l'état de ses propres finances ; comment il pare à ce dernier inconvénient ; sa hardiesse à mendier : est gueux et prodigue ; achète les premiers livres imprimés, p. 76-78. Arrive à Naples, où le roi le nomme poëte lauréat ; reçoit à Rome de l'argent et des honneurs de Nicolas V ; rachète la mère de sa première femme, prisonnière des Turcs, au prix d'une belle lettre en grec qu'il écrivit à Mahomet II, p. 78, 79. — Sa joie de l'élévation d'Énée Sylvius à la papauté ; ses déceptions, son ressentiment, sa punition, p. 80, 81. — Est requis de professer, après vingt-cinq ans d'interruption, par Galeazzo, successeur de Sforza ; dénûment où ce prince le laisse ; va à Rome, où il professe la philosophie morale, revient à Milan au bout de deux ans, repart pour Rome qu'il quitte bientôt après pour aller à Florence, où Laurent de Médicis l'avait appelé et où il meurt en arrivant, p. 82-84. — Sa *Sfortiade* ; son recueil *de Jocis et Seriis* ; ses Odes latines et des correspondances qu'il eut en France à leur occasion ; ses Odes grecques, p. 84-88. — Ses Harangues ; opinion qu'il avait de son éloquence, de son génie poétique ; ses Traductions du grec ; ses *Méditations florentines* ou le traité de l'*Exil* ; ce que c'est que ce traité, p. 88-95. — Ses Lettres, p. 95, 96. — Satire contre Niccoli, provoquée par les invectives de Poggio, p. 136. — Autres contre le même inédites, p. 137. — Autre contre Poggio, sous prétexte de défendre Panormita, p. 142 et s. — Autre, où il ne semble diffamer Poggio que pour empêcher son mariage, p. 145. — Autre, où il insulte sa femme, p. 160 et s. — Se raccommode avec Poggio, p. 172.

— Motifs de ce raccommodement, p. 174. — Filelfo n'y est pas sincère, p. 175. — En quelle année il obtint lui-même son pardon de Cosme, *ib.* — Sa querelle avec Poggio à la fois politique et littéraire, p. 195-197. — Essaye vainement de réconcilier Poggio et Valla, t. II, p. 268.

FONTANIER (JEAN), un des introducteurs de l'athéisme chez les modernes, t. II, p. 297. — Vomit son âme, selon Garasse, entre les mains du bourreau, p. 304.

FORER (LAURENT), jésuite, a réfuté une douzaine de libelles de Scioppius contre les Jésuites, t. II, p. 137, 141. — Justifie le père Strada des solécismes que lui impute Scioppius, p. 182.

FRA PAOLO, est visité et menacé à Venise par Scioppius, t. II, p. 61.

FULGENCE (Le père), approuve un écrit de Scioppius dont l'ambassadeur d'Espagne exige la suppression, t. II, p. 148.

G

GARASSE (BERNARD), oncle de François Garasse, loué par Estienne Pasquier, t. II, p. 208.

GARASSE (FRANÇOIS), loue Scioppius de la manière dont il a appliqué à Joseph Scaliger un passage de l'Écriture, t. II, p. 44. — Sa naissance coïncide avec l'époque la plus florissante de la Ligue; ses parents, p. 208. — Était, selon les fils d'Estienne Pasquier, allié de Poltrot et de Ravaillac, et de la *maison* de Barrière, p. 209. — Dit lui-même que les parents de Pasquier avaient été des larrons et pillé le public, *ibid.* — Entre dans la compagnie de Jésus où il passe plusieurs années dans l'enseignement, *ibid.* — Sa dispute avec un Écossais incrédule, p. 210. — Ses poésies latines, et bonne opinion qu'il en avait, p. 211, 212. — Ses premières satires, l'*Horoscopus Anticotonis* et l'*Elixir calvinisticum*, sous le pseudonyme d'André Scioppius, p. 212, 213. — Attaque dans la première l'*Anticoton*, p. 213, 214. — Dédicace de cette satire, p. 214, 215. — Analyse, p. 217-223. — Auteurs que Garasse y a imités, p. 214, 224. — Son *Banquet des Sages*, écrit contre l'avocat général Servin, et pourquoi, p. 228, 229. — Analyse de cette satire, p. 229-247. — Garasse nia qu'il en fût l'auteur, et comment il se trahit, p. 247-251. — Le *Rabelais réformé*, p. 253. — Goût particulier de Garasse pour les railleries qui s'adressent aux infirmités corporelles, p. 253, 254. — Répond par le *Rabelais réformé* à la *Vocation des Pasteurs* de du Moulin, p. 255. — Analyse du *Rabelais*, p. 257 et suiv. — Garasse y a écrit des vers dans le goût de Théophile, p. 266. — Les *Recherches des Recherches*, p. 266. — Écrites contre Estienne Pasquier, p. 269. — Pourquoi, p. 270, 271, 289, 290. — Analyse de ce libelle, p. 272 et suiv. — Plaisante susceptibilité de Garasse en ce qui concerne Louis XI, p. 275. — Son talent particulier pour déprimer un écrivain, *ib.* — Sa critique n'est le plus souvent que de la contradiction, p. 282. — Fait trop bon marché de l'érudition de Pasquier, p. 285. — N'est que violent dans quelques livres de ses *Recherches*, n'y retrouve sa gaieté et son esprit que lorsqu'il se moque de la vanité de Pasquier, p. 286, 287. — Adieux burlesques qu'il lui fait, p. 288. — *Doctrine curieuse* de Garasse, écrite contre les athées et libertins, p. 294. — Fait l'énumération des libertins et des athées anciens et modernes, p. 296, 297. — Leur attribuait des maximes qui n'étaient pas les leurs; d'où il acquit le renom de calomniateur et menteur, p. 298. — Ses moqueries sur la tolérance religieuse, p. 299; — sur ce mot : *Tel est mon destin*, p. 300 et suiv. — Ses railleries indécentes à ce sujet, où il mêle le nom de Jésus-Christ, p. 302. — Distingue les huguenots des athées et les attaque séparément, p. 305. — Comment il se raille de leurs définitions nombreuses de l'Eucharistie, et comment il reproche à Bèze d'avoir, pour ainsi dire, assimilé la prise de l'hostie à celle d'un lavement, p. 306. — Se moque encore de Pasquier et de ses clystères, p. 307. — Attaque Théophile et pourquoi, p. 308. — Est reconnu par Théophile même comme ayant le droit de le persécuter; accusations énormes qu'il porte contre le poëte, p. 309. — N'a pas dressé, dans sa *Doctrine curieuse*, l'acte d'accusation à la suite duquel Théophile fut condamné au feu, p. 310. — Ses explications très-lucides à ce sujet, tirées de ses Mémoires inédits, p. 312-316. — Ses attaques contre Pasquier, sans effets contre la réputation dont jouissait celui-ci, p. 316. — Impatience du public, cause de la précipitation avec laquelle a été imprimée la *Doctrine curieuse*, p. 317. — Éloge outré que Garasse fait de ce livre, p. 318. — La *Doctrine curieuse* attaquée par François Ogier, p. 319-321. — Garasse répond par son *Apologie*, p. 321. — Comment il s'y justifie de ses bouffonneries, de ses obscénités, notamment de ses plaisanteries sur la prise du lavement comparée à la prise de l'Eucharistie, enfin de l'ignorance qu'Ogier lui reproche, p. 322-328. — Sa réconciliation avec Ogier, p. 329. — Y garde des arrière-pensées qui se démasquent dans une petite brochure, p. 330. — Se réconcilie en même temps avec Balzac, ami d'Ogier et son complice dans l'attaque dont la *Doctrine curieuse* avait été l'objet, p. 330-332. — Ses retours contre Pasquier, dans son *Apologie*, forcent les enfants de celui-ci à lui répondre, p. 333. — Garasse dénonce celui qui a prêté sa plume dans cette occasion, et le repentir que le même en a témoigné, p. 334-336. — Garasse, prédicateur, fait abus des citations profanes dans ses sermons, p. 337-340. — Est maltraité au sortir d'un sermon qu'il avait prononcé à Saint-Étienne du Mont, p. 340. — Est accusé d'avoir écrit deux libelles politiques, p. 341. — Sa défense à cette occasion, ainsi qu'à l'occasion d'un troisième libelle politique, dirigé contre le cardinal de Richelieu, et qu'on lui attribuait également, p. 343-353. — Ne semble pas se disculper pleinement d'avoir écrit ce libelle dont le caractère et le ton le dénoncent, p. 353. — Extraits de ce libelle, p. 354-361. — Signe le désaveu d'un écrit de Santarelli en faveur de la puissance temporelle du pape, p. 363. — Sa *Somme théologique*, réfutée par Saint-Cyran, p. 364. — Bonne opinion qu'il a de ce livre, p. 365. — Est dénoncé à la Faculté de théologie, et censuré, p. 369. — N'est pas soutenu par ses confrères, p. 370. — Fut l'Hélène de la guerre entre les Jésuites et les Jansénistes, *ibid.* — Meurt, ayant reçu de ses confrères le commandement de ne plus écrire, p. 371. — Esquisse du caractère de Garasse, p. 371 et suiv. — Est un de ceux qui compromirent le plus la Compagnie, p. 376. — Comment il est actuellement désigné par les Jésuites, p. 378.

Gifanius (Hubert), professeur de

droit à Ingolstadt, reçoit chez lui Scioppius qui lui dérobe ses manuscrits, t. II, p. 12-15.

GILLOT (JACQUES), conseiller-clerc au parlement de Paris, moqué par Garasse dans le *Banquet des Sages*, t. II, p. 241.

GIROLAMO D'IMOLA, accusé par Filelfo d'avoir soudoyé contre lui un assassin, t. I, p. 43.

GOLDAST, traité de coquin par Scioppius, t. II, p. 15. — Accusé par le même d'être l'auteur d'un commentaire sur les *Priapées* qu'il a voulu faire passer pour être de Scioppius, p. 17. — Attribue à Juste Lipse une harangue que celui-ci n'avait point composée, *ibid*.

GRANVELLE (PERRENOT DE), chancelier de Charles-Quint, est taxé par Scioppius de mollesse à l'égard des hérétiques, t. II, p. 74, 79, 80, 85.

GRUBINIUS (OPORINUS), pseudonyme de Scioppius, t. II, p. 12.

GUARINI (GUARINO), est forcé par les intrigues de Niccoli de quitter Florence, t. I, p. 10.

H

HARDIVILLIERS, avocat de l'Université contre les Jésuites, attaqué par Garasse dans l'*Horoscopus*, t. II, p. 222, 223, 225.

HEINSIUS (DANIEL), auteur de satires contre Scioppius, t. II, p. 49, 214, 224.

HEINSIUS (NICOLAS), n'ose se faire connaître à Scioppius, à cause des satires de son père contre celui-ci, t. II, p. 50.

HELDE (DE), vice-chancelier de Charles-Quint, introduit dans le *Classicum belli sacri* de Scioppius, comme conseillant à ce prince de persécuter les protestants, t. II, p. 74 et suiv. —

N'était pas capable, selon Sleidan, d'avoir de pareils sentiments, p. 83.

HENRI IV, attaqué dans l'*Ecclesiasticus* par Scioppius qui excuse le forfait de Ravaillac, t. II, p. 67, 68.

HENRI VIII, roi d'Angleterre, diffamé par Scioppius dans la *Corona regia*, t. II, p. 105-109, 112.

HORTENSIUS PORTUS, professeur de grammaire à Naples, attaque vivement la grammaire de Scioppius, t. II, p. 126.

HUET. Son jugement sur le style de J. C. Scaliger, t. I, p. 367, 376.

I

INCHOFER (MELCHIOR), jésuite, réfute les calomnies de Scioppius contre son ordre, t. II, p. 141.

J

JACQUES Ier, roi d'Angleterre, attaqué par Scioppius, dans l'*Ecclesiasticus*, t. II, p. 66, 88; — dans le *Collyrium regium*, p. 89, 92 ; — dans l'*Alexipharmacum regium*, p. 93. — Fait jouer Scioppius sur le théâtre de la cour, p. 102, 103. — Fait brûler un libelle du même contre Casaubon, p. 102. — Est attaqué de nouveau, par Scioppius, dans la *Corona regia*, p. 104-112.

JÉSUITES. Voir en ce qui les concerne les mots SCIOPPIUS et GARASSE.

JUDAS, un athée, selon Garasse, t. II, p. 296.

JUVÉNAL DES URSINS, chancelier de Charles V, roi de France, est en correspondance avec Filelfo, t. I, p. 87.

L

LAFFAMAS, grand ennemi des Jésuites, t. II, p. 344. — Dénonce Garasse comme auteur de libelles contre Richelieu, p. 348. — Contrefait l'écriture de ce jésuite, p. 349. — Avait été auparavant déclaré infâme par arrêt du parlement; perd la confiance de Louis XIII, sur la plainte que fit le père Suffren de sa scélératesse, p. 351.

Lanusse, ministre protestant à Nérac, insulté par Garasse, dans la personne de sa femme, t. II, p. 266 et suiv.

La Martélière, avocat de l'Université contre les Jésuites, attaqué par Garasse dans l'*Horoscopus*, t. II, p. 222, 223, 225. — Plaide, le 22 décembre 1611, contre les mêmes en faveur de l'Université, p. 228.

La Monnoye. Son jugement sur le style de J. C. Scaliger, t. I, p. 367.

La Tour (Le comte Raymond de), ambassadeur de l'empereur en Italie, traite magnifiquement Scioppius, t. II, p. 39. — Scioppius lui dédie le *Scaliger hypobolimæus*, p. 45.

Layman (Le père Paul), jésuite, défend son ordre, accusé par Scioppius d'envahir les biens des ordres monastiques, t. II, p. 138.

Le Tellier (Le père). Voy. Arnauld.

Leucippe, un des introducteurs de l'athéisme chez les Gentils, t. II, p. 296.

Liancourt (M. de), prend un vif intérêt à Théophile accusé, et fait tous ses efforts pour le sauver, t. II, p. 312 et suiv.

Lipse (Juste). Harangue qui lui est faussement attribuée par Goldast, t. II, p. 17. — Reçoit les confidences de Scioppius sur sa fortune naissante, sur ses écrits, sur les mauvais procédés dont il est l'objet à Rome, et sur ses désenchantements, p. 35-40.

Lolli (Gregorio), secrétaire de Pie II, empêche que la pension de Filelfo ne lui soit payée, t. I, p. 81. — Reproche à Filelfo son ingratitude, p. 82.

Louis XI, défendu par Garasse contre les attaques de Pasquier, t. II, p. 275.

Lucia, maîtresse de Poggio, qui en eut quatorze enfants, t. I, p. 134, 253.

Ludovisio (Le cardinal). Scioppius lui dédie sa *Pædia politices*, t. II, p. 157.

Luther, raillé par Garasse sur sa corpulence, t. II, p. 253.

M

Machiavel, ses écrits adoptés, jugés, défendus et modifiés par Scioppius, t. II, p. 155 et suiv.

Madrucci (Le cardinal), évêque de Trente, écrit à Scioppius, et le traite d'*Illustre*, t. II, p. 30.

Maffei (Le père J. Pierre), jésuite; critiqué par Scioppius, t. II, p. 182.

Maffeo Veggio, est introduit dans le *Traité de la volupté* de Valla, comme défenseur de l'épicurisme, et, sur sa protestation, est remplacé par Panormita, t. I, p. 259-261.

Maggiolini (Laura), troisième femme de Filelfo, lui donna tant d'enfants qu'on n'en sait pas le nombre, t. I, p. 73, 75.

Mathieu (Pierre), historiographe d'Henri IV, t. II, p. 324.

Matman (Rodolphe), jésuite, auteur d'un écrit contre Joseph Scaliger, t. II, p. 21.

Maurice, fameux parfumeur, cité comme ayant été témoin de choses exécrables de la part de Théophile, t. II, p. 313.

Mazarin (Le cardinal), reçoit une lettre de Scioppius, où celui-ci lui recommande quelques-uns de ses écrits, t. II, p. 155.

Médicis (Cosme de). Voyez Cosme.

MÉDICIS (JEAN), fils de Cosme, médiateur pour la réconciliation de son père avec Filelfo, t. I, p. 68 (note).

MÉDICIS (LAURENT), frère de Cosme, accusé par Filelfo d'être complice des menées de Niccoli et de Carlo contre lui, t. I, p. 11. — Affecte de ne pas rendre le salut à Filelfo, et pourquoi, p. 14. — Fait de sa propre autorité mettre en liberté Girolamo d'Imola, accusé par Filelfo d'avoir payé Felippo Bruni, son assassin, p. 43. — Portrait ridicule qu'en fait Poggio, p. 94.

MÉDICIS (LAURENT), petit-fils de Cosme, rappelle Filelfo à Florence, où il lui offre une chaire de grec, t. I, p. 72, 84.

MÉDICIS (PIERRE), fils de Cosme. Filelfo le prie de travailler à le réconcilier avec Cosme, t. I, p. 67.

MEHUS (L'abbé), auteur d'une vie d'Ambroise le Camaldule, cité, p. 137.

MÉNAGE. Ce qu'il pense des *Origines de la langue latine*, de J. C. Scaliger, t. I, p. 375.

MERCERUS (SAUL). Scioppius lui explique comment on a pu croire que lui, Scioppius, était l'auteur d'un *Commentaire sur les Priapées*, t. II, p. 18-20.

MEYER (JUSTE), attaque le *Classicum* de Scioppius, t. II, p. 83.

MONTMORENCY (M. DE), fait tous ses efforts pour sauver Théophile accusé, t. II, p. 315.

MORANDI (BENEDETTO), jurisconsulte, attaque Valla au sujet de ses notes sur Tite-Live, t. I, p. 276-279.

MORGUES (MATTHIEU DE), aumônier de la reine mère, attaque avec une violence inouïe Richelieu dans une foule de libelles, t. II, p. 357 et suiv.

MORNAI (DU PLESSIS), est attaqué par Scioppius dans l'*Alexipharmacum regium*, t. II, p. 93. — Subit un affront à la conférence de Fontainebleau, p. 94. — Est moqué par Garasse dans l'*Elixir calvinisticum*, p. 225.

MOULIN (PIERRE DU), ministre protestant de Charenton, attaqué par Garasse dans l'*Horoscopus*, t. II, p. 216, 225; — dans le *Banquet des Sages*, p. 239. — Sa *Vocation des Pasteurs* excite Garasse à écrire contre lui le *Rabelais réformé*, p. 254. — Inexactitudes et faussetés du livre de du Moulin, relevées par Garasse, p. 255, 261-266. — Est comparé par le même à toutes les espèces possibles de moulins, p. 256. — Fut un des introducteurs de l'athéisme chez les modernes, p. 297.

N

NASSAU (Le comte DE), protégé à Rome par Scioppius, t. II, p. 59.

NAUDÉ (GABRIEL), cite une lettre de Scioppius à Mazarin, t. II, p. 155. — Estime la *Pædia politices* de Scioppius supérieure à ses autres écrits, p. 164.

NEMROD, un des premiers athées, selon Garasse, t. II, p. 296.

NICOLAS V (Le pape), autorise Filelfo à embrasser l'état ecclésiastique, t. I, p. 74. — Lui confère le titre de secrétaire apostolique, et lui donne de l'argent, p. 78. — Commande à Poggio d'écrire une invective contre Amédée de Savoie, anti-pape, p. 166, 167, 172. — Appelle Valla à Rome, où il lui permet d'enseigner et lui commande de traduire des auteurs grecs, p. 221, 222. — Ce qu'il faut penser de la dédicace que Valla lui fit de ses *Antidotes*, p. 223, 224. — Donne à celui-ci cinq cents écus d'or pour sa traduction de Thucydide, le nomme chanoine de Saint-Jean de Latran, et le charge de rassembler les anciennes bulles des Papes, p. 279.

Nicole, raconte comment Garasse se procura la réfutation de sa *Somme héologique*, avant que cette réfutation ne fût publiée, t. II, p. 369, 370.

Niccoli (Niccolo), offre l'hospitalité dans sa maison à Filelfo, t. I, p. 8. — Change de sentiment à son égard, à l'instigation de Carlo d'Arezzo, p. 10. — Sa tyrannie envers les savants qui ne voulaient pas reconnaître son autorité, *ib.* — Taxe Filelfo d'ingratitude, et tâche de le faire expulser de Florence, p. 11-13. — Premières attaques de Filelfo contre lui, p. 14. — Sobriquets qu'il en reçoit, p. 26. — Satire contre lui, p. 26, 27. — Plaisante aventure de sa maîtresse, p. 132.

O

Ogier (François), dénonce Garasse comme étant l'auteur du *Banquet des Sages*, t. II, p. 249-251. — Son *Jugement et Censure de la Doctrine curieuse* de Garasse, p. 319, et suiv. — Y attaque gratuitement celui-ci, *ibid.* — Ce que c'est que ce livre, p. 320. — Réfutation qu'en fit Garasse dans son *Apologie*, p. 321-328. — Est accusé d'avoir été acheté, dans cette occasion, par le fils d'Estienne Pasquier, p. 321. — Se réconcilie avec Garasse, p. 329. — Avait engagé Balzac dans sa querelle, p. 330-333. — Reproche à Garasse l'abus des citations profanes dans ses sermons, p. 337-340. — Perdit la voix pour avoir lutté avec un pareil adversaire, p. 374.

Osnaga (Orsina), seconde femme de Filelfo, t. I, p. 60, meurt, après lui avoir donné trois enfants, p. 73.

P

Paléologue (Jean), empereur grec, nomme Filelfo son secrétaire et conseiller, et l'envoie en ambassade vers l'empereur Sigismond, t. I, p. 2, 3.

Panormita (Antonio), dédie son *Hermaphrodite* à Cosme, t. I, p. 56. — Soustrait Valla à la fureur des étudiants de Pavie, p. 199. — Conspire avec Fazzio pour jouer un mauvais tour à Valla, p. 208. — Dérobe avec le même un manuscrit de Valla, p. 209. — Sa dispute avec lui au sujet d'un passage de Tite-Live, *ibid.* — Sa vengeance à ce sujet, p. 210. — Défend l'épicurisme dans le *Traité de la volupté* de Valla, p. 260, 261. — Son *Hermaphrodite* brûlé à Milan, Bologne et Ferrare, p. 264.

Paschasius (Scipion), évêque de Casal, loue Scioppius comme grammairien, t. II, p. 131.

Pasquier (Estienne), parle avec éloge d'un oncle de Garasse, t. II, p. 208. — Est raillé par Garasse sur ses indigestions, p. 253. — Est l'objet du libelle de Garasse, intitulé *Recherches des Recherches*, p. 268. — Pourquoi, p. 269, 270, 290, 291. — Sa complaisance à recueillir tous les mauvais bruits répandus contre les Jésuites, p. 271. — Réfutation par Garasse d'un très-grand nombre de ses assertions sur différents sujets, p. 272 et suiv. — Qualités et défauts de ses *Recherches*, de ses *Lettres*, de ses *Poésies*, p. 276. — S'épanche dans ses *Lettres* avec trop d'abondance, p. 277, 278. — Est justifié à tort par l'exemple de Cicéron, p. 279. — Plaide contre les Jésuites, sur les données soi-disant fournies à lui-même par le jésuite Pasquier Brouet, p. 291. — Ne gagne sa cause qu'à moitié,

p. 292. — Est attaqué à cette occasion par Richeome, Scribani, et enfin Garasse, p. 293. — Fut un des introducteurs de l'athéisme chez les modernes, p. 297. — Jugeait un fait véritable, parce qu'il le souhaitait tel, p. 299. — Attaqué encore par Garasse dans la *Doctrine curieuse*, p. 307. — Inefficacité de ces attaques contre sa réputation, p. 316. — Ses scrupules au sujet du mot *Jarnigoy*, p. 324.

Pasquier (Nicolas et Guy), fils d'Estienne, reprochent à Garasse d'être parent de Poltrot, Ravaillac et Barrière, t. II, p. 209. — Font écrire par Antoine Remy, la *Deffense d'Estienne Pasquier contre Garasse*, p. 333.

Pasquier Brouet (Le père), jésuite, donne à Estienne Pasquier des renseignements sur sa compagnie, dont celui-ci se sert dans son plaidoyer pour l'Université, t. II, p. 291.

Paulinus, dataire de Clément VIII, se sert de Scioppius et se joue de lui, t. II, p. 35-41.

Pavie (Le cardinal de) craint que Filelfo ne se fasse mahométan, et pourquoi, t. I, p. 81.

Perron (Le cardinal du), confond Mornai à la conférence de Fontainebleau, t. II, p. 94.

Pezzenius, envoyé de l'empereur à Rome, offre à Scioppius douze cents florins par an, pour l'attacher à lui, t. II, p. 38.

Philippe II, roi d'Espagne, loué par Scioppius, d'avoir perdu la Hollande, plutôt que de protéger les hérétiques, t. II, p. 68.

Piccinino, général de l'armée du duc de Milan, nommé à cet emploi soi-disant par le crédit de Filelfo, t. I, p. 51. — Sa campagne contre Florence, p. 52.

Pie II (Le pape), ancien élève de Filelfo, lui assigne une pension de deux cents ducats, t. I, p. 80. — Est l'objet, après sa mort, des outrages de Filelfo, parce que cette pension n'était pas payée, p. 81. — N'était pas responsable de cette négligence, p. 82.

Poggio, désigné par Filelfo sous le nom de *Bambalio*, t. I, p. 26. — Satire contre lui, p. 27-29. — N'y répond pas, p. 29. — Est un des interlocuteurs du traité *de Exilio*, où il a le rôle d'un bouffon, p. 92-94. — Sa naissance; ses emplois; son indépendance dans ses écrits, p. 117-120. — Médiocre érudit, mais grand chercheur de manuscrits, p. 120, 121. — Resté sans emploi, après la déposition de Jean XXIII, va en Angleterre, p. 122. — Rentre en charge auprès de Martin V, p. 123. — Est fait prisonnier et rançonné par les soldats de Piccinino, p. 124. — Arrive à Florence et lance sa première Invective contre Filelfo, p. 125-130. — Justifie maladroitement Niccoli de ses mauvaises mœurs, p. 131. — Vécut longtemps avec une femme mariée dont il eut quatorze enfants, p. 134. — L'abandonne pour se marier à une jeune fille de dix-huit ans, p. 135, 146. — Reproches qu'il reçoit du cardinal de Saint-Ange au sujet de ses bâtards, *ibid*. — Sa seconde Invective contre Filelfo, p. 137 et suiv. — Son mariage, p. 144 et suiv. — Troisième Invective contre Filelfo; il y insulte à sa mère, à son père, à sa femme, et l'y accuse de corruption, de pédérastie et de plusieurs vols, p. 147 et suiv. — S'attire de terribles représailles de Filelfo qui traite sa femme comme Poggio avait traité la sienne, p. 160 et suiv. — Inspire plus d'intérêt comme homme de lettres que Filelfo, p. 162.

— Pourquoi il ne s'éleva pas plus haut, p. 163. — Moins estimable que Filelfo sous le rapport des mœurs, p. 164. — Est souffleté par George de Trébisonde, p. 1 ɔ. — Son Invective contre Amédée e Savoie, anti pape connu sous le nom de Félix V, p. 167-172. — L'écrit par le commandement de Nicolas V, p. 166, 167, 172. — Se raccommode avec Filelfo, p. 172.—Sa lettre à ce sujet, p. 173. — Motifs de ce raccommodement, p. 174. —Quitte la cour de Rome et va à Florence exercer la charge de chancelier de la république, puis celle de prieur des arts, p. 176. — Ce que c'est que ses *Facéties, ibid.* et p. 179. — Engage une querelle avec Valla; sa mort, p. 176, 177. — De quelques-uns de ses écrits, *ibid.* — Sa vie écrite par Shepherd, *ibid.* — Mis en parallèle avec Valla, p. 178. — Sa querelle avec Filelfo à la fois politique et littéraire, p. 195-197, est purement littéraire avec Valla, p. 197. — Jaloux de Valla, p. 198. — Empêche Valla d'obtenir la place de secrétaire apostolique, *ibid.* — Attaque Valla pour une critique de ses lettres faite par un Catalan, élève de celui-ci, p. 222, 223. — Sa première Invective contre lui, p. 226-235.—Jugement singulier qu'il porte des *Elegantiæ* de Valla, p. 229, 230. — Triple Antidote de Valla contre lui; son embarras pour y répondre, p. 235-239.—Y répond par ses deuxième et troisième Invectives, p. 241-248. — Est l'objet d'un quatrième Antidote plus violent que les trois autres, p. 249-255— Est accusé d'avoir falsifié un bref du pape et été la cause de la mort de Vitelleschi, p. 257. — Accuse à son tour Valla d'avoir dit que les prostituées sont plus utiles au genre humain que les religieuses, p. 259. —

Ses *Facéties* vivement attaquées par Valla, p. 264-267. — Sa quatrième Invective en réponse à cette attaque et en général au quatrième Antidote, non imprimée, p. 258, 268. — Bafoué dans les Dialogues de Valla, p. 270 et suiv. — Faiblesse de sa réplique, p. 274, 275.

R

Raphan, chanoine de Saint-Germain l'Auxerrois, grand ennemi des Jésuites, t. II, p. 343, 344.

Ravaillac. Voyez Henri IV.

Remy (Antoine), avocat, publie la *Deffense d'Estienne Pasquier* contre Garasse, et en demande pardon à celui-ci, t. II, p. 333-336. — Ses libelles contre le père Cotton, p. 334.

Renaud d'Albizzi, du parti des nobles, fait craindre qu'il ne soit le tyran de sa patrie, s'il l'emporte sur Cosme, t. I, p. 22. — Est poussé par Filelfo à marcher sur Florence et à expulser Cosme, p. 47, 48, 51. — Se fût accommodé de la servitude de Florence, avec tout autre maître que Cosme; ce qu'il dit à ce sujet, p. 92.

Ribadaneira (Le père), attaque les principes politiques de Scioppius, t. II, p. 134.

Richelet (Nicolas), appelle la *Doctrine curieuse* de Garasse, *Doctrine furieuse*, t. II, p. 317.

Richelieu (Le cardinal de), est attaqué vivement dans l'*Admonitio*, libelle politique, t. II, p. 343. — Charge le ministre Ferrier de répondre à ce libelle, p. 345. — Est attaqué dans un autre libelle plus violent; recherches qu'il fait pour en découvrir l'auteur; l'attribue à Garasse et parvient difficilement à être désabusé, p. 345-350. — Injures qui lui sont adressées dans ce libelle, p. 354-361. — Pourquoi il n'était ni chair ni poisson, p 356. — Allusion à sa maladie secrète, p. 357. — Autres griefs à lui imputés, p. 358 et suiv. — Aimait les Jésuites et toutefois en exigeait la plus grande docilité, p. 362. — Faillit les expulser, après le libelle de Garasse, p. 363.

RICHEOME (LOUIS), jésuite, publie deux écrits contre le plaidoyer de Pasquier pour l'Université, et contre le *Catéchisme des Jésuites* du même, t. II, p. 293.

RITTERSHUSIUS (CONRAD), auteur d'une biographie satirique de Scioppius et de ses parents. t. II, p. 5. — Recommande Scioppius à Joseph Scaliger et à Lipse, p. 8, et à Hubert Gifanius, p. 12.— Le justifie d'une accusation de plagiat, p. 16. — Le traite d'apostat, de sycophante, etc., p. 34.

ROCHEFOUCAULD (Le cardinal DE LA), reçoit la déposition du dénonciateur de Théophile, t. II, p. 313, 314.

ROCHE-GUYON (M. DE LA), fait tous ses efforts pour sauver Théophile accusé, t. II, p. 312 et suiv.

RUGGIERI (COSME), un des introducteurs de l'athéisme chez les modernes, t. II, p. 297.

RUTGERSIUS, auteur d'une Vie de Scioppius, t. II, p. 49.

S

SAINT-ANGE (Le cardinal DE) reproche à Poggio ses bâtards, p. 135.

SAINT-CYRAN (L'abbé DE) reproche à Garasse l'abus des citations profanes dans ses sermons, t. II, p. 339. — Signale dans la *Somme théologique* du même une foule d'inconvénients, de bouffonneries, d'impiétés, etc., p. 364, 366, 367.— En fait littéralement l'anatomie, p. 369. — Comment Garasse se procure le livre où Saint-Cyran l'attaque, avant que ce livre ne soit publié, *ibid.*— Est le premier auteur de la querelle entre les Jésuites et les Jansénistes, p. 370.

SAINT-GERMAIN, grand ennemi des Jésuites, t. II, p. 347.

SAINT-REMY, grand ennemi des Jésuites, t. II, p. 346.

SANCTIUS. Sa *Minerva*, revue, corrigée, commentée et publiée par Scioppius, t, II, p. 120, 131.

SARDANAPALE, un des introducteurs de l'athéisme chez les Gentils, t. II, p. 296.

SCALIGER (JULES-CÉSAR). Sa naissance, ses hautes prétentions à cet égard; oppositions qu'elles rencontrèrent, t. I, p. 307. — Ses services militaires; ses études à l'Université de Bologne; dessein qu'il a de se faire moine pour devenir ensuite cardinal, puis pape; pourquoi il voulait être pape, p. 308. — Enlève par un coup de main le trésor et la maîtresse du duc de Savoie, p. 309. — Étudie la médecine, suit à Agen l'évêque La Rovère, et s'y marie; sa force physique extraordinaire, p. 310. — A quel âge il commence d'écrire, p. 310. — Attaque Érasme, à l'occasion du *Ciceronianus*, p. 319, 320. — Examen de son Premier Discours contre Érasme, p. 321-345. — Le dédie aux écoliers de Paris, p. 321.— Ses injures atroces, ses imprécations contre Érasme, p. 336, motivées par le silence gardé par Érasme sur lui, en attaquant les cicéroniens d'Italie, p. 337. — Leçon de médecine qu'il donne en passant à Érasme, p. 338, 339. — Belle défense contre le même, des médailles, des inscriptions, des statues, p. 341-344. — Accueil indigne que les écoliers de Paris font à son discours, p. 346. — Son désespoir à ce sujet, p. 347-349.

— Peine qu'il eut à faire imprimer cette pièce, p. 349. — Les amis d'Érasme en font rechercher et détruire nombre d'exemplaires, p. 350. — Fureur de Scaliger contre Dolet qui avait osé attaquer Érasme après lui, p. 350-353. — Son Second Discours contre Érasme, p. 354-363. — Sa susceptibilité au sujet de la qualification de soldat qu'Érasme lui avait donnée, p. 356, 357, 361. — Sa vie et ses occupations à Agen, p. 362, 363. — N'a été que l'écho des calomnies répandues contre les mœurs et les opinions d'Érasme, p. 365. — Ne l'a attaqué que pour attirer l'attention sur soi-même, p. 366. — Jugement sur ses deux discours, p. 367. — Maladroitement confondu par Huet avec Joseph Scaliger, son fils, p. 367, 368. — Pourquoi il n'a pas appelé Érasme bâtard dans ses discours, p. 369. — Son repentir d'avoir attaqué Érasme, *ibid.* — Sa querelle avec Cardan, p. 370, 371. — Ses *Exercitationes*, ses vers, sa poétique, p. 371. — Donne la préférence à Virgile sur Homère; à Musée sur celui-ci ; sa critique d'Homère, p. 372-375. — Ses *Causes de la langue latine;* ses *Origines*, etc., p. 375, 376. — Ses ouvrages en projet ou en portefeuille, p. 377. — Sa mort, *ibid.* — Se fait enterrer un *Virgile* sur l'estomac, *ibid.* — Témoignages de sa vanité, p. 377-383. — Son allocution pompeuse à son fils Sylvius, p. 379. — Heureux effets de ses vanteries, p. 380. — Son portrait peint par lui-même, p. 381 et suiv.

Scaliger (Joseph-Juste), fils du précédent, assure que son père fut par mépris qualifié de soldat, par Érasme, t. I, p. 357. — Confondu par Huet avec son père, p. 367, 368. — Partage à un moindre degré les chimères de son père sur leur noblesse, p. 378. — Attaqué par Scioppius au sujet d'un manuscrit qu'il disait avoir été dérobé par celui-ci à Gifanius, t. II, p. 13. — Attaqué sur sa noblesse par le P. Matman, p. 21. — Est démenti par Scioppius, sur le temps où fleurit Metrodorus Scepsius, p. 31. — Est attaqué par le même dans le *Scaliger hypobolimæus*, p. 43 et suiv. — Comment il donna lieu à cette attaque, p. 43, 44. — Y est accusé de 499 mensonges, d'hérésie, de mœurs infâmes et d'athéisme, p. 48. — En mourut, selon Scioppius, de chagrin, mais il se défendit auparavant et trouva d'autres défenseurs, p. 49.

Seton (Guillaume), noble Écossais, copie la grammaire de Scioppius, t. II, p. 131.

Scioppius (Gaspard). Sa naissance; ses parents; ses prétentions à une origine noble, t. II, p. 1-4. — Écrit les *Amphotides*, en réponse aux libelles publiés contre lui et sa famille; s'y loue avec excès, p. 5, 6. — Produit un certificat de trois notaires pour attester sa noblesse; son goût pour les certificats, p. 7. — Se justifie d'avoir pris le nom de Munster et la devise des Scaligers, *Fuimus Troes*, p. 8. — Fait ses études aux frais de l'électeur palatin, p. 8, 9. — Sa thèse *De Injuriis*, p. 10 et 15. — Son ardeur pour le travail, p. 10. — Ses premiers écrits : *Verisimilia; Suspectæ Lectiones*, p. 11. — Accusé de plagiat à cette occasion, p. 12. — S'en justifie avec effronterie, p. 13-15. — Auteur d'un commentaire sur les *Priapées*, essaye vainement de faire croire le contraire, p. 16-22. — Histoire de sa conversion au catholicisme, p. 22-26. — Accusé à cette occasion d'ambition et d'hypocrisie, repousse cette accusation avec hauteur, p. 27-30. — Titres et honneurs qu'il reçoit à Rome après sa conversion, p. 30, 31. — Est logé au Vatican, p. 32. — Publie plusieurs écrits en faveur du Saint-Siége, p. 32. — Ce qu'on y remarque, p. 33. — Horreur qu'il inspire à ses anciens coreligionnaires, p. 34. — Se plaint à Lipse qu'on se joue de lui à Rome, et qu'il a été trompé principalement par le dataire du pape, p. 35-40. — Écrit le *Scaliger hypobolimæus*, p. 43, 44. — Le dédie à l'archiduc Ferdinand d'Autriche et au comte R. de La Tour, p. 45. — Sources où il puisa pour le composer, p. 46. — Son talent dans l'art de dresser une généalogie, p. 47. — Brutalité de ses accusations contre Scaliger; comment il le distingue entre les hérétiques, p. 48. — Répond par les *Amphotides* et par une *Dénonciation* préliminaire aux satires de J. Scaliger, d'Heinsius et de Rutgersius contre lui, p. 51. — Esquisse de sa vie ascétique depuis son adolescence, p. 52-55. — Son pharisaïsme, p. 55. — Ses descriptions indécentes et obscènes, p. 56. — Sa sobriété fastueuse, p. 57. — Se justifie d'avoir été l'espion de l'inquisition à Rome, p. 58-60. — Produit les certificats constatant qu'il a protégé au contraire luthériens et calvinistes à Rome, p. 59. — Son voyage à Venise; sa visite à Fra Paolo; est mis en prison, puis relâché, p. 61. — Va à la diète de Ratisbonne pour y *observer*, de la part du pape, p. 62. — Ses écrits contre les hérétiques; ce qu'ils sont, p. 63. — Il y prélude dans le *Scaliger hypobolimæus*, p. 64. — Son *Ecclesiasticus*, p. 65. — Il y attaque les rois Jacques Ier et Henri IV, et y excuse Ravaillac, p. 66-68, 89. — Ce qu'est ce livre en somme, et d'où il est tiré, p. 88. — Est brûlé par la main du bourreau, p. 89. — Horrible violence du *Classicum belli sacri*, p. 71 et suiv.; dernier effort d'un fanatisme qui en s'éteignant jette un éclat sinistre, p. 116. — Occasion et examen de ce libelle, p. 73 et suiv. — Extrait, p. 75-82. — Effet produit par ce libelle en Allemagne, p. 82. — Divers écrivains l'attaquent à la fois, p. 83-86. — Apollon le cite à son tribunal et le condamne, p. 85, 86. — Scioppius attaque de nouveau Jacques Ier dans le *Collyrium regium*, p. 89-92; — dans l'*Alexipharmacum*, p. 93. — Fait un voyage à Milan et à Madrid, où il est victime d'un double guet-apens, p. 94-98. — Raconte ces aventures dans le *Legatus latro*, p. 96 et suiv. — Est accusé par un jésuite d'avoir aposté contre lui-même des assassins, afin de se rendre intéressant au roi d'Espagne, p. 98. — Écrit contre Casaubon l'*Holofernes Krigsœderus*; analyse de cet infâme libelle, p. 98-102. — Est joué sur le théâtre de la cour à Londres, p. 103. — Publie contre Jacques la *Corona regia*; analyse de cet écrit, p. 104-112. — Produit des certificats attestant qu'il est l'auteur de la ligue des princes catholiques contre les protestants, dans la guerre de Trente ans, p. 114. — Reçoit du comte de Tilly une coupe d'or à cette occasion, p. 115. — Dit que les princes de la ligue protestante avaient résolu de le faire assassiner, *ibid.* — Publie un recueil de ses certificats, n'en obtient pas l'effet qu'il espérait, et écrit des ouvrages de grammaire, p. 116. — Ce qui fut le prétexte de cette publication, p. 117-119. — Réduit le cours des études classiques à quatre ans, p. 120. — Exposition de sa méthode d'enseignement, p. 121-124. — N'y a pas compris l'étude du grec, p. 124. — Vices de sa méthode, p. 125. — Attaques grossières et proscription dont elle est l'objet, p. 126, 127, de la part des Jésuites, et surtout du P. Alberti, p. 128-130. — Admiration de Scioppius pour ses ouvrages de grammaire; ce qu'il en faut penser; éloges qu'ils ont reçus, p. 130-132. — Reçoit d'Urbain VIII un privilége pour les imprimer, p. 132. — Se brouille avec les Jésuites à l'occasion de sa méthode d'enseignement, p. 133. — Cherche des prétextes pour les attaquer, et en trouve un dans le refus qu'ils avaient fait de présenter sa pétition à la diète de Ratisbonne, p. 134. — Publie le premier les *Instructions secrètes* des Jésuites; comment elles furent découvertes, p. 135, 136. — Anonymes et pseudonymes dont il se couvre, p. 136, 137. — Prend la défense des ordres monastiques contre les Jésuites, p. 138, 139. — Est réfuté par les Jésuites à cette occasion, p. 140, 141. — Dépité de voir ses services méconnus ou mal récompensés de Rome, il fronde les papes, la discipline catholique, la canonisation des Saints, le pouvoir temporel du Saint-Siége, etc., et semble ainsi se tourner du côté des protestants, p. 142-144. — Reproche aux Jésuites, aux princes et au clergé catholique, leurs violences contre les hérétiques, p. 145. — Indices de son dessein de revenir au luthéranisme, p. 146. — Se retire à Padoue, n'étant en sûreté nulle part ailleurs, p. 147. — Il y est en butte aux persécutions de l'empereur et des Espagnols, qui empêchent l'impression de ses livres, p. 148. — Se tient enfermé chez lui crainte d'être arrêté ou de pis, p. 149. — S'y livre avec ardeur à des travaux sur les Jésuites, la théologie et la politique, qu'il essaye vainement de faire imprimer, *ibid.* et p. 150. — Se propose de vendre ses biens et de se retirer à Bâle, pour publier ses écrits; énumération de ses propriétés; offres qu'il fait aux libraires, p. 151, 152. — Elles sont repoussées, p. 153. — Catalogue des écrits qu'il destinait alors à l'impression; de ceux qui regardent Machiavel, p. 153-156. — Des motifs qui donnèrent lieu à ceux-ci et de la dédicace qu'il fit à un cardinal de sa *Pædia politices*, p. 156, 157. — Analyse de cet ouvrage, p. 158-166. — Les *Machiavellica*, inédits; ce que c'est, p. 167. — Énumération des ouvrages de Scioppius cités dans son catalogue, et restés inédits, p. 168-171. — Il inspire des doutes à ses amis mêmes sur la nature de sa religion, p. 172. — Est réduit par le besoin à vendre un Antidote, p. 173. — De sa *Pædia humanarum*, etc., et des éloges monstrueux qu'il s'y donne, p. 173-177. — Invoque le témoignage des Jésuites pour preuve de la vérité de ces éloges, p. 176. — Sa mort; elle combla de joie ceux qu'il avait attaqués et ceux qu'il avait servis, p. 178. — Il ne se fia pas toujours à sa plume pour se défendre, p. 179. — Ne laissa pas de répit aux Jésuites, et ne fut lui-même jamais Jésuite, p. 180, 181. — Ne put rien contre leur méthode d'enseignement et la prospérité de leurs études, p. 181. — Attaque la latinité des PP. Strada et Maffei et n'est pas exempt des fautes qu'il leur reproche, p. 182, 183. — Fut admiré et imité par Garasse, p. 208. — Italianisa son nom, *ibid.*

SÉGUIRAN (Le père), se porte fort de l'innocence de Garasse, au sujet d'un libelle contre Richelieu, t. II, p. 349.

SELVAGGIA GHINO MANENTE DEGLI BUONDELMONTI, femme de Poggio, t. I, p. 144. — Outragée par Filelfo, p. 160 et suiv.

SÉRIZAY (Le poëte), mal nommé Cériziers par Garasse, secrétaire du comte de la Rochefoucauld, t. II, p. 313.

SERVIN (LOUIS), avocat général au parlement de Paris, conclut en 1611 contre les Jésuites en faveur de l'Université, t. II, p. 228. — Est l'objet du pamphlet *Le Banquet des Sages*, de Garasse, p. 229 et suiv. — Haïssait fort les Jésuites, mais fut un magistrat plein d'honneur, p. 247. — Meurt d'effroi, ayant excité la colère de Louis XIII, p. 248.— Invective contre Garasse, et cherche à le faire décréter de prise de corps pour un libelle contre Richelieu, p. 351, 352.

SHEPHERD, écrivain anglais, auteur d'une Vie de Poggio, repris, t. I, p. 22, 38, 136; cité p. 147; repris p. 177.

SFORZA (FRANÇOIS), gendre de Visconti, signe un traité de paix avec les Florentins, t. I, p. 52. — Commandant de l'armée milanaise contre les Vénitiens, tourne ses forces contre Milan, en apprenant que les Milanais traitent à son insu avec la seigneurie de Venise; ses intelligences avec Filelfo, p. 65. — Les Milanais lui ouvrent leurs portes et le reconnaissent pour souverain, p. 75. — Traite bien Filelfo; lui permet d'aller à Naples, *ib.* et p. 76. — Le fait mettre en prison, pour avoir outragé Pie II après sa mort, p. 81.— S'oppose à ce qu'il aille à Rome, p. 82, et en France, p. 87.

SFORZA (GALEAZZO), successeur de François, force Filelfo à professer, après vingt-cinq ans d'interruption, t. I, p. 82. — Le laisse dans le dénûment; meurt assassiné, p. 83.

SIRMOND (Le père), jésuite, maltraite Saint-Cyran, qui avait attaqué les Jésuites sous le nom de Petrus Aurelius, t. II, p. 370.

SLEIDAN, justifie de Helde, vice-chancelier de Charles-Quint, de l'esprit intolérant et persécuteur que lui prête Scioppius, t. II, p. 83. — Est établi par Apollon juge du *Classicum* de Scioppius, p. 84 et suiv.

STANCARI, célèbre unitaire de Mantoue, dit que si on pilait dans un mortier cent Luthers, etc., on n'en tirerait pas une once de théologie, t. II, p. 307.

STRADA (Le père FAMIEN), jésuite, critiqué par Scioppius, t. II, p. 181,182.

STROZZI (PALLAS), attire Filelfo à Florence, t. I, p. 8. — Est un des interlocuteurs du traité *de Exilio*, p. 91.

SUFFREN (Le père), confesseur de Louis XIII, proteste que Garasse est innocent d'un libelle contre Richelieu, t. II, p. 350, 351. — Signe le désaveu d'un écrit de Santarelli sur la puissance temporelle du pape, p. 363.

T

TACON (Le père), avertit le procureur général qu'il est question de décréter Garasse de prise de corps, t. II, p. 352.

THEODORA, fille de Jean Chrysoloras et première femme de Filelfo, t. I, p. 6. — Meurt, p. 60; lui laissant quatre enfants, p. 73.

THÉOPHILE (Le poëte), fut un des introducteurs de l'athéisme chez les modernes, t. II, p. 297. — Sa satire où il décrit ses sœurs infâmes, p. 304. — Est violemment attaqué par Garasse, dans la *Doctrine curieuse*, et reconnaît que le jésuite avait ce droit, p. 308, 309. — Fut condamné au feu, sans que Garasse ait directement influé sur ce jugement, p. 310. — Méritait peu d'intérêt par son caractère et par ses écrits obscènes et irréligieux, p. 311.—Mourut « comme une beste, » selon Garasse, p. 316.

Thomas d'Aquin (Saint). Ses idées politiques mal comprises par Scioppius, t. II, p. 159 et suiv.

Thou (De), attaqué par Scioppius dans l'*Ecclesiasticus*, t. II, p. 67. — Est établi, par Apollon, juge du *Classicum* de Scioppius, p. 84 et suiv.

Toussain (Daniel), est chargé par Scioppius, son ami, de faire imprimer en Suisse ses écrits, et ne trouve pas un seul éditeur, t. II, p. 149, 153. — Eut lieu de douter de quelle religion était Scioppius, p. 172.

Traversari (Ambrogio), ou Ambroise le Camaldule, offre ses services et son amitié à Filelfo, à Florence, t. I, p. 8. — Change de sentiment à son égard, à l'instigation de Carlo d'Arezzo, p. 10. — Reçoit confidence d'un écrit de Filelfo contre Niccoli, p. 14. — Désigné par Filelfo sous le nom d'*Hypocritius*, p. 26. — Propose à Filelfo, de la part de Cosme, de se réconcilier avec celui-ci qui s'y refuse avec hauteur, p. 43.

Trébisonde (Georges de), soufflette Poggio, t. I, p. 165, 245. — Sa passion fanatique pour Cicéron doit le faire passer pour le premier *cicéronien*, p. 222.

U

Ulrich (J. Jacques), estime que toute religion était indifférente à Scioppius, t. II, p. 172.

Urbain VIII, loue Scioppius des services qu'il a rendus aux lettres latines, et lui donne un privilége pour l'impression de ses ouvrages de grammaire, t. II, p. 132.

Uzzano (Nicolas d'), ennemi de Cosme, recommande à ses amis la modération envers les Médicis, t. I, p. 21. — Manque d'être assassiné par les Soderini, p. 22. — A le pressentiment du rappel de Cosme, p. 38.

V

Vaggia (Voyez Selvaggia).

Valla (Lorenzo), comparé à Poggio, t. I, p. 178. — Sa querelle avec Poggio, purement littéraire, p. 197. — Sa naissance, son éducation, sa demande adressée à Martin V, d'une place de secrétaire apostolique, que les intrigues de Poggio l'empêchent d'obtenir, p. 198. — Professe l'éloquence à Pavie; critique Bartole, et provoque, par cette irrévérence, une insurrection des étudiants en droit, p. 199. — Accompagne Alphonse, roi de Naples, dans ses expéditions militaires, p. 200. — Va à Rome, et écrit une Déclamation où il traite de fable la donation de Constantin, p. 201. — Forcé, à cause de cela, de quitter Rome; il se sauve à Barcelone, d'où il envoie sa justification au pape, p. 202. — Revient à Naples, où il est nommé poëte lauréat, et où il ouvre un cours d'éloquence grecque et latine; s'y fait de mauvaises affaires avec les théologiens, par la hardiesse de ses opinions religieuses, p. 202-205. — Est en butte à la jalousie des gens de lettres, p. 206. — Méthode dont il se sert pour répondre à leurs attaques, p. 207. — Fazzio et Panormita, ses premiers agresseurs; — cause de la haine du premier, p. 207, 208. — Son manuscrit de l'*Histoire de Ferdinand*, volé par Fazzio et Panormita, qui y relèvent plus de cinq cents fautes, et dont ils lui font honte en présence du roi de Naples et de sa cour, p. 209-213. — Répond à quatre Invectives de Fazzio contre lui, par quatre autres Invectives; extrait de l'une d'elles, p. 213-217. — Qualités et défauts de sa justification, p. 217-219. — Est critiqué par Antonio da

Ro; innocuité de sa réponse, p. 219, 220. — Quitte Naples et va à Rome, où il ouvre une école, traduit des auteurs grecs et publie ses *Élégances*, p. 221. — Bref jugement sur ce traité, p 284. — Sa passion pour Quintilien, ses ménagements pour Georges de Trébisonde, aimé du pape, et partisan fanatique de Cicéron, p. 222. — Origine de sa querelle avec Poggio, qui lui attribue faussement une critique de ses *Lettres latines*, *ib.*, et p. 223-226. — Dédie ses *Antidotes* à Nicolas V, p. 223, 224. — Première Invective de Poggio contre lui, p. 226-235. — Jugement singulier du même contre ses *Élégances*, p. 229, 230. — Valla répond à l'Invective par son premier *Antidote*, p. 235-238, puis par un second et un troisième, p. 239 — Répond à deux autres Invectives de Poggio par un quatrième *Antidote*, p. 249-255. — S'y justifie d'une façon plaisante d'avoir séduit la servante ou la suivante de sa sœur, p. 252-254. — Appréciation de sa justification sur les autres méfaits à lui imputés par Poggio, p. 255 et suiv. — Accuse Poggio d'avoir falsifié un bref du pape, et été la cause de la mort de Vitelleschi, p. 257. — Est accusé par Poggio d'avoir écrit que les prostituées sont plus utiles au genre humain que les religieuses, p. 259. — Vice de sa justification, p. 260, 261. — Est accusé par le même d'avoir dit qu'il avait en réserve des flèches, même contre le Christ, p. 262, 263. — Attaque vivement les *Facéties* de Poggio, p. 264-267. — Ses *Dialogues* contre Poggio, p. 269 et suiv. — Invective contre Benedetto Morandi, au sujet de Tite-Live, p. 276-279. — Reçoit pour sa traduction de Thucydide cinq cents écus d'or du pape Nicolas V; est nommé chanoine de Saint-Jean de Latran, et est chargé de rassembler les bulles des papes, p. 279. — Finit à cette occasion son Traité de la *Donation de Constantin*, *ib.* — Traduit Hérodote, à la prière d'Alphonse, roi de Naples, p. 280. — Sa mort, *ib.* — Étendue de ses connaissances, *ib.* — Son Traité de la *Volupté et du vrai Bien*, p. 281 et suiv. — Son Traité de la *Dialectique*, p. 282. — Son Traité du *Libre Arbitre*, p. 283.

Vanini (Lucilio), un des introducteurs de l'athéisme chez les modernes, t. II, p. 297. — Vomit son âme entre les mains du bourreau, p. 304.

Vateran, grand ennemi des Jésuites, t. II, p. 344.

Villiers (de), grand ennemi des Jésuites, t. II, p. 344, 346.

Virginius Cæsarinus, jaloux du mérite de Scioppius comme grammairien, t, II, p. 131.

Visconti (Philippe-Marie), duc de Milan, appelle Filelfo à Milan, t. I, p. 49. — Est sollicité par lui de déclarer la guerre à Cosme et aux Florentins, p. 51. — Attaque les Florentins et, après des succès douteux de part et d'autre, fait la paix avec la république, p. 52. — Traite magnifiquement Filelfo; l'engage à suspendre ses satires contre Cosme, p. 53. — Le dispense de professer, p. 59. — Lui offre et lui fait épouser sa seconde femme, p. 60. — Lui commande de commenter Pétrarque en italien, p. 61. — Sa mort, p. 64.

Vivès, invoqué par Garasse pour la justification des paroles grossières insérées dans la *Doctrine curieuse*, t. II, p. 327.

Voisin (Le père), jésuite, suborne un témoin contre le poëte Théophile, t. II, p. 308. — Fut engagé dans le procès de celui-ci par les ennemis des Jésuites, p. 312, 313 et suiv.

W

WACKERIUS (JEAN-MATHIEU), conseiller de l'empereur, ouvre sa bibliothèque à Scioppius qui y découvre son salut, en lisant les *Annales* de Baronius, t. II, p. 25.

WANGNERECK (Le père HENRI), jésuite, accuse Scioppius d'avoir surpris l'approbation des censeurs, à Rome, pour l'impression de sa *Pædia politices*, t. II, p. 156.

WOTON (HENRI), ambassadeur d'Angleterre à Venise, fait tirer un coup de mousquet sur Scioppius, t. II, p. 95.

FIN DE LA TABLE ANALYTIQUE DES NOMS PROPRES.

CORBEIL, imprimerie de CRÉTÉ.

www.ingramcontent.com/pod-product-compliance
Lightning Source LLC
Chambersburg PA
CBHW070929230426
43666CB00011B/2374